国家社科基金项目成果 *经管* 文库

Research on the Government Mechanism for
Redistributive Adjustment in China

完善我国政府
再分配调节机制研究

曹桂全／著

中国财经出版传媒集团
经济科学出版社
Economic Science Press

图书在版编目（CIP）数据

完善我国政府再分配调节机制研究/曹桂全著 . —北京：
经济科学出版社，2020.7

（国家社科基金项目成果经管文库）

ISBN 978 - 7 - 5218 - 1485 - 9

Ⅰ.①完…　Ⅱ.①曹…　Ⅲ.①居民收入 - 再分配 -
研究 - 中国　Ⅳ.①F124.7

中国版本图书馆 CIP 数据核字（2020）第 066492 号

责任编辑：崔新艳
责任校对：靳玉环
责任印制：李　鹏　范　艳

完善我国政府再分配调节机制研究

曹桂全　著

经济科学出版社出版、发行　新华书店经销

社址：北京市海淀区阜成路甲 28 号　邮编：100142

经管中心电话：010 - 88191335　发行部电话：010 - 88191522

网址：www. esp. com. cn

电子邮箱：espcxy@ 126. com

天猫网店：经济科学出版社旗舰店

网址：http://jjkxcbs. tmall. com

北京季蜂印刷有限公司印装

710×1000　16 开　24.25 印张　440000 字

2020 年 7 月第 1 版　2020 年 7 月第 1 次印刷

ISBN 978 - 7 - 5218 - 1485 - 9　定价：95.00 元

（图书出现印装问题，本社负责调换。电话：010 - 88191510）

（版权所有　侵权必究　打击盗版　举报热线：010 - 88191661

QQ：2242791300　营销中心电话：010 - 88191537

电子邮箱：dbts@ esp. com. cn）

国家社科基金项目成果经管文库

出版说明

我社自 1983 年建社以来一直重视集纳国内外优秀学术成果予以出版。诞生于改革开放发轫时期的经济科学出版社，天然地与改革开放脉搏相通，天然地具有密切关注经济领域前沿成果、倾心展示学界翘楚深刻思想的基因。

2018 年恰逢改革开放 40 周年，40 年中，我国不仅在经济建设领域取得了举世瞩目的成就，而且在经济学、管理学相关研究领域也有了长足发展。国家社会科学基金项目无疑在引领各学科向纵深研究方面起到重要作用。国家社会科学基金项目自 1991 年设立以来，不断征集、遴选优秀的前瞻性课题予以资助，我社出版了其中经济学科相关的诸多成果，但这些成果过去仅以单行本出版发行，难见系统。为更加体系化地展示经济、管理学界多年来躬耕的成果，在改革开放 40 周年之际，我们推出"国家社科基金项目成果经管文库"，将组织一批国家社科基金经济类、管理类及其他相关或交叉学科的成果纳入，以期各成果相得益彰，蔚为大观，既有利于学科成果积累传承，又有利于研究者研读查考。

本文库中的图书将陆续与读者见面，欢迎相关领域研究者的成果在此文库中呈现，亦仰赖学界前辈、专家学者大力推荐，并敬请经济学界、管理学界给予我们批评、建议，帮助我们出好这套文库。

经济科学出版社经管编辑中心

2018 年 12 月

本书为国家社会科学基金青年项目（14BJY036）成果

序 言

Preface

　　本书是国家社会科学基金规划项目"完善再分配调节机制研究"（14BJY036）的研究成果，研究的主题是政府再分配调节理论和完善我国政府再分配调节机制。具体地说，本书在强调政府再分配调节重要性和阐述再分配调节机制、再分配效应测算方法的基础上，阐述和剖析我国政府再分配调节制度；收集相关数据，测算和分析政府再分配调节效果（再分配效应），利用城镇住户样本和城乡住户样本对政府再分配效应进行了分解分析，尤其是对个人所得税（简称个税）、基本公共服务均等化、政府间转移支付的再分配调节作用进行了专门研究；在肯定我国再分配调节职能取得积极效果的同时，找出再分配调节对于缩小居民收入差距的不足，按照履行好政府再分配调节职能、缩小收入分配差距的要求，提出完善政府再分配调节机制的对策建议。

　　该课题立项后历经五年研究、写作和申请结项，最终于 2020 年 2 月 4 日批准结项。在申报结项的同时，笔者与出版社进行了前期沟通，批准结项后，对书稿进行了调整补充，现终于交付出版。为此，笔者自序如下。

一、课题背景

　　改革开放后，我国收入分配问题引起了广泛的关注。很长一段时间内，关注的重点是收入分配原则，对按劳分配原则进行了深入探讨，同时基于国家发展市场经济，肯定了市场分配原则，形成了按贡献分配的共识。大致在 20 世纪 90 年代初，一些研究者开始关注收入分配差距的实证研究，① 促进了收入分配研究的深入，但仍然没有明确区分初次分配和再分配调节。进入 21 世纪

---

① 陈宗胜. 经济发展中的收入分配 [M]. 上海：上海三联书店，1991. 赵人伟，格里芬，朱玲，李实. 中国居民收入分配研究 [M]. 北京：中国社会科学出版社，1994.

以来，我国学者开始关注政府再分配调节在最终收入分配中的作用，再分配调节逐渐成为收入分配研究的热点。① 本书笔者在从事收入分配的研究过程中，也逐渐认识到再分配调节的重要作用。2007 年，笔者提出，在建立社会主义市场经济体制的条件下，我国应当坚持按劳分配的基本收入分配制度，并发挥市场机制在初次收入分配中的基础性作用；同时，由于收入差距将有所扩大，必须加强政府再分配调节，构建我国社会主义市场经济体制下的收入分配体系，即"基本收入分配制度 + 市场机制形成初次分配 + 政府再分配调节"的收入分配体系。② 2013 年，国务院批转的《关于深化收入分配制度改革的若干意见》明确要求"加快健全再分配调节机制"。结合该政策，笔者进一步分析了政府再分配调节的国际经验及其对我国的启示，提出我国要重视政府财政再分配调节职能，将加快建立政府再分配调节机制作为缩小收入差距、形成合理收入分配格局中的重点。③ 同年，笔者作为项目负责人申报国家社会科学基金项目，2014 年获得立项。2017 年，党的十九大报告第一次明确使用了"政府再分配调节职能"的概念，提出"履行好政府再分配调节职能，加快推进基本公共服务均等化，缩小收入分配差距"，④ 表明了党和国家对政府再分配调节的重视。本书是笔者承担的该国家社会科学基金规划项目的研究成果的一个小结，希望对学术界认识和解决我国收入分配问题尤其是建立政府再分配调节制度有所贡献。

二、研　究　特　色

本研究具有以下特色：第一，以"初次收入分配 + 政府再分配调节 = 最终居民可支配收入分配"为分析框架，突出对政府再分配重要性的认识。在现代市场经济条件下，最终居民收入分配是市场初次分配和政府再分配调节共同作用的结果，居民收入差距由市场分配形成，但最终收入分配差距及其是否满足社会对公平的期待取决于政府再分配调节。第二，以"税收调节 + 政府对个人的收入转移 + 均等化公共服务 + 政府间财政转移支付"为再分配工具体系，提

---

①　胡鞍钢. 加强对高收入者个人所得税征收，调节居民贫富收入差距 [J]. 财政研究, 2002 (10).

②　曹桂全. 构建和谐社会的收入分配理论和制度 [J]. 天津大学学报（社会科学版），2007 (1)：45 - 51.

③　曹桂全. 政府再分配调节的国际经验及其对我国的启示 [J]. 华东经济管理，2013 (7)：85 - 90.

④　习近平. 决胜全面建成小康社会　夺取新时代中国特色社会主义伟大胜利——在中国共产党第十九次全国代表大会上的报告 [R]. 人民网，http://cpc.people.com.cn/n1/2017/1028/c64094 - 29613660. html.

高对再分配机制的理论认识，为制订收入分配改革方案提供理论指导。税收调节和政府对个人的收入转移①直接对居民收入产生调节作用，直接缩小居民收入差距，是政府再分配调节的基本工具。均等化公共服务②能够显著改善低收入者、弱势群体的社会福利水平，增强社会公平，是实现"共享"发展理念的重要途径，也最终有助于改善收入分配和缩小收入差距。政府间财政转移支付是财政收入在政府间的转移，直接的作用是平衡地区间财政能力差异，支持不同地区提供均等化公共服务，有助于在区域经济发展不平衡的同时，实现社会和谐发展，但最终也有利于缩小居民收入差距。本书对各种再分配调节机制进行了分析，并结合我国实际，对均等化基本公共服务、政府间财政转移支付进行了专门分析。第三，深入分析我国政府再分配制度，强化分析方法，深化对我国政府再分配调节机制和再分配效应的认识。通过使用科学方法、适合的数据，系统测算初次分配、再分配以及再分配的各种工具对最终居民收入分配的影响，对收入分配现状及其成因做出更加深入、全面的回答，尤其是关注了以下两个方面的问题。一是对个税免征额调整和其他费用扣除制度进行研究，分析其对个税再分配效应的影响，创新性地提出诸如个税免征额累积性调整方式的概念，辨析了免征额实际调整与应有调整的再分配效应，认识到我国个税缺乏关于经营费用扣除、特别费用扣除和生计费用扣除（免征额）的明确区分和实行单一标准化免征额及其弊端，并提出了改革方向和建议。二是对我国社会保障制度调节居民收入分配的优势和不足进行分析，重点阐述了由于我国社会保障制度存在城乡差别、不同人群之间的差别，导致了较大规模的再排序效应，从而使得政府再分配效应与政府再分配资源投入不匹配，强调应当在注重社会保障资源聚集和投入的同时，更加注重社会保障的公平性、均衡性，以提高社会保障的再分配调节效果。

　　本书研究坚持理论分析和经验分析相结合，强调完善再分配调节机制和重视财政职能制度建设的关系，科学评估再分配效应现状，进行适当的国际比较，对我国再分配制度和再分配效应做出合理的判断，提出完善再分配机制的政策建议，使本课题成为科学性强、创新性强、政策性强的社会科学研究。第一，重视理论研究。理论认识是政策制定的前提，本书对初次分配与再分配、

---

　　① 政府对个人的收入转移，也称为居民社会保障收入、社会性收益；从政府的角度看，则可以称为社会保障支出。也有的文献称之为政府对个人的转移支付。另外，也有文献将居民缴纳社会保障费称为社会保障支出，所以，使用社会保障支出时需要明确主体，即明确居民社会保障支出或者财政社会保障支出。

　　② 均等化公共服务范围较广，本书仅指政府对个人收入转移之外的、非现金给付的服务，比如义务教育。

再分配与经济增长、效率与公平关系等重大认识问题进行了充分的理论研究。第二，重视结合中国特色社会主义理论指导下的社会主义市场经济体制建立和完善的实践，分析中国政府再分配调节制度建设中的特殊问题。例如，我国个税免征额实行累积性调整方式，其对再分配效应的影响具有特殊性，不应当仅仅考察免征额调整当年的情况，而应当考察若干年，不应当仅仅比较免征额调整与假定不调整的差异，而且应当比较免征额调整与应当调整的差异，这样才能全面、客观认识我国个税免征额调整的效应。① 再如，我国社会保障制度是适应社会主义市场体制改革尤其是国企改革而建立起来的，是一个循序渐进的过程，着重政策指导，即使 2010 年进行了社会保险立法，但并没有规定社会保险缴费费率，政策调整和改进空间很大。改革开放后新的社会保障制度建设从解决国有企业改革带来的问题开始，而不是一开始就建立一套覆盖城乡居民的社会保障制度，甚至当初强调社会保障应当"城乡有别"，但这种做法已经不能满足社会经济发展对社会保障制度的需要，我国逐渐走向努力实现城乡统筹、全国统一的方向。正是由于我国社会保障制度是从解决社会经济发展中的突出问题入手的，也就必然是一个长期探索过程，很多问题需要在发展过程中解决。第三，重视比较方法。他国经验是我国政策制定的认识来源之一。本书对美国个税免征额制度进行了分析，提出了值得借鉴的做法。② 第四，经验分析引入国际前沿定量研究方法，以认识中国实际问题为归宿。国外文献形成了丰富的关于再分配效应的分解分析方法，可以用于分析我国财政再分配效应的成因。我国的社会保障以社会保险为核心，社会保险财政收支的主体是基本养老保险，而基本养老保险存在很大的城乡差别、不同人群的差别，不利于居民收入分配的调节，其重要的表现就是形成再排序，为此我们选择使用将再分配效应分解为垂直效应与再排序效应的分解方法（即 APK 分解方法）。尽管该分解方法并不是最先进的，但有助于认识我国政府再分配制度存在的问题。第五，以科学发展观、新时代中国特色社会主义理论为指导。本研究构建再分配机制以以人为本、统筹协调、共享发展理念作为指南，密切结合党的十八届三中全会提出的全面深化改革的要求、党的十九大关于社会建设的部署，提出履行好政府再分配调节职能、缩小收

---

① 曹桂全，仇晓凤. 论我国个人所得税免征额制度改革［J］. 天津大学学报（社会科学版），2016（3）：217-223，以及曹桂全. 我国个税免征额调整的税收效应：基于应有免征额、免征额累积性调整方式的分析［J］. 经济学报，2018（2）：147-166.

② 曹桂全. 美国个人所得税免征额制度及其对我国的启示［J］. 经济社会体制比较，2017（4）：84-96.

入差距方面的具体政策建议。

三、研究内容、观点和预期价值

本书内容包括七个方面：第一，文献综述。以国内关于我国政府再分配效应以及相关研究为主题，进行文献梳理、总结和评价。由于本课题研究中发表的一些论文于 2016 年、2017 年和 2018 年完成，编撰本书时，笔者进行了一些补充调整，但各部分文献涉及的时间范围仍然有所不一。总的文献综述主要涉及关于初次分配与政府再分配调节的相对重要性、关于再分配效应的分析方法、关于我国政府再分配调节效果的实证分析、关于加强我国政府再分配调节的建议等，各部分具体研究涉及的文献在相应部分专门陈述。第二，政府再分配调节机制及其重要性研究。广义而言，将政府再分配工具划分为税收、政府对个人的收入转移、均等化公共服务和政府间转移支付四类，分别研究其再分配调节机制和影响因素，构建政府再分配调节工具箱。通过考察财政职能理论的演变历史、再分配职能的地位和作用、初次分配和再分配的关系、再分配与收入不平等、经济增长的关系理论，再分配的政策工具构成及其收入分配调节机制、影响因素和适用性，构筑"初次收入分配 + 政府再分配收入调节 = 最终居民可支配收入分配"分析模型，并据此阐述再分配调节的重要性。第三，财政再分配效应及其分解分析方法研究。借鉴有关文献，结合本研究需要，介绍本书使用的测算收入分配差距和再分配效应指标的方法，以及分析再分配效应成因的分解分析方法。第四，我国政府再分配调节制度研究。再分配调节制度是国家财政制度的重要内容，在我国被纳入社会建设之中。制度是决定再分配调节效果的基础。我国政府再分配调节制度包括个税制度、社会保障制度、均等化基本公共服务制度和政府间转移支付制度，我们侧重阐述了个税制度、社会保障制度，并分析了改革开放后我国的收入分配制度改革的进程。将制度分析和再分配调节机制分析结合起来，可以对我国政府再分配调节效果进行初步判断。此外，本书还对我国的个税免征额和其他费用扣除制度进行了专门分析。第五，政府再分配效应的实证分析。这是本研究的重点。本书选择不同的研究样本，对我国总体收入分配差距以及城乡、区域收入分配状况进行测算，并尽可能对税收、收入转移、均等化公共服务、政府间转移支付等不同类型再分配工具的再分配效应进行测算，找出制约再分配调节能力的关键因素。具体地，本书使用天津城镇住户（2002～2012）收入调查样本、天津城乡住户（2014）收入调查样本和国家统计局"国家数据"的相关数据库测算多种类型的再分配效应。其中，基于天津城镇住户（2002～2012）收入调查样本和天

津城乡住户（2014）收入调查样本进行再分配效应的分析、关于个税免征额调整的税收效应和再分配效应的分析、关于均等化基本公共服务对于缩小居民收入差距的作用的分析、关于政府间转移支付对区域居民收入差距影响的分析，是实证分析的重点。第六，政府再分配效应的国际比较研究。本书主要选择研究美国、英国等国家的再分配政策和调节效果，并与我国进行比较分析，提出值得借鉴的做法。笔者发现，以天津住户调查样本与美国比较，我国财政再分配的规模并不低，但社会保障收入具有很强的再排序效应，削弱了其应有的再分配效应，表明我国政府再分配调节机制存在重大缺陷。如果能够有效降低再排序效应，即使不扩大社会保障财政投入规模，再分配效应也会有很大的改观。建立更加均等化的普惠型基本养老金制度可以作为一个重要选项。① 第七，完善我国政府再分配机制的政策研究。围绕履行好政府再分配调节职能、缩小收入分配差距的要求，在构建完善再分配机制框架、确定再分配调节目标、选择适当的再分配政策工具、改进再分配调节机制等方面，提出有针对性、操作性的政策建议。一是提出要切实重视再分配调节的地位和作用，将再分配调节作为政府重要职能之一、作为国家治理体系的重要内容、作为落实共享发展理念和促进社会公平的重要手段。二是提出政府再分配调节目标重在切实保证每个居民的基本生活需要和满足社会公平的要求，无论税收调节还是社会保障调节都是如此，这必然能够缩小收入差距，并与效率目标相协调。三是强调建立全国统一、全民统筹的社会保障制度，克服当前差异化制度的弊端，比如率先建立统一的基本养老金制度，促进社会保障制度的统筹统一。四是在对我国个税制度进行较为全面分析的基础上，提出了关于个税费用扣除制度改革的方向和方案，其中尤其以完善经营性费用扣除制度、免征额缩减制度和特别费用扣除制度为要。② 五是遵循区域经济发展不平衡和社会和谐兼得的原则，不片面追求区域经济均衡发展，而是以有利于全国经济发展、提高资源配置效率为原则。通过政府间财政转移支付促进落后地区基础设施（尤其是连接性基础设施）的建设与经济开发，在经济发展的基础上，再以促进基本公共服

---

① 普惠型基本养老金，指所有老年人具有同等机会获得的国家养老金，不与养老保险缴纳挂钩，不分城乡、地域和行业，仅与年龄关联。曹桂全．中国个人所得税和社会保障再分配效应的分解分析——以2014年天津住户调查的数据为样本［J］．经济社会体制比较，2020（2）：39－48.

② 免征额缩减（allowance phase-out）制度，指对于一定程度的高收入者，对标准免征额进行缩减，收入越高，缩减比例越大，以保证税收累进性；税收抵免（tax credit）制度，指对低收入者或者其他符合特定条件的纳税人，给予一定抵免，从应纳税额中扣除，如果应纳税额低于抵免额，国家予以补助，这样避免部分低收入者享受不到某些待遇，更好实现社会政策目标。曹桂全．美国个人所得税免征额制度及其对我国的启示［J］．经济社会体制比较，2017（4）：84－96.

务均等化为目标进行政府间转移支付，保障经济落后地区的社会保障和基本公共服务水平，在区域经济发展不平衡的同时，实现区域间社会和谐。

本课题研究我国政府再分配调节机制，取得了关于我国政府再分配调节机制的现状、存在问题和解决对策的研究成果，其意义体现在三个方面。第一，梳理再分配调节工具及其调节收入分配的原理，构建再分配调节制度和调节工具框架，阐述政府再分配调节职能的重要意义，有利于促进政府再分配调节理论系统化。第二，研究了我国财政再分配制度及其实施效果，尤其分析了再分配调节机制存在的问题，通过对比国外经验、对标国家政策要求，结合社会经济发展内在要求和未来趋势，对我国财政再分配成效和不足做出判断，深化了关于我国政府再分配制度及其效果的认识。第三，提出了完善我国财政再分配机制的对策，能够为国家制定收入分配政策提供参考。

本书有四个方面的不足。第一，使用全国性数据不够。本书实证分析中，宏观数据使用了全国性数据，但再分配效应测算和分解分析主要以天津住户调查数据为研究样本。第二，基本公共服务均等化的实证分析不足。基本公共服务体系涉及很多方面，本书侧重分析了义务教育和社会保障的城乡之间均等化的影响，系统性不够。第三，集中于收入不平等的测量。本书主要以收入分配差距衡量社会不平等、不公平，但实际上，个人福利不仅取决于收入，还取决于财富，仅仅考察收入差距是不够的。收入是一个流量，比如年收入是一年之内收入的变化（增量），但忽略了财富向收入的转化。我们通常衡量个人可支配收入为初次分配收入减除税费，再加上获得的转移性收入，而按照住户调查方案，初次分配收入由工资薪金收入、财产性收入、经营性收入构成，但忽略了财富存量转化为收入的情况。第四，本书将政府再分配调节界定为政府再分配直接调节，主要的手段是直接税和政府对个人的收入转移（居民社会保障收入）。实际上，所有政府财政收支都对初次分配产生影响，一般地说，间接税具有不同程度的逆向调节效果，而一般财政支出归宿具有不确定性，本书没有对所有财政收支对收入分配的影响进行分析。

四、致　谢

本课题研究从申请立项到开展研究，直至本书撰写、验收评审，得到了一些机构和个人的支持、帮助，他们是：国家哲学社会科学规划办公室、国家统计局天津调查总队、天津市哲学社会科学规划办公室、天津市社会科学界联合会、天津大学管理与经济学部、天津大学社会科学处、《天津大学学报》编辑部、《经济社会体制比较》编辑部、《经济学报》编辑部，以及陈宗胜教授

（南开大学）、马军海教授（天津大学）、周云波教授（南开大学）、张再生教授（天津大学）、任国强教授（天津理工大学）、杨维总队长（国家统计局吉林省调查总队）、李清彬博士（国家发展和改革委员会经济研究所）、沈扬扬博士（北京师范大学）、苏涛博士（天津市统计局）、陈昕博士（天津市统计局）、张庚新处长（国家统计局天津调查总队）、张春华副处长（国家统计局天津调查总队）、所静编辑（《天津大学学报》编辑部）、郑建辉编辑（《天津大学学报》编辑部）、丁开杰编辑（《经济社会体制比较》编辑部）、王红编辑（《经济学报》编辑部），在此表示衷心感谢！天津大学管理经济学部的硕士研究生和本科生仇晓凤、刘晓曦、魏子静、陈默等同学不同程度地参加了课题研究，做出了相应贡献，一并向他们表示诚挚的感谢。

感谢国家哲学社会科学规划办公室的项目课题资助。在国家哲学社会科学规划办公室组织的本项目评审中，评审专家们提出的评审意见对本书最后成稿也很有裨益，比如笔者根据专家们的意见，梳理和完善再分配调节机制框架，补充了 2018 年我国个人所得税法修正对再分配调节作用的影响等。此外，专家们提出加强间接税的再分配调节作用、房产税方案设计和再分配效应研究、扩大研究样本等建议，同样值得重视，但受研究计划和研究能力、获取资料的限制，笔者在这些方面没有完成补充。笔者感谢专家们的评审工作和宝贵意见。

感谢经济科学出版社崔新艳编审所做的大量工作，尤其感谢崔老师为笔者完成本书撰写给予的支持和鼓励。

限于笔者的研究水平和研究条件，本书存在的不足之处，敬请读者批评指正。

目　录
Contents

緣起難

第一章 导　　论

本章主要介绍研究背景、研究主题和意义以及研究思路、研究内容和研究方法，总结研究的创新点和不足。

第一节　研究背景

一、中国现阶段收入不平等问题值得关注

不平等是人类社会发展需要持续面对和解决的问题，而收入不平等是一切不平等的重要来源和表现。处理收入不平等问题，既是解决人类社会不平等问题的重要方面，也有利于总体上解决人类社会面临的不平等问题。从世界范围看，收入不平等仍然是困扰社会经济发展的重要问题。世界银行的数据显示，21世纪以来，收入不平等程度最高的国家是南非和博茨瓦纳，基尼系数分别达到0.63（2014年）和0.605（2009年），分别居于第1位和第2位；收入不平等程度最低的国家是阿塞拜疆和乌克兰，基尼系数分别是0.166（2005年）和0.25（2016年），分别排名第160位和第159位；基尼系数处于0.4以上的国家（地区）有64个，占40%。① 同时，基尼系数超过0.4的国家（地区）绝大多数属于非洲和南美洲，而大多数高收入国家（地区）的基尼系数都小于0.4，只有美国、以色列、土耳其超过0.4。即使是经济发达国家也面临收入不平等的新问题。经济合作与发展组织（OECD）的成员方在20世纪80年代后，初次收入分配不平等程度出现扩大趋势，而政府再分配调节能力提高不够是导致最终收入不平等出现扩大的重要原因（Immervoll and Richardson，

---

① 世界银行公布了160个国家（地区）的收入基尼系数数据，每个国家（地区）数据的年份不尽相同，但除个别国家（地区）外，均为21世纪以来的年份，有时间上的可比性。参见：世界银行，http：//wdi. worldbank. org/table/1. 3#。

2011）。在美国，被认为受新经济和经济全球化影响所致，基层工人收入增长缓慢，收入不平等程度扩大，出口型行业工人收入上升而进口型行业下降，技能型行业工人收入上升而非技能型行业下降。① 因此，收入不平等仍然是世界各国社会经济发展中的重要课题，发展中国家、亚洲和非洲国家的收入不平等问题相对突出，而发达国家也面临新的收入不平等问题。

中华人民共和国成立后至改革开放前，我国实行计划经济体制和比较单一的按劳分配制度，居民收入差距较小；收入不平等问题尽管存在，但与经济发展水平落后问题相比，并不突出。改革开放后，我国实行市场经济导向的经济体制，扩大发挥市场在资源配置和收入分配中的作用，收入差距逐渐有所扩大，收入分配不公平现象较多，逐渐成为引起关注的突出社会问题。国家统计局 2013 年 1 月首次公布全国居民收入基尼系数（指居民可支配收入基尼系数），2003 年为 0.479，2004 年为 0.473，2005 年为 0.485，2006 年为 0.487，2007 年为 0.484，2008 年为 0.491；然后逐步回落，2009 年为 0.490，2010 年为 0.481，2011 年为 0.477，2012 年为 0.474，2013 年为 0.473，2014 年为 0.469，2015 年为 0.462；再后有所扩大，2016 年为 0.465，2017 年为 0.467（见图 1 - 1）。尤其是，进入 21 世纪以来，我国居民收入基尼系数仍然始终在警戒线②之上运行，并且超过了 0.46，值得关注。

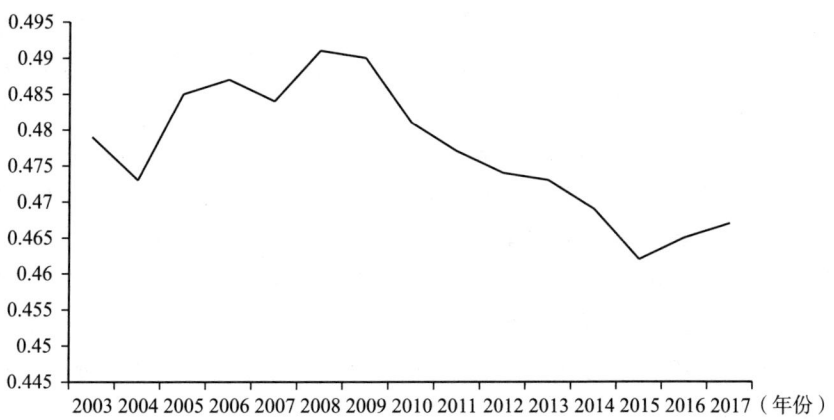

图 1 - 1　2003 ~ 2017 年中国居民可支配收入基尼系数

资料来源：国家统计局，http：//data. stats. gov. cn/。

---

① ［美］罗伯特·H. 弗兰克，本·S. 伯南克. 宏观经济学原理（第 5 版）［M］. 北京：清华大学出版社，2013.

② 警戒线指基尼系数达到 0.4。

对比一些其他世界大国以及其他方面具有可比性的国家，我国居民收入不平等问题也比较突出。根据世界银行的估计，2012年，我国居民收入的基尼系数为0.422，在160个国家（地区）中居于第49位。相关国家的居民收入基尼系数为：澳大利亚（2010年）为0.347，阿根廷（2016年）为0.424，巴西（2015年）为0.51，智利（2015年）为0.477，哥伦比亚（2016年）为0.508，德国（2015年）为0.317，法国（2012年）为0.327，韩国（2012年）为0.316，印度（2011年）为0.351，日本（2008年）为0.321，加拿大（2013年）为0.34，墨西哥（2016年）为0.434，俄罗斯（2015年）为0.377，南非（2014年）为0.63，瑞典（2015年）为0.292，意大利（2015年）为0.354，英国（2015年）为0.332，美国（2015年）为0.415，越南（2016年）为0.353。[①] 图1-2显示了直观的对比关系。金砖国家（BRICS）中，我国居民收入基尼系数低于巴西和南非，但高于俄罗斯和印度。在世界10个比较大的经济体国家（美国、中国、日本、德国、英国、法国、印度、意大利、巴西、加拿大）中，只有巴西比我国收入不平等程度高。

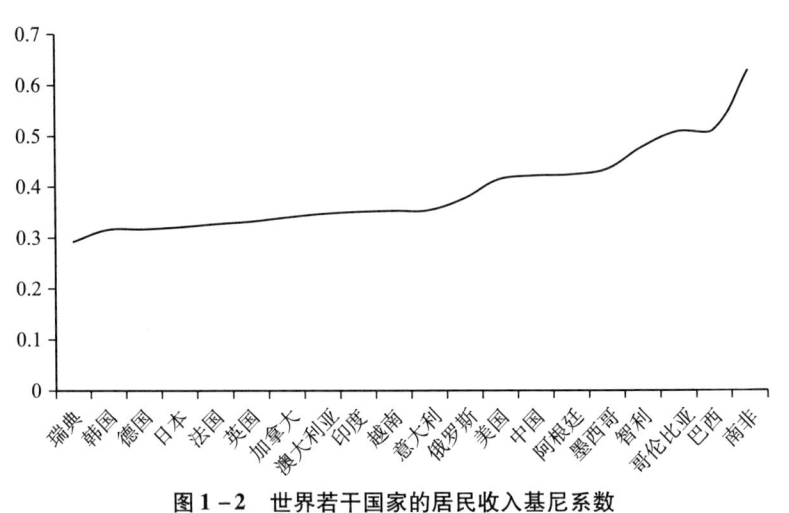

图1-2　世界若干国家的居民收入基尼系数

资料来源：世界银行，http://wdi.worldbank.org/table/1.3#。

二、中国现阶段收入不平等问题的特殊性

我国的收入不平等与国情以及所处的经济发展阶段、经济体制改革密切相

---

① 世界银行，http://wdi.worldbank.org/table/1.3#。

关。第一，我国已经从低收入国家迈入中等收入国家，处于向高收入国家迈进过程中，需要关注收入分配问题；第二，我国作为一个区域广阔而区域经济不平衡、城乡差距大的大国，仍然处于从农业社会向工业化社会转变和城镇化过程中，不平衡发展和不公平发展可能带来收入差距扩大问题；第三，我国从追求公平的计划体制向优先追求资源配置效率的市场体制转型，需要不断调整效率与公平的关系，从注重效率转向兼顾公平，再到兼顾效率与公平，适时解决收入差距扩大问题。

（一）跨越中等收入陷阱的挑战

我国 2018 年 GDP 达到 90 万亿元，居世界第二位，但人均 GDP 为 64644 元（按照 1 美元兑换 6.617 元人民币的汇率，折合 9769 美元），仍属于中等收入国家。世界银行《东亚经济发展报告（2006）》提出了"中等收入陷阱"（middle income trap）问题，其基本含义是指，鲜有中等收入的经济体成功地跻身为高收入国家，这些国家往往陷入了经济增长的停滞期，既无法在人力成本方面与低收入国家竞争，又无法在尖端技术研制方面与富裕国家竞争。中等收入国家向高收入国家迈进的过程中，既不能重复又难以摆脱以往由低收入进入中等收入的发展模式，容易出现经济增长的停滞和徘徊，经济快速发展积累的矛盾集中爆发，原有的增长机制和发展模式无法有效应对由此形成的系统性风险，经济增长容易出现大幅波动或陷入停滞，不少发展中国家长期在中等收入阶段徘徊，迟迟不能进入高收入国家行列。中等收入国家不能成功跨越中等收入陷阱的原因之一是收入分配不公平且不能有效治理。例如，阿根廷和马来西亚的居民收入基尼系数较高，20 世纪 80 年代的基尼系数达到 0.45 甚至更高，是其不能进入高收入国家的重要原因。相比之下，韩国 20 世纪 70 年代基尼系数为 0.36，之后甚至进一步下降，则较快进入高收入国家。公平发展有利于改善收入分配，能够减缓社会矛盾和冲突，创造更为均衡的发展，有利于经济可持续发展，顺利迈入高收入国家。因此，重视发展的公平性，管理好收入差距，有助于跨越中等收入陷阱。

（二）城镇化中的公平发展、平衡发展的困难

2018 年，我国总人口 139538 万人，其中城镇人口 83137 万人，占 59.58%；农村人口 56401 万人，占 40.42%。相比 2000 年，总人口 126743 万人，其中城镇人口 45906 万人，占 36.22%；农村人口 80837 万人，占

63.78%，城镇化有了显著提高。① 2000 年，城镇居民人均可支配收入为 6255.7 元，农民人均纯收入为 2282.1 元，城乡居民收入差距为 2.74 倍。② 2018 年，城镇居民人均可支配收入 39251 元，农村居民人均可支配收入 14617 元，城乡居民收入差距为 2.69 倍。③ 因此，城乡居民收入显著提高的同时，我国城乡居民收入差距仍然较大，2018 年仅比 2000 年下降 1.82%。

随着工业化发展，城镇化显著提高，更多人口进入城镇从而获得相应的基础设施和社会服务，促进了经济发展和社会进步。但是，城乡居民收入差距不能有效缩小意味着仍然存在较大的社会发展不平衡问题。

2017 年，全国城镇居民人均可支配收入为 36396 元，其中工资性收入为 22201 元、经营性收入为 4064 元、财产性收入为 3607 元、转移性净收入为 6524 元，分别占 61%、11.17%、9.91% 和 17.93%；农村居民人均可支配收入为 13432 元，其中工资性收入为 5498 元、经营性收入为 5028 元、财产性收入为 303 元、转移性净收入为 2603 元，分别占 40.93%、37.43%、2.26% 和 19.38%。④

可以看到，第一，在初次分配收入结构方面，合并计算工资性收入和经营性收入，城镇居民和农村居民的占比基本接近，但城镇居民财产性收入占比大大高于农村。第二，转移性收入体现政府再分配的效果，尽管农村占比略高于城镇，但对城乡收入差距调节作用不大，也就是说，比例性的社会收益不能有效缩小城乡收入差距。⑤ 以工资性收入、经营性收入和财产性收入总和代表初次分配收入，⑥ 2017 年城镇和农村居民初次分配收入分别为 29872 元和 10829 元，城乡收入差距为 2.75 倍。以可支配收入为政府再分配调节后收入，城乡收入差距为 2.71 倍，那么，政府再分配仅使城乡收入差距缩小 1.45%。这表明，作为相对高收入群体的城镇居民获得的政府再分配净收入也相对高，而农村居民获得的政府再分配收入虽然不少，但与其低收入地位不相称。也就是说，政府再分配可能总体上并没有倾向于收入相对低的农村，从而导致城乡居民收入差距不能较大幅度降低。实际上，我国政府再分配调节制度的主体部分是社会保障，但城乡之间存在很大差异，难以调节作为居民收入差距重要来源的城乡收入差距。

---

① ② ④　国家数据，http：//data.stats.gov.cn/easyquery.htm？cn = C01。

③　国家统计局.2018 年国民经济和社会发展统计公报［OE］.http：//www.stats.gov.cn/tjsj/zxfb/201902/t20190228_1651265.html.

⑤　按照一般原理，累进性税收和累退性社会收益能够缩小收入差距。

⑥　这里的工资性收入、经营性收入和财产性收入为净收入，不完全反映初次分配。

（三）统筹协调经济体制改革和经济发展中效率和公平的关系

公平和效率是我国社会经济发展中持续面临的重大课题。

改革开放前，"公平优先、兼顾效率"是我国处理公平与效率的指导思想，其核心是通过公有制和劳动者主观能动性来最终实现效率的提高，力图通过生产关系的改变实现生产力的提高，通过建立起单一的社会主义全民所有制来进一步提高效率。其间，中国 GDP 总量整体上虽然有所增长，但增长量有限，经济整体发展水平仍然较低，人民生活水平仍然困难。同时，源于激进且不稳定的经济政策和制度环境，年度 GDP 增长波动很大；劳动者积极性缺乏物质利益激励，生产效率低，没有形成依靠提高效率和依靠技术进步的可持续发展路径。

改革开放初期，为迅速打破平均主义和吃"大锅饭"的低效率局面，党的十一届三中全会提出"克服平均主义"和注重效率的思想，在初次分配领域，对个人收入分配方式进行了大刀阔斧的改革。以农村为突破口，推行家庭联产承包责任制，打破平均主义分配方式。1984 年，党的十二届三中全会通过《中共中央关于经济体制改革的决定》，提出了"先富带动后富"的发展理念，鼓励善于把握市场机会、效率高、竞争力强的商品生产经营者获得更高的收入，并带动其他劳动者向其学习，最后使全国人民都比较快地富裕起来。1987 年，党的十三大提出"在促进效率提高的前提下体现社会公平"的指导思想，并在党的十四届三中全会明确提出"效率优先、兼顾公平"的原则，劳动者的个人劳动报酬要引入竞争机制，实行多劳多得，合理拉开差距，允许属于个人的资本等生产要素参与收益分配。1997 年党的十五大、2002 年党的十六大继续坚持"效率优先、兼顾公平"的原则。[①]

进入 21 世纪，我国在经济快速发展的同时，社会不公平问题却日益凸显。党的十六届四中全会提出"注重社会公平"，党的十六届五中全会进一步强调"更加注重社会公平"，党的十六届六中全会提出建设和谐社会，要"在经济发展的基础上，更加注重社会公平"。2007 年，党的十七大报告不再将收入分配作为经济建设内容，而是纳入社会建设，将增加居民收入与居民收入分配一

---

① 党的十六大报告对"效率优先、兼顾公平"做出了较多的说明，即：坚持效率优先、兼顾公平，既要提倡奉献精神，又要落实分配政策，既要反对平均主义，又要防止收入悬殊。初次分配注重效率，发挥市场的作用，鼓励一部分人通过诚实劳动、合法经营先富起来。再分配注重公平，加强政府对收入分配的调节职能，调节差距过大的收入。规范分配秩序，合理调节少数垄断性行业的过高收入，取缔非法收入。以共同富裕为目标，扩大中等收入者比重，提高低收入者收入水平。

同考虑，并且提出，"初次分配和再分配都要处理好效率和公平的关系，再分配更加注重公平"，放弃了"效率优先、兼顾公平"的提法，"把提高效率同促进社会公平统一起来"作为我国摆脱贫困、加快实现现代化、巩固和发展社会主义的宝贵经验之一。2012年，党的十八大提出"初次分配和再分配都要兼顾效率和公平，再分配更加注重公平。完善劳动、资本、技术、管理等要素按贡献参与分配的初次分配机制，加快健全以税收、社会保障、转移支付为主要手段的再分配调节机制"，"兼顾效率和公平"成为新时期的指导思想，将效率和公平置于同等重要的位置。

2017年党的十九大报告提出，"中国特色社会主义进入新时代，我国社会主要矛盾已经转化为人民日益增长的美好生活需要和不平衡不充分的发展之间的矛盾""我国社会生产力水平总体上显著提高，社会生产能力在很多方面进入世界前列，更加突出的问题是发展不平衡不充分，这已经成为满足人民日益增长的美好生活需要的主要制约因素"。在这个背景下，"保障和改善民生要抓住人民最关心最直接最现实的利益问题，既尽力而为，又量力而行"。一是要"坚持按劳分配原则，完善按要素分配的体制机制，促进收入分配更合理、更有序"；二是要"履行好政府再分配调节职能，加快推进基本公共服务均等化，缩小收入分配差距"，为新时代我国收入分配改革指明了方向。党的十九大报告第一次明确提出了"政府再分配调节职能"，也不再明确地使用"效率与公平"，而是分别强调初次分配的合理有序和通过政府再分配缩小收入分配差距，当然其前提是"尽力而为"和"量力而行"。收入分配改革作为社会建设的重要组成部分，将是我国未来解决发展不充分、不平衡问题的组成部分，是长期任务，需要在发展过程中逐步解决。

三、政府再分配调节在缩小收入差距中的作用和效果有待认识

中国当前已经将居民收入、收入分配和收入差距问题纳入社会建设领域。当然，这并不意味着居民收入、收入分配和收入差距问题完全是一个社会问题，尤其是，初次分配收入主要是在市场机制运行过程中与资源配置、生产和交换同时发生的，与经济运行密切相关，并不是说，一个经济体系存在一个生产过程，同时还存在一个收入分配过程。但是，市场经济体制下，最终收入分配不仅取决于初次收入分配（主要是市场实现的收入分配），还取决于政府再分配调节，而政府再分配调节致力于实现社会公平目标，这样，收入分配问题从根本上属于社会建设领域，这是我国关于收入分配体制改革在国家建设中

定位的基本逻辑。但是，究竟如何认识政府再分配调节职能在总体收入分配以及最终收入差距中的作用，还有不同的认识；对于我国最终居民收入差距中政府再分配发挥了多大程度的调节作用（即政府再分配效应），也有待进一步认识。

（一）关于政府再分配调节地位和作用的认识有待提高

最终居民收入分配不仅取决于初次分配，也取决于政府再分配调节；收入分配改革不仅包括初次分配改革，也包括再分配改革。国家统计局 2013 年首次公布全国居民收入基尼系数，其背景是在我国收入差距比较大的情况下回应社会关切。但是，官方公布的居民收入基尼系数使用了居民可支配收入指标，反映的是居民最终收入分配差距。居民可支配收入是初次分配经政府再分配调节而形成的，那么，初次分配收入差距如何，再分配对初次分配调节效果如何？官方并没有公布，而这是认识收入分配现状及其成因、制定收入分配政策需要回答的基础性问题。只有对这些问题做出回答，才能对收入分配问题做出全面回答。实际上，我国学术界对于初次分配和再分配调节的相对重要性，还存在不同的认识。

关于初次分配重要还是再分配重要的问题，不同研究者往往强调其一。有的文献强调初次分配的重要性，例如，赵勇（2006）认为市场形成的初次分配不可能通过再分配实现公平调节，解决收入分配问题的途径是发展公有制经济；厉以宁（2013）认为我国再分配调节的基础还不具备，应优先改革和完善初次分配；高培勇（2002）认为我国收入分配问题根源于政府行为不规范，政府行为不规范导致初次分配不规范，收入分配问题重在初次分配，也是难题。[①] 也有文献更加强调政府再分配调节的重要性，例如，周光辉和殷冬水（2006）认为，政府再分配是现代国家不可或缺的角色，只有政府才能克服形式上的正义和丛林法则，只有政府才能实现公平分配；赵兴罗（2007）认为，从实现分配正义的主体看，市场、各种营利机构和非营利机构调节居民收入差距都有很大局限性，实现社会公平分配只能主要依靠政府力量；杨天宇（2000）认为，再分配是政府财政应有职能，但我国财政分配职能侧重调节宏观国民收入分配而不是居民收入分配，必须进行适应市场经济的改革，重视调节居民收入分配；曹桂全（2013）认为，没有充分重视和发挥财政调节居民收入分配职能是市场导向改革下收入差距扩大且不能有效控制的原因，加强政

---

① 高培勇. 规范政府作为：解决当前中国收入分配问题的关键 [J]. 财贸经济，2002（1）.

府再分配职能是解决收入分配问题的关键，发达国家收入分配经验表明，初次分配改革目标是实现按照贡献分配，但无法解决困难家庭生活和子女教育问题、老年人收入来源问题、失业者生活问题，只有再分配才能解决这些基本问题，发挥政府再分配调节职能是关键；王绍光（2009）认为，考察西方发达国家历史可以发现，再分配制度使"与社会脱钩的经济"演变为"重新嵌入社会的经济"，挽救了资本主义，其经验值得借鉴，必须重视再分配制度建设。①

（二）关于政府再分配调节机制的认识有待提高

我国从 1978 年开始实行改革开放，经过一段时间的实践探索后，1993 年决定实行社会主义市场经济体制。市场经济以市场作为资源配置和实现收入分配的基础性机制的经济，必然导致居民收入差距扩大，必然会存在部分失业，必然有部分人依靠自己无法获得满足基本生活需要的收入。基于此，社会主义市场经济体制的改革基本框架包括两个方面。一方面，建立以按劳分配为主体，效率优先、兼顾公平的收入分配制度，鼓励一部分地区一部分人先富起来，走共同富裕的道路。具体地，个人收入分配要坚持以按劳分配为主体、多种分配方式并存的制度，体现效率优先、兼顾公平的原则。劳动者的个人劳动报酬要引入竞争机制，打破平均主义，实行多劳多得，合理拉开差距。鼓励一部分地区一部分人通过诚实劳动和合法经营先富起来，提倡先富带动和帮助后富，逐步实现共同富裕。另一方面，要建立收入分配调节制度。建立多层次的社会保障制度，为城乡居民提供同我国国情相适应的社会保障，促进经济发展和社会稳定。建立多层次的社会保障体系，对于深化企业和事业单位改革，保持社会稳定，顺利建立社会主义市场经济体制具有重大意义。逐步建立个人收入应税申报制度，依法强化征管个人所得税（简称个税），适时开征遗产税和赠与税。通过分配政策和税收调节，避免由于少数人收入畸高形成两极分化。对侵吞公有财产和采取偷税抗税、行贿受贿、贪赃枉法等非法手段牟取收入的，要依法惩处。② 因此，在社会主义市场体制改革之初，我国就明确地将建立包括社会保障制度和个税等税收调节制度作为分配制度不可缺少的内容。

但是，社会保障和个税等税收制度构成的政府再分配调节体系并没有理想的模式。根据社会经济发展需要，并考虑"社会保障水平要与我国社会生产力

---

① 胡鞍钢，王绍光，周建明. 第二次转型：国家制度建设 [M]. 北京：清华大学出版社，2009：232 - 266.

② 参见《中共中央关于建立社会主义市场经济体制若干问题的决定》（1993 年）。

发展水平以及各方面的承受能力相适应"，① 我国采取有重点、分阶段地逐渐建立再分配调节制度，有针对性地解决不同时期的社会经济问题。在这种条件下，多层次的社会保障体系实际上存在较大程度的碎片化，对城乡之间、地区之间、行业之间、不同社会群体之间的再分配调节效果受到制约。下面，我们以养老保险为例进行说明。

　　1993 年，我国提出建立社会保障制度，但强调"城乡居民的社会保障办法应有区别"，社会保险主要是配合"深化企业和事业单位改革，保持社会稳定"而实施的，而"农民养老以家庭保障为主"。在 1997 年党的十五大报告中，社会保障体系建设放在了"加快推进国有企业改革"之中，是作为国有企业改革的配套措施推进的。基本养老保险是社会保险的主体，也是社会保障体系中收支最大的项目，但经历了长期的探索过程。1991 年，国务院《关于企业职工养老保险制度改革的决定》颁布，提出建立多层次养老保险制度，改变过去养老保险完全由国家、企业包下来的办法，实行国家、企业、个人三方共同负担，标志着我国开始养老保险制度全面改革。1993 年，党的十四届三中全会提出，企业养老保险制度实行"统账结合"。② 1994 年，《中共中央关于建立社会主义市场经济若干问题的决定》提出，城镇职工养老和医疗保险由单位和个人共同负担，社会统筹和个人账户相结合。1995 年，《关于深化企业职工养老保险制度改革的通知》第一次以国务院文件的形式要求各地建立个人账户，并提出了两套社会统筹和个人账户相结合的实施办法，由各地政府选择试点，"统账结合"开始落实。1997 年，国务院发布《关于建立统一的企业职工基本养老保险制度的决定》，统一了"统账结合"实施方案，统一了全国企业职工养老保险制度。1997 年，劳动部办公厅印发《职工基本养老保险个人账户管理暂行办法》，要求个人账户建立时间最晚不得超过 1998 年 1 月 1 日。1998 年，《国务院关于实行企业职工基本养老保险省级统筹和行业统筹移交地方管理有关问题的通知》要求，实行企业职工基本养老保险省级统筹和行业统筹移交地方管理。2005 年，国务院发布《关于完善职工基本养老保险制度的决定》，与做实个人账户相衔接，自 2006 年 1 月 1 日起，个人账户记账规模调整为 8%，全部由个人缴费形成，实现了个人缴费比例的全国统一。2010 年，《中华人民共和国社会保险法》（以下简称《社会保险法》）颁布，自 2011 年 7 月 1 日起实行，形成了社会保险立法。但是，社会保险仍然没有成型。第

---

　　① 参见《中共中央关于建立社会主义市场经济体制若干问题的决定》（1993 年）。

　　② 统账结合，即社会保险待遇实行统筹账户和个人账户相结合，个人账户部分与个人缴费多少有关。

一，社会保险不统一，城乡社会保险差异大。机关事业单位工作人员纳入职工基本养老保险之前，城镇企业职工与机关事业单位工作人员的社会保险存在差别，而且总体上前者待遇水平低于后者，而且并非全部企业职工全部参加保险或者按照法定费率缴费，进一步导致职工保险待遇不统一。机关事业单位工作人员纳入职工社会保险后，仍然存在城镇职工与城乡居民社会保险的差异。以养老保险为例，2014年开始，城镇居民与农村居民的基本养老保险统一，但与城镇职工基本养老保险不同。城乡居民基本养老保险是自愿性的而不是强制的，与城镇职工依据工资水平和按照固定费率缴纳保费不同，参保人员缴费标准为每年100元、200元、300元、400元、500元、600元、700元、800元、900元、1000元、1500元和2000元共12个档次，但各省（区、市）人民政府可以根据实际情况增设缴费档次，由参保人员自行选择，国家对参保人缴费给予补贴。城乡居民基本养老保险参保人员缴费全部纳入个人账户，国家负责为个人支付基础养老金。第二，没有实现全国统筹。党的十九大报告提出，"完善城镇职工基本养老保险和城乡居民基本养老保险制度，尽快实现养老保险全国统筹。"也就是说，养老保险还处于省级统筹阶段，没有实现全国统筹，将限制其全国收入分配调节能力。第三，费率尚不统一和固定。《社会保险法》并没有规定各项社会保险的费率，费率实际上由国务院出台指导意见，由各省级政府具体规定，造成地区社会保险实际差别。2015年，天津城镇职工社会保险的缴费比例为：养老保险，单位20%，个人8%；医疗保险，单位11%，个人2%；失业保险：单位1%，个人1%；工伤保险：单位0.5%，个人不缴费；生育保险：单位0.8%，个人不缴费。以上单位合计费率33.3%，个人11%，总计费率为44.3%。2019年，《国务院办公厅关于印发降低社会保险费率综合方案的通知》规定，城镇职工基本养老保险单位缴费可以降至16%。为此，天津市决定从2019年5月起，企业职工基本养老保险单位费率由19%降至16%，将机关事业单位工作人员基本养老保险单位费率由20%降至16%。实际上，有的地方之前已经降到16%以下，比如杭州市企业职工基本养老保险单位费率已经降至14%。这种由地方政府决定费率的社会保险，不利于发挥全国范围内收入再分配调节作用。

（三）关于政府再分配调节效果的认识有待提高

从国际经验看，社会保障（或者称为政府对个人的收入转移、居民社会性收益）是政府再分配调节的主导力量。根据国家发展和改革委员会就业和收入分配司的考察报告，2004年，英国居民初始收入分配的基尼系数为0.52，社

会保障使基尼系数降低 0.15，降低了 29%，降低到 0.37；直接税使基尼系数进一步降低了 0.03，降低了 5.8%，降低到 0.34；间接税则使基尼系数扩大 0.04，扩大了 7.7%，扩大到 0.38。如果仅考虑社会保障和直接税，政府再分配使基尼系数从初始分配的 0.52 降低为可支配收入的 0.34，降低了 0.18，降低了 34.8%，收入转移调节收入分配的力度强于税收，前者的贡献率是 83.3%，而后者是 16.7%。[①] 肯姆和拉姆勃特（Kim and Lambert，2009）分析了美国 1994～2004 年的收入不平等及税收和政府收入转移对收入分配的调节作用。2004 年，初次分配收入基尼系数为 0.50081，政府税收和收入转移合计减少了大约 30% 的收入不平等，基尼系数降低到 0.34196；而在全部收入再分配效应中，收入转移贡献率约占 88%，税收（包括个税、财产税和工薪税）贡献率只有 12%。[②] 古尼、罗佩兹和塞文（Goñi，López and Servén，2008）比较了欧洲国家和拉丁美洲国家的收入不平等。拉丁美洲国家的收入不平等居于世界前列，而且这种不平等影响居民获得教育与医疗服务并产生政治矛盾和波动。但是从市场收入看，拉丁美洲国家组（包括阿根廷、巴西、智利、哥伦比亚、墨西哥和秘鲁）与欧洲国家组（包括奥地利、比利时、丹麦、芬兰、法国、德国、希腊、爱尔兰、意大利、卢森堡、荷兰、葡萄牙、西班牙、瑞典、英国）并没有多大差别，前者的市场收入基尼系数为 0.52，后者的市场收入基尼系数为 0.46，前者比后者仅高出 13.04%；而经过政府税收和收入转移的调节，前者的可支配收入基尼系数为 0.5，仅降低了 3.85%，而后者的可支配收入基尼系数降低为 0.32，降低了 30.43%，[③] 前者比后者高出 36%，可见再分配调节的决定性作用。

从 21 世纪初开始，我国研究者开始关注再分配调节及其效果，并从再分配调节不足的角度解释收入差距扩大的原因。由于我国个税税制设计相对简单导致税负不公、征管不健全导致征收率低、总体居民收入水平较低导致实际税率低，可以推断个税无法发挥较大程度的调节作用（钱晟，2001；张文春，2005；黄凤羽，2010）。实证分析也支持这种观点，一些早期研究者认为个税调节作用微弱甚至存在逆调节，例如，胡鞍钢（2002），王亚芬、肖晓飞和高

---

① 国家发展和改革委员会就业和收入分配司. 英国再分配调节措施的基本情况和效果评估 ［DB/OL］. 就业·分配·保障简报，2006 - 7 - 6。参见：曹桂全. 政府再分配调节的国际经验及其对我国的启示 ［J］. 华东经济管理，2013（7）.

② Kim, K. and Peter J. Lambert, Redistributive Effect of U. S. Taxes and Public Transfers: 1994 - 2004 ［J］. *Public Finance Review*, 2009, 37（1）: 3 - 26.

③ Goñi, E. , J. H. López & L. Servén. Fiscal Redistribution and Income Inequality in Latin America ［R］. The World Bank Policy Research Working Paper, No. 4487, 2008.

铁梅（2007），周肖肖和杨春玲（2008），李延辉和王碧珍（2009）。① 多数基于全国城镇居民样本和省级地区样本的文献测算结果也显示，个税再分配效应不到1%，例如佘红志（2010）、彭海艳（2011）、万莹（2011）、李清彬（2012）、石子印和张燕红（2012）、曹桂全（2013）。鉴于住户调查样本个税填报额偏低，一些文献使用微观模拟方法估计个税纳税额后测算个税再分配效应，其结果相对乐观，个税再分配效应可以达到3%~4%的潜力，例如，张世伟和万相昱（2008）、岳希明和徐静（2012），徐建炜、马光荣和李实（2013）。研究者普遍认为，我国个税的税收累进性较强，而再分配效应弱的主要原因在于平均税率低。曹桂全和任国强（2014）将个税再分配调节作用的影响因素概括为税制、征管和居民收入水平三个方面。鉴于2006年起我国进行了以免征额调整为主要内容的税制改革，一些文献（洪兴建，2007；岳树民和岳希明，2011；岳希明和徐静，2012；岳希明等，2012；徐建炜、马光荣和李实，2013）研究了免征额调整对个税再分配效应的影响，普遍认为提高个税免征额弱化甚至恶化了个税再分配效应。岳希明和徐静（2012）认为，提高免征额的税制改革与加强个税的再分配调节作用、提高直接税比重的要求"背道而驰"，不应当大幅提高免征额，而应当降低免征额和提高个税税率。一般地说，为持续实现居民基本生活费用的充分扣除，提高免征额的调整具有必然性，只有这样才能体现免征额价值，也才能实现个税功能。如果免征额调整具有上述消极效应，我国个税免征额调整就陷入了一个两难境地，迫切需要深入认识问题的症结。

测算社会保障再分配调节作用难度更大，测算结果争议也较大。一方面，因为社会保障构成复杂；另一方面，因为数据不充分，且依赖宏观分组数据，只有少数文献有机会获得国家住户调查数据或者自行进行数据调查。一些文献使用转移性收入来研究社会保障的再分配效应，显示了社会保障对城镇居民内部有一定的缩小收入差距的调节作用，但是对城乡居民收入差距、地区居民收入差距调节作用弱甚至产生逆调节（黄祖辉、王敏和万广华，2003；杜鹏，2004；张晓芳，2011）。使用宏观分组数据的文献显著低估了社会保障的再分配调节作用，例如万莹（2016）使用2002~2012年的城镇居民宏观分组数据进行计算，个税再分配效应为0.763%，而社会保障再分配效应在一些年份是

---

① 应当指出，这些文献多以城镇居民家庭总收入作为税前收入、可支配收入作为税后收入，以二者差额为纳税额，其测算方法有一定程度的问题。也就是说，总收入与可支配收入的差额并不单纯是个税，而是包括了社会保险费缴纳；同时，城镇居民家庭总收入包括了从政府获得的收入转移，也不是初次分配收入。因此，"逆调节"的结论不一定可靠。

负的，最大再分配效应也只有 1.781%。[1] 这里对宏观分组数据的问题进行简要分析。初次分配收入经过再分配调节后形成可支配收入的过程中，存在再排序，也就是说，个体的位置会发生改变，从而导致初次分配的收入组与可支配收入的收入组并不是相同的个人。例如，对于退休人员人群，其初次分配收入为 0，位于初次分配的最低收入组，但是经过领取养老金（含离退休工资），且养老金数量不同，退休人员可能保留在可支配收入的最低收入组，也可能进入低收入组、中等收入组甚至高收入组。我国官方公布的收入数据为按照可支配收入分组的，无法回溯到初次分配分组，而计算再分配效应需要以初次分配分组为基础，这样，按照宏观分组数据实际上无法计算再分配效应。为此，研究者探索使用城镇住户调查微观数据测算社会保障的再分配效应。许兰玲（2010）使用 2002~2008 年天津城镇住户调查数据，计算了居民社会保障收入（政府社会保障支出）和居民社会保障缴纳（政府社会保障收入）的再分配效应，其中居民社会保障收入有效缩小了居民收入差距，降低幅度从 29.78% 上升到 33.82%，其中社会保险收入（包括机关事业单位离退休工资）贡献率达到 98%，是缩小差距的主要力量；居民社会保障缴纳扩大了居民收入差距，扩大幅度从 0.95% 增加到 3.47%。李清彬（2012）测算了 2007~2009 年山东省城镇住户样本的财政再分配效应，总体政府再分配效应从 20.186% 扩大到 22.007%，其中居民社会保障支出使收入差距扩大了 2% 左右，个税使收入差距缩小了 0.267%~0.396%，居民社会保障收入则使收入差距缩小了 21.851%~23.766%，起到了决定性作用。刘柏惠和寇恩惠（2014）利用中国城镇住户调查（UHS）2002~2009 年数据测算再分配效应，税收（含个税和社会保障缴纳）和收入转移（即居民社会保障收入）的总体再分配效应从 2002 年的 21.77% 上升到 2009 年的 25.22%，其中税收的贡献率从 2002 年的 2.62% 略微降低到 2009 年的 2.28%，收入转移的贡献率从 2002 年的 97.38% 略微扩大到 2009 年的 97.72%。

值得注意的是，刘柏惠和寇恩惠（2014）进行了再分配效应的分解分析，但没有对此做出解释。我们在该文献数据的基础上，按照将再分配效应分解为垂直效应和再排序效应的分解方法，分别对税收（含个税和社会保障缴费）和政府对个人的收入转移的再分配效应进行分解（见表 1-1 和表 1-2）。税收的相对再分配效应（RRE）位于 0.39%~1.42%，调节效果较弱。平均税率（t）总体上呈现上升趋势，但税收累进指数波动甚至有所下降，导致垂直

---

① 万莹. 我国税收政策与社会保障政策收入再分配效应比较 [J]. 税务研究, 2016 (9): 84-91.

效应（V）不稳定。再排序效应占垂直效应的30%以上，也就是说，垂直效应中的30%以上由于再排序效应（R）而未能有效形成再分配效应。尤其是，再排序效应呈现扩大的趋势，2009年，再排序效应占到垂直效应的71.1%。如果能够完全消除再排序效应，则税收再分配效应可以提高30%以上，比如2006年，可以从1.42%提升到2.24%；2009年，可以从0.39%提高到1.31%。因此，再排序效应导致了严重的再分配效应损失，使较大部分的垂直效应不能有效形成再分配效应。

表1-1 2002~2009年城镇住户的税收再分配效应及其分解

年份	RE	RRE（%）	t	K_T	V	R	R/V（%）	R/RE（%）
2002	0.0031	0.81	0.0685	0.0678	0.0050	0.0019	37.82	60.83
2003	0.0035	0.88	0.0788	0.0692	0.0058	0.0023	40.87	69.13
2004	0.0045	1.12	0.0852	0.0780	0.0073	0.0028	38.06	61.43
2005	0.0055	1.33	0.0928	0.0843	0.0086	0.0031	36.22	56.79
2006	0.0058	1.42	0.0972	0.0855	0.0092	0.0034	36.99	58.71
2007	0.0040	0.98	0.1009	0.0675	0.0076	0.0036	47.20	89.38
2008	0.0033	0.77	0.0984	0.0631	0.0069	0.0036	52.08	108.69
2009	0.0016	0.39	0.1167	0.0419	0.0055	0.0039	71.10	245.98

注：RE表示再分配效应；RRE表示相对再分配效应；R/RE是指再排序效应R占再分配效应RE的比重。下同。

资料来源：根据刘柏惠和寇恩惠（2014）的数据计算整理。再分配效应（RE）、税收累进指数（K_T）、平均税率（t）和垂直效应（V）由该文献给出；笔者按照R=V-RE计算再排序效应。

再看政府对个人收入转移的再分配效应的分解。逐年再分配效应位于18.68%~24.26%，远高于税收，且动态上呈现上升势头。究其原因，一方面，收入转移的税收累进性较强，一般达到0.5，远高于税收；另一方面，平均收益率（b）达到20%，也远高于税收，且呈现上升趋势，决定了较高的垂直效应。政府对个人的收入转移也有较强的再排序，占垂直效应的40%,[①] 削弱了再分配调节效果。如果完全消除再排序效应，再分配效应将提高40%，例如，2006年，再分配效应可以从20.38%提高到33.09%。

---

① 按照刘柏惠和寇恩惠（2014）给出的数据计算，税收的再排序效应比政府对个人的收入转移还强，这一点值得怀疑。

表 1 - 2　　　2002 ~ 2009 年城镇住户的政府收入转移的再分配效应及其分解

年份	RE	RRE（%）	b	K_{TR}	V	R	R/V（%）	R/RE（%）
2002	0.0808	20.78	0.2201	0.5021	0.1417	0.0609	42.98	75.37
2003	0.0751	18.68	0.2075	0.4911	0.1286	0.0535	41.59	71.22
2004	0.0780	19.35	0.2046	0.5179	0.1332	0.0552	41.45	70.79
2005	0.0859	20.77	0.2267	0.4901	0.1436	0.0577	40.21	67.26
2006	0.0839	20.38	0.2153	0.4964	0.1362	0.0523	38.40	62.33
2007	0.0868	21.31	0.2169	0.5158	0.1429	0.0561	39.24	64.59
2008	0.1021	24.26	0.2486	0.5078	0.1680	0.0659	39.23	64.55
2009	0.1021	24.26	0.2486	0.5078	0.1680	0.0659	39.23	64.55

　　资料来源：根据刘柏惠和寇恩惠（2014）计算整理。再分配效应（RE）、收入转移的累进指数（K_{TR}）、平均收益率（b）、垂直效应（V）数据由该文献给出；笔者按照 R = V - RE 计算再排序效应。

　　为进行对比，我们根据肯姆和拉姆勃特（2009）的研究成果整理了美国 2004 年财政再分配效应的分解结果，见表 1 - 3。比较而言，2004 年美国全部税收的再排序效应占垂直效应的 11.1%，而个税再排序效应占其垂直效应的 5.12%，远低于我国税收；美国的政府收入转移的再排序效应占垂直效应的 26.34%，也远低于我国政府的收入转移。从这一点来看，即使保持我国现有税收和政府收入转移规模不变，而如果能够通过以公平为导向完善税收和社会保障制度，减少再排序，也能更好发挥税收和社会保障制度的再分配调节作用。而这一点，恰恰是现有关于再分配效应文献所忽视的。

表 1 - 3　　　　　　　　　2004 年美国财政再分配效应及其分解

指标	全部税收	收入转移	个税	财产税	工薪税
G_X	0.50081	0.50081	0.50081	0.50081	0.50081
G_N	0.47126	0.38774	0.46681	0.50677	0.50304
RE	0.02954	0.11307	0.03399	- 0.00596	- 0.00223
RRE（%）	5.90000	22.58000	6.79000	- 0.01190	- 0.00450
K	0.11235	0.88549	0.20565	- 0.24276	- 0.03131
t（b）	0.22828	0.20970	0.14845	0.01984	0.06355
V	0.03323	0.15350	0.03585	- 0.00491	- 0.00213
R	0.00369	0.04043	0.00186	0.00105	0.00010

指标	全部税收	收入转移	个税	财产税	工薪税
R/V（%）	11.10000	26.34000	5.12000	−21.39000	−4.70000
R/RE（%）	12.49000	35.76000	5.47000	−17.62000	−4.48000

资料来源：根据肯姆和拉姆勃特（2009）的研究成果计算整理。

因此，财政再分配效应的研究已经引起国内学者的重视，关于我国财政再分配效应的认识取得了积极进展。但是，关于个税免征额乃至其他费用扣除制度改革对于再分配效应的影响、社会保障对居民收入分配调节中暴露出的制度设计不合理问题，还需要深入探讨。

四、完善再分配调节机制是社会建设和收入分配改革的需要

改革开放后到党的十七大之前，我国将收入分配改革作为经济体制改革的重要方面，置于经济建设之中。从党的十七大开始，收入分配及其改革被置于社会建设之中，成为社会建设的重要任务，完善政府再分配调节机制是其重要内容之一。

党的十七大报告明确了收入分配制度的重要地位、初次分配原则和再分配调节的目标和途径。首先，合理的收入分配制度是社会公平的重要体现，社会保障是社会安定的重要保证。其次，在初次分配方面，要坚持和完善按劳分配为主体、多种分配方式并存的分配制度，健全劳动、资本、技术、管理等生产要素按贡献参与分配的制度。初次分配要处理好效率和公平的关系，保护合法收入，取缔非法收入，打破经营垄断，创造机会公平，整顿分配秩序。最后，在再分配调节方面，要调节过高收入，在"处理好效率和公平的关系"的同时"更加注重公平"，扩大转移支付，强化税收调节，逐步扭转收入分配差距扩大趋势。具体地，要以社会保险、社会救助、社会福利为基础，以基本养老、基本医疗、最低生活保障制度为重点，以慈善事业、商业保险为补充，加快完善社会保障体系；促进企业、机关、事业单位基本养老保险制度改革，探索建立农村养老保险制度；全面推进城镇职工基本医疗保险、城镇居民基本医疗保险、新型农村合作医疗制度建设；完善城乡居民最低生活保障制度，逐步提高保障水平；提高统筹层次，制定全国统一的社会保险关系转续办法。

党的十八大报告继续强调了收入分配的重要性，重申了初次分配原则，重点部署了再分配调节的途径和工作重点。第一，建设中国特色社会主义，要在全体人民共同奋斗、经济社会发展的基础上，加紧建设对保障社会公平正义具

有重大作用的制度，逐步建立以权利公平、机会公平、规则公平为主要内容的社会保障体系。坚持社会主义基本经济制度和分配制度，调整国民收入分配格局，加大再分配调节力度，着力解决收入分配差距较大问题，使发展成果更多更公平惠及全体人民，朝共同富裕方向稳步前进。第二，初次分配要"兼顾效率和公平"，完善劳动、资本、技术、管理等要素按贡献参与分配的初次分配机制。第三，再分配也要"兼顾效率和公平"，并且"更加注重公平"，加快健全以税收、社会保障、转移支付为主要手段的再分配调节机制。第四，社会保障是保障人民生活、调节社会分配的一项基本制度。社会保障制度建设要坚持全覆盖、保基本、多层次、可持续方针，以增强公平性、适应流动性、保证可持续性为重点，全面建成覆盖城乡居民的社会保障体系。城乡整合、不同人群社会保障的统筹统一成为重点。要改革和完善企业和机关事业单位社会保险制度，整合城乡居民基本养老保险和基本医疗保险制度，逐步做实养老保险个人账户，实现基础养老金全国统筹，建立兼顾各类人员的社会保障待遇确定机制和正常调整机制。

党的十九大报告按照"坚持在发展中保障和改善民生"的总体要求，对收入分配制度建设和改革做出部署。第一，保障和改善民生要抓住人民最关心、最直接、最现实的利益问题，既尽力而为，又量力而行。第二，重申了"坚持按劳分配原则，完善按要素分配的体制机制，促进收入分配更合理、更有序"的初次收入分配原则。第三，第一次使用"政府再分配调节职能"的概念，提出要"履行好政府再分配调节职能，加快推进基本公共服务均等化，缩小收入分配差距"。第四，社会保障建设要按照兜底线、织密网、建机制的要求，全面建成覆盖全民、城乡统筹、权责清晰、保障适度、可持续的多层次社会保障体系，全面实施全民参保计划，完善城镇职工基本养老保险和城乡居民基本养老保险制度，尽快实现养老保险全国统筹。

贯彻实施党的十九大提出的收入分配及其改革的任务，需要对收入分配的现状、存在问题及其成因进行进一步分析和认识，以利于制定具体措施和实施方案。

第二节　研究主题和意义

一、研究主题

本书在强调政府再分配调节重要性、再分配调节机制、再分配效应测算方

法的基础上，深入了解我国的再分配调节制度，收集相关数据，测算和分析政府再分配效应，肯定再分配调节职能取得的积极效果，找出再分配调节对于缩小居民收入差距的不足，按照履行好政府再分配调节职能、缩小收入分配差距的要求，提出完善政府再分配调节机制的对策建议。

本书研究具有以下特色。（1）以"初次分配 + 再分配调节 = 居民可支配收入分配"为分析框架，提高对再分配重要性的认识。最终居民收入分配是市场初次分配和政府再分配调节共同作用的结果，居民收入差距由市场分配形成，但最终收入分配是否公平取决于政府再分配调节。（2）以"税收调节 + 收入转移 + 均等化公共服务 + 政府间转移支付"为政府再分配工具体系，提高对再分配机制的理论认识，为制定收入分配改革方案提供理论指导。税收调节和收入转移直接对居民收入产生调节作用，直接缩小居民收入差距；均等化公共服务能够显著改善低收入者、弱势群体的社会福利水平，增强社会公平，是实现"共享"发展理念的重要途径，也最终有助于改善收入分配；政府间转移支付是财政收入在政府间的转移，直接作用是平衡地区间财政能力差异，支持不同地区提供均等化公共服务，有助于改善区域经济发展不平衡，也有助于最终改善居民收入分配，实现社会和谐发展。（3）深入分析我国政府再分配制度，深化对我国政府再分配调节机制和再分配效应的认识。通过使用科学方法、适合的数据，系统测算初次分配、再分配以及再分配的各种工具对最终居民收入分配的影响，对收入分配现状及其成因做出更加深入、全面的回答，尤其是关注了两个方面的问题。一是对个税免征额调整和其他费用扣除制度进行研究，分析其对个税再分配效应的影响，以全面、正确认识我国个税制度改革；二是对我国社会保障制度调节居民收入分配的优势和不足进行分析，运用再排序效应分析方法解释差异化社会保障制度的消极影响，强调应当在注重社会保障资源聚集和投入的同时，更加注重社会保障的公平性、均衡性，加强社会保障的统一统筹，以提高社会保障的再分配调节效果。

本书研究我国政府再分配调节机制，是对我国政府再分配调节机制的现状、存在问题和解决对策的研究，具体研究政府再分配调节的一般理论与方法、我国再分配调节制度及其调节效果和其存在的问题、再分配调节机制存在的问题和发展要求，最后提出完善再分配调节机制框架和具体方案，为国家出台深化收入分配改革政策提供咨询建议。

二、研究意义

第一，梳理政府再分配调节工具及其调节收入分配的原理，构建再分配调

节制度和调节工具框架，阐述政府再分配调节职能的重要意义，促进政府再分配调节理论系统化。

第二，研究我国财政再分配制度及其实施效果，重点分析再分配调节机制存在的问题，通过对比国外经验，对标国家政策要求，分析社会经济发展内在要求和未来趋势，对我国财政再分配调节的成效和不足及其成因做出判断，深化关于我国政府再分配制度及其效果的认识。

第三，提出完善我国财政再分配机制的对策建议，为国家出台收入分配政策提供咨询服务。

第三节　研究思路、研究内容和研究方法

一、研究思路

理论分析和经验分析相结合，强调完善再分配调节机制和重视财政职能制度建设的关系，科学评估再分配效应现状，进行适当的国际比较，对我国再分配制度和再分配效应做出合理的判断，提出完善再分配机制的政策建议，使本书成为科学性强、创新性强、政策性强的社会科学研究。

（1）重视理论研究。理论认识是政策制定的前提。本书对初次分配与再分配、再分配与经济增长、效率与公平关系等重大认识问题进行了充分的理论研究。

（2）重视结合中国特色社会主义理论指导下的社会主义市场经济体制建立和完善的实践，分析我国政府再分配调节制度建设中的特殊问题。比如，我国个税免征额实行累积性调整方式，其对再分配效应的影响具有特殊性，不应当仅仅考察免征额调整当年的情况，而应当考察若干年，不应当仅仅比较免征额调整与假定不调整的差异，而且应当比较免征额实际调整与应当调整的差异，这样才能全面、客观认识我国个税免征额调整的效应。再如，我国社会保障制度是适应社会主义市场体制改革尤其是国企改革而建立起来的，是一个循序渐进的过程，也是一个政策探索过程，即使2010年进行了社会保险立法，但并没有规定诸如社会保险缴费费率这样的重大问题，政策空间很大；而且，社会保障制度由建立伊始强调城乡有别，发展到当前努力实现城乡统筹、全国统筹，是一个长期探索过程，很多问题需要在发展过程中解决。

（3）重视比较方法。他国经验是我国政策制定的认识来源之一，本书也进行了国外再分配体制架构、再分配的经验和教训的比较研究，借鉴他国经验。

（4）经验分析引入国际前沿定量研究方法，以认识中国实际问题为归宿。国外文献形成了丰富的关于再分配效应的分解分析方法，可以用于分析我国财政再分配效应的成因。我国的社会保障以社会保险为核心，社会保险财政收支的主体是基本养老保险，而基本养老保险存在很大的城乡差别、不同人群的差别，必然不利于居民收入分配的调节，其重要的表现就是形成再排序和再排序效应，为此我们选择使用将再分配效应分解为垂直效应与再排序效应的分解方法（即 APK 分解方法），尽管该分解方法并不是最先进的（肯姆和拉姆勃特，2009）。

（5）规范分析以科学发展观、新时代中国特色社会主义理论为指导。本研究不回避规范分析，构建再分配机制以以人为本、统筹思想、共享发展理念作为指南，密切结合党的十八届三中全会提出的全面深化改革的要求、十九大关于社会建设的部署，为履行好政府再分配调节职能、缩小收入差距提供政策建议。

二、研究内容

在研究内容选择上，本书既重视再分配调节的一般理论和方法的研究，重视总体再分配效应的测算和评价，也根据我国财政再分配制度建设的实际，研究诸如个税免征额调整、费用扣除制度改革问题，研究政府再分配调节与城乡收入差距、地区居民收入差距关系问题。具体地，研究内容包括七个方面。

（1）文献综述。以国内关于我国政府再分配效应以及相关研究为主题，进行文献梳理、总结和评价。鉴于测算方法、数据来源的重要性，对政府再分配效应测算和分解分析方法也进行一定的综述。

（2）再分配调节工具及其调节机制、再分配调节重要性研究。将政府再分配工具划分为税收、收入转移、均等化公共服务和政府间转移支付四类，分别研究其再分配调节机制和影响因素，构建政府再分配调节工具箱。通过考察财政职能理论的演变历史、再分配职能的地位和作用、初次分配和再分配的关系、再分配与收入不平等、经济增长的关系理论，再分配的政策工具构成及其收入分配调节机制、影响因素和适用性，构筑"初次分配＋再分配＝最终居民收入分配"分析模型，据此阐述再分配调节的重要性。

（3）再分配效应测算和分解分析方法研究。总结介绍现有国内外文献阐述的再分配效应原理和测算方法，根据我国再分配制度和居民收入数据的实际情况，选择适合我国实际的再分配效应模型和测算方法，并进行说明。

（4）我国再分配调节制度研究。对我国个税制度、社会保障制度、均等化基本公共服务制度和政府间转移支付制度进行研究，侧重分析个税制度、社会保障制度和政府间转移支付制度的演进过程。同时，对改革开放后我国的收入分配制度改革的进程进行分析。

（5）我国收入分配现状和再分配效应经验分析是本书的重点。对我国总体收入分配以及城乡、区域、行业、阶层收入分配现状进行研究，使用省级区域城乡居民住户调查数据和全国居民收入数据库测算再分配效应并进行分解分析，并尽可能对税收、收入转移、均等化公共服务、政府间转移支付对不同类型再分配工具的再分配效应进行测算，找出制约再分配调节能力的关键因素。

（6）再分配政策和再分配效应的国际比较研究。主要选择研究美国、英国、澳大利亚等 OECD 国家的再分配政策和调节效果，并与我国进行比较分析，提出值得借鉴的做法；也对部分发展中国家进行了比较研究。在理论分析、经验分析和国际比较研究的基础上，对我国再分配政策及其调节效果进行判断。

（7）完善政府再分配机制的政策研究。围绕强化再分配职能、确定再分配调节目标、选择适当的再分配政策工具等方面，构建完善再分配机制框架，提出有针对性、操作性的政策建议。一是切实重视再分配调节的作用；二是调节目标重在保证每个居民的基本生活需要，适当缩小收入差距，并力求提出确定定量目标的原则；三是强调全国全民制度统一并研究其可行性方案，克服当前差异化制度的弊端；四是通过各种再分配工具的有效搭配，加强再分配调节的力度。

三、研究方法

（一）理论分析与经验分析相结合

本研究以经验分析为主，也注重理论分析与经验分析相结合。鉴于现有政府再分配理论尚未形成系统性知识，本书试图系统分析政府再分配调节工具的构成，并阐述各种工具的调节机制、阐述政府再分配调节在最终居民收入不平等中的重要性，丰富政府再分配调节的理论知识。对于我国收入分配和再分配

调节的效果，尽可能收集相关数据，进行经验分析。

（二）文献研究方法

本研究尽可能全面、客观收集国内关于我国政府再分配效应的文献，总结、评价和借鉴现有研究成果，结合实际，分析现有文献存在的不足，以进一步明确研究方向和研究工作。国外文献则研究了相关的再分配调节理论、再分配测算方法和值得借鉴的再分配调节经验。

（三）比较分析方法

再分配调节没有一个理想的最优标准，借鉴取得较好再分配调节效果的国家的经验是一条有益的途径。通过比较研究，可以发现一些共性的规律。但是，各国所处的发展阶段不同、社会经济发展的路径不同，不能将比较等同于照搬。

（四）历史分析方法

历史分析方法要求运用发展、变化的观点分析客观事物和社会现象。客观事物是发展、变化的，分析事物要将它发展的不同阶段加以联系，进行动态比较，才能加深认识，揭示其实质和发展趋势。社会矛盾和社会问题的出现，总是有它的社会经济的历史根源，有时只有追根溯源，弄清它的来龙去脉，才能提出符合实际的解决办法。我国从 1978 年开始进行经济体制改革，并逐渐进行全面改革，需要从历史的观点分析和看待问题。我国的收入分配制度、个税制度和社会保障制度都有自己独特的演进路径，与整体改革相配套，研究政府再分配制度也需要历史地看问题，研究其演变路径，把握其发展趋势。

（五）数量分析方法

本书尽可能地收集收入分配和再分配的微观数据，进行量化分析。具体地，本书使用的数量分析指标包括基尼系数、变异系数、倍率、再分配效应、累进（退）指数、集中系数、平均税率（收益率）、垂直效应、再排序效应等，并经常使用再分配效应的分解分析方法；在缺乏数据或数据可能不准确的情况下，使用微观模拟方法进行测算，尤其是在分析我国个税再分配效应的场合；有时也进行必要的回归分析。

第四节　创新和不足

一、本研究的创新性

（一）研究思路和内容的创新性

1. 将完善再分配调节机制与加强财政再分配职能联系起来

最终居民收入分配是由市场决定的初次分配和政府再分配调节共同决定的，而最终居民收入差距决定于再分配调节。财政职能包括资源配置、稳定宏观经济和再分配三个方面。我国财政再分配职能相对弱化，是缩小居民收入差距效果不理想的根源。缩小居民收入差距需要完善再分配调节机制，而从指导思想上看，首先要重视财政再分配调节职能。只有从更加重视再分配职能的角度出发来加强再分配制度建设，才能完善再分配调节机制。

2. 创新再分配调节机制框架

政府再分配调节工具不是单一的，而是一个体系，包括税收调节、政府对个人的收入转移（主要是社会保障）、基本公共服务体系和政府间财政转移支付四种调节工具。根据我国的实际情况，完善再分配调节机制应当重视保基本、制度统筹统一和适当收入差距调节三个方面，将"保基本＋制度统筹统一＋适当收入差距调节"作为完善再分配机制的基本框架。保基本，就是保障所有居民基本生活需要，虽然不直接关注收入分配调节，但将取得缩小收入差距和实现社会公平的双重效果。我国应当将保基本作为税收、社会保障、均等化基本公共服务和政府间财政转移支付制度设计的基本出发点，切实通过再分配调节制度，保障所有居民的基本生活。① 制度统筹统一是指税收、社会保障制度、基本公共服务体系、政府间财政转移支付制度应当是全国统一的，适用所有居民；居民基本生活标准、待遇和财政支付的来源保障，都应当是一致的。城乡居民等不同人群间社会保障标准不统一、地区间社会保障不统筹，是

---

① 保基本即保障居民基本生活需要得到满足。制定居民基本生活标准是很重要的工作。贫困线是一种重要的指标。但是，无论是居民基本生活需要，还是贫困线，都不是一成不变的。根据经济发展需要和国家财力，可以确定较高一些的基本生活需要，比如将传统上认为属于社会福利的项目纳入基本生活。

我国社会保障制度的突出特点，也是明显的弊端，应当向统筹统一的方向努力。鉴于我国社会经济发展的客观实际，明确统一统筹的方向并不意味着一次性解决这个问题，而是要求社会保障制度的改革和完善应当按照这个方向推进。同样，制度统筹统一既符合社会公平的要求，也能客观上缩小居民收入差距。在保基本和制度统筹统一的再分配调节制度之下，将带来机会均等、基本生活保障等一系列的社会建设成效，也将缩小居民初次分配收入差距。政府再分配调节并不是放任或者要求政府干预个人的一切生活，也不是追求居民收入彻底均等化，而是在提供基本保障的条件下，使市场更有效发挥作用，使任何个人都有机会参与市场竞争。再分配调节并不刻意减弱消灭收入差距，但必然会适当缩小收入差距。此外，四种再分配调节机制设计，都应当考虑直接或者间接地实现缩小居民收入差距的目标要求，比如个税税制中考虑如何设计费用扣除、税率、税收优惠等，要利于缩小居民收入差距，进行收入差距的适当调节。

3. 力求密切结合实际，提高对策的针对性

本书结合我国再分配调节制度及其实施的实际，选择适当的分析方法，力求更加具体深入分析再分配效应及其成因，从而有助于认识和解决我国再分配调节机制中的实际问题。同时，使用全国和某些地方住户调查微观数据，对再分配效应进行测算和分解分析，形成关于再分配效应的深入认识，弥补当前研究的不足，发现新的认识，切实解决实际问题，使政策建议更有针对性、可操作性。一是在再分配效应的分解分析中，应用再排序效应解释我国个税和社会保险制度中存在的问题，从而找到改革和完善的方向；二是针对我国个税采取标准化免征额以及累积性调整方式的特点，区分了应有调整、实际调整以及年度调整和期间调整，深化了对我国个税免征额调整效应的认识。

（二）研究观点的创新性

1. 突出强调政府再分配调节的重要性

市场经济条件下，一国最终居民收入分配及其差距决定于初次收入分配与政府再分配调节的对比关系。要缩小最终居民收入差距，必须履行好政府再分配调节职能，健全再分配调节机制，加大再分配调节力度。改革开放后很长一段时间内，我国居民收入差距扩大，是市场机制进行的初次收入分配差距扩大导致的；但居民收入差距过大、收入分配不公平的问题不能主要归因于市场，而是政府再分配调节跟不上导致的。解决我国的收入分配问题，必须重视政府再分配。我国居民收入差距大，有初次分配方面的问题，但突出问题是政府再

分配调节力度不够，政府再分配调节是解决我国收入分配问题的关键。要解决好我国居民收入差距问题，必须注重政府再分配调节。

2. 我国政府再分配调节制度建设取得积极成效

我国历来重视处理效率与公平、经济增长与收入分配的关系。鉴于传统计划体制下的居民收入分配制度缺乏物质激励，存在严重的"吃大锅饭"现象，我国收入分配制度改革首先就是引入物质利益原则，强调真正的按劳分配，甚至推动建立适当拉大收入差距的分配制度，最终形成了按生产要素贡献进行分配的思想，实际上是发挥市场机制在初次分配收入决定中的作用。这样，在从计划体制向市场体制转变过程中，出现居民收入差距扩大具有必然性。

市场机制具有通过分工、交换、竞争、价格等方式促进资源配置效率的积极作用，但也存在市场失灵、收入差距过大等社会经济问题。我国也明确提出，实行社会主义市场经济体制，必须建立相配套的社会保障制度，进行收入分配调节。1980 年个税制度建立，1993 年建立内外统一的税法，2006 年后实施生活费用扣除额（免征额）调整以及加强税收征管的一系列措施，2019 年开始实现从分类税制模式向综合与分类相结合税制模式的转变，明确了专项扣除并增加了专项附加扣除（本书统称为特别费用扣除），个税改革迈出一大步。国家个税税收从 2000 年的 659.64 亿元增加到 2018 年的 13872 亿元，占 GDP 的比重从 0.66% 上升到 1.54%，个税占全部税收比重从 5.24% 提高到 8.87%，个税再分配调节潜力上升。我国还积极探索建立社会保障制度，进入 21 世纪以来，我国更加重视社会保障的全面性，通过最低生活保障制度和多层次的社会保险，实现了城乡居民基本养老保险和基本医疗保险制度全覆盖。2017 年，社会保障和就业支出占公共预算的 12.12%，社会保险预算支出达到 57145 亿元，占 GDP 的 6.96%，城乡居民人均转移性可支配收入达到 4744 元，占居民可支配收入的 18.26%，社会保障的再分配调节潜力明显。2018 年确立了"按照兜底线、织密网、建机制的要求"，"全面建成覆盖全民、城乡统筹、权责清晰、保障适度、可持续的多层次社会保障体系"的目标。从"十二五"时期开始，我国明确实施基本公共服务均等化规划。从 1994 年实施分税制开始，我国不断改善政府间财政转移支付制度，提高一般性财政转移支付，也有助于强化政府再分配调节能力。

3. 我国个税税制精细化不足，制约和影响了个税再分配效应

我国个税税制简单，精细化不够，税制不公平突出，加之总体居民收入水平不高，制约了个税再分配效应。我国长期实行分类税制模式，费用扣除制度不健全，没有明确区分商业费用扣除、特别费用扣除和生计费用扣除（免征

额），并采取单一标准化费用减除额和累积性调整方式①，免税所得范围过大，制约了个税再分配效应，并引起不合理的税收波动。

单一标准化免征额是本书提出的概念，指税法规定工资薪金所得纳税人适用统一的费用减除标准，该标准或者是生计费用扣除或者是生计费用扣除与商业费用扣除之和。费用减除标准累积性调整方式也是本书提出的概念，指我国各税税法实际上采取了大规模、集中性调整工资薪金所得纳税人费用减除标准的方式，若干年集中调整一次，调整幅度较大，调整一次计划适用若干年，但实际上与逐年的应有免征额存在偏差。单一标准化费用扣除标准和累积性调整方式都是税制精细化不够的表现。为考察我国个税免征额调整的税收效应和再分配效应，本书区分了免征额实际调整、不调整与应有调整的概念，区分了免征额调整的调整年效应与调整期间效应，并认为我国个税免征额调整是必要的，调整幅度总体上也是合适的，但会导致逐年间税收规模、平均税率和税收再分配效应的不合理波动。因此，免征额调整是必要的，但应当改变单一标准化免征额和累积性调整方式。

经过 2018 年 10 月税法修正，我国个税税法从规定了费用减除额、税前扣除扩展到规定了费用减除标准、专项扣除、附加专项扣除，但是仍然没有明确商业费用扣除的概念，需要进一步完善。比如，作为免征额的每年 6 万元的费用扣除，只有综合所得纳税人能够获得，其他所得纳税人不能获得，是不合理的；而且没有对各种所得进行经营性费用扣除。

免税所得范围过大，指税法规定养老收入等来自政府的收入转移全面免税。我国税法规定，职工或者居民个人社会保险缴费、住房公积金缴费在税前扣除，这是国际通行的社会政策。但是，个人领取社会保险金、住房公积金时，一般应当依法纳税，使税前扣除实质成为递延纳税政策，避免高收入因此脱离个税调节。养老金等来自政府的收入转移一律免税，导致部分高收入免予课税，减少了税收，弱化了再分配调节能力，且形成一定的再排序效应，不利于形成再分配效应。

4. 社会保障制度统一统筹不够，再排序程度较高，弱化了再分配效应

以天津市 2002 ~ 2012 年城镇住户调查样本和天津市 2014 年城乡住户调查样本的测算为例，政府再分配调节制度较大程度缩小了初次分配收入差距，尤其是居民社会保障收入起到了主体作用。但是，与政府再分配的资源投入相

---

① 曹桂全，仇晓凤. 论我国个人所得税免征额制度改革 [J]. 天津大学学报（社会科学版），2016（3）：217 – 223.

比，再分配调节潜力并没有充分发挥，主要受再分配工具的再排序效应制约，尤其是居民社会保障收入的再排序效应影响最大，使再分配效应受到限制。基于天津市 2014 年城乡住户调查样本的测算表明，财政再分配体系的垂直效应达到 36.87%，但再排序效应使之损失了 59.45%；如果完全消除再排序，最终收入基尼系数将降低到 0.2333 而不是 0.3222，相对再分配效应将从 15.91% 扩大到 39.11%；即使将再排序效应降低到 30%，再分配效应将达到 27.38%，最终收入基尼系数将降低到 0.2783。因此，即使保持政府再分配资源投入不变，通过完善再分配调节机制而减少再排序，也能有效扩大再分配效应。

5. 基本公共服务均等化的再分配调节潜力较大

基本公共服务均等化是缩小居民收入差距的重要手段。义务教育是基本公共服务的主力之一，其支出规模较大，但是由于存在城乡之间、区域之间的义务教育支出不均等，越是经济发达地区的义务教育支出越高，越是落后地区的义务教育支出越少，义务教育支出的调节作用受到严重制约。因此，不仅要重视义务教育支出的规模，而且要推进义务教育的均等化，这是实现机会均等的迫切要求，而且对于改善实际居民收入分配也具有重要价值。①

社会保障的城乡差异是城乡居民收入差距扩大的重要因素。2008 年山东省城镇住户样本的分析表明，城乡之间社会保障资源严重不平衡，扩大了城乡居民收入差距。2014 年天津城乡住户调查样本的分析也表明，农村住户的政府再分配效应远弱于城镇住户，且总体再分配扩大了城乡居民收入差距。为缩小居民收入差距，再分配资源向农村倾斜、促进城乡社会保障的均等化，将是重要的政策选择。

6. 区域居民收入差距缩小机制的可持续性有待加强

21 世纪以来，我国区域经济格局发生变化，呈现地区发展差距和区域居民收入差距均有所缩小的新格局。中央财政转移支付力度加大，并具有面向低收入地区的倾向性，对缩小地区发展差距具有直接的积极作用。但是，2012 年之后，我国经济发展进入新时期，中央政府财政转移支付有所降低，新经济呈现聚集特征，低收入地区面临债务困扰，地区经济发展差距不再缩小甚至有所扩大，地区经济增长的不平衡性难以避免，甚至可能在新经济条件下出现新情况、新趋势、新问题。我国仍然总体上面临地区经济严重不平衡的态势，在

---

① 实际居民收入分配指包括实物收入和现金收入的收入分配。收入分配差距（例如基尼系数）是使用居民现金收入指标测算的，没有包括居民获得的均等化公共服务（如义务教育）。那么，包括了均等公共服务价值的收入分配，可以称为实际居民收入分配。

这种情况下，虽然低收入地区经济增长较快，但受收入—发展比下降的制约，居民收入增长并不同步，居民收入差距缩小滞后于地区经济发展差距。① 低收入地区收入—发展比降低制约了低收入地区快速经济增长带来居民收入增长的潜力。经济增长可以较多依靠地方努力，而收入分配的改善不可能完全依靠低收入地区的经济增长。城镇化首先发生于发达地区的农村，高收入地区的城镇化率高于低收入地区，也不利于缩小区域居民收入差距。中央政府的转移支付在低收入地区的居民收入中占比更高，对提高低收入地区的居民收入起到了积极作用。但是由于社会保障制度实行省级统筹，高收入地区的社会保障水平更高、制度更健全，尤其是高收入地区的农村居民收入来源结构中转移性收入更高，社会保障制度在一定时期内会扩大区域居民收入差距。总体上，我国农村居民收入区域差距高于城镇，而城乡居民总体收入区域差距又大于农村；城乡收入差距、低收入地区的低城镇化率和低收入—发展比，成为制约地区居民收入差距和城乡居民总体收入地区差距缩小的重要因素，不可能在很短时间内解决。因此，按照地区经济增长不平衡性和社会发展和谐性的框架，进行财政均等化转移支付，促进地区间基本公共服务均等化和社会保障的统一统筹，仍将是缩小区域居民收入差距的主要途径。

　　7. 完善政府再分配调节机制的政策建议

　　根据本研究得出的认识，结合国家收入分配体制改革、财政体制改革和社会建设的要求，提出的政策建议的主要内容有：（1）完善政府再分配调节机制以改善收入分配的空间较大。我国再分配效应远低于 OECD 国家，其中有经济发展水平的原因，有再分配制度不完善的原因。由于对财政再分配调节职能重视不够，对"养懒汉"效应和"福利病"的过分恐惧，实行差异化的、统筹统一不足的社会保障制度，税收政策向高收入者倾斜等认识和做法都不利于发挥再分配调节功能，再分配效应不理想，加大再分配调节空间很大。（2）完善政府再分配调节机制的总体方向是"保基本 + 全国统筹和统一制度 + 适当收入分配调节"。各项政府再分配调节工具都应当注重保基本的要求，保障而不是损害居民基本生活，保住"保基本"这个底线。保基本是再分配调节的基础机制、核心机制，立足于全国全民统筹，由中央政府主导提供，包括税收调节、社会保障调节以及基本公共服务均等化、政府间财政转移支付手段，其水平根据经济发展水平和财政能力确定。各项再分配制度要尽可

---

　　① 收入—发展比，即一个地区的人均居民收入与人均 GDP 之比。低收入地区往往经历这样的发展过程：经济增长较快但依靠投资拉动，居民收入增长相对较慢，故收入—发展比下降。相应地，全国地区经济发展差距下降的同时，区域居民收入差距可能扩大。

能克服差异化的制度设计，以制度统一克服客观存在的差异（如城乡差异），实现城乡、区域、行业、阶层的制度统一，允许差异在统一制度下存在但不能作为再分配制度的主流。在税收、政府对个人收入转移、均等化公共服务和政府间财政转移支付等再分配调节机制中，都要坚持社会公平的要求，切实实现缩小城乡差距、区域差距、行业差距等居民收入差距，对居民收入差距进行适当调节。（3）在综合与分类相结合的个税制基础上，更加注重公平税制，推进税制精细化。具体包括：扩大综合所得计征范围；减少免税所得项目，改为递延纳税待遇；明确商业费用扣除概念，增加工资薪金所得的商业费用扣除规定；改变单一标准化免征额为标准化与差异化相结合的免征额，细化免征额构成及其标准，使所有纳税人能同等享受免征额扣除；实行免征额指数化调整；适时引入税收抵免项目，照顾低收入者，并发挥其促进就业的激励作用；禁止地方政府为招商引资出台个税税收优惠政策。（4）按照保基本（兜底线）、全覆盖（织密网）、统筹统一的要求，改革和完善社会保障制度。具体包括：加强中央政府社会保障支出责任；促进基本养老保险、基本医疗保险的全国统筹、城乡统筹，强化农村居民社会保障；建立全国适用的、福利性的基本养老金制度，使每个老年人同等获得基本养老保障；建立全国性最低生活保障标准确定方法，各地根据全国统一的方法确定执行标准，完善分类救助体系。（5）促进基本公共服务均等化。积极建立全国一致、城乡统一的公共制度，促进地区之间、城乡之间基本公共服务均等化，强化低收入地区学前教育、义务教育、就业培训的供给能力，促进机会均等，逐步改变城乡之间社会保障资源严重不平衡的局面。（6）建立政府间均等化财政转移支付体系，促进地区间基本公共服务均等化。政府间财政转移支付除了进行利于地区经济均衡发展的连接性基础设施建设、重点地区开发外，主要用于弥补低收入地区提供基本公共服务的财政缺口，促进社会发展和谐，促进共享发展，缩小地区间居民收入差距。

二、本研究的不足

与预期与系统化的项目计划相比，本研究有两个方面的不足。第一，使用全国性数据不够。本书实证分析中，使用了国内生产总值、全国财政收入、全国个税税收、全国公共预算社会保障和就业支出、社会保险预算支出、义务教育支出、中央对地方财政转移支付等全国性数据，但再分配效应测算和分解分

析主要使用了天津住户调查数据，而没有使用全国住户调查数据。[①] 第二，基本公共服务体系涉及很多方面，本书侧重分析了义务教育的情况，并以天津城乡住户调查（2014）样本、山东省住户调查（2008）样本分析了社会保障城乡之间均等化的影响，分析了基本公共服务均等化不足对再分配效应的消极影响，但系统性不够。

此外，还存在其他方面的问题。第一，本书主要以收入分配差距衡量收入不平等、不公平，但实际上，个人福利不仅取决于收入，还取决于财富，仅仅考察收入差距是不够的，但本书主要研究收入差距而没有对社会公平进行专门研究，也没有研究财富不平等，忽略了财富向收入的转化。第二，本书将政府再分配调节界定为政府再分配直接调节，主要的手段是直接税和政府对个人的收入转移（居民社会保障收入）。实际上，所有政府财政收支都对初次分配产生影响，一般地说，间接税具有不同程度的逆向调节效果，而一般财政支出归宿具有不确定性，本书没有对所有财政收支对收入分配的影响进行分析。[②] 第三，本书提出的完善我国政府再分配调节机制的建议是原则性和方向性的，具体方案制订应当基于模拟测算，本书这方面的研究不够深入。可喜的是，北京师范大学中国收入分配研究院成立了政策模拟中心，试图通过相关实证研究方法，模拟收入分配政策以及其他相关政策的收入分配效应，为探索现实政策的实施效果、发展前景和改进方案提供坚实的基础。[③]

第五节　本书结构

本书共 11 章，划分为绪论篇、理论研究篇和实证研究篇三个部分（见图 1-3）。第一部分即第一章导论，介绍本书的研究主题及其背景、研究内容和方法、创新和不足。第二部分由第二章、第三章、第四章、第五章构成。第

---

① 感兴趣的读者可以参阅相关使用全国住户调查样本进行研究的文献：蔡萌，岳希明. 我国居民收入不平等的主要原因：市场还是政府政策 [J]. 财经研究，2016（4）：4-14；蔡萌，岳希明. 中国社会保障支出的收入分配效应研究 [J]. 经济社会体制比较，2018（1）：36-44；李实，朱梦冰，詹鹏. 中国社会保障制度的收入再分配效应 [J]. 社会保障评论，2017（4）：3-20；王延中等. 中国社会保障收入再分配效应研究 [J]. 经济研究，2016（2）：4-15.

② 感兴趣的读者可以参阅以下文献：聂海峰，岳希明. 间接税归宿对城乡居民收入分配影响研究 [J]. 经济学（季刊），2013（1）：287-312；岳希明，张斌，徐静. 中国税制的收入分配效应测度 [J]. 中国社会科学，2014（6）：96-117；汪昊，娄峰. 中国财政再分配效应测算 [J]. 经济研究，2017（1）：103-118.

③ 中国收入分配研究院网站：http：//www. ciidbnu. org/intro. asp？ pagetype = 3。

二章为文献综述，是对第一章的补充，该文献综述是总体性的，各项具体研究内容的文献将在相关章节综述。第三章为政府再分配调节机制及其重要性，是关于政府再分配调节的基础理论研究，并突出强调政府再分配调节的重要地位和作用。第四章是财政再分配效应及其分解分析方法，介绍本书使用的测算再分配效应和进行再分配效应分解分析的一般方法，特殊的方法在相关章节介绍。第五章是我国政府再分配调节制度，提供认识我国再分配效应的制度基础。第三部分实证研究（经验分析）篇包括第六章到第十一章，是关于我国政府再分配效应的实证分析，分别以天津城镇住户调查为样本测算和分析财政再分配效应、以天津城乡住户调查为样本测算和分析财政再分配效应、研究我国个税免征额调整与再分配效应、研究我国个税费用扣除制度与个税改革、研究均等化公共服务的再分配调节效应、研究政府间财政转移支付对区域收入差距的调节作用，该部分是本书研究的重心。

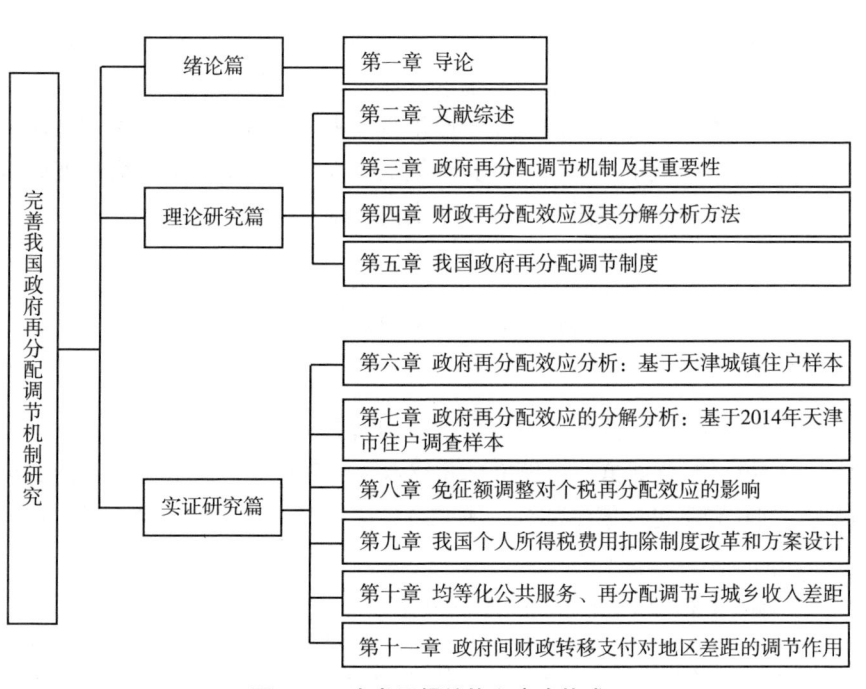

图 1 - 3　本书逻辑结构和章次构成

资料来源：笔者绘制。

理论研究篇

第二章 文 献 综 述

本章内容包括初次分配与再分配在收入分配中的作用、再分配效应研究方法、我国政府再分配调节效果、提高我国政府再分配效应的政策建议以及总结评价和研究展望。

第一节 收入不平等中的初次分配和再分配调节

作为最终收入分配的两个环节，初次分配和再分配调节都是重要的。原则上说，初次分配和再分配不具有相互替代性，具有各自的重要性。但是，在具体的社会经济形势下，也可以探讨政策选择的重点问题。国内文献讨论了初次分配和再分配的相对重要性问题，但存在一定分歧。

认为初次分配更为重要的论述主要有三方面。（1）市场形成的初次分配不可能通过再分配实现公平调节。再分配难以缩小资本主义国家的贫富差距，也难以缩小中国的贫富差距，分配不公、两极分化情况主要是初次分配（市场分配）造成的，解决收入分配问题应该依靠初次分配，依靠发展社会主义公有经济（赵勇，2006）。（2）我国再分配调节的基础还不具备，应优先改革和完善初次分配。初次分配改革和再分配（二次分配）改革都是必须关注的，但初次分配是基础性的，再分配需要在初次分配的基础上进行。我国初次分配不能体现按生产要素贡献进行分配的要求，是不健全的、不完善的，这是导致收入差距持续扩大且难以治理的原因，收入分配改革的重点要放在初次分配（厉以宁，2013）。（3）我国收入分配问题根源于政府行为不规范，政府行为不规范导致初次分配不规范，收入分配问题重在初次分配，也是难题（高培勇，2002）。

认为再分配更为重要的论述主要也有三方面。（1）只有政府才能实现公平分配。政府再分配是现代国家不可或缺的角色，只有政府才能克服市场形式

上的正义和丛林法则（周光辉、殷冬水，2006）。从实现分配正义的主体看，市场、营利机构和非营利机构调节居民收入差距都有很大局限性，实现社会公平分配只能主要依靠政府力量（赵兴罗，2007）。（2）再分配是政府财政应有职能，迫切需要加强。我国财政分配职能侧重调节宏观国民收入分配而不是居民收入分配，必须进行适应市场经济的改革，重视调节居民收入分配（杨天宇，2000）。正是由于对财政调节居民收入分配职能没有充分重视，才使市场导向改革下收入差距的扩大不能有效控制，加强政府再分配职能是解决收入分配问题的关键（曹桂全，2013）。（3）缩小最终居民收入差距必然依赖于再分配调节。考察西方发达国家历史可以发现，再分配制度使"与社会脱钩的经济"演变为"重新嵌入社会的经济"，挽救了资本主义（王绍光，2009）。发达国家收入分配经验表明，最终居民收入差距缩小依赖于再分配，实现社会公平依赖再分配；初次分配改革目标是实现按照贡献分配，但无法解决困难家庭生活和子女教育问题、老年人收入来源问题、失业者生活问题，只有再分配才能解决这些基本问题（曹桂全，2013）。

第二节　财政再分配效应的研究方法

要形成关于再分配效应的科学判断，一方面需要有对再分配调节机制的深入理解；另一方面也需要有科学适用的测算方法以及可资使用的收入数据。国内再分配效应的研究大致从 21 世纪初开始，在不到 20 年的时间内，相关文献对再分配效应的研究方法进行了较多探讨。总体上看，研究方法不断深入、全面。再分配效应的研究方法主要有税收累进性及其分解分析方法、再分配效应及其分解分析方法、微观模拟方法和国际比较方法。

一、税收累进性及其分解分析方法

再分配效应测度方法开始是针对税收开发的，并首先使用税收累进性测量指标。这种方法对于转移性收入（政府对个人的转移支付）也是适用的，不过累退性的转移性收入才能起到缩小收入差距的作用。从时间顺序和分析深度顺序看，国内文献关于税收累进性研究渐次采用了古典累进性计算方法、K - 累进指数（Kakwani 累进指数，文献中也称 P - 指数）方法、税基效应和税率效应分解分析方法、税制因素分解分析方法，与国际前沿是接轨的。

　　古典税收累进性计算方法有不同的计算公式，其核心内容是，如果税收能够缩小收入差距，一定表现为税收负担（平均税率）随着收入提高而增加，这就是税收累进性，而且累进性越强，税收再分配调节作用就会越大（彭海艳，2008）。胡鞍钢（2002）较早测算了不同居民收入组的平均税率，得出了个税产生逆调节作用的判断。万莹（2011）比较中国和美国个税税制累进性时，也使用了这种方法。

　　税收累进指数由卡瓦尼（Kakwani，1977；1984）提出，用税收集中系数与税前收入基尼系数的差额来衡量，在几何图形上，等于洛伦兹曲线图中税前收入分布洛伦兹曲线与税收分布集中曲线围成面积的两倍。税收累进指数与平均税率共同决定税收的再分配效应，这就将税收累进性、再分配收入规模（用平均税率衡量）与再分配效应联系了起来。① 这种分析方法被国内研究文献广泛采用，并成为解释我国个税再分配效应弱的重要原因不在于税收累进性差而在于平均税率低的方法论基础。在此条件下，高税收累进性可能并没有较大的再分配效应。万莹（2011）认为我国个税的税收累进性甚至强于美国，我国个税再分配效应弱的主要原因在于平均税率低而不是税收累进性差。

　　税收累进性可以进一步分解。税基效应和税率（结构）效应分解分析方法是在 OECD 国家实行低税负（low tax）、简税制（simple tax）、平直税（flat tax）的税制改革背景下试图分析税收累进性变化而提出的（Pfähler，1990）。税率结构效应体现为应纳税额（毛税收）集中系数与应纳税所得额集中系数的差额，② 前者高于后者，则税率结构效应为正，对税收累进性具有积极贡献。税基效应则是包括免税收入（exclusion）、免征额（allowance）、税前扣除（deduction）的减除导致的税收累进效应，任何一个减除项的累进指数等于该项减除额的集中系数与税前收入基尼系数的差额，③ 如果减除项的集中系数大于税前收入基尼系数，将导致税收累进性降低；反过来说，如果减除项是累退的，则有利于形成税收累进性。因此，可以计算各减除项的累退指数（即税前收入基尼系数与减除项集中系数的差额），如果累退指数为正，则能够形成税收累进性。各项税制因素的税收累进指数用其对税前收入的权重计算，就可以

---

　　① 严格地说，税收累进指数和平均税率决定的是税收的垂直效应而不是税收的净再分配效应。只有全部垂直效应转化为再分配效应即不存在水平效应和再排序效应损失时，垂直效应才等于再分配效应，此时，税收累进指数和平均税率直接决定再分配效应。

　　② 税率结构累进指数用公式表示为 $\pi_R = C_T - C_{X-A-D}$，其中 C_T 表示毛税收集中系数，C_{X-A-D} 表示应税所得额的集中系数。

　　③ 免征额的累进指数为：$\pi_A = C_A - G_X$，其中 C_A 表示免征额的集中系数，G_X 表示税前收入基尼系数。

得到。① 岳树民、卢艺和岳希明（2011）对上述方法进行了评述，并结合我国个税免征额调整，测算了不同免征额条件下的税收累进性、税率效应、税基效应和再分配效应，认为税收累进性和再分配效应都会随着免征额提高先增加而后减弱，而税率结构效应（直接累进）很小。

在波法勒（Pfähler，1990）的基础上，瓦格斯塔夫和杜斯勒（Wagstaff and Doorslaer，2001）给出了税收累进性分解为税率效应、免征额效应、税前扣除效应、税收豁免效应的税制因素分解公式。彭海艳（2007，2008）结合我国税制，将个税税收累进性分解为税率效应、税基效应（各项税前收入减项效应之和）、税收豁免效应和税收流失效应。彭海艳（2008）将我国工资薪金所得的累进性分解为税率结构效应、免征额效应和税前扣除（社会保障支出）效应，得出了免征额效应占主体、税率结构效应具有较大正效应的结论。曹桂全和任国强（2014）将个税累进性分解为税率效应、免征额效应、税前扣除效应和税收豁免效应，部分结论与彭海艳（2008）类似，认为个税税收累进性主要来源于免征额，税率结构次之，而转移性收入具有税收累退性，不利于税收调节。

二、再分配效应及其分解分析方法

马斯格雷夫和幸（Musgrave and Thin，1948）提出，再分配效应等于再分配调节前后收入的基尼系数之差额。再分配效应指标简称 MT - 指数，一般记为 RE，是衡量再分配效应规模的基本指标（详见第四章）。再分配效应指标反映再分配调节的总体效果，比税收累进指数包含更多的信息。

确定再分配调节前后收入是一个很重要的问题。一些国内文献在测算再分配效应时，没有很好地区分再分配前后收入，得出的结论不可靠。典型的做法是以城镇居民总收入作为税前收入、可支配收入作为税后收入来测算个税再分配效应，其问题包括两个方面：一方面，总收入并不全部是个税调节的对象，比如转移性收入是免税的；另一方面，也是主要的方面，从家庭总收入到可支配收入，不仅经过居民缴纳个税的调节，还经过居民缴纳社会保险费和住房公积金的调节，经过居民获得社会保障收入的调节，家庭总收入和可支配收入之间并非严格的个税调节前后收入的关系。对此，佘红志（2010）、岳希明和徐

---

① 考虑税率结构、免征额减除、税前扣除三项税制因素，可以得到毛税收的累进指数：$\pi_T = \pi_R - \frac{a}{1-a-d}\pi_A - \frac{d}{1-a-d}\pi_D$，其中 a、d 分别表示免征额、税前扣除占税前收入的比重。

静（2012）、曹桂全（2013）都提出了批评意见。

卡瓦尼（1984）在有关文献讨论的基础上，根据税收垂直公平和水平公平的要求，将再分配效应分解为垂直效应（V）和水平（不）公平效应（H）或者再排序效应（R），这种分解方法被称为 APK 分解分析方法。[①] 垂直效应是税收累进性决定的再分配效应，等于税前收入基尼系数与税后收入集中系数的差额；水平（不）公平效应是由于违背税收水平（横向）公平原则导致的，表现为税后收入排序相对于税前收入排序的变化，等于税后收入集中系数与税后收入基尼系数的差额。[②] 但是，这种水平公平效应主要是一种再排序效应（R），而真正的水平公平效应并没有从垂直效应中分解出来，实质上，这种分析方法是将再分配效应分解为垂直效应和再排序效应（肯姆和拉姆勃特，2009）。相关的文献表明，再分配效应应当分解为垂直效应、水平效应和再排序效应（彭海艳，2008）。尽管如此，APK 分解分析方法仍具有很好的优点，因为可以进一步分析平均税率和税收累进指数的影响，且税收累进指数可以进一步分解，从而得到了广泛应用。国内一些文献采取 APK 分析方法分析了我国的个税再分配效应，估计我国个税的水平效应损失（或者再排序效应损失）不大（岳希明和徐静，2012；曹桂全和任国强，2014；徐建炜、马光荣和李实，2013）。彭海艳（2008）以 2007 年我国一个地区市城镇居民住户调查数据为样本，按照垂直效应、水平效应和再排序效应进行分解分析，估计水平效应和再排序效应分别导致了 0.18% 和 2.51% 的再分配效应损失。刘柏惠和寇恩惠（2014）以全国城镇居民住户为样本，分别将居民净收支、税收和转移支付的再分配效应分解为垂直效应、横向（水平）效应和再排序效应，其测算结果显示，各项再分配工具的水平效应和再排序效应都很大，但并没有做出进一步的解释。

对多种再分配工具的再分配效应进行测算时，有静态分解分析方法和顺序分解分析方法之别（李清彬，2012）。静态分解分析方法分别测算税收、转移

---

① APK 是三位文献笔者阿特金森（Atkinson，1980）、伯特尼克（Plotnick，1981）和卡瓦尼（Kakwani，1984）的缩写，以纪念他们的贡献。应当说明的是，这里的水平（不）公平效应也称为再排序效应，本书在应用这种分解分析方法的时候，称之为再排序效应。国内其他相关文献使用水平效应概念的比较多。

② 写成公式是：$RE = (G_X - C_{NX}) + (C_{NX} - G_{NX})$，其中 $(G_X - C_{NX})$ 是垂直效应，等于税前收入基尼系数（G_X）与税后收入集中系数（C_{NX}）的差额；$(C_{NX} - G_{NX})$ 是水平（不）公平效应，等于税后收入集中系数与税后收入基尼系数（G_{NX}）的差额。同一收入的集中系数至多等于基尼系数，水平公平效应最大值为 0，为负值表示存在税收水平公平损失。考虑水平效应经常为负，可以定义为（$G_{NX} - C_{NX}$），就是一个非负数，相应的分解公式为：$RE = (G_X - C_{NX}) - (G_{NX} - C_{NX})$。

性收入或者净转移性收入对初次分配的调节作用。顺序分解分析方法测算各种政府再分配工具按照调节顺序渐次调节形成的再分配效应，总体再分配效应是各项再分配工具再分配效应之和①。依麦沃尔和莱维等（Immervoll and Levy et al.，2005）阐述了欧盟国家的五个再分配项目及其调节顺序：市场收入（market income）依次经过国家养老金（state pensions）、不经收入调查的收益（non means-tested benefits）、经收入调查的收益（means-tested benefits）、社会保险缴纳（employee and self-employed social insurance contributions）和缴纳个税（income taxes）调节，最终形成可支配收入（disposable income）。李清彬（2012）对我国城乡居民收入的再分配项目的调节顺序进行了阐述，其中城镇居民的再分配项目有三大类。市场收入（初次分配收入）依次经历社会保障缴纳调节、个税缴纳调节和社会性收益（社会保障收入）调节，形成可支配收入，调节顺序与依麦沃尔和莱维等（2005）的调节顺序不同。这源于各国财税制度不同，比如我国转移性收入不课税，将社会性收益放在最后调节环节是符合实际的，但在欧盟国家则不符合实际。

三、微观模拟方法

除了直接依据宏观分组数据或者城乡住户调查的微观数据进行相关测算外，考虑再分配制度并没有严格实施或者住户可能存在不如实填报的情况，可以测算再分配制度在当前乃至未来收入分布条件下的调节能力，这就需要使用微观模拟（micro-simulation）方法。微观模拟方法是指按照给定税制（或者收入转移制度）和初次分配收入分布，测算再分配工具的税收累进性和再分配效应。张世伟和万相昱（2008）利用微观模拟方法进行研究，估计我国个税税制可以起到较好的再分配调节作用。实际上，对税收累进性和再分配效应的分解分析都离不开微观模拟方法，岳树民等（2008）使用微观模拟方法，估计了免征额变动对税收累进性和再分配效应的影响，曹桂全和任国强（2014）利用微观模拟方法测算了免征额、税前扣除、税率结构的累进性和再分配效应。鉴于我国住户填报的个税纳税额偏低，岳希明和徐静（2012）、徐建炜等（2013）采用微观模拟方法测算应纳个税税额，在此基础上评估免征额调整对

---

① 假定有 n 个再分配项目，市场收入基尼系数为 G_0，最终可支配收入基尼系数为 G_n；各项再分配效应（RE_i）为调节前基尼系数（G_{i-1}）与调节后基尼系数（G_i）的差额，即 $RE_i = G_{i-1} - G_i$；总体再分配效应为 $RE = G_0 - G_n = \sum_{i=1}^{n}(G_{i-1} - G_i) = \sum_{i=1}^{n} RE_i$，其中 i = 1，2，…，n。

个税再分配效应的影响，其结果比使用住户调查数据要高很多。社会保障制度构成更加复杂，微观模拟的难度大，李实和杨穗（2009）、陈建东等（2010）以及陈建东等（2011）就最低生活保障的再分配效应进行微观模拟，模拟测算表明最低生活保障具有较好的再分配调节效果。

四、国际比较方法

如何评判我国政府再分配调节作用？判断需要有比较的标准，比较的标准可能有三个，理想标准、现行制度的内涵标准和适当国际比较。理想标准，就是社会期望再分配实现的调节目标，这个目标虽然难以确定，但此种比较是值得的，它不仅评估当前再分配制度实现的再分配效应力度是不是够，而且对制度本身做出评价、提出要求。现行制度的内涵标准，也就是财政再分配制度设定的功能目标，与该目标相比较，制度实施不到位和条件不具备都会导致实际结果与内涵目标有差距。适当国际比较就是与发展阶段相近、再分配制度目标相近或者再分配效果较好的国家进行比较，以发现本国再分配调节的优势和不足。再分配调节的目标是社会公平，但社会公平本身就难以衡量；即使使用数量化的再分配效应指标，也无法硬性规定再分配调节应当得到一个什么数量标准。在这种条件下，适当的国际比较是可取的，也有助于对我国再分配效应做出合理判断。

第三节 我国政府再分配调节效果

一、我国收入分配研究的两次拓展

改革开放后很长一段时间内，我国收入分配研究侧重于收入分配原则和分配制度的构建。20 世纪 90 年代初期，陈宗胜（1991）、赵人伟等（1994）率先开展了关于我国居民收入分配的实证分析，使我国收入分配研究开拓了新领域，形成了既有关于收入分配原则和制度构建的理论研究和规范研究，也有关于居民收入分配差距的实证研究的新局面，是我国居民收入分配研究的第一次拓展。

但是，较长一段时间内，收入分配实证研究没有区分初次分配和再分配，

对收入分配差距形成的认识多限于按照收入来源的分解分析做出解释,① 并没有充分重视政府再分配调节的作用，难以形成关于收入不平等成因的全面认识。从国际范围看，随着政府再分配职能的强化，收入不平等的研究范式从经济增长与收入不平等关系倒"U"形假说转向了收入不平等、再分配与经济增长三者相互联系的范式（Paul and Verdier，1996），再分配效应研究成为收入分配的重点研究领域，最终收入分配被认为取决于再分配对初次分配的调节。进入 21 世纪之际，我国开始出现再分配研究文献,② 再分配逐渐成为我国收入分配实证研究的重要领域，这是我国居民收入分配研究的第二次拓展。再分配研究领域从侧重于个税再分配效应，拓展到社会保障（收入转移）乃至整个财政再分配体系的再分配效应。

二、个税再分配效应

我国财政再分配的研究是从个税再分配效应开始的，研究时间相对较长。研究文献集中于三个领域：个税再分配效应、再分配效应成因分析和加强个税调节的对策建议。

（一）关于个税再分配效应规模

较早的个税再分配效应研究从税制、征管等方面对我国个税调节能力做出判断。税制设计相对简单导致税负不公，征管不健全导致征收率低，整体居民收入水平较低导致实际税率低，依此可以判断个税无法发挥较大程度的调节作用（钱晟，2001；张文春，2005；黄凤羽，2010）。

从实证分析看，这种判断是基本正确的。一些文献使用城镇居民家庭总收入作为税前收入、可支配收入作为税后收入、二者差额作为纳税额的测算方法，得出"逆调节"的结论（杨力，2002；胡鞍钢，2002；王亚芬等，2007；周肖肖和杨春玲，2008；李延辉和王碧珍，2009）。这些关于我国再分配效应的研究具有开创性，但因为其测算中将家庭总收入与可支配收入的差额作为个税纳税额，方法明显不当，结论并不可靠。之后的多数文献测算结果显示，我国个税再分配效应不到 1%，包括以全国城镇居民为样本的研究（彭海艳，2011；万莹，2011）；以天津城镇居民为样本的研究（佘红志，2010；李清彬，

---

① 按照收入来源分解，最终收入基尼系数等于各种来源收入的基尼系数与该收入占最终收入比重乘积的总和。

② 较早的有影响的代表文献见胡鞍钢（2002）。

2012；曹桂全和任国强，2013）；以湖北省城镇居民为样本的研究（石子印和张燕红，2012）。动态地看，彭海艳（2011）发现，尽管受免征额调整影响，再分配效应变动方向有波动，总体上仍有增强趋势，徐建炜等（2013）的测算结果也支持这一认识。①

使用微观模拟方法对个税再分配效应的估计相对乐观，估计个税调节有3%～4%的潜力（张世伟和万相昱，2008）。同样使用微观模拟方法，岳希明和徐静（2012）在对城镇住户调查数据中的税收额进行模拟调整后，得出2002年和2007年的再分配效应为2%和4%，但他们认为再分配效应仍十分不显著，甚至可以忽略不计。徐建炜等（2013）使用国家住户调查数据并使用微观模拟方法计算纳税额进行测算，全国城镇居民个税再分配效应从1997年的1.87%上升到2009年的3.48%，最大再分配效应发生在2007年，达到3.61%，② 但他们也认为调节效果微弱。

应当说，我国住户微观数据中个税填报额确实存在偏低的问题，微观模拟计算可以弥补这一不足。但是，由于现有住户收入数据为家庭人均收入，模拟测算个税存在一定难度。而且，征管过程中，地方政府存在不少税收优惠政策，模拟测算难以考虑。再者，我国个税实际征收率偏低，而模拟测算的征收率实际按照100%考虑，模拟计算个税纳税额总体上存在高估的倾向。

（二）关于个税再分配效应的成因

根据卡瓦尼（1977，1984）提出的再分配效应与税收累进指数、平均税率的关系模型（详见第四章），多数研究文献认为，我国个税再分配效应弱的直接原因是净税率（实际税率、平均税率）低，那么，关键的问题是如何解释净税率低。

净税率低的原因是多方面的，概括起来有：（1）税收征收率低，税收流失大（胡鞍钢，2002；彭海艳，2012）。（2）税制不合理因素较多。分类分率税制模式会降低净税率（彭海艳，2011；岳希明等，2012），对转移性收入不

---

① 根据徐建炜等（2013）的测算，计算结果如下：1997～2009年，个税的再分配效应依次为1.87%、1.81%、1.72%、2.01%、2.26%、2.00%、2.35%、2.90%、3.07%、2.74%、3.61%、3.27%和3.48%。

② 该相对再分配效应是本书笔者计算的。原文给出的数据是，1997年的税前收入基尼系数、MT指数（绝对再分配效应）分别为0.30139和0.00565，2007年的税前收入基尼系数、MT指数（绝对再分配效应）分别为0.34475和0.01185，2009年的税前收入基尼系数、MT指数（绝对再分配效应）分别为0.34658和0.01206。参见徐建炜，马光荣，李实. 个人所得税改善中国收入分配了吗——基于对1997～2011年微观数据的动态评估［J］. 中国社会科学，2013（6）.

课税也是重要原因（彭海艳，2008；曹桂全和任国强，2014）。（3）居民收入水平的影响。税收收入决定于居民收入，居民收入水平低导致税收规模小、实际税率低（万莹，2010；徐建炜等，2013；曹桂全和任国强，2014），正因为如此，短期内不能对个税调节有太高期望（黄凤羽，2010）。

2006 年 1 月、2008 年 3 月和 2011 年 9 月，我国个税免征额进行了三次调整，其对个税再分配效应的影响引起很多关注。佘红志（2010）认为，2006 年免征额调整与不调整相比，税收累进性有所提高，但最低收入者获益较少，净税率降低，导致再分配效应降低。岳树民等（2011）分析了免征额调整与税收累进性、再分配效应的关系，认为随着免征额数量扩大，税收累进性和再分配效应都出现先递增后递减的趋势。一些文献（岳希明和徐静，2012；岳希明等，2012；徐建炜等，2013）认为，2006 年以来提高免征额虽然提高了税收累进性，但净税率降低，从而降低了再分配效应。岳希明和徐静（2012）还认为，要发挥个税再分配调节作用和提高直接税比重，应当提高税率和降低免征额，提高免征额的税制改革与此"背道而驰"。徐建炜等（2013）认为，免征额提高具有"双刃剑"效果，提高了个税税制累进性，但也降低了平均有效税率，最终总体上反而恶化了个税政策的收入分配效应。[①]

在瓦格斯塔夫和杜斯勒（2001）提出的税收累进性分解分析模型基础上，曹桂全和任国强（2014）根据我国个税税收累进性来源进行了分析，结果表明，工资薪金所得税实行超额累进税率表，具有税率结构累进效应，但由于纳税人少，纳税额不高，税率结构累进性作用不强；免税收入、免征额、税前扣除项目构成的税基效应中，免征额使相当多的居民不纳税，集中系数高，成为税收累进性的主要来源。

一些文献按照 APK 分解分析方法对我国个税再分配效应进行了分解，如岳希明和徐静（2012）、徐建炜等（2013）。徐建炜等（2013）的测算结果显示，1997 ~ 2009 年，水平公平效应（或者称为再排序效应）占垂直效应的比例分别为 0.65%、0.70%、0.94%、1.02%、0.90%、1.06%、1.04%、1.12%、1.39%、1.00%、1.31%、1.51% 和 1.79%，表明其水平不公平效应微弱。[②]

（三）个税再分配效应的国际比较

现有文献做了比较多的国际比较，个税再分配效应国际比较尤其多，大

---

① 曹桂全. 我国个税免征额调整的税收效应：基于应有免征额、免征额累积性调整方式的分析 [J]. 经济学报，2018（2）：147 – 166.

② 这是本书对文献测算结果的评述，文献笔者并没有强调这一点。

致有四个方面的研究成果。(1) 再分配效应的规模。OECD 的 12 个国家中个税再分配效应最小的法国也达到 4.78%，最高的芬兰达到 16.09%（Wagstaff et al.，1999），而多数文献测算认为我国个税再分配效应小于 1%，表明我国个税调节作用存在很大差距。当然，按照微观模拟测算，岳希明和徐静 (2012)、徐建炜等 (2013) 估计我国城镇居民个税再分配效应潜力最高可以达到 4%。(2) 税收累进性。用税收累进指数衡量，我国个税并不弱于 OECD 国家，张世伟和万相昱 (2008)、万莹 (2011)、曹桂全和任国强 (2014) 等都认为我国个税税制具有很强的税收累进性。(3) 税收规模（实际税率、平均税率）。我国税收规模显著低于 OECD 国家，即使按照徐建炜等 (2013) 的模拟计算，平均税率在 1%～3%，也远低于 OECD 国家，税收规模是我国个税再分配效应弱的决定性因素。(4) 税收征收率（或流失率）。我国不到 50% 的征收率（刘黎明和刘玲玲，2005；李一花、董旸和罗强，2010）与美国 90% 以上的征收率（彭海艳，2012）形成很大的反差，凸显了个税征管不力明显弱化了个税再分配调节能力，那么，我国个税再分配效应潜力之一就在于提高征收率。

(四) 加强个税调节的对策建议

如何加强个税再分配调节是研究文献关注的问题。改革税制模式、改革免征额制度和加强征管的建议在很多文献中出现，是普遍共识。此外，彭海艳 (2008) 提出对转移性收入课税的建议。(1) 转变税收政策。要从通过个税税收优惠促进投资、引进人才的政策方向转变到加强个税调节功能的方向上来。(2) 改革和完善税制。推进分类和综合相结合的税制模式改革，将当前按照城镇居民平均消费支出和赡养负担确定统一费用扣除标准的免征额制度改革为按照每个纳税人实际赡养负担确定免征额，对转移性收入适当课税等。(3) 引入 EITC（劳动所得税收抵免）制度。EITC 可以为低收入者、失业者提供就业激励，有助于避免福利陷阱。(4) 加强税收征管。重点加强高收入人群、非工资薪金所得税收征管，提高征收率。(5) 改革税收征管制度。个税由地税机关征收改为国税机关征收。(6) 努力增加城乡居民收入。

可以发现，各种对策措施都指向两点：一是要提高净税率即扩大税收规模；二是进行税制改革。提高净税率依赖于居民收入持续提高和加强税收征管，这是多数文献的观点。不同的是，岳希明和徐静 (2012) 强调，为提高净税率，需要提高法定税率和降低免征额。曹桂全和任国强 (2014) 对此持不同意见，认为个税免征额价值具有优先性，随着居民基本生活支出增加，继

续提高免征额是必然的，以提高免征额降低了再分配效应为由而降低免征额，违背了个税基本原理。此外，一些研究文献（万莹和史忠良，2010；岳希明等，2012；曹桂全，2013；徐建炜等，2013）意识到提高净税率的长期性，提出应当重视其他再分配工具调节的作用，比如提高直接税在税制中的作用、完善社会保障制度等。

三、社会保障的再分配效应

测算社会保障再分配调节作用难度大，原因包括：一方面，社会保障构成复杂，难以进行全面的微观模拟分析；另一方面，数据制约较大，有的文献的收入数据依赖于宏观分组数据，只有少数文献有机会获得国家住户调查的微观数据。

不少文献使用转移性收入表示政府对居民的收入转移来研究社会保障的再分配效应，且显示了社会保障在一些方面具有较弱的调节作用甚至具有逆调节作用。黄祖辉等（2003）认为，转移性收入对城镇内部、农村内部的影响不大，但是显著扩大了城乡之间的差距。杜鹏（2004）认为，转移性收入加重了东北地区城镇居民收入差距，对总体差距的贡献度也呈上升态势。张晓芳（2011）的研究结果显示，1999～2009年转移性收入对总体居民收入不平等有平均20%的贡献率，对城镇居民收入不平等有平均24.68%的贡献率，对农村居民收入不平等有平均6.9%的贡献率，起到了扩大居民收入差距的作用。就区域而言，转移性收入对城镇区域间、农村区域间不平等起到了缩小的作用，但对总体区域收入差距和城乡差距起到了扩大作用。朱璐璐和寇恩惠（2010）研究了江苏省转移性收入对城镇居民收入分配的调节作用，发现高收入组的转移性收入高，而低收入组的转移性收入低，1991～2008年，转移性收入有时扩大收入差距有时缩小收入差距，但影响都不大，因此，社会保障体系并没有起到降低居民收入差距的作用，有时反倒加剧了居民之间的收入差距。[①]

无论使用住户数据还是进行微观模拟计算，结果都表明，最低生活保障制度起到了缩小居民收入差距的作用。李实和杨穗（2009）使用2007年CHIPs数据测算的结果显示，最低生活保障使全国城市居民收入基尼系数降低了0.46%，但各省级区域内部调节效果有所差异，从0.1%到1.23%不等。陈建

---

① 将转移性收入称为社会保障支出，是从政府的角度而言的。见朱璐璐和寇恩惠. 我国社会保障支出与城镇居民收入差距——以江苏省为例［J］. 上海财经大学学报，2010（3）：91－97.

东等（2010，2011）根据我国城镇住户调查的收入分布和最低生活保障支出标准，使用微观模拟的方法评估最低生活保障制度的再分配调节能力，在假设"应保尽保"的条件下，最低生活保障制度起到了缩小收入差距的作用。

杨穗等（2013）使用CHIPs数据评估了1988年、1995年、2002年、2007年社会福利收入对收入不平等的影响。该文献使用的社会福利收入概念内容广泛，包括社会保险收入、实物转移（包括食品、与医疗保健和居住等相关的非现金收入）、公共救助收入等。[①] 通过测算，社会福利降低了城镇居民收入不平等，但再分配效应呈现减弱趋势，从16.2%渐次降低为12.2%、6.6%、0.7%；社会福利对农村居民收入分配影响很小，不到1%；2002年和2007年社会福利收入使农民工不平等降低了1.6%和2.4%，作用有所增强。

使用城镇住户调查数据测算的社会保障效果较好。许兰玲（2010）使用2002～2008年天津城镇住户调查数据计算了社会保障再分配效应。结果显示，居民社会保障收入有效缩小了居民收入差距，降低幅度从29.78%上升到33.82%，其中社会保险收入（包括机关事业单位离退休工资）贡献率达到98%，是缩小差距的主要力量；居民社会保障缴纳扩大了居民收入差距，扩大幅度从0.95%增加到3.47%。李清彬（2012）测算的结果与此近似。

四、再分配体系的再分配效应

（一）再分配效应测算

近年来，从税收—社会保障（收入转移）体系考察政府再分配总体效应和各再分配工具效应的文献逐渐增加。李清彬（2012）使用天津市和山东省的住户调查数据分别对城镇和农村区域的政府再分配效应进行了测算。2002～2007年天津市城镇住户样本中，居民社会保障支出再分配效应从 -0.72%扩大到 -2.22%，扩大收入差距作用增加；个税再分配效应从0.26%扩大到0.61%，缩小收入差距的作用增强；社会性收益（政府对个人的转移支付）的再分配效应从31.87%扩大到37.73%，起到了决定性作用；总体政府再分配效应从31.41%扩大到36.12%。2007～2009年山东省城镇住户样本中，居民社会保障支出再分配效应维持在 -2%左右，扩大了收入差距；个税再分配效应从0.396%下降到0.267%，缩小差距作用不大且有所减弱；社会性收益

---

① 该文献研究结论与其关于社会福利收入的定义有很大关系。

的再分配效应从 21.851% 扩大到 23.766%，起到了决定性作用；总体政府再分配效应从 20.186% 扩大到 22.007%。无论是天津市样本还是山东省城镇样本，对总体再分配效应起主导作用的是养老金和离退休金项目，其贡献率为 100% 左右（超过 100% 是因为存在扩大收入差距项目所致）。2007～2009 年山东省农村住户样本中，总体再分配效应从 0.81% 上升到 1.34%，但与城市住户样本的再分配效应差距甚大；其中起重要作用的分别是粮食直接补贴收入、无偿扶贫或扶持款、离退休金或养老金和报销医疗费，2009 年的贡献率分别是 55.87%、18.28%、18.2% 和 4.15%，与城镇住户样本截然不同。

刘柏惠和寇恩惠（2014）利用中国城镇住户调查（UHS）2002～2009 年数据研究了全国城镇居民再分配调节作用。政府再分配对城镇居民收入差距起到了较好的调节作用，税收和转移支付总体相对再分配效应从 2002 年的 21.77% 上升到 2009 年的 25.22%，其中税收（含个税和社会保障缴纳）的贡献率为从 2002 年的 2.62% 略微降低到 2009 年的 2.28%，政府对居民转移性支出（即居民社会保障收入、社会性收益）的贡献率为从 2002 年的 97.38% 略微扩大到 2009 年的 97.72%。与税收作用相比，居民社会保障收入的调节作用是主要的。

蔡萌和岳希明（2016）的测算结果表明，2007 年全国城镇居民的总体再分配效应为 20.53%，其中社会保障收入（转移支付）的贡献率为 103.9%，税收（包括个税和居民社会保障缴纳）产生了逆调节，贡献率为 -3.9%。农村的再分配效应更弱，总体再分配效应为 1.82%，其中社会保障收入的贡献率为 107.14%，税收产生了更大的逆调节，贡献率为 -7.14%。从城乡住户总体看，总体再分配效应为 7.39%，比城镇居民再分配效应弱很多但高于农村居民，其中社会保障收入的贡献率为 76.3%，税收的贡献率为 23.7%（不再是逆调节）。

李实等（2017）以中国住户调查（CHIP）2013 年数据为样本，分析了我国财政再分配效应，测算结果为：城镇、农村、农民工和全部住户的市场收入基尼系数分别为 0.5364、0.5588、0.3889 和 0.5775，经过再分配调节后，可支配收入基尼系数分别为 0.4046、0.4855、0.3735 和 0.4938，再分配效应分别为 24.57%、13.12%、3.96% 和 14.49%。

蔡萌和岳希明（2018）利用中国家庭收入调查项目（CHIP）数据，分析了 2018 年政府社会保障支出（即居民社会保障收入）的收入分配调节作用，其测算结果为：调节前城镇、农村、流动人口和城乡居民收入基尼系数分别为

0.4298、0.4307、0.3549 和 0.4689，调节后收入基尼系数分别为 0.3542、0.415、0.3512 和 0.444，再分配效应分别为 17.59%、3.64%、1.04% 和 5.31%；社会保障支出调节后，城乡居民收入差距从 2.4 倍扩大到 2.8 倍，起到了扩大城乡收入差距的作用。

除了计算再分配效应外，还有一些文献使用按照收入来源分解分析的方法分析税收和社会保障的再分配调节作用。李伟和王少国（2008）分析了1988~2006 年再分配对城镇居民收入分配的调节作用，认为个税税收集中率大于总收入基尼系数，起到了缩小居民收入差距的作用，但个税仅占个人支出的 0.374%，调节效果极为有限；政府主导的转移性收入集中率在 2004 年之前大于居民收入基尼系数，起到了扩大差距的作用，之后转移性收入集中率略微小于居民收入基尼系数，起到了缩小收入差距的作用。蔡萌和岳希明（2018）分析了各种收入来源的集中系数与总收入基尼系数的对比关系，认为转移性收入的集中率均高于总收入的基尼系数，是扩大居民收入整体差距的因素；尤其是社会保障支出[①]的集中率为 0.5265，显著高于总收入基尼系数 0.4440，社会保障支出发挥着扩大居民收入差距的作用。[②]

（二）再分配效应的成因、国际比较和改进对策

朱璐璐和寇恩惠（2010）认为，社会保障更有利于高收入人群而不利于低收入人群，在城镇内部尚且如此，如果扩大到更宽的范围，必然更难发挥维护社会公平进而促进社会稳定发展的作用，因此要加快改革社会保障体系的分配制度而非扩大其覆盖面。[③]

刘柏惠和寇恩惠（2014）认为，居民缴纳养老保险和医疗保险的再分配效应为负，无法起到优化收入分配的作用，为此建议考虑依据居民收入水平或财富水平制定累进的缴费比例，为社会保险调节收入分配创造更大的作用空间；鉴于社会救济、失业保险这些转移支付手段政策覆盖面偏窄、制度单一、补助水平偏低，对改善生活水平起不到明显作用，应当从调整结构和提高水平两方面努力完善。

蔡萌和岳希明（2016）认为，在市场因素决定的居民收入差距方面，我

---

① 该社会保障支出是从政府角度定义的，对居民来收，就是社会保障收入。

② 应当指出，用收入来源分解分析方法分析再分配调节作用是存在疑问的，因为这时的调节对象不是初次分配收入，而是最终收入，并不符合再分配效应的基本概念和原理。

③ 朱璐璐，寇恩惠. 我国社会保障支出与城镇居民收入差距——以江苏省为例［J］. 上海财经大学学报，2010（3）：91 – 97.

国略高于 OECD 国家，但相差不大；然而我国以可支配收入衡量的收入不平等明显更高，主要是由于我国政府收入再分配政策调节力度不足造成的。加大转移支付等再分配政策力度是改善我国居民收入不平等的主要途径，增加对低收入群体的转移性支出并且提高个税平均税率等是关键。

李实等（2017）认为，我国社会保障制度在缓解贫困和调节收入分配方面发挥了积极的作用，但与其他国家相比，社会保障在调节收入分配方面所发挥的作用相当有限。因此，现行的社会保障体系需要进一步改革，不仅要实现制度的全覆盖，还应该更加注重发挥其调节收入分配的作用。一是在社会保障缴费上，需要提高缴费的累进性，缴费与收入水平挂钩；二是改革现行的碎片化的社会保障制度，建立全国统一的社会保障制度，减少不同人群获得社会保障待遇的差别；三是完善社会救助与社会福利制度，提高瞄准性，提高低保金水平。

蔡萌和岳希明（2018）认为，社会保障支出具有改善居民收入分配的作用，但社会保障支出规模整体增加却使居民收入分配状况逐步恶化；分项社会保障支出中，行政事业单位离退休金和报销医疗费的分配扩大了居民收入差距，而最低生活保障和农村养老金具有改善收入分配差距的作用。鉴于我国社会保障支出水平较低，建议继续扩大政府的社会保障支出。OECD 国家再分配效应的研究（Immervoll and Richardson，2011）表明，财政总体再分配效应一般应达到30%左右，其中80%以上的贡献来自社会保障（收入转移），税收的作用则不到20%。其中，美国 2004 年税收和社会保障的总体再分配效应为31.72%，社会保障收入再分配的贡献率占到88%，而税收贡献为12%（肯姆和拉姆勃特，2009）；单独考虑个税、社会保障收入、财产税和工薪税，其再分配效应分别为6.79%、22.58%、－1.19%和－0.45%。而在我国，就城镇居民内部来看，再分配效应尤其是社会保障收入的再分配调节作用与美国基本相当，但个税的调节作用相对弱很多；就农村居民来看，社会保障收入对农村居民收入分配调节作用较小，财政再分配不仅没有向收入相对低的农村居民倾斜，反而扩大了城乡居民收入差距，虽然最终仍然缩小了全部城乡居民收入差距，而且是再分配效应的贡献主体，但对全国居民收入分配调节效果较弱。因此，现有文献中提出改革我国现行碎片化的社会保障制度、建立全国统一的社会保障制度非常重要，内涵丰富，意义重大。

第四节 评价和研究展望

一、关于初次分配与再分配的重要性

我国实行社会主义市场经济体制改革以来，一方面重视通过建立新的分配原则推动初次分配制度改革；另一方面也在不断建立包括个税、社会保障制度的再分配调节机制。初次分配还是再分配更加重要是基于社会经济形势需要做出的政策选择，认识不同，选择也可以有差异。初次分配虽然也要求公平，但主要是体现收入与贡献成比例的公平，其目标是有利于资源配置效率和经济增长，而不能最终实现社会所追求的结果公平。以初次分配不完善而将重点放在初次分配，一定要在完善的初次分配基础上进行调节，不符合社会现实要求。当然，政府再分配调节的力度要与社会经济发展阶段相适应，要量力而行。要坚持"社会政策托底"、保基本、促和谐、经济社会协调发展的原则，强调再分配制度的普遍性、公平性和可持续性；要从切实保障低收入者、弱势群体基本生活需要和基本公民权利平等的发展需要入手，从低水平起步，再根据人民意愿和社会发展需要，谋求较高程度的再分配和社会福利。再分配调节力度不一定很大，但是一定要使社会更加公平，一定要避免再分配调节不仅不能缩小收入差距反而造成新的地区、城乡、不同人群之间收入差距的问题，避免出现新的社会不公平问题。

二、关于我国政府再分配效应

关于我国政府再分配效应的研究取得了明显成效，研究不断深入，对一些重要问题达成了共识。（1）我国个税调节作用有限，没有达到理想的目标。（2）个税制度本身有不少需要改革和完善之处，征管力度不够，税收政策也不利于再分配调节作用发挥，而居民收入水平低是再分配效应弱的主要制约力量。（3）税制改革、加强征管将促进再分配效应有所改善，但可能不会很快达到美国、英国等发达国家的调节水平。（4）现行社会保障制度对再分配调节的考虑明显不足。区域、城乡之间碎片化、保障水平和保障能力不同的社会保障制度，虽然能够缩小区域内、群体内的收入差距，但是不能有效缩小区域

间、群体间的收入差距，因此，实行统筹统一的社会保障是加强再分配调节的必然要求。

值得说明的是，利用按照收入来源进行总收入基尼系数分解分析的方法来分析再分配效应值得商榷。分析税收或者社会保障收入能否缩小收入差距，要看其集中系数与初次分配收入基尼系数的比较，而不是与总收入（可支配收入）基尼系数的比较。对于税收来说，要看其集中系数（C）与初次分配收入基尼系数（G_x）的比较，如果 $C > G_x$，税收是累进的，能够缩小收入差距；对于居民社会保障收入来说，如果 $C < G_x$，社会保障收入是累退的，能够缩小收入差距。蔡萌和岳希明（2018）已经测算了社会保障收入具有缩小初次分配差距的再分配效应，并且是整个财政再分配效应的主体；但是，通过按照收入来源分解分析的方法来说明相反的结果，结论之间是矛盾的，其分析方法也值得商榷。

三、关于再分配效应研究的展望

（一）现有研究值得商榷之处

关于我国再分配效应的部分研究结论和政策建议有值得商榷的地方。

第一，我国再分配调节不足是事实，但一些研究结论过度倾向于负面。比如个税调节的逆调节判断，并不符合个税的实际，测算方法也不科学；社会保障制度调节机制亟待完善，但说社会保障制度调节效果急剧下滑也不符合实际。

第二，对个税税制改革的再分配效应的认识不尽客观。从税收累进性看，我国个税税制类似于美国等国，免征额效应是税收累进性的主体（曹桂全和任国强，2014；彭海艳，2011）。但是，我国个税制度具有特殊性，比如个税免征额制度中，采取标准免征额和累积性调整方式，分析免征额调整对税收再分配效应的影响应当考虑这些特殊性。在多年累积性调整的条件下，可能出现免征额调整年再分配效应短暂下降的附带效果，但不能依此判断免征额调整的税制改革失败；也不能因为免征额调整年的再分配效应在免征额调整条件下比不调整条件下下降，就为追求个税再分配调节能力而降低免征额。

第三，微观模拟方法测算的再分配效应不是实际的再分配效应而是调节潜力，用模拟结果代替实际判断容易引起误解。微观模拟测算说明的是税收潜在的调节能力，是有价值的，但用来判断是否实际改善收入分配是不合理的。微

观模拟方法更多应当用来进行制度分析和设计，而不是测算实际再分配效应。

（二）未来研究展望

再分配效应研究存在进一步改善、拓展和深化的空间。

第一，收入分配尤其是再分配的研究需要强调公益性，发挥政府的主导作用。由于我国住户调查数据开放不够，难以全面测算全国范围内各种再分配工具的再分配效应，基于各种个别数据进行的测算、估算是不完整的，难以形成关于国家收入分配和再分配效应的完整判断。收入分配数据库建设应当是一个公共工程，研究工作不应当是收集数据，而是加工数据、挖掘数据。国家统计局于2013年开始公布全国居民收入基尼系数，说明城乡住户居民收入数据已经统一，形成了完整的数据库，应当向研究者开放。

第二，再分配效应的成因有待进一步认识。个人所得税再分配效应很小，有税制不公平的原因，也有征管的问题，但主要是居民收入低导致净税率低；加强再分配调节需要进行税制改革和加强征管，但提高再分配效应最终依赖于居民收入增长。社会保障（转移性收入、社会性收益）对城镇居民收入起到了较大的调节作用，但对农村居民收入分配调节作用很小，这与社会保障制度建设城乡不均衡的实际相符。个税调节城镇居民收入分配力度强于农村，但不会产生城乡间、区域间的逆向调节效果。与个税不同的是，社会保障的调节机制主要通过增加居民收入尤其是低收入者的收入实现，由于我国城乡间、区域间社会保障制度不平衡，低收入者群体、区域得不到较多的转移性收入，在缩小城镇内部收入差距的同时，对城乡间、区域间收入差距可能没有较好的调节效果。但是，我们注意到，我国由个税和社会保障构成的再分配资源规模已经比较大。个税税收规模呈现上升趋势，从2000年占GDP的0.66%、占总税收的5.24%上升到2016年占GDP的1.36%、占总税收的8.74%。[①] 社会保障方面，以社会保险缴费衡量，2015年，天津城镇职工社会保险的缴费比例为：养老保险，单位20%，个人8%；医疗保险，单位11%，个人2%；失业保险：单位1%，个人1%；工伤保险：单位0.5%，个人不缴费；生育保险：单位0.8%，个人不缴费；总计费率为44.3%。[②] 以转移性收入衡量，2017年，全国城镇居民人均可支配收入为36396元，其中工资性收入22201元、经营性收入4064元、财产性收入3607元和转移性净收入6524元，转移性收入占比

---

① 国家数据，http：//data. stats. gov. cn。
② 这里仅以2015年天津市城镇职工社会保险缴费为例，因为全国各地有一定差异，且逐年有变化。

达到 17. 93% ；农村居民人均可支配收入为 13432 元，其中工资性收入 5498 元、经营性收入 5028 元、财产性收入 303 元和转移性净收入 2603 元，转移性收入占比达到 19. 38% 。以政府财政支出衡量，2017 年国家财政预算支出 203085. 49 亿元，其中社会保障和就业支出 24611. 68 亿元，占 12. 12% ；社会保险基金支出 57145 亿元，与社会保障和就业支出合并计算为 81756. 68 亿元，占国家财政预算支出和社会保险基金支出总和的 35. 91% ，占当年 GDP 的 9. 99% 。[①] 那么，如此大规模的政府再分配投入，为什么仅获得很小的再分配效应呢？这是值得进一步研究的。社会保障制度不统一应当是重要的方面；同时，关于再分配效应形成机理的认识有待深入和提高。

第三，再分配效应的分析和完善再分配制度的政策建议应当密切结合中国特色社会主义建设实际。现有文献对个税、社会保障调节城镇居民收入分配、城乡居民收入再分配的效果进行测算，取得了积极进展。但是，无论个税还是社会保障制度，再分配调节并不是唯一功能和目标，而且我国个税和社会保障制度有自身的发展历程和演进路径，再分配效应的评价如果能够结合其建设目标，会更有针对性。完善个税和社会保障制度的再分配调节机制的政策建议如果能与整体财政制度改革联系起来，也会更有实践价值。实际上，我国社会保障制度面临全面发展和改革的要求，再分配调节方面的对策建议将是非常具有实践价值的。为此，应当加强政策服务的应用研究，进一步挖掘数据，按照公平和效率的要求，对个税制度和社会保障制度改革进行相应的模拟测算，提供量化数据，为决策、立法提供依据和参考。再分配效应研究应当服务于改革方案设计，并测算改革前后的再分配效果，描绘更加清晰的收入分配格局及其形成过程，使收入分配现状与收入分配目标距离更加清晰。[②] 同时，任何改革都有收益和成本，建立分类与综合相结合的个税税制模式将使税制更公平，但也会增加征管成本，只有更好权衡收益和成本，改革和完善收入分配制度的路径才会更加明确。

---

① 国家数据，http: //data. stats. gov. cn/。
② 我们注意到，北京师范大学收入分配研究院成立了政策模拟中心，力图通过相关的实证研究方法，模拟收入分配政策以及其他相关政策的收入分配效应，其模拟和评价体系可为探索现实政策的实施效果、发展前景和改进方案提供坚实的理论基础。

第三章　政府再分配调节机制及其重要性

本章首先对收入分配和再分配调节、再分配效应的相关概念和衡量指标进行界定，其次阐述各种再分配工具的收入分配调节机制，最后阐述再分配调节的重要性。具体包括五个方面的内容：一是初次分配和再分配的区分和界定；二是分析政府行为对收入分配的广泛影响，界定政府再分配调节的范围；三是阐述政府再分配调节的类型及其调节机制；四是描述最终居民收入形成过程的框架；五是阐述政府再分配调节的重要性。

第一节　居民收入分配与初次分配、再分配

一、居民收入分配

居民收入分配，即个人收入分配，指收入在居民个人或者居民家庭之间分配的数量比例关系，这种关系体现为收入差距、收入不平等，是关于居民收入分配状况的一种实证陈述。

居民收入区分为可支配收入、初次分配收入和再分配收入。可支配收入是居民个人可以自由支配用于消费、储蓄（投资）和其他用途的收入，是居民获得的各种初次分配收入经过政府再分配调节和民间收入转移后形成的收入。初次分配收入即要素收入，[①] 是个人或者家庭依据其要素投入贡献而获得的收入，包括工资收入、经营性收入、财产性收入等各种形式。再分配收入包括政府再分配收入和民间再分配收入，其中政府再分配收入包括居民从政府获得的收入转移，也包括居民因为政府再分配而发生的支出，比如，缴纳个税和缴纳

---

① 要素收入即各种生产要素依据贡献获得的收入，要素收入反映初次分配收入的实质。

社会保险费；民间再分配收入指居民个人或者家庭之间的自愿的、单方的收入转移。本书中，忽略民间再分配而集中研究政府再分配，除非特别说明，再分配指政府再分配，再分配收入指政府再分配收入。① 初次分配和再分配的区分是研究收入分配的一个重要角度，它将收入不平等相应地区分为初次分配收入不平等、再分配收入不平等和可支配收入不平等，从而能观察最终收入不平等有多大程度是初次分配的结果、有多大程度是再分配的结果。② 现代国家以社会保障和直接税为主要手段构成政府再分配体系；用可支配收入衡量的最终收入分配状况很大一部分是政府再分配调节形成的，再分配在最终收入分配形成中的地位和作用与日俱增。

　　表3-1给出了一个虚拟的居民收入分配的例子，从初次分配收入开始，经过再分配调节，最后形成最终收入分配。居民按照其初次分配收入从低到高排序。再分配调节包括增加居民收入的项目和减少居民收入的项目。增加居民收入的再分配项目包括社会保险收入、社会救济收入和均等化转移性收入三种形式。表3-1中，第1人、第3人获得社会保险收入，可以设想其为退休人口，其社会保险收入为养老金收入；第2人的初次分配收入较低，获得了社会救助收入。均等化转移性收入可以设想为与获得义务教育待遇相对应的货币收入值，第2人、第3人、第6人、第7人由于家庭有适龄人口而获得该待遇。减少居民收入的再分配项目为个税缴纳，第6人、第7人、第8人、第9人由于收入较高而成为个税纳税人。现代国家财政预算包含债务预算和跨年度收入转移，特定年度的初次分配收入总体规模并不一定等于最终收入总体规模，居民总体再分配净收入不一定为0。本例中，初次分配总收入规模为45元，而最终分配总体收入规模为46.5元，平均每人获得0.15元的再分配净收入。

表3-1　　　　　　初次分配收入、再分配收入和最终收入：一个虚拟例子　　　　单位：元

序号	初次分配收入	社会保险收入	社会救助收入	均等化转移性收入	增加的再分配收入	个税缴纳	再分配净收入	最终收入
1	0.00	3.00	0.00	0.00	3.00	0.00	3.00	3.00
2	1.00	0.00	1.00	0.50	1.50	0.00	1.50	2.50

----

① 一般地说，个人之间的互助互惠即民间再分配也是最终收入分配的影响因素。也就是说，再分配可以分为政府再分配和民间再分配，但鉴于研究目标、研究资源和研究能力，本书基本不涉及民间再分配而集中于政府再分配。

② 再分配调节作用的结果称为再分配效应。

续表

序号	初次分配收入	社会保险收入	社会救助收入	均等化转移收入	增加的再分配收入	个税缴纳	再分配净收入	最终收入
3	2.00	1.00	0.00	0.50	1.50	0.00	1.50	3.50
4	3.00	0.00	0.00	0.00	0.00	0.00	0.00	3.00
5	4.00	0.00	0.00	0.00	0.00	0.00	0.00	4.00
6	5.00	0.00	0.00	0.50	0.50	0.40	0.10	5.10
7	6.00	0.00	0.00	0.50	0.50	0.60	-0.10	5.90
8	7.00	0.00	0.00	0.00	0.00	1.00	-1.00	6.00
9	8.00	0.00	0.00	0.00	0.00	1.50	-1.50	6.50
10	9.00	0.00	0.00	0.00	0.00	2.00	-2.00	7.00
平均	4.50	0.40	0.10	0.20	0.70	0.55	0.15	4.65
总计	45.00	4.00	1.00	2.00	7.00	5.50	1.50	46.50

注：本表的数据是示例。增加的再分配收入是各项政府对个人收入转移之和，即等于社会保险收入、社会救济收入、均等化转移收入之和。

资料来源：笔者编制。

二、要素收入、贡献原则与初次收入分配

居民的要素收入是指居民依据要素投入获得的报酬，居民获得要素报酬就是初次收入分配。初次收入分配的依据是要素投入的种类、质量和数量或者总称为"贡献"，获得初次分配收入的依据可以称之为"贡献原则"。[①] 没有要素投入和贡献，就不能获得初次收入分配。是否按照贡献进行分配是区分初次分配和再分配的基本准则。

要素收入主要来源于市场分配，包括工资薪金（含劳务报酬）、租金、利息、红利、经营性收入等形式。需要注意的是，要素收入也来源于政府的财政分配，政府财政进行的一些分配也按照贡献原则并分配给居民个人，最主要的就是国家工作人员获得的工资薪金收入，不属于再分配收入而属于初次分配收入。将市场收入分配等同于初次收入分配、财政分配等同于再分配，严格来说

---

① 贡献原则不是人为地为收入分配设定的原则，而是对初次分配客观存在、客观遵循的原则的陈述，是初次分配的必然规律。在市场经济条件下，贡献主要通过各种生产要素的市场价格反映。

并不完全准确。类似地，市场是居民收入初次分配的主要机制，但也不是唯一机制，政府机制也进行居民收入初次分配，比如国家工作人员工资的分配是初次分配，而不能认为属于再分配调节。当然，这是从研究居民收入分配的角度看的，如果从国民收入分配的角度看，可以将财政分配都归属于再分配。也就是说，在居民收入分配研究中，将国家公务人员工资视为初次分配而不是再分配更符合研究的需要。虽然国家公务人员的工资分配通过政府的财政机制而不是市场机制进行，但分配的依据是要素投入、贡献原则，因此属于初次收入分配。因此，按照市场机制还是政府财政机制进行分配，并不是初次分配和再分配区分的唯一标志，市场收入不等于初次分配收入，初次分配也不等于按照市场机制分配。①

居民收入分配属于规模收入分配，重点关注人际间以及由此衍生出来的地区间、城乡间和行业间等不同人群之间的收入不平等。与规模收入分配对应的概念是功能收入分配，指收入在不同种类要素之间的分配，不是直接的人际间收入分配。但是，功能收入分配与居民收入分配并非无关。收入分配给要素，而要素为居民所有，收入也必将分配给作为要素所有者的居民，从而形成规模收入分配；要素之间的分配关系必然影响人际间的规模收入分配关系。当对居民收入分配进行深入分析的时候，还要分析个人收入的来源构成，而这个构成之一就是按照要素类别进行区分的。因此，规模收入分配研究也需要关注和考虑功能收入分配。

我国的城乡居民住户调查区分城镇住户和农村住户，但渐趋统一。从2002 年开始，城乡区分的标准是：乡镇（不含城关镇）辖区的住户为农村住户，城市和城关镇的住户为城镇住户。根据我国城镇住户调查方案，城镇居民初次分配收入的具体构成项目如下：（1）工薪收入，具体包括工资及补贴收入、其他劳动收入；（2）经营净收入；（3）财产性收入，具体包括利息收入、保险收益、其他投资收入、出租房屋收入、知识产权收入、其他财产性收入。根据我国农村住户调查方案，农村居民初次分配收入的具体构成项目如下：（1）工资性收入，包括在非企业组织中劳动得到的收入、在本乡地域内劳动

---

① 国内外均有文献认为，初次分配收入就是市场收入，初次分配就是按照市场机制实现的要素分配。我们认为，该定义在纯粹市场经济条件下是正确的，但在混合经济条件下并不准确。按照社会主义政治经济学的概念，政府财政属于再分配，国家公务人员的工资当然属于再分配，这个理论体系是正确的，但主要用于研究国民收入分配。但是，按照这种理论理解居民收入分配可能并不适当，因为这样无法全面衡量居民初次分配收入。按照要素贡献原则界定初次分配和再分配，则能把包括公务员工资在内的所有工资收入都划分为初次分配，更为适当。实际上，我国居民住户调查中的工资薪金收入包括公务员工资。

得到的收入、外出从业得到的收入；（2）家庭经营收入，具体包括第一产业收入、第二产业收入、第三产业收入；（3）财产性收入，包括利息、集体分配股息和红利、其他股息和红利、租金（包括农业机械）、出让无形资产净收入、储蓄性保险投资收入、土地征用补偿收入、转让承包土地经营权收入、其他投资收益等。[①] 从 2013 年起，我国城乡居民收入统计口径统一，最终公布的居民收入构成包括工资性收入、经营性收入、财产性收入和转移性收入。本书研究期较长，较多使用的数据是城镇住户数据，之后在可能的条件下，使用口径统一的城乡住户数据。

第二节 政府行为对收入分配的影响与政府再分配调节

一般地，政府再分配是指政府以实现社会公平、资源配置效率为目标，积极主动对初次分配进行调节，重在实现可以预期的、当前的、直接的调节。但实际上，政府行为对收入分配的影响是多方面的。为了便于分析，我们将政府行为对收入分配的影响区分为一般政府行为和政府再分配行为，见图 3－1。一般政府行为对收入分配的影响是普遍的、非特定的，包括社会发展指导思想和政策、市场制度和相关制度。政府再分配行为指政府财政收支对居民收入产生的影响，并可以根据其影响的直接性，进一步区分为政府直接再分配调节和间接再分配效应。政府直接再分配调节是以缩小居民收入差距、实现社会公平为直接目标的再分配调节，是政府再分配调节的核心，本书所言的政府再分配调节即指政府直接再分配调节。政府间接再分配效应是其他财政收支对居民收入的影响，这些财政收支的主要目的是筹集财政收入和经济调节，但由于财政收支归宿或者效应影响居民和家庭行为，从而影响居民收入分配，起到扩大或者缩小居民收入差距的作用，是一种附带效应。政府直接再分配调节和间接再分配效应也可以从调节环节区分，直接再分配调节多发生在居民可支配收入形成过程中；而政府间接再分配效应多发生在居民消费和进行其他支出行为过程中，主要受市场供求关系、价格影响。

---

① 从 2013 年起，我国城乡居民收入统计口径逐步统一。但本课题研究期间并没有得到全国数据，实证研究仍然多采取城镇住户数据，个别年份使用天津城乡住户数据。

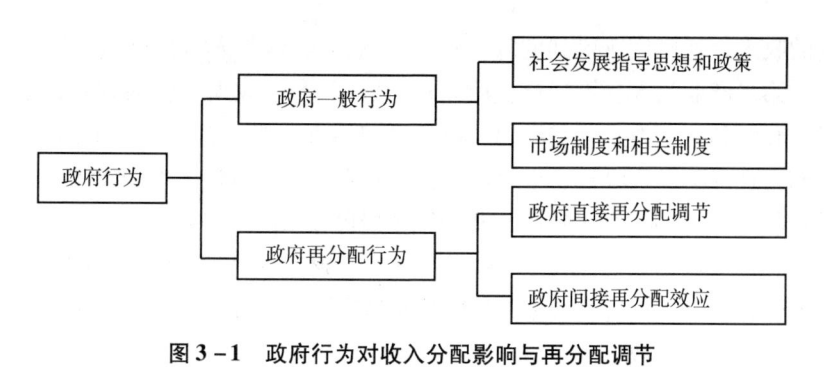

图 3-1 政府行为对收入分配影响与再分配调节

资料来源：笔者编制。

一、社会发展指导思想和政策

社会发展指导思想和政策的主题比较多，但与收入分配关系密切的是处理公平和效率关系的指导思想和政策。对于发展中国家来说，增长、效率和公平是重要的发展主题，这意味着发展中国家的战略选择空间更宽一些，除了单一追求增长、效率、公平的战略之外，还有突出增长、效率、公平主题兼顾其他的战略，增长与效率、增长与公平、效率与公平主题并重战略，以及增长、效率和公平三者并重战略等 10 种战略可以选择。① 我国社会发展指导思想和政策对收入分配的原则、政策和收入分配格局的形成具有深远的影响。改革开放以来，我国的社会发展指导思想经历了重大变化。改革开放伊始，我国确定了"效率优先、兼顾公平"的指导思想，收入分配制度改革的主流是针对改革开放前收入分配制度中存在的"平均主义""大锅饭"而实施的收入分配政策，具有特殊性。但是，将允许收入差距扩大的收入分配政策理解为政策的目标就是扩大差距，应当是错误的，没有一个政府会以扩大差距为政策目标。我国改革开放初期属于特殊情况，以拉大收入差距为导向的收入分配改革，目的是纠正过去不合理的收入分配、过去不利于经济和社会发展的做法，属于一种短期的收入分配政策，不应当理解为以扩大收入差距为目标，而应当理解为允许收入差距适当扩大，不是一种长期政策，而是特定时期经济体制变动的要求（黄

---

① 曹桂全（2000）提出了发展中国家经济发展战略三个主题的框架，并以此对我国区域发展战略进行了分析。见曹桂全. 发展中国家经济发展的三个主题与战略重点选择——兼论中国西部大开发战略 [J]. 南开学报，2000（6）.

泰岩，2002）。① 2002 年，党的十六大召开，继续坚持"效率优先、兼顾公平"的总体原则，但已经有所调整，提出了"初次分配和再分配都要注重公平，再分配更加注重公平，加大收入分配调节力度"的收入分配政策。2003 年，党的十六届三中全会提出建设和谐社会的任务，并提出"兼顾效率与公平"，解决收入分配差距过大的问题已经在国家战略布局中具有重要位置，尽管政策效应可能比较缓慢，但是其对收入分配产生深刻的影响是可以预期的。

二、市场制度和相关制度

市场制度等经济制度虽然不以再分配调节为直接目的，但是对收入分配必然产生重要影响。初次分配主要通过市场机制实现，是否和在多大程度上通过市场配置资源是国家经济体制的核心问题，而制度供给是政府不言自明的职能，市场本身是否完善与政府的努力有很大关系。我国收入分配制度改革始终是经济体制改革的主线之一，并随经济增长和经济发展水平变化而调整。与社会主义市场经济体制相适应，在收入分配领域，我国采取按劳分配为主体、其他多种分配方式并存的分配制度，其他分配形式主要是按照生产要素的贡献进行分配，并主要是通过市场机制实现的。② 市场进行资源配置和进行收入分配是同一过程。发挥市场在资源配置中的决定性作用的条件下，市场分配的领域和影响也必然扩大。但是，我国的初次分配制度建设还很不规范、不完善，较大程度存在不合理的收入分配秩序。高培勇（2002）指出，我国收入分配改革的问题首先是规范政府行为的问题。贾康（2007）认为，我国收入差距形成的七个来源中的"两个半"都与政府行为有关，源于现行体制、制度中的某些不够合理的"明规则"因素而形成的收入差别，源于现行体制、制度中已实际形成而不被追究或暂时不被追究的"潜规则"所形成的收入差别（大体相当于"灰色收入"），以及源于不法行为、腐败行为而形成的收入差别

---

① 黄泰岩（2002）认为，我国个人收入差距变动很难全部用经济增长解释，即使 1978 年改革开放后居民收入差距扩大，但其迅速扩大并不能仅用经济增长解释，而且城乡居民收入差距经历过先缩小再扩大的过程，也只能用经济体制变动解释。见高培勇. 收入分配：经济学界如是说 [M]. 北京：经济科学出版社，2002：14 - 36. 我们认为，1978 年后我国收入差距扩大部分来源于实行适当拉大收入差距的收入分配政策，但这种政策不可能是长期的。

② 曹桂全（2007）对我国收入分配制度进行了梳理。按劳分配是与社会主义基本经济制度相适应的基本分配制度，居民初次收入分配主要是通过市场机制实现，政府再分配调节则是以社会公平为目标而对初次收入分配的调节，按劳分配、市场机制实现的初次收入分配和政府再分配调节构成我国的收入分配制度。见曹桂全. 构筑和谐社会的收入分配理论和制度 [J]. 天津大学学报（社会科学版），2007（1）：45 - 50.

（大体相当于"黑色收入"，任何社会的收入中违法犯罪都是存在的，但是我国现阶段尤其严重，算作是半个因素）。有些收入分配制度中存在的问题并不是政府再分配所能调节的，解决收入分配问题，首先就要消除或者降低这些扩大收入差距的不合理因素，在此基础上，再经过再分配调节，收入分配就能更好地解决。相反，如果收入分配制度问题的基础不好，收入分配秩序没有理顺，再分配调节也就难以发力，因为再分配调节并不能解决初次分配秩序不合理的问题。

三、政府直接再分配调节

政府再分配行为是指政府参与初次分配或者对初次分配进行调节而导致收入分配数量关系的改变。政府再分配行为按照功能目标可以分为政府直接再分配调节和政府间接再分配效应两类。

政府直接再分配调节以调节收入分配、缩小收入差距、实现社会公平为直接目标，该类行为可以同时具有筹集财政收入的功能，也可以不以取得财政收入为目的而是需要进行以缩小收入差距为目标的财政支出，这是履行政府再分配职能的主体，也是通常所说的"政府再分配调节"，也是本书主要研究的对象。为此，对政府直接再分配调节定义如下：指通过财政收支直接增加或者减少居民现金收入或者实际的支出能力，调节居民要素收入，以实现缩小收入不平等和社会公平的目标。具体地，政府直接再分配调节可以按照其机制划分为三类。

（1）税收调节。对初次分配收入课税，减少高收入者收入，或者说对高收入者减少更多的收入，从而缩小收入差距。典型的是个税，个税实行超额累进税率结构和一系列有利于形成税收累进性的费用扣除，会导致"高收入者多纳税、中等收入者少纳税，收入低到一定程度的不纳税"，从而对初次分配收入进行了调节，缩小收入差距。在表 3 - 1 的例子中，第 1 人、第 2 人、第 3 人构成低收入组，初次分配收入平均为 1.0 元，不缴纳个税，而第 7 人、第 8 人、第 9 人构成高收入组，初次分配平均收入为 8 元，是低收入组的 8 倍，分别缴纳个税 1 元、1.5 元、2 元；但初次分配收入经过税收调节后，三人平均收入变为 6.5 元，是低收入组人均收入的 6.5 倍，收入差距缩小了。

（2）社会性收益。社会性收益，也称为转移性收入、社会保障收入。在初次分配收入的基础上，增加低收入者收入，或者说对低收入者增加更多的收入，收入差距将缩小。增加收入具体形式包括增加现金收入，例如政府提供对

低收入者的低保收入；也包括增加免费物品，比如为低收入者提供免费食品券。政府政策实践中包括社会救助、收入支持（低保）和社会保险收入。在表3-1的例子中，第1人、第2人、第3人为低收入者人群，三人平均收入1元，而第7人、第8人、第9人为高收入者人群，三人平均收入为8元，是低收入者人群的8倍。但三个低收入者分别获得社会保险收入和社会救济收入3元、2元、1元，三人平均收入提高到3元，而高收入者收入不变，最终高收入者人群平均收入变为低收入者人群的2.67倍，收入差距显著缩小。

（3）均等化公共服务。在初次分配的基础上，均等化公共服务普遍地等额提高了居民实际收入。显然，这种再分配并不会缩小绝对收入差距，但可以缩小相对收入差距。这种调节居民收入分配的具体政策通常称为均等化转移性收入或者均等化公共服务，可以是现金形式，也可以是免费提供的物品或者服务。为清晰看到其再分配调节效果，我们对比表3-1中第2人、第3人构成的低收入组和第6人、第7人构成的高收入组，人均初次分配收入分别为1.5元和5.5元，收入差距为3.67倍；每个人都获得了0.5元的转移性收入后，两组的平均收入分别变为2元和6元，收入差距缩小为3倍，收入差距缩小了；当然，我们也看到，绝对收入差距保持4元不变。需要指出的是，均等化转移性收入或者公共服务，并不意味着任何时点上每个人都同时获得，比如义务教育属于一种均等化公共服务，并不意味着每个人同时获得，但就每个人的一生而言都有同等机会获得该服务，因此，均等化的真正含义是每个人都在有需要的时候有均等的机会获得。也正因为如此，表3-1的例子只是一个时间点上例子，只有第2人、第3人、第6人、第7人所得均等化转移性收入，是符合实际的。

四、政府间接再分配效应

政府间接再分配效应，指直接再分配调节之外的所有政府筹集财政收入和财政支出行为，虽然并非以调节收入分配为直接目的或者为主要目标，但对初次分配产生影响。具体地，政府间接再分配效应的形成机制可以分为两类。

第一类是财政收支归宿。财政收支归宿，指财政收入产生居民的税收负担、财政支出产生居民收益，从而最终增减居民收入，影响收入分配，主要是各种间接税和政府支出行为。

间接税不直接减少居民收入，但包括在产品价格之中，因为居民购买含税产品而负担税收，承受税负转嫁结果。政府课征增值税、销售税（或者营业

税)、消费税等,主要目的是筹集财政收入,部分地调节资源配置(通过差别税率结构实现),不以调节居民收入分配为直接目标,居民不直接地承担税收而是通过支付含税价格而间接地负担税收。税负在不同居民之间相同或者不同,就是税收归宿。税收归宿将影响收入分配,且不必然地产生缩小收入差距的效果,甚至可能扩大居民收入。假定所有居民承担某种商品的间接税税负相同,实际上高收入居民的平均税负低于低收入居民,产生税收累退性,将扩大相对收入差距。

类似地,除了以直接再分配调节为目标之外的政府各类公共支出,比如修建城市道路、公立医院、公立学校等,假定居民均可以免费获得相关服务,实际上提高了居民收益,将对居民收入分配产生影响。即使假定所有居民获得的实际收益相同,但是对不同收入水平的居民来说,收益率是递减的,将产生缩小居民收入差距的效果。当然,政府提供的公共物品面向低收入者,收益率递减更加明显,缩小居民收入差距的效果也将更加明显;如果收益率递增,将扩大居民实际收入差距。

早期关于税收对收入分配影响的文献一般都提到 1896 年杰文斯为英国财政部准备的一个报告,称低收入者比高收入者承担了更高的税率。[①] 马斯格雷夫研究美国的税收归宿的文献也指出,1968 年的美国也同样存在这种情况。[②] 现代经济学已经能够很好解释其成因,个税建立并成为主体税种之前,政府依靠人头税和流转税筹集财政收入,人头税是累退的,[③] 低收入者的平均税率更高,具有税收累退性,将扩大收入差距;流转税多采取比例税率,但对于必需品而言,低收入者和高收入者承担的税负差别不大,而低收入者的平均税率高于高收入者,也具有税收累退性,税后收入差距也将扩大。现代国家倡导从间接税向直接税转变,以更好实现收入分配调节而避免扩大居民收入差距的效应。

第二类是财政收支效应。财政收支效应,指财政收支导致个人行为改变而产生的收入分配效应。也就是说,这种政府再分配行为对个人收入分配的影响

---

① 该报告称,就年支出 40 英镑的家庭而言,税率为 10.1%;相比之下,年支出为 500 英镑的家庭的税率为 9.0%。参见 [英] 安东尼·B. 阿特金森,[美] 约瑟夫·E. 斯蒂格利茨. 公共经济学 [M]. 上海:上海三联书店、上海人民出版社,1994:320.

② [英] 安东尼·B. 阿特金森,[美] 约瑟夫·E. 斯蒂格利茨. 公共经济学 [M]. 上海:上海三联书店、上海人民出版社,1994:355.

③ 税收累退性是指平均税率随着收入提高而降低。假定任何个人都负担一定额度的税收,那么,对不同收入水平的个人来说,个人的平均税率是随着收入提高而降低的,人头税具有税收累退性,其结果是个人税后收入相对差距扩大。

不是直接的，而是间接的，可能扩大收入差距，也可能缩小收入差距。不适当的社会救助、社会福利会产生"养懒汉效应"，低收入者依赖政府给予的转移性收入而不去通过劳动获得收入，不利于兼顾资源配置效率和缩小收入差距。再如，对高收入者课征高税率会抑制其努力，从而导致初次分配收入降低，弱化政府财政再分配调节能力，取得与预期相反的结果。

本书重点研究政府直接再分配调节，也就是说，集中研究政府以缩小居民收入差距、实现社会公平为目标的再分配调节问题，以完善政府再分配调节机制。当然，这并不是说影响收入分配的一般政府行为、间接的政府再分配行为不重要，但不是本书研究的重点。同时，像社会发展指导思想、影响收入分配的市场体制等相关制度会体现到初次分配收入或者政府再分配调节机制上来。

第三节 政府再分配调节的工具和机制

一、政府再分配调节机制界定

研究政府再分配调节的一个重要方面是研究各种再分配调节工具（措施）及其调节机制。王绍光（2009）按照市场与非市场的原则区分初次分配和再分配，认为市场收入就是初次分配收入，来自市场交易的收入因为非市场的因素有所增减，例如接受捐赠或政府补贴会增加收入，缴纳税款或捐助他人会减少收入，非市场因素引起的收入增减称为"二次收入"，与二次收入相关的分配叫作"二次分配"或"再分配"，其中政府再分配在现代国家起主导作用。郝秀琴（2007）认为，收入再分配，也称社会转移分配，指在市场初次分配结果的基础上各收入主体之间通过各种渠道实现现金、实物转移或改变公共服务可及性（价格、地理、机会）的一种收入再次分配过程，也是对要素收入进行再次分配的过程。[①] 这个定义强调了初次分配收入就是要素收入，而再分配的特征是非市场性的收入转移。

按照前述对初次分配和初次分配收入的界定原则，再分配是在初次分配基础上，收入主体之间发生收入转移，使居民收入在要素收入的基础上发生了调

---

① 郝秀琴. 我国政府收入再分配能力与规模的国际比较［J］. 经济研究参考, 2007 (34)：17－21.

整，在这个意义上，再分配有时也称为社会收入转移。再分配包括政府再分配和民间再分配。政府再分配是由政府主导的、对初次分配收入的调节，即在初次分配基础上，政府依据财政制度和其他社会政策，对居民要素收入进行的各种调节。收入主体按照道德伦理、社会习惯、商业活动要求进行的收入调整，属于民间再分配（也称为第三次分配）。现代社会条件下，政府再分配逐渐成为社会再分配的主体，这也是传统社会向现代社会转型的一个标志。

本书集中研究政府直接再分配调节，其以缩小居民收入差距为直接目标。一般地，政府再分配调节项目可以划分为税收类项目（包括各种直接税和社会保障税费缴纳）、社会性收益类项目和均等化公共服务。三类项目的基本区别是：税收是减少居民初次分配收入的项目；社会性收益类项目也称为政府对个人的收入转移、转移性收入、社会保障收入等，是增加居民初次分配收入的项目；均等化公共服务是通过现金或者服务的形式，普遍增加居民收入（减少居民支出）的项目。当然，每一类项目中的具体项目仍然存在差别，尚需要进一步研究。税收包括个税和社会保障缴纳（主要是社会保险缴纳），其具体机制设计并不相同。个税具有多种费用扣除，既有生计费用扣除（免征额），也有经营性费用扣除，还有为实施社会经济政策而规定的特别费用扣除，实行累进税率；与社会保障缴纳实行单一的比例税率（费率）不同，再分配调节效果也就不同。社会性收益类项目在增加居民收入这一点上是共同的，但其中基于最低生活保障制度（低保）和各类社会救助而产生的社会性收益与社会保险收入的机制设计也不相同，前者以收入调查为前提，后者以参保缴费（税）和保险事件发生为前提，其再分配效果也不相同。为有需要的居民提供收入或者服务的均等化公共服务项目之间也存在差别，分别侧重于有不同需要的人群，比如公共教育服务和公共卫生服务的服务对象存在客观上的差别。因此，在税收、社会收益和均等化公共服务三种基本分类的基础上，应当具体分析各项目的再分配调节机制，并发现有助于缩小收入差距的再分配项目和再分配调节机制。

二、税收类再分配项目及其调节机制

（一）再分配调节机制

税收是政府从财政收入环节即以对居民课税的方式进行收入分配调节，包括个税、社会保障缴纳和财产税三种具体项目。我们先分析税收类项目再分配

调节的一般机制，再分别考察不同项目调节机制上的一些差异。

税收类再分配项目再分配调节机制的核心是"削峰""调高"。在此类项目调节下，居民可支配收入减少，但是高收入者减少的更多，从而产生缩小收入差距的效果。对于税收类再分配项目，要使其具有缩小收入差距的再分配效应，就要求"减数"具有累进性，即税收累进性。要使其再分配效应增强，还要在税收累进性的基础上，具有更大的再分配收入规模。

简单地说，税收累进性要求高收入者平均税率（包括缴费费率）高于低收入者平均税率。将所有居民按照税前收入（X）从低到高排序，按照税率表 s($\cdot$) 课税，应税所得为 TX，税收为 T = s(TX)，平均税率为 t = s(TX)/X，那么，如果平均税率随着收入提高而提高，则具有税收累进性，也就是要求：

$$\frac{dt}{dX} > 0 \qquad (3-1)$$

税收累进性要求平均税率具有收入弹性，也就是说，对于任意税前收入为 X_1、X_2 的两个人，$X_2 > X_1$，平均税率分别为 t_1、t_2，则要求：

$$\frac{\dfrac{t_2 - t_1}{t_1 + t_2}}{\dfrac{X_2 - X_1}{X_1 + X_2}} > 1 \qquad (3-2)$$

卡瓦尼（1977）提出，用税收累进指数衡量税收累进性，使对税收累进性的认识取得突破。税收累进性取决于税收分布与税前收入分布的关系，税收越是集中于高收入者，则税收累进性越强。税收的集中程度用税收集中系数（C_T）表示，等于税收按照税前收入排序计算的基尼系数，而税收累进指数（π^K）等于税收集中系数与税前收入基尼系数（G_X）的差额：

$$\pi^K = C_T - G_X \qquad (3-3)$$

式（3-3）表明，税收越是集中于高收入者，税收集中系数越高，税收累进性越强。

当然，税收调节居民收入分配的效果（再分配效应）不仅取决于税收累进性，也取决于税收规模大小。比如说，对于两个人，低收入者不纳税，高收入者纳税，那么显然税收具有累进性，能够缩小收入差距。但究竟能多大程度上缩小收入差距，还要看高收入者缴纳多少税收。卡瓦尼（1977）提出，再分配效应（RE）取决于税收累进指数和平均税率（t）：

$$RE = \frac{t}{1-t}\pi^K \qquad (3-4)$$

这里的平均税率指每个人缴纳税收之和占税前收入的比重。该式表明，税

收累进指数越高，再分配效应也越强；平均税率越高，再分配效应越强。

卡瓦尼（1984）以及其他研究者发现，式（3-4）右侧定义的并不是全部的税收再分配效应，而是垂直效应。如果不存在再排序效应（或者说水平不公平效应），则全部垂直效应产生再分配效应，式（3-4）成立；如果存在再排序效应，税收的再分配效应为垂直效应（V^K）减除再排序效应（R^K），即：

$$V^K = \frac{t}{1-t}\pi^K \qquad\qquad (3-5)$$

$$RE = \frac{t}{1-t}\pi^K - R^K \qquad\qquad (3-6)$$

（二）个税的税收累进性来源

个税是按照累进税率课征，具有筹集财政收入、调节居民收入分配和宏观经济自动稳定器的功能，其多方面的税制设计体现了税收累进性和发挥再分配调节功能的要求。一般认为，个税的累进性主要是通过累进税率实现的。但实际上，其他税制要素的设计也很重要。能够实现个税税收累进性的税制设计包括免税所得、各种费用扣除、税率结构、税收优惠（含税收抵免）等多个方面。

根据奥伯赫俄（Oberhofer，1975）的分析，税收累进性的因素可以分为税基因素和税率因素。免税所得、各种费用扣除都属于税基因素。随着收入提高，免税所得或者各种费用扣除越少，则形成税收累进性。费用扣除包括免征额（生计费用扣除，表示为 A）、经营性费用扣除和特许费用扣除，一般分析中概括为免税所得（表示为 E）、免征额（表示为 A）和税前扣除（包括经营性费用扣除和特许费用扣除，表示为 D）。免税所得和各种费用扣除导致应税所得减少，扣除越多，税收越少，如果随着税前收入增加，免税所得或者费用扣除越多，必然导致税收累进性降低，也就是导致税收累退性。为此，定义税收累退指数（ρ^K）为税收累进指数的负数，等于税前收入基尼系数与免税所得、免征额、税前扣除额对税前收入集中系数的差额：

$$\rho_E^K = G_X - C_E \qquad\qquad (3-7)$$

$$\rho_A^K = G_X - C_A \qquad\qquad (3-8)$$

$$\rho_D^K = G_X - C_D \qquad\qquad (3-9)$$

如果累退指数为正数，则该项税基因素能够形成税收累进性和缩小收入差距，否则将降低税收累进性和扩大收入差距。各税基因素对税收累进指数的贡献不仅决定于累进指数（累退指数），还决定于该税基因素的收入规模。根据

奥伯赫俄（1975）以及伯法勒（1990）的分析，税基因素累进性（π_B^K）等于免税所得、免征额、税前扣除的累退指数与其对税前收入的相对规模乘积的加权和：

$$\pi_B^K = \frac{r_E}{1 - r_E - r_A - r_D}\rho_E^K + \frac{r_A}{1 - r_E - r_A - r_D}\rho_A^K + \frac{r_D}{1 - r_E - r_A - r_D}\rho_D^K \quad (3-10)$$

税前收入减除免税所得、免征额和税前扣除额后得到应税所得额（TX）：

$$TX = X - E - A - D \quad (3-11)$$

应税所得额适用税率表得到的税收为毛税收（gross tax，简写为 T），毛税收与应税所得额之间的分布差异是由于税率结构因素导致的，税率结构因素的累进性定义为毛税收集中系数与应税所得额集中系数的差额：

$$\pi_R^K = C_T - C_{TX} \quad (3-12)$$

为此，毛税收累进指数（π_T^K）等于税基因素累进性与税率因素累进指数之和：

$$\pi_T^K = \pi_B^K + \pi_R^K \quad (3-13)$$

如果没有税收优惠（包括税收抵免），毛税收就是净税收，毛税收累进指数就是净税收累进指数，可以代入式（3-5）或者式（3-6）计算税收再分配效应。现代国家税收普遍存在税收优惠，尤其是建立税收抵免项目以实施社会政策。税收抵免即纳税人符合诸如存在儿童教育、自身教育等条件而获得一定的税收抵免额，允许从毛税收中减除。税收抵免直接导致税收减少，如果税收抵免额（C）随着收入提高而提高，即税收抵免是累退的，具有税收累进性效应。定义税收抵免的累退性为：

$$\rho_C^K = G_X - C_C \quad (3-14)$$

税收抵免占毛税收比例为 c，毛税率为 t，则净税收累进指数由毛税收累进性效应与税收抵免累进性效应构成：

$$\pi^K = \frac{t}{t-c}\pi_T^K + \frac{c}{t-c}\rho_C^K \quad (3-15)$$

其中，毛税收累积性效应除了可以通过式（3-13）计算得到外，也可以通过比较毛税收集中系数与税前收入基尼系数直接得到：

$$\pi_T^K = C_T - G_X \quad (3-16)$$

综上所述，我们可以得到将最终净税收累进指数分解为税率结构、免税所得、免征额、税前扣除和税收抵免五个税制要素的税收累进性效应的公式：

$$\pi^K = \frac{t}{t-c}\left(\pi_R^K + \frac{r_E}{1 - r_E - r_A - r_D}\rho_E^K + \frac{r_A}{1 - r_E - r_A - r_D}\rho_A^K + \frac{r_D}{1 - r_E - r_A - r_D}\rho_D^K\right) + \frac{c}{t-c}\rho_C^K$$

$$(3-17)$$

当然，将式（3-17）代入式（3-5）以及式（3-6），可以得到税收垂直效应以及再分配效应的分解分析公式，其中垂直效应就是在式（3-17）之前乘以 $t/(1-t)$。

从个税的实践看，影响税收累进性的因素包括税制的各个要素。

第一，税率结构与计征模式。个税一般采取累进性税率结构，从而形成税收累进性，但在采取分类税制或者混合税制模式条件下，部分所得采取比较低的比例税率，会成为制约税收累进性的因素，降低税收累进性。

第二，免税所得。免税所得主要考虑某些收入的特殊性而与一般收入水平关系不大，不具有明显的税收累进性效应。但是，一般国家采取国债利息收入免税政策，而有国债利息收入的居民往往处于收入偏高的收入组，这可能导致免税所得具有累进性，从而不利于形成税收累进性。我国个税对于养老收入、住房公积金收入等全面免税，会成为制约税收累进性的因素。

第三，免征额。理论上说，免征额标准应当按照居民基本生活费用支出（生计支出）确定，如果所有纳税人的免征额都相同，则免征额相对于税前收入集中系数为 0，累退指数等于税前收入基尼系数，具有税收累进性效应和缩小收入差距的作用。瓦格斯塔夫和杜斯勒（2001）的研究表明，瑞士、法国、意大利、荷兰和西班牙个税税收累进性的主要来源是税率结构，而冰岛、英国、加拿大和美国的个税税收累进性主要来源于免征额。实际上，除了标准化免征额之外，还有一些针对生计支出较高纳税人的附加免征额，这些附加免征额与特定生计支出相联系，与纳税人收入高低并无必然联系，但也可能存在只有高收入者才有能力支出的情形，会降低税收累进性。

第四，税前扣除（包括经营性费用扣除和特许费用扣除）。经营性费用一般与税前收入成比例，不影响税收累进性。特许扣除种类多、额度大，成为税收累进性的重要影响因素。一般地说，个税中的特许费用扣除目的是实施社会政策尤其是社会保障政策，比如我国允许职工个人缴纳的"三险一金"（基本养老保险、基本医疗保险、失业保险和住房公积金缴纳）进行税前扣除，但由于实行比例费率，原则上并不形成税收累进性。同时，社会保障制度中，对于超过一定数量的税前收入不再缴纳社会保障费，这就使部分高收入者实际上负担较低的平均费率，从而产生税收累退性。另外一项比较普遍的税前扣除是慈善捐献，一般来说高收入者才能进行更多的慈善捐献，会产生一定的税收累退性。再者，如果特许费用扣除是针对低收入者的，则形成税收累进性。

第五，税收抵免。税收抵免主要是为实施社会经济政策，与特许扣除类

似，主要面向中低收入人群，有助于减少低收入者和弱势群体税收，具有税收累进性和缩小收入差距的效果。

（三）社会保障缴纳（工薪税）的再分配调节机制

如上所述，在个税制度中，社会保障缴纳作为税前扣除项目，往往具有一定的税收累退性，产生扩大收入差距的效应。就社会保障缴纳自身而言，这种作用同样存在。如果社会保障缴纳完全实行比例费率，则不产生调节收入分配的效果。但实际上，在社会保障缴纳具有封顶设计的条件下，高收入者社会保障缴纳的平均税（费）率相对较低，使社会保障缴纳具有一定的扩大收入差距的效果。但是，由于总体上超过封顶收入水平的居民人数不会很多，社会保障缴纳的累退性并不会很明显。

上述分析是假定全国采取统一的社会保障缴纳制度而言的。我国的社会保障缴纳实际比较复杂，存在城镇职工社会保障、城乡居民社会保险两种制度设计。在城镇职工范围内，社会保障缴费将存在一定的税收累退性从而一定程度上产生扩大收入差距的效果。而城乡居民社会保险制度实行政府引导性之下的自愿选择的定额缴费（分若干档次定额缴纳），缴费水平并不与居民收入严格挂钩，很难从理论上判断社会保险缴纳的税收累进性。在城镇职工和城乡居民之间，城镇职工的缴费率比较高，但收入也高，而城乡居民一般无工资薪金收入而其他收入则差异较大，主要缴纳养老保险和医疗保险费，缴费率（社会保险缴费占收入之比）差别也会较大，两个群体之间是否具有税收累进性不能一般性地确定，需要进行实证分析。

需要指出，社会保障缴纳（包括城乡居民社会保险缴纳）的功能涉及资源配置、稳定宏观经济和促进社会团结、收入再分配等多个方面，是社会保障制度运行的环节之一。除了居民缴费外，国家财政也从一般公共预算收入中对社会保障进行投入，使居民获得社会保障待遇的收入规模超过社会保障缴纳规模。比较而言，社会保障缴纳的再分配并不是社会保障调节收入分配的主要环节，社会保障制度的再分配调节效果应当主要看居民获得的社会保障收入。

（四）财产税的再分配调节机制

财产税属于直接税，也是具有一定收入再分配调节作用的税种。各国的财产税差异较大，而我国的财产税比较复杂，涉及财产课税的税种比较多，典型

的房地产税仍在探索之中。①

这里以典型的房地产税为例，分析其再分配调节机制。房地产税具有以下特征。第一，以存量房地产为课征对象。与对转让财产所得课征所得税、对房地产交易课征流转税或者特定目的税、行为税不同，房地产税是对纳税人持有财产课税。第二，纳税人是房地产所有权人。第三，实行比例税率或者差额比例税率。第四，税目区分为动产、不动产和无形财产三大类，但实践中主要是对不动产课征财产税，而且无论住宅还是产业不动产均课征。第五，税务部门以评估价值为财产税税基，而评估价值通常是公平市场价格乘以一个折价比率。第六，财产税有较多的减免措施，可以直接规定某些条件下财产（比如政府所有的房地产、一定标准或者价值以下的住房等）不课税，可以规定一定的财产额不课税，也可以规定一定的财产税额减免（抵免）。第七，财产税一般为地方税种。很大程度上，财产税为收益税，侧重于横向公平，要想地方政府提供更多公共产品和服务，就要获取更多的税收。

从以上财产税制度安排看，税收减免政策能够使财产税产生税收累进性，即中低收入人群的财产税平均税率低于高收入人群，有一定缩小收入差距的调节作用。但是，中低收入人群内部和高收入人群内部并无税收累进性，总体税收累进性不会很强，再分配调节作用不会很大。

三、社会性收益类再分配项目再分配调节机制

（一）社会性收益类项目的再分配调节机制概述

社会性收益类再分配项目是增加居民收入的再分配项目，政府从财政支出环节对居民收入进行调节。这些支出对政府财政来说属于转移性支出，对居民来说属于社会性收益或者转移性收入，具体表现为各种社会救助、社会保险给付以及其他津贴、补贴、福利。政府转移性支出的对象是低收入者、弱势群体或者根据社会保障制度应当获得相应待遇的居民，这种再分配工具调节机制的核心是"补低""提低"。在此类项目调节下，低收入者、弱势群体的收入如果比高收入者增加快，社会性收益是累退的，则能够缩小收入差距。也就是说，对于社会性收益类项目，要使其具有缩小收入差距的再分配效应，就要求

---

① 当前我国房产税制度之下，城乡居民自住住房一律免征房产税，所以真正意义上的房产税并不存在。

"加数"具有累退性，即收入越高，社会性收益率（社会性收益/初次分配收入）越低，[①] 具有缩小居民收入差距的作用。

定义社会性收益累退指数（ρ_i^K）为累进指数的负数，等于初次分配收入基尼系数与任何一种社会性收益对初次分配收入集中系数的差额：

$$\rho_i^K = G_X - C_i \qquad (3-18)$$

如果该累退指数为正数，则该项社会性收益能够缩小收入差距，否则将扩大收入差距。假定有多种社会性收益，$i = 1，2，3，\cdots，n$，每种社会性收益占初次分配收入比重为 b_i，则总体社会性收益的累退指数（ρ_{SR}^K）为：

$$\rho_{SR}^K = \sum_{i=1}^{n} \frac{b_i}{1 + \sum_{i=1}^{n} b_i} \rho_i^K \qquad (3-19)$$

显然，任何一种社会性收益的累退指数越大，或者相对规模（社会性收益率）越高，则越有利于形成社会性收益累退性。当然，如果累退指数为负，则会扩大收入差距。

（二）社会救助项目的再分配调节机制

社会救助的对象为符合条件的低收入个人或者家庭。经济发达国家制定了贫困线标准，贫困人口经常成为社会救助对象。我国建立了城乡居民最低收入保障制度，对低保户实行救助。在此基础上，我国还建立了诸如医疗救助、灾害救助等分类救助项目，形成低保救助和分类救助相结合的救助体系。我国也有贫困线标准，但贫困线标准主要是服务于扶贫政策，而扶贫政策的目标和手段不仅仅包括收入再分配，还包括促进贫困人口（贫困户）就业和发展经济。

以天津市为例，自2018年4月1日起，城乡居民低保标准为每人每月920元。低保补助区分全额补助和差额补助两种情况。全额补助即按照低保标准进行补助，需要满足下列条件之一：（1）无劳动能力、无生活来源，又无法定赡养或抚养义务人的；（2）无劳动能力、无生活来源，虽有法定赡养或抚养义务人，但义务人无赡养、抚养能力的；（3）民政部门管理的精简退职职工、国民党起义、投诚宽释人员，外侨、归侨、台胞救济人员，下乡知青因公致残或病残、地震截瘫救济人员以及区县以上民政部门集中供养的优抚救济事业单位的收养人员（不含自费人员）等。差额补助面向低收入家庭，2018年4月开始，城乡低收入家庭范围为家庭月人均收入860~1290元，救助标准为每户

---

① 这种特点类似于税收累进性。

每月 258 元。此外,特困人员供养、价格补贴联动、农村困难群众年终一次性补贴,也属于低保救助范畴。

假定所有个人区分为获得社会救助人群和非获得社会救助人群,社会救助前的人均收入分别为 X_{SR} 和 X_{NSR},平均救助水平为 ASR,获得救助人群获得救助后的收入水平提高到 $X_{SR} + ASR$,而非获得社会救助人群的收入不变。社会救助调节前的收入差距用倍率表示为:

$$\frac{X_{NSR}}{X_{SR}} \qquad (3-20)$$

社会救助调节后的收入差距用倍率表示为:

$$\frac{X_{NSR}}{X_{SR} + ASR} \qquad (3-21)$$

显然,由于社会救助,两组人群的收入差距将缩小。一般地,社会救助不会将该人群的收入水平提高到非获得救助人群的水平上,即满足 $X_{NSR} - X_{SR} >$ ASR,社会救助水平越高,越能够缩小收入差距。用社会救助前后的倍率差额表示再分配效应,可以得到:

$$RE_{SR} = \frac{X_{NSR}}{X_{SR}} - \frac{X_{NSR}}{X_{SR} + ASR} \qquad (3-22)$$

对救助水平求一阶导数,得到:

$$\frac{X_{NSR}}{(X_{SR} + ASR)^2} \qquad (3-23)$$

显然社会救助的再分配效应为正,能够缩小收入差距;而且,在 ASR $<$ $X_{NSR} - X_{SR}$ 的条件下,ASR 越高,再分配效应越强。

此外,社会救助存在覆盖面的问题,上述模型实际上假定全部符合救助条件的家庭全部获得救助,假定实际救助覆盖面为 $\alpha \leqslant 1$,则社会救助调节后的收入差距用倍率表示为:

$$\frac{X_{NSR}}{X_{SR} + \alpha ASR} \qquad (3-24)$$

虽然,覆盖面越低,社会救助缩小收入差距的程度越打折扣。举例来说,假定 $X_{NSR} = 10000$,$X_{SR} = 1000$,ASR $= 500$,如果救助覆盖面达到 100%,则收入差距从 10 倍缩小到 6.67 倍。如果救助覆盖面只有 80%,则收入差距仅缩小到 7.14 倍。

综上所述,可以得到几点结论。第一,社会救助能够缩小获得救助人群和非获得救助人群之间的收入差距,并且是通过提高低收入人群获得的救助水平实现的。第二,救助水平越高,社会救助的再分配效应越强。当然,其前提是

社会救助水平低于两组人群收入的差额。第三，救助覆盖面越高，社会救助的再分配效应越强。反过来说，如果社会救助覆盖面降低，则社会救助再分配效应减弱。

（三）社会福利项目的再分配调节机制

一般地，社会福利指提高广大社会成员生活水平的各种政策和社会服务，旨在提高广大社会成员各个方面的福利待遇和幸福感。在广泛的意义上，社会救助、社会保险都属于社会福利。我国官方所称的社会福利属于狭义的社会福利，是指对生活能力较弱的儿童、老人、母子家庭、残疾人、慢性精神病人等的社会照顾和社会服务。本书也在这个意义上使用，并且为研究方便，将国家为军人及其家属提供的优待和抚恤也一并考察。社会福利形式多样，不仅包括生活、教育、医疗方面的待遇，而且包括交通、文化、社区生活等方面的待遇。具体内容包括：（1）儿童福利事业。主要有儿童保护，孤儿照料，残疾儿童的收养、医疗、康复、教育，失足青少年教育。（2）老年人福利事业。通过兴办社会福利院、敬老院、老年公寓、老年活动中心、老年康复中心等福利设施，为老年人提供免费或低收费的生活服务。（3）残疾人福利事业。为残疾人提供就业、教育、康复、文化娱乐的条件和设施，生产残疾人使用的各种假肢和特殊用具，以及提高残疾人的社会地位等。（4）优抚对象的福利。对荣誉军人、退伍军人、残废军人提供医疗、休养、康复、安置等社会服务和优待。

社会福利服务对象为弱势群体，目的是满足其特殊需要。社会福利服务对象面临的问题并不是单纯的收入低，除了现金形式的补贴、津贴形式，比如抚恤金、安置费、老年人津贴等外，社会福利项目很多不体现为直接改变服务对象的个人收入，而是由政府提供一定免费或者低价的设施和服务。

从再分配调节机制看，社会福利服务对象总体上属于弱势群体，收入比较低，通过社会福利能够缩小收入差距。也应当注意到，与社会救济对象必然是低收入人群相比，社会福利对象并不必然都是低收入者，社会福利的再分配效应不会很强。同时，社会福利的实施方式更多的是提供公共服务，如果不能核算为货币收入，就不能很好估计到其再分配效应；如果考虑这些公共服务的价值，再分配效应则更大一些，这与均等化公共服务类似。

（四）社会保险收入的再分配调节机制①

居民社会保险收入对收入分配有较大影响。其影响与社会保险的特征关系密切。

首先，社会保险与通过社会救助、社会福利等方式增加居民收入的项目不同，社会保险收入是以社会保险缴纳为前提的。参保人获得社会保险支付的收入，增加了居民收入，但是居民社会保险收入调节居民收入分配的方向、力度取决于社会保险制度设计。如果社会保险是受益基准制的，社会保险实行"统筹"，同等情况获得同等的社会保险收入，就会较多地实现从高收入者向低收入者的收入转移，有利于缩小收入差距。反之，社会保险实行缴费基准制，即实行基金积累制，亦即所谓的"个人账户"，就没有参保人之间的收入再分配，社会保险仅仅实现参保人自己生命周期中的收入转移，没有再分配功能。在缴费基准值之下，缴费不同的老年人即使年龄相同，其养老金数量并不相同，存在群体内收入差距。当然，无论是受益基准值还是缴费基准值，社会保险都有利于缩小收入差距，因为社会保险使出现风险事件（例如疾病、失业）或者特定事件（年老退休）的居民获得保险收入，相当于使低收入者获得转移性收入，这对于失业者、退休人员尤其明显，领取失业保险金、养老金类似于获得社会救助，非常利于缩小收入差距。此外，社会保险水平越高，比如养老金的替代率越高，社会保险收入的再分配调节能力越强。

其次，社会保险存在跨期分配。居民社会保险支出（社会保险费缴纳）和社会保险收入发生在不同时间，特定个人缴费和获得社会保险收入在时间上是分离的，存在跨期分配，这个特征在养老保险上尤其明显。养老保险目的之一是帮助个人实现生命周期的收入分配和收入平滑化，使之始终至少维持基本社会需要得到满足的水平，帮助个人实现资源配置优化。养老保险的目的之二是实现人际间收入再分配，但是再分配的强弱取决于制度设计。假定养老保险实行完全的基金积累制（缴费基准值，实际上就是强制储蓄），则不发生人际间分配调节。但即使如此，在养老保险制度之下，一个人在退休之前是养老金的缴费者，社会养老保险缴费降低了其可支配收入；而同期另外的人处于退休阶段，是社会养老金的获得者，从而可以降低工作群体和退休群体可支配收入

---

① 社会保险项目的再分配效应比较复杂，本课题仅考察由于社会保险收支对一个时间点（横截面）上的居民收入分配的影响，而没有分析这种影响来自社会保险的代际效应还是代内效应。关于养老保险的再分配效应的分析，可以参见：香伶. 养老社会保险与收入再分配［M］. 北京：社会科学文献出版社，2008.

差距，产生缩小收入差距的效应。一般来说，再分配旨在调节工作群体或者退休群体中处于不同收入水平的个人之间的收入分配，但是实际上也调节了工作群体和退休群体之间的收入分配。如果实行较高程度的受益基准制（统筹程度高），则养老保险将产生较高的再分配效应。我们对比养老保险建立前后的情况加以分析。第一个时期（t）没有养老保险，退休群体没有任何收入（不考虑其来源于自身储蓄等收入），退休群体和工作群体之间存在巨大收入差距，全部收入为工作群体获得，两个群体收入的基尼系数为1。退休群体属于低收入者，退休群体与工作群体之间的收入差距成为总体收入差距的重要来源。第二个时期（t+1），建立了社会养老保险，并且实行现收现付和受益基准制度，工作群体作为高收入者由于缴费而收入降低，退休群体作为低收入者由于获得养老保险金而收入提高，二者之间收入分配基尼系数不再是1，而是缩小。在建立养老保险制度下的特定时期，可以考察养老保险调节的再分配效应。工作群体平均收入为 X_W，养老保险费率为 α，工作群体人口比重为 $\beta < 1$，养老金替代率为 $\delta < 1$。再分配调节前退休群体收入 $X_{NW} = 0$，人口比重为 $\gamma < 1$，$\beta + \gamma = 1$，两个群体之间收入基尼系数为1，收入倍率为无穷大。再分配调节后，工作群体收入为 $X_W(1-\alpha)$，退休群体平均收入为 $\alpha\beta X_W/\gamma$，两个群体之间收入倍率为 $\gamma(1-\alpha)/\alpha\beta$。假定 $\alpha = 0.2$，$\beta = 0.4$，$\gamma = 0.2$，那么，养老保险调节后的倍率降低为2倍。可以看到，费率越高，两个群体之间收入差距越小；工作群体人口比重越高，两个群体之间收入差距越小；退休群体人口比重越低，两个群体之间收入差距越小。

最后，社会保险包括基本养老保险、基本医疗保险、失业保险、工伤保险和生育保险，各自再分配调节机制不尽相同。养老保险是社会保险中再分配调节能力最强的部分，上面已经进行了说明。我国城镇职工养老保险制度设计的保险水平（替代率）较高，可以期望获得较强的再分配效应。但是，受覆盖面和城乡养老保险差异的制约，再分配效应会有所减弱。而且，部分退休职工的离退休金或者养老金甚至超过低收入工作群体的市场收入，同属于退休群体的个人的养老金水平也不同，存在再排序，也会弱化再分配效应。社会医疗保险的主要功能是分散风险，获得的医疗保险收入全部用于医疗支付，实际上并不增加可支配收入。同时，医疗保险以统筹账户为主，假定收入高低不同的人群医疗风险相同，社会医疗保险必然存在有利于缩小收入差距的再分配效应。但是，参保人通过第三方支付的方式获得的保险待遇并不体现在居民可支配收入增加上，其再分配效应很难估计。失业保险类似于社会救助，职工失业时成为低收入者、无收入者，领取失业保险金提高了其收入，收益累退性明显，能

够缩小收入差距。但是，失业保险人群规模小，而领取失业金水平不高，失业保险的再分配效应不会很强。工伤保险实行统筹账户，具有分散风险的资源配置作用，也有再分配调节作用，与社会医疗保险类似。生育保险兼具失业保险和医疗保险的作用。

四、均等化公共服务项目及其调节机制

（一）均等化公共服务的内涵

均等化公共服务，即政府面向每一个有需要的个人（或者家庭）提供的相同的公共服务。均等化公共服务相当于代替个人进行了支付，可以理解为普遍增加了居民的实际支付能力、实际收入。需要指出的是，所谓普遍增加实际居民收入，并不是在一个时点上所有个人同时获得公共服务，而是说有需要的、符合条件的个人获得相同公共服务，但是这种机会对所有人在一生中有平等的机会获得，故称为均等化公共服务。典型的例子是义务教育，政府为有适龄青少年接受教育需要的家庭提供免费接受教育的机会，这就免除了家庭对学费等教育费用的支付，增加了居民的实际支付能力，类似于向居民提供了一笔津贴，只不过必须完全地用于教育用途而已。当收入水平不同的家庭或者居民个人获得相同的收入时，绝对收入差距不变，但是相对收入差距缩小，具有缩小收入差距的再分配调节功能。当然，政府均等化公共服务并没有在形式上向居民实际给付，而是直接提供了服务，我们并不能在住户调查数据中直接观察到这种实际收入，对这种再分配调节工具的再分配效应需要进行估计。基于此，一般政府再分配效应测算并不包括均等化公共服务的调节作用。

（二）均等化公共服务的再分配调节机制

假定 X_i 表示个人收入，并且具有不同收入来源 $j = 1, 2, \cdots, k$，则有 $X_i = \sum_{j=1}^{k} X_{ij}$。个人收入 X_i 的基尼系数为 G_X，可以分解为各种来源收入的基尼系数（集中系数）（以各来源收入比率为权数）的加权平均数：

$$G_X = \sum_{j=1}^{k} \left(\frac{\mu_j}{\mu} \right) C_j \qquad (3-25)$$

其中，μ 为总平均收入，μ_j 为第 j 种收入来源收入的平均数，且 $\mu = \sum_{j=1}^{k} \mu_i$，$C_j$ 为第 j 种收入来源收入的集中系数。在这种条件下，个人收入基尼系数是各

种来源收入差距共同形成的，第 j 种来源的收入的贡献率为：

$$CR_j = \frac{\mu_j C_j}{\mu G} \tag{3 - 26}$$

并且所有来源收入的贡献率之和为 1，即 $\sum_{j=1}^{k} CR_j$。假定任何个人均获得收入转移 X_0，相当于任何个人的收入来源变为 $k+1$ 种，总平均收入变为 $\mu + X_0$，第 j 种来源收入的平均数为 $\mu_j + X_0$，此时的总体基尼系数为：

$$G_{X+X_0} = \sum_{j=1}^{k+1} \left(\frac{\mu_j}{\mu + X_0} \right) C_j \tag{3 - 27}$$

我们注意到，与进行个人收入转移之前相比，收入转移相当于增加了一个收入来源，收入转移后的基尼系数可以写为 k 种收入的基尼系数与收入转移带来的收入的差距，即：

$$G_{X+X_0} = \sum_{j=1}^{k} \left(\frac{\mu_j}{\mu + X_0} \right) C_j + \frac{X_0}{\mu + X_0} C_{k+1} \tag{3 - 28}$$

因为任何个人均获得相同的收入转移，所以第 $k+1$ 来源收入的集中系数为 0，也就是说，该项来源收入对总体基尼系数没有贡献。但是，与原来的基尼系数相比，收入转移后的基尼系数缩小了，即：

$$G_{X+X_0} = \sum_{j=1}^{k} \left(\frac{\mu_j}{\mu + X_0} \right) C_j < G_X \tag{3 - 29}$$

因为 $\mu + X_0 > \mu$，所以 $G_{X+X_0} < G_X$。而且，显然 X_0 越高，基尼系数缩小越多。这个关系可以通过收入转移后基尼系数对收入转移求导数得到：

$$\frac{\partial G_{X+X_0}}{\partial X_0} = -\frac{1}{\mu + X_0} G_{X+X_0} \tag{3 - 30}$$

收入转移后基尼系数随着均等化收入转移提高而下降。比如，在 $G_{X+X_0} = 0.5$、$\mu = 1000$、$X_0 = 100$ 的条件下，该值为 -0.00045。进一步地，可以得出收入基尼系数对收入转移的弹性：

$$\varepsilon = -\frac{1}{X_0(\mu + X_0)} \tag{3 - 31}$$

在给定上述数值的条件下，收入转移每增加 1%，基尼系数将进一步下降 0.00091%。

五、其他再分配调节项目的调节机制

政府面向低收入者提供的发展支持计划（个人扶贫）、面向经济落后地区

的发展支持计划（地区扶贫）、政府间财政转移支付制度也是政府再分配制度的组成部分，但是，这些措施并不直接改变居民收入，而是提供了改变个人收入的源泉。政府面向低收入者提供发展支持计划的核心机制是提供低收入者（如无业人员、缺乏技能者）获得收入或者更高收入的机会，但不是直接增加低收入者的收入。面向经济落后地区的发展支持计划是针对落后地区（包括农村、城市的某些区域）提供发展资金、就业机会，促进经济增长和就业，从而增加收入。政府间财政转移支付制度是经济发达、财政收入充裕的地区向经济落后、财政收入不足的地区进行收入转移的制度安排，但是不直接面向居民和家庭，而是提高经济落后地区的财政支出能力。

第四节　政府再分配调节下居民可支配收入的形成过程

一、我国城乡居民再分配项目及其收入指标

根据我国城镇住户调查方案，属于政府再分配的项目可以划分为收入项目和支出项目。收入项目由各种个人从政府获得的转移性收入构成，具体包括：（1）养老金或离退金；（2）社会救济收入；（3）失业保险金；（4）其他转移性收入。① 需要说明的是，我国的住房公积金是完全的个人账户，不具有人际收入再分配功能，但是住房公积金的缴纳和领取将对当前收入分配产生影响，应视不同的研究目的加以取舍。支出项目包括：（1）缴纳的个人收入税；（2）社会保障支出，包括个人缴纳的养老基金、个人缴纳的医疗基金、个人缴纳的失业基金和其他社会保障支出。

根据我国农村住户调查方案，属于政府再分配的项目也可以分为居民收入项目和居民支出项目。居民收入项目由各种个人从政府获得的转移性收入构成，包括：（1）离退休金或养老金；（2）救济金；（3）抚恤金；（4）灾款；（5）报销医疗费；（6）退税；（7）退耕还林还草补贴；（8）无偿扶贫或扶持款；（9）粮食直接补贴收入；（10）购置和更新大型农机具补贴收入；

---

① 根据我国城镇住户调查方案，其他转移性收入是指单位发放的抚恤金、军人的转业费、复员费、各种有奖彩票的中奖收入。其中一部分属于我国社会保障的社会福利项目，但是也有一部分不属于社会保障项目。这一部分收入规模很小，可以不考虑，故可以全部按照社会保障收入分析，影响不大。

（11）良种补贴收入（粮食种植）。居民支出项目是农村居民缴纳的各种税费支出，[①]包括：（1）第一产业税；（2）第二产业税；（3）第三产业生产纳税；（4）社会保险缴费；（5）其他各种收费（包括"一事一议"筹资）。

二、居民收入分配和政府再分配调节的阶段

（一）初次分配收入（市场收入）阶段

第一个阶段是初次分配收入形成阶段。按照我国城镇住户的收入口径，就是居民取得工资薪金收入、经营性收入、财产性收入的阶段。初次分配收入依据的是要素贡献原则。这是第一种收入分配形态（I_1）。

（二）社会保险收入调节阶段

对于特定个人而言，社会保险收入（SII）处于社会保险缴纳（支出）之后，没有参保资格就不能获得保险待遇。在同一时间，社会保险收入和社会保险缴纳适用于不同人群，比如养老保险收入获得者并不发生缴纳养老保险费的支出，而缴纳养老保险费的职工并不在同一时间获得养老保险收入。同时，尽管我国的各种社会保险收入尤其是养老金收入不纳税，但是养老金收入毕竟是形成居民总收入的一部分。为此，我们将其排序在个税调节之前。这是财政对收入分配的第一项调节，形成第二种的居民收入（I_2）。

社会保险收入属于增加居民收入的项目，如果社会保险收入具有累进性，将起到扩大收入差距的作用；如果社会保险收入具有累退性，则会起到缩小收入差距的作用；如果社会保险收入完全与初次分配成比例，则不影响收入分配。实际上，社会保险尤其是养老金针对老年人（退休人员）支付，尽管其会获得工资薪金之外的市场收入，但很大部分退休人员的市场收入可以假定为0，在这种条件下，社会保险收入将缩小收入差距。

（三）社会救济收入调节阶段

在第二个阶段政府再分配调节形成的收入的基础上，居民获得社会救济金收入（SRI），这是政府再分配第二项调节。在居民取得社会保险收入之后，

[①] 国家统计管理部门对税费支出的定义是：农村住户从事生产经营活动以现金和实物形式缴纳的各种税费。

符合社会救助条件的，能够获得社会救济收入，所以社会救济后于社会保险收入进行调节。该调节按照增加居民可支配收入的机制进行，社会救济金面向低收入群体和社会弱势群体，具有累退性，将起到缩小收入差距的作用。经过第二项政府再分配调节，形成第三种居民收入（I_3）。

（四）社会福利收入调节阶段

社会福利是政府再分配的第三项调节。我国的老年人津贴、儿童福利、残疾人福利中现金给付的部分属于政府提供的公共福利。公共福利也属于增加居民收入的项目。一般来说，公共福利并不考虑个人的收入特征，因此不必然具有确定的再分配效应。但是总体上，我国的公共福利具有明显的针对弱势群体的特征，可以期望具有累退性，能够缩小收入差距。社会福利与社会救济金二者之间是有区别的，社会救济金的取得要经过收入调查，社会福利不需要经过收入调查，而只需要具备某种人身特征。但由于社会福利中现金给付规模较小，可以合并到社会救济收入调节之中。经过社会福利再分配调节后，形成第四种收入分配状态（I_4）。

以上社会保险收入、社会救济收入、社会福利收入调节具有相同的增加居民收入的机制，可以合并考察。

（五）社会保险费缴纳调节阶段

在初次分配收入的基础上，按照社会保险制度，居民缴纳社会保险费，这是政府再分配第四项调节。按照我国法律规定，社会保障费在税前扣除，所以社会保险支出先于个税进行调节。该阶段的调节机制是减少居民可支配收入，如果社会保险费缴纳具有累进性，则会起到缩小收入差距的作用。如果社会保险费缴纳具有累退性，则会起到扩大收入差距的作用。经过第四项政府再分配调节，形成第五种收入分配状态（I_5）。

我国还存在城镇职工住房公积金制度。用人单位为职工缴纳公积金增加了职工未来收入，在住户调查统计中，也将单位为职工缴纳的住房公积金统计到居民收入中。同时，职工个人住房公积金缴费和领取影响当前居民可支配收入。就前者而言，并不形成当前收入，如果计入当期市场收入，并不合理。职工缴纳住房公积金虽然减少了当期收入，但住房公积金实行完全的个人账户制度，将在未来集中支取，如果都在实际发生时计算，将会产生扩大收入差距的作用，但实际上并没有产生这样的再分配效应。总体上看，住房公积金制度并不是一种财政再分配调节机制，本书不将其纳入再分配效应计算中。

（六）个税调节阶段

在第五种收入形态的基础上，个税发挥再分配调节作用，这是政府再分配第五项调节。该调节阶段按照减少居民可支配收入的机制进行，个税具有税收累进性，将起到缩小收入差距的作用。经过个税再分配调节，形成第六种收入分配状态（I_6）。经过个税调节之后，从现金收入的形态看，此时的收入即为可支配收入，也就是最终居民收入，形成了最终居民收入分配。

总结以上市场收入和政府再分配调节过程，见图3－2。

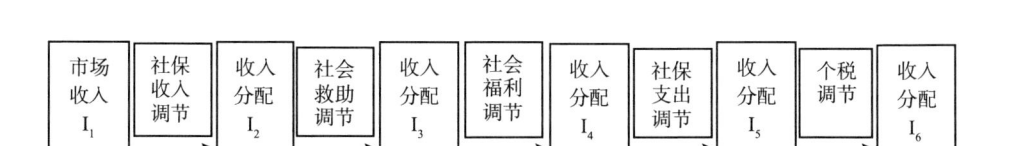

图3－2　初次分配和政府再分配与居民收入调整过程

资料来源：笔者编制。

（七）均等化公共服务调节阶段

在前述政府再调节形成的居民收入分配的基础上，均等化公共服务进行第六项政府再分配调节。均等化公共服务的特点是政府免费（或者低价）为社会上任何对特定服务有需要的公民普遍地提供相同的服务。义务教育、社区基本公共卫生服务具有典型的均等化公共服务的特征。其他针对特殊人群的社会福利，如老年人津贴、儿童福利、残疾人福利等项目中也有属于政府提供的均等化公共服务的措施，也属于均等化公共服务。但不同的是，居民获得均等化公共服务并不获得现金收入，不能自行进行支出，我们理解为实际增加了居民可支配收入。该阶段的再分配调节机制是使居民实际支出增加，也就是说，相当于居民获得了这笔钱，但是只能用于特定的支出。我们将居民可支配收入加上从政府获得均等化公共服务的价值定义为居民实际可支配收入。比如说，一个家庭一年的可支配收入为50000元，有一个在上小学的孩子，接受政府提供的义务教育服务的价值是10000元，这笔钱并没有变为居民的可支配收入，但是居民获得了服务，实际上是政府代替居民进行了支出，为此可以将政府均等化公共服务的影响估计为将实际可支配收入提高到60000元。均等化公共服务属于增加居民实际收入的项目，如果具有收益累退性，则将起到缩小实际收入差距的作用。经过第6项政府再分配调节，就形成了最后的居民收入状态，也

就是第七种收入分配状态（I_7），见图3－3。

图3－3　政府均等化公共服务对居民收入分配的影响

资料来源：笔者编制。

三、居民收入分配和再分配调节前后收入的确定

（一）一般原则和实际处理

根据我国个税制度和社会保障制度，缴纳社会保险费在缴纳个税前扣除；居民取得的各种社会保障收入免征个税；取得社会保险收入后，符合条件的仍然可以获得社会救济收入、社会福利收入；居民取得均等化公共服务的价值不受其他收支项目的影响。依据这种分配关系，我国居民收入分配和再分配状态依次为：（1）取得要素收入，构成居民初次分配收入（I_1）；（2）社会保险收入（包括离退休工资）调节，并形成调节后的收入（I_2）；（3）社会救济收入调节，并形成调节后的收入（I_3）；（4）社会福利调节，并形成调节后的收入（I_4）；（5）缴纳社会保险费调节，并形成调节后的收入（I_5）；（6）个税调节，并形成调节后的收入，即通常所说的居民可支配收入（I_6）；（7）均等化公共服务调节，并形成调节后的实际可支配收入（I_7）。在不考虑均等化（实物）公共服务调节的情况下，居民可支配收入就是居民最终收入。

在不同的实证分析场合，根据数据可得性和重要性，分析项目将有所取舍或合并，比如社会保险收入、社会救济收入和社会福利收入可以合并为社会保障收入，该收入也可以称为社会性受益或者转移性收入或者政府对个人的收入转移。有时，也可以将社会保险缴费和个税缴纳合并为税费缴纳。

（二）关于个税调节的对象

单独分析某项政府再分配项目的再分配效应时，有两种处理方法：一种是对初次分配收入进行调节；另一种是在其他再分配调节的基础上进行调节。如果同时考察各种再分配项目的再分配效应，就要确定再分配调节顺序，逐次调节，也就是说，要在前调已经完成的基础上进行。

对于个税调节而言，一个重要的问题是，个税对哪种收入进行调节？这涉

及如何界定税前收入，从而影响个税再分配效应规模的判断。一些文献采取的方法是将居民家庭总收入作为税前收入，对于我国城镇住户来说，税前收入就是工资薪金收入、经营性收入、财产性收入和转移性收入的总和。佘红志（2010）提出，税前收入应当是按照税法规定作为课征对象的收入，不应当包括免税所得、政府对个人的转移支付，而且基于社会保障优先于个税原则，还应当先进行居民社会保障支出扣除，才能得到个税的税前收入。对于我国城镇住户来说，税前收入就是工资薪金收入、经营性收入、财产性收入之和而不包括转移性收入，因为转移性收入不纳税，而且还应当从工资薪金收入、经营性收入和财产性收入之和中减去缴纳的社会保险费和住房公积金。

美国宪法修正案规定，"国会有权开征所得税，不管所得来源如何"，其含义是所有所得应当平等纳税、普遍纳税。财政学家则通常使用黑格—西蒙斯的定义（Haig‑Simons definition，H‑S definition），即所得是在一定时间内个人消费能力净增加的货币价值。罗森和盖亚（2009）解释说，这意味着所得等于一定期间内实际消费额与财富净增加额之和，其中财富净增加额即储蓄需要包括在所得中，因为储蓄代表潜在消费增加。另外，不管来源于政府还是来自雇主的所得，都是所得；雇主为职工提供的养老金缴款和保险购买也是所得，因为雇员的消费潜力增加了；退休金、失业救济金、福利救济也是所得，尽管来自政府。同时，黑格—西蒙斯定义还意味着，个人消费潜力的任何减少应当在确定所得时扣除，比如人们为了获得所得发生的费用支出。

但是，各国个税税法对应税所得的规定则有不同。《中华人民共和国个人所得税法》（简称《个税法》）规定，养老金等转移性收入、政府奖金、津贴、补贴等"免纳个税"。对于社会保险费和住房公积金缴纳，个税法和社会保险法都没有做出规定，而是由《中华人民共和国个人所得税法实施条例》（简称《个税法实施条例》）规定的，即"按照国家规定，单位为个人缴付和个人缴付的基本养老保险费、基本医疗保险费、失业保险费、住房公积金，从纳税义务人的应纳税所得额中扣除。"① 那么，社会保险缴费扣除与基本生活费用标准（免征额）、商业费用扣除一样，都是税法的组成部分，这些税制因素都对个税税收累进性和再分配效应有影响，都是个税再分配效应的体现。按照税法规定，免税收入不予课税，依此将免税收入不列入税前收入的话，测算的结果不能反映个税总体的调节效果。因此，如果单独考察个税的再分配效应，仍然应当以工资薪金收入、财产性收入、经营性收入和转移性收入之和

---

① 　这里引用的实施条例是 2018 年 10 月《中华人民共和国个人所得税法》修改之前的。

作为税前收入，尽管转移性收入不课税影响再分配效应，但也是个税再分配调节的组成部分。

第五节　政府再分配调节在最终居民收入形成中的作用

最终居民收入分配取决于初次分配和政府再分配调节的共同作用。那么，在最终居民收入及其不平等关系中，政府再分配调节起到什么作用？为缩小收入差距，究竟应当更加注重初次收入分配还是政府再分配调节？

我们认为，政府再分配调节具有不可替代的重要地位，而且是决定最终收入差距的决定性力量，是实现社会公平的主要方面。

首先，收入分配改革三个方面的作用是不同的。初次分配的目标在于理顺收入分配关系，充分实现按贡献分配，是市场经济条件下形成合理有序收入分配格局的基础。政府再分配的目标是保障居民基本生活需要、缩小收入差距，将初次分配矫正到社会期望的状态，实现社会公平，是最终缩小收入差距、实现社会公平的决定性力量。收入分配秩序不规范本身就是分配不公平的体现，其不体现初次分配的贡献原则，也脱离政府再分配调节，是实现收入分配公平的重大障碍。正常的收入分配秩序是收入分配的常态，而不规范的收入分配秩序则是收入分配的病态。从不规范的状态调整到规范的、正常的状态，在一定意义上是"治"收入分配的"病"，这在体制转型时期显得很重要。从实际情况看，初次分配关系不顺、再分配机制不健全、分配秩序不规范，都是我国收入分配制度中存在的重要问题，是形成合理有序收入分配格局的制约因素，不能绝对地说哪个方面更重要。因此，以理顺收入分配关系为目标的初次分配改革、以实现社会公平为目标的再分配调节机制改革、以建立正常收入分配秩序为目标的规范分配制度改革，原则上不可偏废。

其次，在不同的改革和发展阶段，强调和突出不同的方面也有客观的依据。改革开放之前，我国收入分配领域"吃大锅饭"问题严重，个人物质利益激励不足，干好干坏一个样的问题比较普遍，初次分配关系不顺，不仅影响收入分配的公平性，而且影响经济运行效率，制约宏观经济结构的合理性、稳定性、可持续性。为此，改革开放初期，强调初次分配和重视效率，是符合客观需要的。实行经济体制改革之后，收入分配差距过大的问题显现，政府再分配调节重要性凸显。（1）社会保障制度方面，很长时间内，我国也是结合经

济体制改革的需要，针对社会经济发展中的突出问题进行建设，并未形成全国统筹统一的社会保障制度。1993 年，我国实行社会主义市场经济体制改革，提出了"建立多层次的社会保障制度，为城乡居民提供同我国国情相适应的社会保障，促进经济发展和社会稳定"；也提出了"逐步建立个人收入应税申报制度，依法强化征管个税，适时开征遗产税和赠与税。要通过分配政策和税收调节，避免由于少数人收入畸高形成两极分化"；同时，根据当时的实际，按照"社会保障水平要与我国社会生产力发展水平以及各方面的承受能力相适应"的原则，"城乡居民的社会保障办法应有区别。"[①]（2）个税方面，1980 年我国建立了个税制度，但调节对象狭窄。1993 年，实行个税并轨，但采取了分类税制模式，费用扣除简便易行，非居民（外国人）的费用扣除标准相对较高，并且作为地方税种，给地方政府实施税收优惠留下空间，但由于税制公平不足，难以发挥较大的收入再分配调节作用。1996 年，国家明确了建立覆盖全部个人收入的、分类与综合相结合的税制，[②] 但较长时间内更多地根据实际经济形势需要进行免征额调整和课征对象的微调，直到 2018 年 10 月才迈出综合与分类相结合税制改革的步伐。因此，总体上看，虽然我国已经重视政府再分配调节，而且个税和社会保障制度建设取得了显著成绩，但是改革和发展的空间仍然很大，今后在适当的条件下，将突出完善政府再分配调节机制。

最后，政府再分配调节是对最终居民收入差距、社会公平起决定性作用的力量，目的是处理市场不能解决的问题，是市场经济体制下政府必须担负的职能，是实现社会公平的要求，也是现代国家治理的重要方面。如果一国政府不愿意切实履行好再分配职能，不在再分配调节制度建设和财政投入上下大力气，将导致社会不稳定、不和谐，最终也将被迫在稳定社会上花费巨大的人力、财力。从历史发展看，资本主义国家建设以社会保障为重心的财政再分配调节机制，是其摆脱社会经济危机的一条重要路线。传统社会市场经济不发达，经济镶嵌在社会关系之中，社会保障以社会自助为主，财政以社会救济的方式参与社会保障但力度不大。自由资本主义时期，国家追求经济自由和经济增长，经济力量强大，形成"与社会脱钩的经济"，社会不安定感增加，市场带来的社会风险增加，形成了社会危机。在这种情况下，以德国为代表开始建设社会保险制度，强化社会保障，构筑新的社会保险网，使经济重新回归社

---

①　参见《中共中央关于建立社会主义市场经济体制若干问题的决定》（1993 年）。
②　参见《中华人民共和国国民经济和社会发展"九五"计划和 2010 年远景目标纲要》（1996 年）。

会，在很大程度上削减了资本主义危机（王绍光，2009）。① 二战之后，一些资本主义国家以福利国家制度为标志的社会建设发展较快，对于实现社会公平具有关键作用。长期以来，我国一直重视经济增长和资源配置效率，并且取得显著成就，但财政的再分配职能发挥相对不够。当今社会，缩小收入差距、实现社会公平是人民的期盼、人民的意愿，必须逐步强化政府再分配调节职能的关键作用。

---

① 胡鞍钢，王绍光，周建明. 第二次转型：国家制度建设 [M]. 北京：清华大学出版社，2009：232－266.

第四章　财政再分配效应及其分解分析方法

本章对收入分配和再分配的测度指标及其方法（尤其是本书使用的指标和测算方法）进行总结介绍，并重点介绍再分配效应的测度指标、分解分析指标及其测算方法。

第一节　收入差距及其衡量方法

一、收入分配的一般描述

设一个国家或者地区的总人口数量为 m，其收入水平为 x_i，$i = 1$，2，3，……m。为测算收入分配状况，将所有人口按照收入水平从低到高排列，得到一个国家或地区人口收入分配的分布。由于人口规模大，很多时候须做进一步的分组（层）研究。分组有很多标准，可以分为两种：（1）按照收入水平分组。将全国人口分为 n 组，各组人口数量为 n_i，人口比重 p_i，各组的收入水平用组内人口的平均数（平均收入）x_i 表示，该组收入占总收入的比重为 q_i，由此形成一个以组为单位的收入分配序列。此种分组是"大排队"，完全按照人口的收入分配特征进行分组，而且可以将不分组看成是分组的一个特殊情况。这种分组的重要特征是分组没有改变任何人口的收入排序的位置，高收入水平的个人不会分到低收入组，组平均收入能够比较准确表示该组的收入特征。（2）按照人口其他特征分组，如性别、职业、居住环境的城乡特征、地区特征等。这种分组的一个特征是，分组可能改变部分人口的收入排序的位置。例如，一个高收入的个人由于处于整体上收入水平低的地区，地区分组将他分到与其个人收入不一致的组别中，地区组平均收入不能够完全准确表示该组所有个人的收入特征。

大排队分组条件下，按照收入从低到高的顺序，n 表示分组数量，p_i 表示组人口占全国人口比重，P_i 是累计到第 i 组的累计人口比重；x_i 是第 i 组的人均收入，q_i 是第 i 组的收入比重，Q_i 是累计到第 i 组的累计收入比重，μ 表示总平均收入。对于这样的收入分配，可以描述为如表 4 - 1 所示。

表 4 - 1　　　　　　　　　　**收入分配的数学描述**

组别	平均收入 （1）	人口比重 （2）	累计人口比重 （3）	收入比重 （4）	累计收入比重 （5）
1	x_1	p_1	P_1	q_1	Q_1
2	x_2	p_2	P_2	q_2	Q_2
3	x_3	p_3	P_3	q_3	Q_3
…	…	…	…	…	…
i	x_i	p_i	P_i	q_i	Q_i
…	…	…	…	…	…
n	x_n	p_n	$P_n = 1$	q_n	$Q_n = 1$
所有各组	μ	1	—	1	—

资料来源：笔者编制。

如果用表 4 - 1 的（1）、（2）项或者（1）、（4）项表示收入分配，将得到图 4 - 1 中的表示收入水平与人口比重之间关系的曲线 p(x)，以及表示收入水平与收入比重之间关系的曲线 q(x)，它们的图形形状是多样的。二者比较，可以得到如下规律。

第一，在 $x = \mu$ 时，收入比重和人口比重相等；在 $x < \mu$ 时，收入比重小于人口比重，即 p(x) < q(x)；在 $x > \mu$ 时，收入比重大于人口比重，即 p(x) > q(x)。

第二，如果对于任意收入水平，均有 p(x) = q(x)，则该收入分配必然是均等的，对于任何 x_i，有 $x_i = \mu$。我们称该收入分配为等值分配。等值分配是衡量收入分配差距的重要基准。

第三，按照等值分配的基准，图 4 - 1 中的收入分配中存在收入不平等，或者说收入差距。收入水平低的人口的收入比重比相应等值分配的收入比重低，而收入水平高的人口的收入比重比相应等值分配的收入比重高，差值总和相当于图 4 - 1 中的 A 或者 B 区域的面积。因此，A 区域或 B 区域的面积比例

越大，表明收入分配越不平等，收入差距越大。

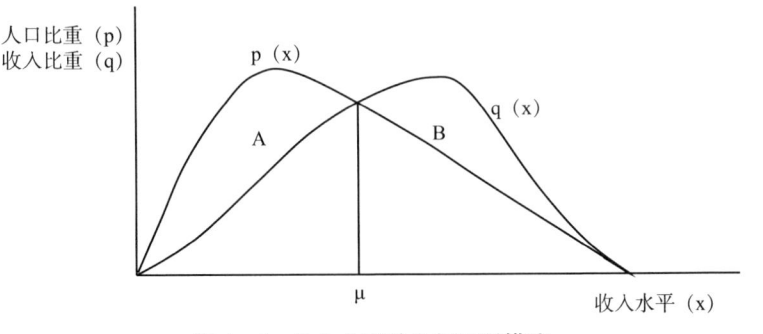

图 4-1 收入分配的几何图形描述

资料来源：笔者编制。

二、洛伦兹曲线

用表 4-1 中各收入组的累计人口比重（P）与累计收入比重（Q）之间的关系表示收入分配，可以得到图 4-2。图中的点 $M(P_i, Q_i)$ 表示某一收入水平上的累计人口比重和累计收入比重，所有点联结成曲线 OMA，即洛伦兹曲线（Lorenz curve），图 4-2 被也称为洛伦兹图。

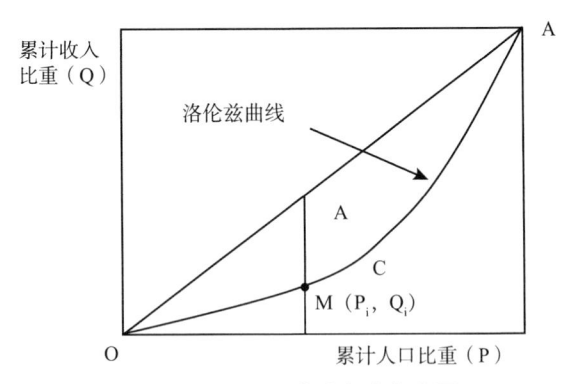

图 4-2 洛伦兹曲线与洛伦兹图

资料来源：笔者编制。

图 4-2 有以下特征。

第一，图中的对角线 OA 相当于一条等值分配线，该线上的任意一点，均有 $P(x_i) = Q(x_i)$ 以及 $p(x_i) = q(x_i)$，当然也可以表示为 $P_i = Q_i$，以及 $p_i = q_i$。[①]

第二，由于人口和收入比重均按照收入水平从低到高排列，在收入水平低于 μ 时，必然有 $P(x_i) > Q(x_i)$ 以及 $p(x_i) > q(x_i)$，所以 OMA 曲线必然位于对角线 OA 之下，只有到达 A 点时，才有 $P(x_n) = Q(x_n)$ 或者 $P_n = Q_n = 1$。累计收入比重低于累计人口比重，正是存在收入分配不平等的表现，其差距是 $(P_i - Q_i)$，所有差距之和构成 OMA 曲线与 OA 围成的区域，代表总的收入分配差距。该区域越大，说明该收入分配差距就越大。

三、收入差距的测度指标及测算方法

（一）概述

收入差距是客观存在的，可以从功能收入分配和规模收入分配的角度进行研究。功能收入分配主要是从收入的来源即生产要素与其所有者的收入的关系进行研究，比如工资收入与资本收入的关系及其差距。规模收入分配直接关注不同个人或者人群收入分配差距的大小，从收入所得者（个人、家庭及其分组形成的群体）的人口规模与其获得收入的规模之间的关系进行研究。规模收入分配强调的是全社会所有人口（或家庭）之间收入分配的状态，关心的是相同数量的人口是否得到了相同份额的收入，是从分配结果分析问题。本书主要研究规模收入分配，侧重使用规模收入分配的大小或者说不平等程度测度的指标和方法。

任何差距的测度都是相对某种基准而言的，可以将测度指标和方法分为两类：一类以某一收入水平或其人口比重、收入比重为基准；另一类以等值收入分配为基准。同时，收入差距的测度指标则可以分为绝对差距指标和相对差距指标。综合这两种分类方法，测度收入差距的指标体系如表 4-2 所示。

---

① 因为 $P(x_1) = Q(x_1)$，$p(x_1) = P(x_1)$，$q(x_1) = Q(x_1)$，所以，$p(x_1) = q(x_1)$；又因为 $P(x_2) = Q(x_2)$，$p(x_2) = P(x_2) - P(x_1)$，$q(x_2) = Q(x_2) - Q(x_1)$，所以 $p(x_2) = q(x_2)$，依此类推。

表 4 - 2　　　　　　　　　收入差距测度的指标体系

指标	比较基准	
	以等值分配为基准	以某一收入水平为基准
绝对差距	标准差、离差、离均差	极差（全距）、平均差
相对差距	变异系数、相对离均差	极值差率（倍率）、基尼系数

资料来源：笔者编制。

为说明收入差距指标的测算方法，使用表 4 - 3 中的虚拟收入分配作为例子。

表 4 - 3　　　　初次分配收入、再分配收入和最终收入：一个虚拟例子　　　　单位：元

序号	初次分配收入	社会保险收入	社会救助收入	均等化转移收入	增加的再分配收入	个税缴纳	再分配净收入	最终收入
1	0.0	3.0	0.0	0.0	3.0	0.00	3.00	3.00
2	1.0	0.0	1.0	0.5	1.5	0.00	1.50	2.50
3	2.0	1.0	0.0	0.5	1.5	0.00	1.50	3.50
4	3.0	0.0	0.0	0.0	0.0	0.00	0.00	3.00
5	4.0	0.0	0.0	0.0	0.0	0.00	0.00	4.00
6	5.0	0.0	0.0	0.5	0.5	0.40	0.10	5.10
7	6.0	0.0	0.0	0.5	0.5	0.60	- 0.10	5.90
8	7.0	0.0	0.0	0.0	0.0	1.00	- 1.00	6.00
9	8.0	0.0	0.0	0.0	0.0	1.50	- 1.50	6.50
10	9.0	0.0	0.0	0.0	0.0	2.00	- 2.00	7.00
平均	4.5	0.4	0.1	0.2	0.7	0.55	0.15	4.65
总计	45.0	4.0	1.0	2.0	7.0	5.50	1.50	46.50

资料来源：笔者编制。

（二）绝对差距

1. 极差（全距）

绝对差距是指某变量偏离参照值的绝对额，参照值可以是所有变量的平均值即等值分配，也可以是任何其他变量。[①] 任何两个个人、家庭、收入组的收

① 一种表述是："绝对差距是指某变量偏离参照值的绝对额"，那么参照值可以是所有变量的平均值即等值分配，也可以是其他变量。见魏后凯等 . 中国地区发展 ［M］. 北京：经济管理出版社，1997：2.

入都可以进行比较，比较的方法就是计算二者的绝对差距。收入水平的绝对差距就是不同单位（个人、家庭或收入组）的绝对收入数量的差值。这个指标的优点是比较直观，与经济生活的实际状况相呼应。例如，2017 年全国城镇居民和农村居民可支配收入分别为 39251 元和 14617 元，差距为 24634 元，人们自然可以预见 24634 元在实际生活中能够发挥什么作用，也就能推断这个差距代表什么。如果是两个单位之间进行比较，这项指标可以简单使用，包含的信息量足够。但是，对于多个单位的比较，例如，中国东部、中部和西部地区之间的比较，两两比较不容易发现规律，计算也烦琐，这时我们可以将这些收入水平看成是一项频数分布，选取最大值和最小值，比较它们之间的绝对差距，来反映这一收入分配的差距的大小，这就是极差（极值差），也称全距，也就是：

$$R_m = x_{max} - x_{min} \tag{4-1}$$

x_{max} 是所有单位中最高的收入水平，x_{min} 是所有单位中最低的收入水平。R_m 是极值差，统计学上称为"全距"。R_m 越大，表示收入差距越大。在表 4-3 的例子中，初次分配收入的极差为 9 元，最终收入的极差为 4 元，表明再分配缩小了绝对差距。但是，这项指标仅考虑了收入分配中的处于两个极端的收入水平，不能全面反映整个收入分配的不平等状况，包含的信息不够充分。

2. 离均差

离均差（mean deviation，MD），是由一个收入分配与等值分配之间的关系来建造的，表示一个收入分配与相应等值分配的绝对差距。对于收入分配 x = x_1，x_2，…，x_n，选取等值分配（μ，μ，…，μ）作为比较基准，离均差在数值上等于所有收入水平与平均收入水平离差的平均值：

$$MD = \frac{1}{n} \sum_{i=1}^{n} |x_i - \mu| \tag{4-2}$$

离均差越大，说明收入分布越分散，不平等程度越高。从统计学意义看，离均差的意义是：随机从高收入人口或者低收入人口中分别选取出一个单位，平均来说，他必须转移给他人（对于高收入人口）或者从他人那里接受收入转移（对于低收入人口）MD 数量的收入，才能期望实现等值分配。

在分组的情况下，计算离均差需要用各收入水平出现的概率（p_i）即各组的人口比重加权，这时离均差的计算公式是：

$$MD = \sum_{i=1}^{n} p_i |x_i - \mu| \tag{4-3}$$

3. 标准差

在一个 n 维空间，一个收入分配对应的点是 $X(x_1, x_2, \cdots, x_n)$，等值分配对应的点是 $M(\mu, \mu, \cdots, \mu)$，X 与 M 之间的欧几里德距离（Euclidean distance）的平方的 1/n 的平方根就是标准差（standard deviation，SD），即：

$$SD = \sqrt{\sum (x_i - \mu)^2 / n} \qquad (4-4)$$

在分组的情况下，标准差的计算公式为：

$$SD = \sqrt{\sum p_i (x_i - \mu)^2} \qquad (4-5)$$

标准差越大，表明该收入分配的离散程度越高，收入差距也就越大。

4. 平均差

平均差（mean difference，MDI）是指随机从所有人口中选取的两个单位收入的绝对差距的期望值。[①] 与离均差不同的是，平均差不是对于平均收入的离差，而是一个收入水平相对于任何其他收入的离差的期望值。从 n 个人口中，抽取的对数有 $n(n-1)$ 个，所以有：

$$MDI = \frac{1}{n(n-1)} \sum \sum |x_i - x_j| \qquad (4-6)$$

式中，x_i、x_j 是随机选取的一对观测收入值。在分组的情况下，则有：

$$MDI = \sum \sum p_i p_j |x_i - x_j| \qquad (4-7)$$

式中，p_i、p_j 是 x_i、x_j 的概率即人口比重。平均差越大，表明收入差距越大。从统计学的意义看，平均差的经济意义是：为了实现等值分配，任意两个人之间应该由收入高的向收入低的进行转移支付的数量的期望值是平均差的 1/2。

（三）相对差距

1. 倍率和极值差率

在比较两个单位之间的差距时，我们可以使用倍数关系即倍率作为相对差距指标。倍率的比较基准是相对方的收入水平，而不是等值分配的收入水平。在用于多个单位的比较时，可以两两比较，也可以比较处于两个极端位置的收入水平，后者也称为极值差率（decile ratio，DR），其计算公式为：

$$DR = \frac{x_{max}}{x_{min}} \qquad (4-8)$$

极值差率越大，表示收入差距越大。

---

① 关于平均差的概念以及从平均差来理解基尼系数，参见 Sundrum. R. M, Income Distribution in Less Developed Countrise [M]. London，New York，Routledge，1990。

2. 相对离均差

在比较不同国家收入水平的收入分配差距时，高收入国家的离均差比较大，可能并不说明其收入差距更大，因为其收入水平整体上高，也就是说，高收入国家的等值分配水平高。为消除收入水平的影响，使不同收入水平国家的收入差距可比，需要将绝对指标做标准化处理。标准化处理的一般方法是将收入除以各自的平均收入即等值分配收入，从而得到相对差距指标。

相对离均差（relative mean deviation，或称为离均差系数）表示为 K,[①] 计算公式是：

$$K = \frac{1}{n} \sum \left| \frac{x_i - \mu}{\mu} \right| \tag{4-9}$$

在分组的情况下，计算公式为：

$$K = \sum p_i \left| \frac{x_i - \mu}{\mu} \right| \tag{4-10}$$

相对离均差越大，表示相对收入差距越大。

3. 变异系数

将标准差进行标准化处理，就得到变异（差）系数。分组和不分组的情况下的计算公式分别为：

$$V_{UW} = \sqrt{\sum (x_i - \mu)^2 / n} \Big/ \mu \tag{4-11}$$

$$V_W = \sqrt{\sum p_i (x_i - \mu)^2} \Big/ \mu \tag{4-12}$$

威廉姆逊（Willianmson，1965）使用了该指标测度地区差距，V_W 表示加权变异系数，V_{UW} 表示不加权变异系数。变异系数越大，表示收入差距越大。

4. 基尼系数的含义

按照洛伦兹曲线图（见图4-2），洛伦兹曲线与45°线（等值分配线）之间的面积表征收入不平等程度。用数量刻画这个不平等程度指标就是基尼系数（Gini Coefficient，G），反映全部收入中导致收入不平等部分的比重。设45°线与洛伦兹曲线、洛伦兹曲线与横坐标之间围成的面积分别为 A、C，则基尼系数为：

$$G = \frac{A}{A + C} \tag{4-13}$$

在洛伦兹曲线图中，横、纵坐标轴分别表示累计人口比重和累计收入比重，总面积为1，而 A + C = 0.5，基尼系数则等于区域 A 的面积的2倍，即：

[①] 由于库兹涅茨（Kuznets）在收入分配的研究中首先使用这个指标，也被称为"K - 测度"。

$$G = 2A \qquad\qquad (4-14)$$

基尼系数越大，表示收入差距越大。如果收入分配恰为等值分配，其基尼系数为 0；极端不平等的基尼系数为 1，所有收入全部为最高收入组获得。所以，基尼系数处于 0 和 1 之间。

基尼系数实际上是一种相对平均差，标准化处理的标准是平均收入水平的 2 倍即 2μ，[①] 也就是：

$$G = \frac{MDI}{2\mu} \qquad\qquad (4-15)$$

反过来说，有：

$$MDI = 2\mu G \qquad\qquad (4-16)$$

例如，一个收入分配的基尼系数是 0.4，平均收入是 800 元，可以说，从所有的人口中任意选取两人，其收入差距的期望值即平均差是 640 元。要通过收入转移实现等值分配，则需要从任意高收入者向低收入者进行 320 元的收入转移。

5. 基尼系数的计算

基尼系数有多种计算方法，主要根据数据的情况进行选择。

第一种方法：等分法。在各组人口等分，按收入比重或者收入水平单调非递减顺序排列，可以采用等分法计算基尼系数，计算公式为：

$$G = \frac{2\sum \lambda_i q_i}{n} - \frac{n+1}{n} \qquad\qquad (4-17)$$

式中，λ_i 为各组的收入等级序数，q_i 为各组的收入比重。表 4 - 4 的计算例子中，计算结果是 $G = 0.2$。

表 4 - 4　　　　　　　　等分法计算基尼系数的例子

分组序号	收入等级数 λ	收入比重 q（%）	计算数值 λq
1	1	0.10	0.10
2	2	0.15	0.30
3	3	0.20	0.60
4	4	0.25	1.00
5	5	0.30	1.50
累计		1.00	3.50

资料来源：笔者编制。

[①]　参见 Sundrum. R. M, Income Distribution in Less Developed Countrise, London, New York, Routledge, 1990。

第二种方法：微分累加方法。这一方法将整个洛伦兹曲线图看成是面积为1的平面，根据定义式（4-14），得到计算公式为：

$$G = \sum (P_{i-1}Q_i - P_iQ_{i-1}) \tag{4-18}$$

或者

$$G = 1 - \sum p_i(Q_i + Q_{i-1}) \tag{4-19}$$

第三种方法：累计收入比重计算法。对于 n 个个体组成的收入分配，按照收入从低到高的顺序排列，计算累计到第 i 个个体的收入比重 W_i，基尼系数的计算公式为：

$$G = 1 - \frac{1}{n}(2\sum_{i=1}^{n-1} W_i + 1) \tag{4-20}$$

第四种方法：平均差计算法。根据平均差的定义计算出平均差，再根据基尼系数与平均差的关系，计算基尼系数。计算公式为：

$$G = \frac{1}{2n(n-1)\mu} \sum \sum |x_i - x_j| \tag{4-21}$$

在分组的情况下，计算公式为：

$$G = \frac{1}{2\mu} \sum \sum p_ip_j|x_i - x_j| \tag{4-22}$$

第二节　再分配效应及其分解方法

一、再分配效应

再分配效应（RE）是评估再分配调节效果的指标，常用的方法是用再分配调节前的收入分配基尼系数（G_X）与再分配调节后收入分配基尼系数（G_{NX}）的差额表示（马斯格雷夫和幸，1948）：

$$RE = G_X - G_{NX} \tag{4-23}$$

这里再分配效应的单位是基尼点（Gini points），这个再分配效应指标也称为绝对再分配效应，不能进行不同国家的再分配效应比较。

相对再分配效应（RRE）则是（绝对）再分配效应相对于再分配调节前收入分配基尼系数的百分比：

$$RRE = \frac{G_X - G_{NX}}{G_X} \times 100\% = \frac{RE}{G_X} \times 100\% \tag{4-24}$$

相对再分配效应可以更好地反映再分配调节在多大程度上改变了初次收入分配，并且可以进行不同国家之间的比较。

二、基于再分配项目的顺序分解方法

假定初次分配收入（X），有 n 个再分配项目，最终收入（NX）等于初次分配收入加上各项再分配收入（X_i），对于居民获得社会性收益的项目而言，再分配收入是正数；对于税收类项目而言，再分配收入是负数。最终收入是初次分配收入经过各再分配项目调节后的结果：

$$NX = X + X_1 + X_2 + \cdots + X_n = X + \sum_{i=1}^{n} X_i \qquad (4-25)$$

第一个再分配项目调节后的收入为 $NX_1 = X + X_1$，第二个再分配项目调节后的收入为 $NX_2 = NX_1 + X_2$，第三个再分配项目调节后的收入为 $NX_3 = NX_2 + X_3$，依此类推。那么，第一个再分配项目的再分配效应是初次分配收入基尼系数（G_X）与第一个再分配调节后收入的基尼系数（G_{NX1}）的差额，但第一个再分配调节后收入的基尼系数也就是第二个再分配项目调节前收入的基尼系数，第二个再分配项目的再分配效应为第一个再分配调节后收入的基尼系数（G_{NX1}）与第二个再分配项目调节后收入基尼系数（G_{NX2}）的差额，依此类推，最后一个（第 n 个）再分配项目的再分配效应等于第 n-1 个再分配项目调节后收入基尼系数（第 n 项再分配项目调节前收入基尼系数，$G_{NX(n-1)}$）与最终收入基尼系数（第 n 项再分配项目调节后收入基尼系数，G_{NX}）的差额：

$$RE_1 = G_X - G_{NX1}$$
$$RE_2 = G_{NX1} - G_{NX2}$$
$$RE_n = G_{NX(n-1)} - G_{NX}$$

式中，RE_i 表示第 i 个再分配项目的再分配效应。据此可以得到顺序分解方法：

$$RE = G_X - G_{NX} = (G_X - G_{NX1}) + (G_{NX1} - G_{NX2}) + \cdots + (G_{NX(n-1)} - G_{NX})$$
$$(4-26)$$

或者

$$RE = RE_1 + RE_2 + \cdots + RE_n = \sum_{i=1}^{n} RE_i \qquad (4-27)$$

所以，总体再分配效应等于初次分配收入的基尼系数（G_X）与经过所有再分配项目调节后最终收入基尼系数（G_{NX}）的差额，也等于各再分配项目的

再分配效应之和：

$$RE = G_X - G_{NX} = \sum_{i=1}^{n} RE_i \qquad (4-28)$$

各再分配项目的再分配效应对总体再分配效应的贡献率（RRE_i）分别为：

$$RRE_i = \frac{RE_i}{RE} \times 100\% \qquad (4-29)$$

三、再分配效应的 APK 分解方法

一般地说，再分配效应可以分解为垂直效应、水平效应和再排序效应（彭海艳，2008；刘柏惠和寇恩惠，2014）。但是，卡瓦尼（1984）提出的将再分配效应分解为垂直公平效应（垂直效应）和水平公平效应（水平效应）仍具有重要价值。其中，卡瓦尼（1984）提出的水平效应也被理解为再排序效应，而真正的水平效应并没有分解出来（彭海艳，2008；肯姆和拉姆勃特，2009），加上考虑到其他研究者的贡献，这种分解分析方法被称为 APK 分解方法，也是本研究采取的方法。在 APK 分解分析方法之下，一个再分配项目的再分配效应（RE_i）分解为垂直效应（V_i）和再排序效应（R_i）：

$$RE_i = V_i - R_i \qquad (4-30)$$

在此方法之下，一个再分配项目的垂直效应（V_i）是再分配调节前收入基尼系数（G_{X_i}）与再分配调节后收入按照调节前收入排序计算的集中系数（C_{NX_i}）的差额：

$$V_i = G_{X_i} - C_{NX_i} \qquad (4-31)$$

垂直效应是再分配效应的来源，决定了一个再分配项目的收入分配调节方向。再排序效应是由于再分配调节过程中，最终收入的排序相对于初次分配排序发生变化导致的，反映了实际税收对税收垂直公平和水平公平原则的偏离，是再分配效应损失，具体表现为调节后收入基尼系数与调节后收入按照调节前收入顺序计算的集中系数不一致。一个再分配项目的再排序效应（R_i）为调节后收入的基尼系数（G_{NX_i}）与调节后收入按照调节前收入顺序计算的集中系数（C_{NX_i}）的差额：

$$R_i = G_{NX_i} - C_{NX_i} \qquad (4-32)$$

一般地，调节后收入的集中系数不大于相应的基尼系数，再排序效应 $R_i \geq 0$。如果 $R_i = 0$，表明不存在再排序效应，全部垂直效应能够产生再分配调节作用；如果 $R_i > 0$，则再分配效应小于垂直再分配效应，再排序导致垂直效

应损失。

如果不存在再排序效应，再分配调节后收入的基尼系数与再分配调节后收入按照调节前收入顺序计算的集中系数相等，$G_{NX_i} = C_{NX_i}$，此时，垂直效应全部形成再分配效应，$RE_i = V_i = G_{X_i} - G_{NX_i} = G_{X_i} - C_{NX_i}$。再排序效应导致的再分配效应损失可以用再排序效应占再分配效应的百分比衡量，也可以用再排序效应占垂直效应的百分比衡量。

四、垂直效应影响因素分析：卡瓦尼方法

按照卡瓦尼（1977，1984）提出的税收累进指数定义以及垂直效应与税收累进指数、衡量税收相对规模的平均税率关系的框架，税收累进指数与平均税率是决定垂直效应从而再分配效应的两个要素。而且，对税收累进性和垂直效应的分析可以扩展到收入转移。这种分析方法被称为"卡瓦尼方法"。

对于税收类再分配项目，如果税收随再分配调节前收入增加而增加，则具有税收累进性，能够缩小收入差距。第 i 个税收类再分配项目的税收累进指数（π_i）定义为再分配收入（T_i）按照再分配调节前收入排序计算的集中系数（C_i）与再分配调节前收入基尼系数的差额：

$$\pi_i = C_i - G_X \tag{4-33}$$

如果 $\pi_i > 0$，税收是累进的，能够起到缩小收入差距的再分配调节作用；如果 $\pi_i = 0$，税收是中性的，不具有调节收入分配的作用；如果 $\pi_i < 0$，则税收是累退的，将起到扩大收入差距的作用。

税收的再分配收入相对规模就是平均税率（t_i），等于税收占再分配调节前收入的比重。税收的垂直效应决定于税收累进指数和平均税率：

$$V_i = \frac{t_i}{1 - t_i} \pi_i \tag{4-34}$$

在税收累进指数为正数的条件下，累进指数越大，垂直效应越大；平均税率越大，垂直效应也越大。

增加居民收入的再分配项目属于社会性收益项目（或者称为社会保障收入项目）。如果社会性收益随再分配调节前收入增加而减少，则能够缩小收入差距；也就是说，如果社会性收益是累退的，该再分配项目能缩小收入差距。定义第 j 种社会性收益的累退指数（ρ_j）为再分配调节前收入基尼系数与社会性收益按照再分配调节前收入排序计算的集中系数（C_j）的差额：

$$\rho_j = G_X - C_j \tag{4-35}$$

第 j 种社会性收益项目的相对收入规模用社会收益率（b_j）表示，等于社会性收益占再分配调节前收入的比重，该社会性收益类再分配项目的垂直效应决定于社会性收益的累退指数和社会收益率：

$$V_j = \frac{b_j}{1 + b_j} \rho_j^K \qquad (4-36)$$

如果社会性收益对再分配调节前收入是累退的，即累退指数为正数，则累退指数越大，垂直效应越大；同时，社会收益率越大，则垂直效应也越大。

由 m 项税收类项目和 n 类社会性收益项目构成的财政再分配体系的垂直效应为（肯姆和拉姆勃特，2009）：

$$V = \frac{\sum\limits_{i=1}^{m} t_i \pi_i + \sum\limits_{j=1}^{n} b_j \rho_j}{1 - \sum\limits_{i=1}^{m} t_i + \sum\limits_{j=1}^{n} b_j} \qquad (4-37)$$

显然，财政再分配体系的垂直效应不等于税收类和社会收益类再分配项目的垂直效应的简单算术和。为此，应当分别估算各再分配项目的垂直效应及其累进性（累退性）和再分配收入规模（平均税率或者社会收益率）来源。

第三节　收入差距分解分析的其他方法

前面论述的收入差距的测度，都是就收入分配整体而言的。就全国来说，适用这些测度方法需要满足下列条件：将全国全部人口按照收入水平的顺序由低到高排序，各组内部的差距忽略不计，而且不考虑人口本身的任何其他特征如职业、性别、年龄、地域等，这种排队可以称为"大排队方法"。按照这种排队方法计算出的收入差距，定义为总体收入差距（overall inequality of income distribution），是各种因素综合作用的结果。在研究收入差距时，有时还要研究各种人口特征下的收入分配差距，如城乡差距、行业差距、地区差距等，这时收入组是依据城乡特征、行业特征、地区特征划分的，而组内部的个体收入并不一定与组收入水平相符合，不是一致地属于高收入或者低收入，个体收入与所在组收入并不完全一致。分析该等收入差距的形成，有助于认识总体收入差距来源以及各种收入差距对总体收入差距的贡献程度，但也需要其他测算方法。

一、按照收入来源对收入差距的分解分析

这种分解分析是对基尼系数从收入来源的角度进行分解，其原理是：每个人（或收入组）有不同的收入来源，总体收入差距可以归因于每一种收入的差距。

用 x_i 表示第 i 个人的总收入，y_i 是一个与总收入有关的变量，例如某种收入来源的收入数值。$P(x)$ 是收入低于 x 的人口比重，$Q(y)$ 是对应于 y 的累计收入比重。总体收入差距的洛伦兹曲线是 $Q(x) = F[P(x)]$，而 $Q(y)$ 也是 $P(x)$ 的一个函数，曲线 $Q(y) = F[P(x)]$ 就是 y 对于 x 的集中曲线（concentration curve），集中系数（concentration index，C）表示某种来源收入相对于总收入的集中程度。集中系数与基尼系数的计算方法相同，但某种收入的集中系数并不等于其基尼系数，主要是因为 y_i 是按照 x_i 的顺序排列而不是按照自身收入排序，二者之间的关系是：

$$C_y = \frac{\rho(y, r_x)}{\rho(y, r_y)} G_Y \tag{4-38}$$

其中，C_y 是某种来源收入的集中系数，G_y 是相应的基尼系数，其中 $\rho(y, r_x)$ 是 y 按照 x 的排序关系，$\rho(y, r_y)$ 是 y 按照自身排序的关系；如果 y 随着 x 的增加单调上升，二者将完全相等；如果 y 随着 x 的增加单调下降，二者的数值相等，符号则相反。在其他的情况下，C_y 的绝对值将小于 G_y。

假设收入来源有 n 种，对 x 的集中系数分别为 C_i，每种收入占总收入的比重为 b_i，则有：

$$G = \sum b_i C_i \tag{4-39}$$

第 i 种收入的收入差距对总体收入差距的贡献率为：

$$\Phi_i = \frac{b_i C_i}{G} \tag{4-40}$$

收入来源的变化往往被看作是经济发展或体制改革的结果。例如，从所有制的角度对收入来源进行分类，考虑从各种所有制企业获得收入比重的变化以及各种收入对总收入的集中率的变化，可以分析所有制改革对总体收入差距变化的影响。

二、基尼系数的分组分解分析

根据平均差的概念，可以对基尼系数进行分解。考虑只有两组的情况，总平

均收入为μ，其两组各自的平均收入、占总人口比重、组内基尼系数分别为μ_1、p_1、G_1、μ_2、p_2、G_2，计算平均差有两种方法，可以分为三种情况（见表4-5）。

表4-5　　　　　　　　　　　基尼系数的分组分解

选取观测值的情况	概率	平均差
第一种方法： （1）均从第一组选取	p_1^2	$2\mu_1 G_1$
（2）均从第二组选取	p_2^2	$2\mu_2 G_2$
（3）分别从两组选取	$2p_1 p_2$	$\mu_2 - \mu_1$
第二种方法： 任意选取两个单元	1	$2\mu G$

資料来源：笔者编制。参见 Sundrum. R. M，Income Distribution in Less Developed Countrise，Table3. 2，50.

两种选取方法的计算的结果应该是一致的，所以有：

$$2\mu G = 2p_1^2 \mu_1 G_1 + 2p_2^2 \mu_2 G_2 + 2p_1 p_2 (\mu_2 - \mu_1) \qquad (4-41)$$

可以得到总体收入基尼系数分解为两组来源的分解公式：

$$G = p_1^2 \frac{\mu_1}{\mu} G_1 + p_2^2 \frac{\mu_2}{\mu} G_2 + p_1 p_2 \left| \frac{\mu_2 - \mu_1}{\mu} \right| \qquad (4-42)$$

式（4-42）表示，总体收入基尼系数有三个来源：一是第一组的收入差距，体现为公式右侧的第一项；二是第二组的收入差距，体现为公式右侧的第二项；三是第一组和第二组之间的差距，体现为公式右侧的第三项。

三、泰尔指数及其分解分析

在对收入按照收入水平之外特征进行分组的条件下，一组中的个体收入水平不一定一致，这就不仅需要测算各组之间的差距，也要测算各组内部的收入差距，以及各自对总体收入差距的影响程度。在这种条件下，总体收入差距由组内差距和组间差距构成。所谓组间差距，指假定同一组内部没有收入差距，每个人的收入都等于该组的平均收入，将收入组当成个人看待，从而计算的收入差距指标。所谓组内差距，指组内也存在不同的收入水平，因而也是总体收入差距的构成部分，需要进一步测算各组内部的收入差距。

总体收入差距分解为组内差距和组间差距的分解分析方法的基本原则是，

使总体收入差距等于组间差距和组内差距之和。[1] 泰尔（Theil，1967）根据统计信息理论提出一种新的测度指标，用收入的对数值与等值分配的对数测度它们之间的差别，并用收入比重加权：

$$T = \sum q_i (\log y_i - \log \mu) \qquad (4-43)$$

式中，y_i 为第 i 组收入，q_i 为第 i 组收入比重，μ 为总平均收入。该测度指标被称为"T-测度方法"或者泰尔指数，可以进行如下分解：

$$T = T_B + \sum q_i T_i \qquad (4-44)$$

式中，T_i 是第 i 组内部的泰尔指数，T_B 是各组之间的泰尔指数。

布吉尼翁（Bourguigon，1979）提出一种新的指标测度收入差距，与泰尔指数只有一点区别，即用人口比重加权，称为"L-测度方法"，也可以视为一种泰尔指数：

$$L = \sum p_i (\log \mu - \log y_i) \qquad (4-45)$$

式中，p_i 为第 i 组收入比重，也可以写为：

$$L = \frac{1}{n} \sum (\log \mu - \log y_i) \qquad (4-46)$$

在进行分组分解时，就可以写成：

$$L = L_B + \sum p_i L_i \qquad (4-47)$$

式中，L_i 是第 i 组内部的 L-指数，L_B 是各组之间的 L-指数。

施瓦策（Schwarze，1996）根据夏洛克斯（Shorrocks，1980）的分析[2]提出了一种改进的分解公式。[3] 总体收入差距的泰尔指数为：

$$I = \left(\frac{1}{N}\right) \sum_{i=1}^{N} \log\left(\frac{\mu}{y_i}\right) \qquad (4-48)$$

式中，N 表示人口总数。假定全部收入单位分为 G 组，j = 1，2，3，…，G，总体收入差距泰尔指数的分解公式为：

$$I = \sum_{j=1}^{G} p_j I_j + \sum_{j=1}^{G} p_j \log\left(\frac{p_j}{v_j}\right) \qquad (4-49)$$

---

① Sundrum. R. M. Income Distribution in Less Developed Countrise［M］. London，New York，Routledge，1990，Chapter 3.

② A. F. Shorrocks. The Class of additively decomposable inequality measures［J］. Econometrica，Vol. 48，No. 3，1980.

③ Yohannes Schwarze. How income inequality changged in Germany following reunification：an empirical analysis using deconmposable inequality measures［J］. Review of Income and Wealth，Series 42，Number 1，March 1996.

式中，p_j 是第 j 组的人口比重，I_j 是第 j 组的组内差别指数，v_j 是第 j 组的收入比重。式（4–49）也可以写成：

$$I = \sum_{j=1}^{G} p_j I_j + \sum_{j=1}^{G} p_j \log\left(\frac{\mu}{\mu_j}\right) \qquad (4-50)$$

式中，μ_j 是第 j 组的组内平均收入。因为：

$$\frac{\mu}{\mu_j} = \frac{Y/N}{Y_j/N_j} = \frac{N_j/N}{Y_j/Y} = \frac{p_j}{v_j}$$

式中，N、Y 分别表示总人口和总收入，N_j 是第 j 组的人口数量，Y_j 是第 j 组的总收入。

下面举一个例子说明具体如何测算。设一个由 5 人组成的国家，人口分为城市居民 2 人和农村居民 3 人，其收入情况如表 4–6 所示。

表 4–6　　　　　　　　　总体收入差距的组内和组间分解算例

序号	收入（y_i）	人口分组	组人口比重（p_j）	组收入比重（q_j）	组内人口比重	组内收入比重	组平均收入（μ_j）	总平均（μ）
1	10	城市	0.4	4/7	0.5	1/4	20	14
2	30				0.5	1/3		
3	5	农村	0.6	3/7	1/3	1/6	10	
4	10				1/3	1/3		
5	15				1/3	1/2		

资料来源：笔者编制。

计算总体收入的泰尔指数：

$$I = \frac{1}{n}\sum_{i=1}^{5}\log\frac{\mu}{y_i} = 1/5\left(\log\frac{14}{10} + \log\frac{14}{30} + \log\frac{14}{5} + \log\frac{14}{10} + \log\frac{14}{15}\right) = 0.076$$

在进行城乡分组的条件下，使用分解公式（4–50）进行分解：

$$I = \sum_{j=1}^{2} p_j I_j + \sum_{j=1}^{2} p_j \log\frac{\mu}{\mu_j} = (p_u I_u + p_r I_r) + \left(p_u \log\frac{\mu}{\mu_u} + p_r \log\frac{\mu}{\mu_r}\right)$$

$$= \left[0.4 \times \frac{1}{2}\left(\log\frac{20}{10} + \log\frac{20}{30}\right)\right] + \left[0.6 \times \frac{1}{3}\left(\log\frac{10}{5} + \log\frac{10}{10} + \log\frac{10}{15}\right)\right]$$

$$+ \left(0.4\log\frac{14}{20} + 0.6\log\frac{14}{10}\right)$$

$$= 0.025 + 0.025 + 0.026$$

$$= 0.05 + 0.026$$

$$= 0.076$$

　　根据以上计算结果，我们看到，第一，直接计算的总体收入差距的泰尔指数与使用分解公式计算的总体收入差距的泰尔指数是相同的。但是应该注意，必须保持分组分解中使用的基本单元总数与直接计算总体收入差距的基本单元保持一致，这里是指个人。这是进行分解的条件。第二，城乡之间的差距为0.026，占总体差距的34.2%；组内差距占总体差距的65.8%，城市内部和农村内部各占32.9%。

第五章　我国政府再分配调节制度

本章梳理我国政府再分配调节制度，目的是提供再分配效应分析的制度背景，并利于分析再分配效应的制度和机制上的成因。鉴于实证分析的需要，主要介绍我国个税制度和社会保障制度。

第一节　概　　述

一、再分配制度的一般构成

现代财政学创始人、美国财政学家马斯格雷夫提出，现代国家财政有三项职能，即为提高资源配置效率的配置职能、为实现社会公平的再分配职能和为实现宏观经济稳定的稳定职能。这些职能需要通过一定的财政制度并最终通过一定的财政收支来落实。从财政制度的实际看，大多数财政制度的职能不是单一的而是复合的。比如个税，其筹集的财政收入可以用于公共物品供给，具有资源配置职能；还作为一种宏观经济自动稳定器，具有宏观经济稳定职能；个税有免征额规定，实行累进税率结构，具有税收累进性，从而具有再分配调节职能。有些财政制度以再分配调节为主要功能，比如社会救助等类似制度。通常说的再分配调节制度，包括在制度设计时具有再分配调节目标、发挥再分配调节职能的所有财政制度，而不仅指只有再分配调节职能的制度。另外，并不是所有财政制度和财政收支都属于再分配调节工具和具有再分配调节职能。例如，间接税，设计间接税时并没有设立其缩小居民收入差距的目标；再如，政府提供像道路桥梁、公园绿地等公共物品时，也很难直接考虑如何缩小收入差距。当然，这种财政收支对居民收入分配或福利差距会产生影响，但这是一种附带效应，与再分配调节工具的效应不是一回事。

一般将再分配工具分为两类，即税收类和收入转移（transfers）类。肯姆

和拉姆勃特（Lambert，2009）对美国财政再分配工具做了这种划分，并进一步考察了税收中的个税（含联邦和州及地方个税）、财产税、工薪税等直接税，以及收入转移中的需进行收入调查的项目（means-tested cash transfers）、不需要进行收入调查的项目（non-means-tested cash transfers）和实物转移（noncash transfers）。在这种划分中，税收为居民收入的减项，收入转移为加项，而无论何种再分配调节无外乎在居民初次分配收入基础之上的减少和增加。其他国外文献做此种划分较多。

　　国内而言，无论官方还是学术界，有一种观点，认为再分配调节工具包括税收、社会保障和转移支付。① 税收作为一类再分配调节工具没有异议。社会保障包括社会保障收入和支出两个环节，如果将社会保障作为一种独立的再分配调节工具，其调节机制显得比较复杂。实际上，将再分配工具分为税收和收入转移，就是把社会保障中居民缴纳社保税（费）的部分归入税收，而居民取得社会保障收入的部分归为收入转移，二者的再分配调节机制差别明显。那么，转移支付是一种独立的再分配工具吗？国内一些文献将转移支付等同于收入转移，是存在问题的。我们认为，官方所言转移支付应该是政府间财政转移支付，而不是政府对个人的转移支付（收入转移），政府间财政转移支付不同于政府对个人的收入转移。政府间财政转移支付发生在不同政府（中央政府和地方政府、各地方政府）之间，是一种财力转移，可以服务于居民再分配调节，但不直接调节居民收入分配。而且，政府间财政转移支付并不是全部、唯一地服务于居民收入分配调节，政府间财政转移支付也服务于环境治理、基础设施投资等方面。所以，政府间财政转移支付属于一种重要的政府再分配制度，但与直接调节居民收入的个税、收入转移（社会性收益）不同，其不直接对居民个人发生收入转移，其再分配调节作用是间接的。

　　再有，均等化公共服务是不是一种独立的政府再分配工具？② 从我国官方定义看，均等化公共服务的范围广泛，包括了社会保险、社会救助等社会保障项目，也包括了诸如就业促进等项目；包括了政府进行现金支付的项目，也包

---

　　① 发展改革委、财政部、人力资源和社会保障部《关于深化收入分配制度改革的若干意见》（2013）提出，"加快健全以税收、社会保障、转移支付为主要手段的再分配调节机制"。

　　② 有的文献将均等化公共服务的一部分列为一种再分配调节工具，也是类似的划分。郝秀琴（2007）提出，政府实施收入再分配的主要工具有税收、收入保障计划（社会保险与福利）、提供低于成本的物品与劳务（主要是教育、卫生）三种。第一种政策是为了减少富人的收入，并把由税收得来的部分财力用于其他两项政策。第二种政策是为了提高低收入人群的收入，保证低收入人群的基本生活必需，并提高他们的收入。第三种政策适用于整个社会。见郝秀琴．我国政府收入再分配能力与规模的国际比较［J］．经济研究参考，2007（34）：17-21.

括一些政府提供免费服务（或者低成本服务）的项目如义务教育。如果将再分配调节工具划分为税收和收入转移两类，均等化公共服务中提供现金的部分无疑已经包括在收入转移之中，而政府提供的实物服务部分逻辑上也包含在收入转移之中，但是究竟将多大范围列入收入转移，可能有不同的做法。实际上，在政府再分配的研究中，缺乏包括实物服务这类均等化公共服务的系统性研究。基于此，我们认为，包括实物转移的均等化公共服务在学理上可以包括在收入转移中，但是鉴于实物转移在测算其再分配效应方面的特殊性（例如需要折算为现金收入估计均等化公共服务的价值），往往需要单独考察非现金性均等化公共服务的再分配调节作用。

为此，本书将政府再分配调节工具分为税收（直接税）、政府对个人的收入转移（社会保障收入或者社会性收益）、均等化基本公共服务和政府间财政转移支付制度四类，但重点考察税收和政府对个人收入转移的再分配效应，而均等化公共服务和政府间转移支付制度及其再分配调节作用，将分别单独考察。

二、世界各国再分配调节制度差异

现代国家普遍征收个税，并将其作为再分配调节的重要工具，这是毫无疑问的。同时，各国个税制度也有差别，在税制模式、课征范围、免征额、商业费用扣除、特别费用扣除、税率结构、税收征管等方面都存在一定的差别，但是个税制度的差别不像社会保障制度差别及其对再分配调节影响那么大。一方面，个税是通过对高收入征收更多的税收进行再分配调节，无法直接解决低收入者、弱势群体面临的满足基本生活需要等问题；另一方面，为加大个税调节力度，对高收入者课征更高的税率，会导致抑制劳动和资本投入的负效应，不利于经济增长。解决低收入群体、弱势群体面临的社会问题的主要手段是社会保障，是政府对个人的收入转移，而且社会保障通过对低收入者、弱势群体进行收入转移等手段，能够直接解决问题。政府社会保障支出资金主要是通过征收社会保障税（或者社会保障费）筹集，使社会保障成为政府财政收支的重要部分，甚至成为一个相对独立的财政预算。① 从再分配调节效果看，政府对

---

① 指成为政府财政复式预算之一。美国社会保障预算称为联邦社会保障基金预算，1986 年开始从联邦财政预算中独立出来，为专项预算，由联邦老年、遗属保险信托基金和残疾人保险信托基金构成，主要用于支付养老保险支出，资金来源于工薪税和政府一般预算安排的社会救助和福利支出。我国财政预算分为公共预算、政府性基金预算、社会保险基金预算和国有资本经营预算，社会保险基金预算是四项预算之一。

个人的收入转移的再分配效应占到总体再分配效应的 80% 以上，社会保障制度的差异决定了各国再分配制度的差异。

一般认为，社会保障制度大致可以分为社会救助型、社会保险型、社会福利型、国家保障型和自助型（强制储蓄型）五种。

（一）社会救助型社会保障制度

社会救助型社会保障制度是指国家通过建立健全社会保障的有关规章制度，保证每个社会成员在遇到各种不测事故时，能得到社会救助而不至于陷入贫困。对于已经处于贫困境遇的居民和家庭，由政府发给社会保障津贴，以维持其基本生活。

社会救助型社会保障制度的特征主要有六点。（1）政府通过相应的立法作为实施救助的依据。公民申请和享受社会救助是其依法应享受的权利，不附带屈辱条件，不同于慈善机构的"施善"或"恩赐"，也不同于资本主义初期的济贫和赈济，公民获得国家保障是一种公民权利。（2）社会救助的经费列入政府的财政支出预算，其资金来源于国家一般性收入，个人不为此缴纳专门的税费。（3）社会救助的对象经常为因失业、疾病或自然灾害等原因而陷入贫困的公民、弃婴、孤儿、残疾人、老年人。（4）社会救助的法定标准一般相当于贫困线或者稍高，要获得社会救助，需要进行申请，符合条件者，方可获得救助。（5）社会保障水平较低，一般以满足基本生活需要、维持基本生存和发展为限。（6）如果实施社会保险，社会保险的范围较窄、水平较低。

社会救助型社会保障制度是工业化前后所实行的单项或多项救助制度。按社会保障的标准来衡量，只能说它处于起步阶段，是社会保障制度中的一种初级的、不成熟的、不完备的形式。

（二）社会保险型社会保障制度

社会保险型社会保障制度是指国家为公民提供一系列的基本生活保障，其目的是维持一定的水平而不是仅仅满足基本生活需要，在公民因为失业、年老、伤残以及由于婚姻关系、生育或死亡而导致丧失、暂时丧失劳动力，导致收入显著降低时，得到经济补偿和保障。社会保险主要覆盖劳动者，以为劳动者建立养老、医疗、失业、工伤、生育社会保险为中心，但也可以扩展到其他居民。同时，社会保险型社会保障制度中保留了传统的社会救济方式，以社会救助和其他社会福利为辅助。社会保险型社会保障制度发展了社会保险方式，并使社会保险成为社会保障的主体。

社会保险型社会保障制度具有以下特征。（1）政府通过有关社会保障的立法作为实施的依据。（2）社会保险为强制性保险，符合条件的个人必须参加社会保险，并缴纳社会保障费（社会保障税），用人单位也要为雇员缴纳社会保障费。政府通过财政补贴以及对参加社会保险制定税收优惠政策予以支持。也就是说，建立了政府、用人单位和职工之间的责任共担机制。（3）参加保险是取得社会保险待遇的条件。居民只有参保和履行缴费义务，才能依法领取各种社会保险待遇。因此，对公民来说，权利与义务是统一的。社会保险可以设立个人账户，也可以不设立个人账户。设立个人账户的，多缴费可以获得高待遇；不设立个人账户的，资金是完全统筹的，条件相同的个人的社会保险待遇一样。（4）保障的覆盖面大，保险的项目多（当然有的国家少一些），可以覆盖社会全体成员，可以在较大程度上解决居民生、老、病、死、失业、伤残的后顾之忧。（5）社会保险项目也处理风险事件（例如疾病、失业），或者促进生命周期的收入平滑化、促进资源配置效率，因此，社会保险的目标不仅仅是再分配调节和实现社会公平。尤其是，如果重视个人账户，表明其更重视资源配置效率目标。

社会保险型社会保障制度起源于德国，1883 年德国最早建立了失业保险。随后，西欧、美国、日本均仿效这种制度。社会保险型社会保障制度是在工业化取得一定成效、经济有雄厚基础的情况下实行的。当然，不同国家的社会保险制度也有差异，其统筹程度不同，起辅助作用的社会救助和社会福利的作用也不同。

（三）社会福利型社会保障制度

社会福利型社会保障是指国家按照普遍性原则，为所有社会成员提供满足各种基本生活需要乃至提高生活质量的保障，给付标准统一。这项制度来源于福利国家的福利政策，[①] 在西欧、北欧一些国家实施。

福利型社会保障制度的主要特征有五个方面。（1）社会保障政策是福利国家的一项主要政策，依法实施，并设有多层次的专门机构监督执行。（2）强调福利的普遍性和人道主义、人权观念、社会主义，服务对象为社会全体成员。（3）居民个人不缴纳或低标准缴纳社会保障费（税），福利开支基本上由企业和政府负担，居民获得社会福利待遇不以缴费为基准，不强调权利义务的对等

[①] 所谓福利国家，其基本理念是，国家是提升人民幸福的手段，应当为其公民谋福利，制定和实施促进社会福利的国家政策。

性，具有普惠性。正是在这个意义上，这种社会保障制度也称为普惠型社会保障制度。（4）保障项目较多。一般认为，福利型社会保障覆盖个人"从摇篮到坟墓"各阶段的社会生活需要。（5）保障水平较高。在该模式下，社会保障的目的已经不再完全是预防贫困和消灭贫困，而在于维持社会成员一定标准的生活质量，加强个人安全感，不仅要满足个人基本生活需要，而且关注满足人们的较高生活质量需求。

福利型社会保障制度是在经济比较发达、整个社会物质生活水平提高的情况下实行的一种比较全面的保障形式，瑞典、英国等被认为是典型。需要注意的是，并不是这种社会保障制度中的所有项目都是普惠的、免费的。例如，英国社会保障制度中，公民普遍享有免费医疗、未成年津贴等社会福利，但也有需要缴费的国民保险（社会保险），也有称为"收入支持"的社会救助。

（四）国家保障型社会保障制度

国家保障型社会保障制度也可以称为国家保险型社会保障，是传统的社会主义国家以公有制为基础的社会保障制度，属于国家保障性质。

这种国家保障型社会保障制度的特征主要有五个方面。（1）国家宪法把社会保障确定为国家制度，公民所享有的保障权利是由生产资料公有制保证的。（2）社会保障支出全部由政府和企业承担，个人不专门缴费（税）。（3）国家保障的对象从职工延伸到职工家庭成员。（4）在财政收支上，实际上是现收现付制。比如，养老保障（保险）实际上是退休制度，机关事业单位工作人员和企业职工退休后，按照一定的标准领取退休工资，资金来源于当前的财政收入，在财政预算中安排支出，实际上也就来源于当前工笔者创造的价值。（5）工会组织参与社会保障事业的决策与管理。

苏联最早建立了这种类型的社会保障制度。中华人民共和国成立后，我国也曾采取这种社会保障制度。随着我国进行社会主义市场经济体制改革，社会保障制度模式也进行改革。但在"老人老办法"的政策下，诸如一些机关事业单位工作人员按照传统社会保障模式享受公费医疗、领取离退休工资的情况在一段时间内仍然存在。

（五）自助型社会保障制度

自助型社会保障制度以个人储蓄为核心，由个人和用人单位缴纳费用，全部实行个人账户，以满足个人养老、医疗、住房、教育等基本保障支出需要。这种制度也被称为强制储蓄型社会保障。

这种制度的特征是：（1）个人（雇员）和用人单位缴费，政府不提供资助，全部缴费筹集的收入存入个人账户，全部实行积累制。个人按照国家规定，领取和使用资金。（2）权利义务高度对称，个人缴费多的，未来获得的待遇高，个人之间没有互助。

这种制度的典型是新加坡的中央公积金制度，由职工个人和用人单位缴费，全部计入个人账户，按照规定用于养老、医疗、教育和住房支出。智利的社会养老保险也采取这种模式，建立个人账户，包括基本个人账户和补充个人账户，前者由个人纳税收入的 10% 作为养老金投入，后者为个人自愿补充缴费，用人单位没有缴费义务，由个人选择基金管理公司进行管理。

第二节　我国的个人所得税制度

一、我国个税制度的演进

中华人民共和国成立后，当时的政务院于 1950 年 7 月公布了《税政实施要则》，提出对个人所得课税，定名为"薪给报酬所得税"。由于生产力水平低、工资水平低，工资收入只能满足居民消费之需要，故一直没有实际开征。

改革开放后，个人收入形式和来源发生变化，个人收入水平提高，收入差距逐渐形成。引进外资后，非住户居民的外国人收入较高。第五届全国人民代表大会第三次会议于 1980 年 9 月 10 日通过《中华人民共和国个人所得税法》，对非住户居民（外国人）征收个税。随着国有企业改革和个体经济发展，国内个人收入也发生了很大变化，国务院于 1986 年 9 月颁布《中华人民共和国个人收入调节税暂行条例》和《中华人民共和国城乡个体工商业户所得税暂行条例》，规定对本国公民的个人收入征收个人收入调节税。

上述三个税收法律法规按国外、国内个人分设两套税制。为了统一税政、公平税负、规范税制，第八届全国人大常委会四次会议于 1993 年 10 月 31 日通过了修正后的《中华人民共和国个人所得税法》，所有中国居民和有来源于中国所得的非居民，均依法缴纳个税，于 1994 年 1 月 1 日开始实施。

在 1993 年税法的基础上，到 2011 年 10 月，我国个税税法进行了五次修订。（1）1999 年 8 月，税法第二次修正，主要内容是自 1999 年 11 月 1 日起开始恢复征收利息税，税率 20% 。（2）2005 年 10 月，税法第三次修正，将工

资薪金所得税的起征点从 800 元提高到 1600 元，于 2006 年 1 月 1 日起施行。（3）2007 年 6 月，税法第四次修正，全国人大常委会授权国务院可以决定对储蓄存款利息所得停征或者减征个税。国务院决定，自 2007 年 8 月 15 日起，将储蓄存款利息所得个税税率由 20% 调减为 5%。（4）2007 年 12 月，税法第五次修正，将工资薪金所得起征点自 2008 年 3 月 1 日起提高到 2000 元。（5）2011 年 6 月，税法第六次修正，将工资薪金所得起征点从 2011 年 9 月 1 日起调整为 3500 元，减少了工资薪金所得适用税率，从九级超额累进税率减少为七级，将最低边际税率降低为 3%，将适用 45% 边际税率的应纳税所得额从 100000 元降低到 80000 元。此外，国务院、财政部和国家税务总局还根据职责，对应税收入项目、免税项目、税收优惠等做出了一些具体规定。

2018 年 8 月，我国个税法进行了第七次修正，自 2018 年 10 月 1 日开始实施，部分内容自 2019 年 1 月 1 日起实施。这次修正的力度更大，进行了税制模式改革，完善了费用扣除等制度。

第一，增加了综合所得概念，使原来的分类税制模式改革为综合与分类相结合的税制模式。综合所得，包括工资薪金所得、劳务报酬所得、稿酬所得、特许权使用费所得四类收入，合并计算个税，适用统一的税率表。

第二，对综合所得改为按年计算所得税。以前的历次修正，均没有改变工资薪金所得的个税按月缴纳的做法，而本次修正将综合所得个税的计算改为按年为单位，实行月度预缴、年度汇算清缴。

第三，提高了减除费用标准。本次税法修正前，工资薪金所得每月费用扣除标准为 3500 元，劳务报酬所得、稿酬所得、特许权使用费所得，每次收入不超过 4000 元的，减除费用 800 元；4000 元以上的，减除 20% 的费用。税法修正后，综合所得的费用扣除标准为每年 6 万元，相当于每月 5000 元。对于工资薪金作为单一来源收入的个人来说，费用扣除标准有所提高。

第四，增加了专项附加扣除。修正后的税法保留了原税法规定的社会保险、公积金缴费扣除项，并明确为专项扣除。还增加了六项专项附加扣除，包括子女教育、继续教育、大病医疗、住房贷款利息、住房租金、赡养老人等支出。

第五，调整了税率结构。一是综合所得税率。将按月计算应纳税所得额调整为按年计算，以原工资、薪金所得税率（3% ~ 45% 的七级超额累进税率）为基础，扩大 3%、10%、20% 三档低税率的级距。二是经营所得税率。以原个体工商户生产、经营所得和对企事业单位的承包经营、承租经营所得税率为基础，保持 5% 至 35% 的五级超额累进税率不变，调整了各档税率的级距，降

低了税负水平。

第六，完善了有关纳税人的规定。原税法规定了两类纳税人：一是在中国境内有住所或者无住所而在境内居住满一年的个人，就从中国境内和境外取得的所得，缴纳个税；二是在中国境内无住所又不居住或者无住所而在境内居住不满一年的个人，仅就从中国境内取得的所得缴纳个税。修正后的税法明确引入居民个人和非居民个人的概念，并将在中国境内居住的时间标准，由原 1 年调整为 183 天。

第七，增加了反避税条款，加大了征收管理力度。为了堵塞税收漏洞，维护国家税收权益，修正后的税法针对个人不按独立交易原则转让财产、在境外避税地避税、实施不合理商业安排获取不当税收利益等避税行为，赋予税务机关按合理方法进行纳税调整的权力。修正后的税法还规定，公安、人民银行、金融监管机构、教育、卫生、医疗保障、民政、人力资源社会保障、住房城乡建设等部门应协助配合税务机关，提供纳税人的身份信息、账户信息和其他扣除信息。

二、我国现行个税制度

个税税制比较复杂。鉴于 2018 年 10 月新修正后的税法刚刚实施，[①] 而本书研究背景主要是之前税法，这里主要介绍新税法，同时对原税法也适当介绍。

（一）纳税人

2018 年 10 月前，我国个税的纳税义务人区分为"居民纳税义务人"和"非居民纳税义务人"。居民纳税义务人是指在中国境内有所住所，或者无住所而在境内居住满 1 年的个人，应当承担无限纳税义务，就其在中国境内和境外取得的所得，依法缴纳个税。非居民纳税义务人是指在中国境内无住所又不居住或者无住所而在境内居住不满一年的个人，承担有限纳税义务，仅就其从中国境内取得的所得，依法缴纳个税。2018 年 10 月后，纳税人分为居民个人和非居民个人，并将在中国境内居住的时间这一判定标准调整为 183 天。

（二）征税对象

2018 年 10 月前，我国个税实行分类所得税制模式，包括十一类所得。

---

① 也有部分内容从 2019 年 1 月开始实施。

1. 工资、薪金所得

工资、薪金所得，是指个人因任职或受雇而取得的工资、薪金、奖金、年终加薪、劳动分红、津贴、补贴以及与任职或受雇有关的其他所得。个人取得的所得，只要与任职、受雇有关，无论其单位的资金开支渠道采取现金、实物、有价证券等任何形式支付，都属于工资、薪金所得，按此类型计算应税所得额和适用税率。

2. 个体工商户的生产、经营所得

按照我国个税税制，个体工商户按照个税法缴纳个税，不缴纳企业所得税。个体工商户的生产、经营所得依照其性质划分为三种类型。一是经工商行政管理部门批准开业并领取营业执照的城乡个体工商户，从事工业、手工业、建筑业、交通运输业、商业、饮食业、服务业、修理业及其他行业的生产、经营取得的所得。二是个人经政府有关部门批准，取得营业执照，从事办学、医疗、咨询以及其他有偿服务活动取得的所得。三是其他个人从事个体工商业生产、经营取得的所得，即个人临时从事生产、经营活动取得的所得。

3. 对企事业单位的承包经营、承租经营所得

对企事业单位的承包经营、承租经营所得，是指个人承包经营、承租经营以及转包、转租取得的所得，包括个人按月或者按次取得的工资、薪金性质的所得。

4. 劳务报酬所得

劳务报酬所得是个人提供服务获得的报酬，具体包括个人从事设计、装潢、安装、制图、化验、测试、医疗、法律、会计、咨询、讲学、新闻、广播、翻译、审稿、书画、雕刻、影视、录音、录像、演出、表演、广告、展览、技术服务、介绍服务、经济服务、代办服务以及其他劳务取得的所得。

5. 稿酬所得

稿酬所得指个人因其作品以图书、报纸形式出版、发表而取得的所得。这里所说的"作品"，是指包括中外文字、图片、乐谱等能以图书、报刊方式出版、发表的作品。

6. 特许权使用费所得

特许权使用费所得，指个人提供专利权、著作权、商标权、非专利技术以及其他特许权的使用权取得的所得。笔者将自己文字作品手稿原件或复印件公开拍卖（竞价）取得的所得，按特许权使用费所得项目计税。

7. 利息、股息、红利所得

利息、股息、红利所得，指个人拥有债权、股权而取得的利息、股息、红

利所得。利息是指个人的存款利息、贷款利息和购买各种债券的利息。股息，也称股利，是指股票持有人根据股份制公司章程规定，凭股票定期从股份公司取得的投资利益。红利，是个人从公司（企业）取得的分红，指股份公司或企业根据应分配的利润按股份分配超过股息部分的利润。股份制企业以股票形式向股东个人支付股息、红利，应以派发的股票面额为收入额计税。资本利得（capital gains）并不属于利息、股息、红利所得，不需要按照此规定缴纳个税。

8. 财产租赁所得

财产租赁所得，指个人出租建筑物、土地使用权、机器设备、车船以及其他财产取得的所得。财产包括动产和不动产。出租财产取得收入的，应按照财产租赁所得计税。

9. 财产转让所得

财产转让所得，指个人转让有价证券、股权、建筑物、土地使用权、机器设备、车船以及其他自有财产给他人或单位而取得的所得，包括转让不动产和动产而取得的所得。当前，我国对个人股票买卖取得的所得（资本利得）暂不征税。

10. 偶然所得

偶然所得，是指个人取得非经常性的所得，属于各种机遇性所得，包括得奖、中奖、中彩以及其他偶然性质的所得（含奖金、实物和有价证券）。个人购买社会福利有奖募捐奖券、中国体育彩票，一次中奖收入不超过10000元的，免征个税，超过10000元的，应以全额按偶然所得项目计税。

11. 其他所得

其他所得应确定征税的，由国务院财政部门确定。国务院财政部门，是指财政部和国家税务总局。目前，国务院财政部门确定征税的其他所得具体包括十项。（1）个人取得"蔡冠深中国科学院院士荣誉基金会"颁发的中国科学院院士荣誉奖金。（2）个人取得由银行部门以超过国家规定利率和保值贴补率支付的揽储奖金。（3）个人因任职单位缴纳有关保险费用而取得的无偿款优待收入。（4）对保险公司按投保金额，以银行同期储蓄存款利率支付给在保期内未出险的人寿保险户的利息（或以其他名义支付的类似收入）。（5）股民个人因证券公司招揽大户股民在本公司开户交易，从取得的交易手续费中支付部分金额给大户股民而取得的回扣收入或交易手续费返还收入。（6）个人取得部分单位和部门在年终总结、各种庆典、业务往来及其他活动中，为其他单位和部门的有关人员发放现金、实物或有价证券。（7）辞职风险金。（8）个

人为单位或者他人提供担保获得报酬。（9）商品房买卖过程中，有的房地产公司因未协调好与按揭银行的合作关系，造成购房人不能按合同约定办妥按揭贷款手续，从而无法缴纳后续房屋价款，致使房屋买卖合同难以继续履行，房地产公司因双方协商解除商品房买卖合同而向购房人支付违约金。购房个人因上述原因从房地产公司取得的违约金收入，应按照"其他所得"应税项目缴纳个税，税款由支付违约金的房地产公司代扣代缴。（10）除直系亲属等之外的视同销售的房地产赠与，受赠人因无偿受赠房屋取得的受赠所得，按照税率20%缴纳个税。个人取得的所得，如果难以界定是哪一项应税所得项目，由主管税务机关审查确定。

2018年10月修正后的税法规定，应税所得包括九种：（1）工资、薪金所得；（2）劳务报酬所得；（3）稿酬所得；（4）特许权使用费所得；（5）经营所得；（6）利息、股息、红利所得；（7）财产租赁所得；（8）财产转让所得；（9）偶然所得。其中，居民个人取得第一项至第四项所得按纳税年度合并计算（称为综合所得）征收个税；非居民个人取得第一项至第四项所得，按月或者按次分项计算个税。纳税人取得第五项至第九项所得分别计算个税。

（三）免税所得

免税所得即免征个税的收入，也就是不列入应税所得、不课征个税的收入。免税收入包括由个税法规定的法定免税项目和其他法律法规规定的免税项目。

2018年10月前，根据《中华人民共和国个人所得税法》的规定，法定免税收入项目包括十项。（1）政府奖励奖金。省级政府、国务院部委和军队军以上单位，以及外国组织、国际组织颁发的科学、教育、技术、文化、卫生、体育、环境保护等方面的奖金。（2）债券利息。国债和国家发行的金融债券利息。（3）补贴津贴。按照国务院规定发给的政府特殊津贴和国务院规定免税的补贴、津贴。（4）救济性款项。根据国家有关规定，由于某些特定事项和原因，给纳税人的正常生活带来一定困难，其任职单位从提留的福利费或工会经费中支付给个人的临时性生活补助费；民政部门支付给个人的救济金以及抚恤金。（5）保险赔款。保险公司支付的保险赔款。（6）转业复员费。军人的转业费、复员费。（7）安家费、离退休费用。按规定发给干部、职工的安家费、退职费、退休工资、离休工资、离休生活补助费。（8）外交人员所得。依照中国有关法律规律规定应予免税的各国驻华使馆、领事馆的外交代表、领事官员和其他人员的所得。（9）国际协议免税所得。中国政府参加的国际公

约、签订的协议中规定免税的所得。（10）其他所得。经国务院财政部门批准免税的所得。

其他法律法规规定的免税收入项目具有补充性、临时性或者政策性。例如，见义勇为奖免税，对乡镇以上政府或县以上政府主管部门批准成立的见义勇为基金会或者类似组织，奖励见义勇为者的奖金或奖品，经主管税务机关批准，免征个税；青苗补偿费免税，对于在征用土地过程中，单位支付给土地承包人的青苗补偿费收入，暂免征个税；福利和体育彩票奖金免税，个人购买社会福利有奖募捐彩票和体育彩票，一次收入不超过 1 万元的，免征个税；转让股票所得免税，对个人转让上市公司股票的所得、对个人投资者从证券投资基金分配中获得的国债利息、买卖股票价差收入、对个人投资者从买卖证券投资基金单位获得的差价收入，暂免征个税。

2018 年 10 月新税法修正后，法定免税所得调整为：（1）省级人民政府、国务院部委和中国人民解放军军以上单位，以及外国组织、国际组织颁发的科学、教育、技术、文化、卫生、体育、环境保护等方面的奖金；（2）国债和国家发行的金融债券利息；（3）按照国家统一规定发给的补贴、津贴；（4）福利费、抚恤金、救济金；（5）保险赔款；（6）军人的转业费、复员费、退役金；（7）按照国家统一规定发给干部、职工的安家费、退职费、基本养老金或者退休费、离休费、离休生活补助费；（8）依照有关法律规定应予免税的各国驻华使馆、领事馆的外交代表、领事官员和其他人员的所得；（9）中国政府参加的国际公约、签订的协议中规定免税的所得；（10）国务院规定的其他免税所得。这些免税规定，由国务院报全国人民代表大会常务委员会备案。比较而言，原则上没有变化。

（四）税前扣除

税前扣除（deduction）是指在适用税率（表）计税之前，允许从应税所得中进行某些费用扣除。[①] 2018 年 10 月前，我国个税规定的税前扣除主要是个人社会保险缴纳、住房公积金缴纳（简称"三险一金"）和慈善捐赠支出。国务院《个人所得税法实施条例》（2008）规定，按照国家规定，单位为个人缴付和个人缴付的基本养老保险费、基本医疗保险费、失业保险费、住房公积

---

① 扣除概念的外延比较宽，可以包括从应税所得（经济税基）到应税所得额（适用税率计算毛税收的法定税基）的各种减除项目，这里的税前扣除特指基本生活费用扣除（免征额）和商业费用支出扣除之外的扣除，即税法理论中的特别费用扣除。

金，从纳税义务人的应纳税所得额中扣除。[①]《个人所得税法》（2011）规定，个人将其所得对教育事业和其他公益事业捐赠的部分，按照国务院有关规定从应纳税所得中扣除。国务院《个人所得税法实施条例》（2008）规定，个人将其所得对教育事业和其他公益事业的捐赠，是指个人将其所得通过中国境内的社会团体、国家机关向教育和其他社会公益事业以及遭受严重自然灾害地区、贫困地区的捐赠。捐赠额未超过纳税义务人申报应纳税所得额30%的部分，可以从其应纳税所得额中扣除。

2018年10月税法修正后，原税法中规定的税前扣除被称为"专项扣除"，包括居民个人按照国家规定的范围和标准缴纳的基本养老保险、基本医疗保险、失业保险等社会保险费和住房公积金等。同时，设立了专项附加扣除，包括子女教育、继续教育、大病医疗、住房贷款利息或者住房租金、赡养老人等支出。根据国务院颁布的《个人所得税专项附加扣除暂行办法》（2018）[②]规定，专项附加扣除的标准如下。（1）子女教育。纳税人的子女接受全日制学历教育的相关支出，按照每个子女每月1000元的标准定额扣除。（2）继续教育。纳税人在中国境内接受学历（学位）继续教育的支出，在学历（学位）教育期间按照每月400元定额扣除。纳税人接受技能人员职业资格继续教育、专业技术人员职业资格继续教育的支出，在取得相关证书的当年，按照3600元定额扣除。（3）大病医疗。在一个纳税年度内，纳税人发生的与基本医保相关的医药费用支出，扣除医保报销后个人负担（指医保目录范围内的自付部分）累计超过15000元的部分，在80000元限额内据实扣除。（4）住房贷款利息。纳税人本人或者配偶单独或者共同使用商业银行或者住房公积金个人住房贷款为本人或者其配偶购买中国境内住房，发生的首套住房贷款利息支出，在实际发生贷款利息的年度，按照每月1000元的标准定额扣除。（5）住房租金。纳税人在主要工作城市没有自有住房而发生的住房租金支出，根据不同地区按照每月800元到1500元的标准定额扣除。（6）赡养老人支出。纳税人赡养一位及以上被赡养人统一按照每月2000元的标准定额扣除。与2018年10月之前相比，纳税人的税前扣除将明显增多，根据纳税人情况不同，增加幅度不一，将很大程度上降低纳税人税负。此外，新税法保留了慈善捐赠扣除，即个人将其所得对教育、扶贫、济困等公益慈善事业进行捐赠，捐赠额未超过纳税人申报的应纳税所得额30%的部分，可以从其应纳税所得额中扣除；国务

---

① 实际上，单位为个人缴付的社会保险和住房公积金并不计入当前收入，所以也就不需要再行扣除。

② 自2019年1月1日起实施。

院规定对公益慈善事业捐赠实行全额税前扣除的，从其规定。

（五）费用扣除

一般地说，个税的费用扣除包括商业费用扣除、基本生活费用扣除（免征额）和特别费用扣除三类，上述税前扣除也属于一种费用扣除即特别费用扣除。按照个税理论，税收应当对净所得课征，净所得等于毛所得减除商业费用支出后的余额；同时，按照"生计收入不课税"的原则，纳税人用于满足个人及其家庭基本生活费用支出的部分，不应当缴纳个税，应当从应税所得中减除，这部分费用扣除通常称为免征额（allowance）。但是，我国个税税法没有明确区分基本生活费用扣除和商业费用扣除，而是一般地使用了"费用减除"或者"减除费用"的概念，所以这里的费用扣除包括了商业费用扣除和免征额扣除。

2018年10月前，我国实行分类税制模式，不同的所得项目的扣除方式也不同，费用扣除的规定也不同。

（1）工资、薪金所得的费用扣除。费用扣除标准调整是一个重要的税制问题，1994年税法实施时的费用扣除标准为800元，2006年1月进行了第一次调整，调整为1600元，2008年3月起调整为2000元，2011年9月起调整为3500元。[①] 对在中国境内无住所而在中国境内取得工资、薪金所得的纳税义务人和在中国境内有住所而在中国境外取得工资、薪金所得的纳税义务人，可以根据其平均收入水平、生活水平以及汇率变化情况确定附加减除费用，附加减除费用适用的范围和标准由国务院规定。国务院《个人所得税法实施条例》（2011）规定，附加减除费用，是指每月在减除3500元费用的基础上，再减除附加减除费用，标准为1300元，总计可以减除4800元。

（2）个体工商户的生产、经营所得的费用扣除，以生产经营的成本、费用和损失为费用扣除项目，以每一纳税年度的收入总额减除成本、费用以及损失后的余额，为应纳税所得额。《个人所得税法实施条例》（2011）规定，成本、费用，是指纳税义务人从事生产、经营所发生的各项直接支出和分配计入成本的间接费用以及销售费用、管理费用、财务费用；所说的损失，是指纳税义务人在生产、经营过程中发生的各项营业外支出。从事生产、经营的纳税义务人未提供完整、准确的纳税资料，不能准确计算应纳税所得额的，由主管税

---

① 一般认为，这个数额为免征额。但是，由于我国个税税法没有另行规定工资薪金所得的商业费用扣除，将该费用扣除理解为免征额与商业费用扣除额之和的综合费用扣除，也未尝不合理。

务机关核定其应纳税所得额。这个费用扣除，显然具有商业费用扣除的性质。

（3）企事业单位的承包经营、承租经营所得的费用扣除，以必要的生产经营费用为费用扣除项目，以每一纳税年度的收入总额减除必要费用后的余额，为应纳税所得额。国务院《个人所得税法实施条例》（2011）规定，每一纳税年度的收入总额，是指纳税义务人按照承包经营、承租经营合同规定分得的经营利润和工资、薪金性质的所得，必要费用是指按月减除3500元。这个费用扣除具有商业费用扣除的性质，但与工资、薪金所得扣除标准相同，也显然具有免征额的性质。

（4）劳务报酬所得、稿酬所得、特许权使用费所得、财产租赁所得，每次收入不超过4000元的，减除费用800元；4000元以上的，减除20%的费用。该减除费用应当属于商业费用支出。

（5）财产转让所得的费用扣除，为财产原值和合理费用。按照《个人所得税法实施条例》（2011）规定，有价证券的财产原值是指买入价以及买入时按照规定缴纳的有关费用；建筑物的财产原值是指建造费或者购进价格以及其他有关费用；土地使用权的原值是为取得土地使用权所支付的金额、开发土地的费用以及其他有关费用；机器设备、车船的原值是指购进价格、运输费、安装费以及其他有关费用；其他财产，参照以上方法确定。纳税义务人未提供完整、准确的财产原值凭证，不能正确计算财产原值的，由主管税务机关核定其财产原值。合理费用，是指卖出财产时按照规定支付的有关费用。该减除费用应当属于商业费用支出。

（6）利息、股息、红利所得，偶然所得和其他所得，没有费用扣除，以每次收入额为应纳税所得额。

2018年10月《中华人民共和国个人所得税法》修正后，引入综合所得，费用扣除标准也发生了很大变化，但仍然没有明确区分商业费用扣除和免征额。综合所得为年度工资薪金所得、劳务报酬所得、稿酬所得、特许权使用费所得之和，其中劳务报酬所得、稿酬所得、特许权使用费所得以收入减除20%的费用后的余额为应税收入额，[1] 稿酬所得的收入额减按70%计算，综合所得费用扣除标准为每年6万元。[2] 对于非居民个人，工资、薪金所得每月减除费用标准为5000元，可以理解为免征额；劳务报酬所得、稿酬所得、特许权使用费所得，费用减除标准为所得的20%，理解为商业费用扣除更合适。

---

[1]　减除该20%的费用应当属于商业费用扣除，个人所得税法修正案征求意见的时候，开始并无此项规定，实际上是忽略了商业费用扣除。

[2]　该费用减除标准理解为免征额更加适当。

对于其他所得，费用扣除基本没有改变。具体地说，经营所得允许据实申报减除成本、费用以及损失；财产租赁所得，每次收入不超过 4000 元的，减除费用 800 元，4000 元以上的，减除 20% 的费用；财产转让所得允许减除财产原值和合理费用；利息、股息、红利所得和偶然所得，没有费用减除。

（六）税率表

2018 年 10 月前，根据不同应税所得，规定了三种不同的税率表或者税率。

（1）工资、薪金所得，适用七级超额累进税率（2011 年 9 月起开始适用），按月应纳税所得额计征。该税率表按个人月工资薪金应税所得额（等于应税所得减税前扣除和费用扣除）划分级距，最高边际税率为 45%，最低边际税率为 3%。具体如表 5 - 1 所示。

表 5 - 1　　　　我国工资薪金所得税率表（2011 年 9 月开始适用）

级数	应纳税所得额	税率（%）	速算扣除数
1	不超过 1500 元的部分	3	0
2	1500～4500 元	10	105
3	4500～9000 元	20	555
4	9000～35000 元	25	1005
5	35000～55000 元	30	2755
6	55000～80000 元	35	5505
7	超过 80000 元的部分	45	13505

注：可以采用速算扣除数计算应纳税额，即应纳税额 = 应税所得额全额 × 适用税率 - 速算扣除数。
资料来源：《中华人民共和国个人所得税法》（2011 年）。

（2）个体工商户的生产、经营所得和对企事业单位的承包经营、承租经营所得适用五级超额累进税率，按年计算税款，按照应税所得额（等于应税所得减费用扣除）划分级距，最高边际税率 35%，最低边际税率 5%（见表 5 - 2）。

表 5 - 2　　　　个体工商户和对企事业单位的承包经营、承租
经营所得税率表（2011 年 9 月开始适用）

级数	应纳税所得额（含税）	税率（%）
1	不超过 15000 元的部分	5
2	15000～30000 元	10

续表

级数	应纳税所得额（含税）	税率（％）
3	30000～60000 元	20
4	60000～100000 元	30
5	100000 元以上部分	35

资料来源：《中华人民共和国个人所得税法》（2011 年）。

（3）比例税率。个人的稿酬所得、劳务报酬所得、特许权使用费所得、利息、股息、红利所得、财产租赁所得、财产转让所得、偶然所得和其他所得，按次计算征收个税，适用 20% 的比例税率。其中，对稿酬所得适用 20% 的比例税率，并按应纳税额减征 30%；对劳务报酬所得一次性收入畸高的、特高的，除按 20% 征税外，还可以实行加成征收，以保护合理的收入和限制不合理的收入。2011 年开始，劳务报酬所得一次收入畸高，是指个人一次取得劳务报酬的应纳税所得额超过 20000 元。对应纳税所得额超过 20000～50000 元的部分，依照税法规定计算应纳税额后再按照应纳税额加征五成；超过 50000 元的部分，加征十成。

2018 年 10 月《中华人民共和国个人所得税法》修正后，规定了综合所得、经营所得和其他所得三种不同的税率表或者税率。

（1）综合所得，适用七级超额累进税率表（见表 5－3）。对于居民纳税人的综合所得，应纳税所得额为以每一纳税年度收入额减除费用 60000 元以及专项扣除、专项附加扣除和依法确定的其他扣除后的余额；对于非居民纳税人，其取得工资、薪金所得，劳务报酬所得，稿酬所得和特许权使用费所得，依照表 5－3 按月换算为应税所得额后适用税率表。

表 5－3　　　　　综合所得税率表（2018 年 10 月开始适用）

级数	应纳税所得额	税率（％）
1	不超过 36000 元的部分	3
2	36000～144000 元	10
3	144000～300000 元	20
4	300000～420000 元	25
5	420000～660000 元	30

级数	应纳税所得额	税率（%）
6	660000～960000 元	35
7	超过 960000 元的部分	45

资料来源：《中华人民共和国个人所得税法》（2018 年）。

（2）经营所得，适用五级超额累进税率表（见表 5 - 4）。其中全年应纳税所得额是指每一纳税年度的收入总额减除成本、费用以及损失后的余额。

表 5 - 4　　　　　　　　经营所得税率表（2018 年 10 月开始适用）

级数	应纳税所得额	税率（%）
1	不超过 30000 元的部分	5
2	30000～90000 元	10
3	90000～300000 元	20
4	300000～500000 元	30
5	超过 500000 元的部分	45

资料来源：《中华人民共和国个人所得税法》（2018 年）。

（3）比例税率。综合所得及其组成部分、经营所得之外的所得，包括利息、股息、红利所得，财产租赁所得，财产转让所得，偶然所得和其他所得，按次计算征收个税，适用 20% 的比例税率，应税所得额为应税所得减除允许扣除的费用。

（七）税收优惠

税收优惠是指根据税法的一般规定应当征收，但根据减免征收、避免双重纳税等需要减少征收甚至不征收。

2018 年 10 月前，根据《中华人民共和国个人所得税法》的规定，税收优惠有三种情形。（1）稿酬应纳税额减征 30%。（2）有下列情形之一的，经批准可以减征个税：残疾、孤老人员和烈属的所得；因严重自然灾害造成重大损失的；其他经国务院财政部门批准减税的。减征个税，其减征的幅度和期限由省（区、市）人民政府规定。（3）纳税义务人从中国境外取得的所得，准予其在应纳税额中扣除已在境外缴纳的税额，但扣除额不得超过该纳税义务人境外所得依照本法规定计算的应纳税额。

2018 年 10 月后，税收优惠变化不大。（1）稿酬优惠调整为稿酬所得的收入额减按 70% 计算。（2）保留了经批准可以减征个税的两种情形：残疾、孤老人员和烈属的所得、因严重自然灾害造成重大损失，同时增加了批准的程序。（3）保留了境外所得纳税的抵扣制度。

（八）征收征管

2018 年 10 月前，我国个税征收实行源泉扣缴（用人单位代扣代缴）与自行申报并用，注重源泉扣缴。税法规定，以所得人为纳税义务人，以支付所得的单位或者个人为扣缴义务人，扣缴义务人按照国家规定办理全员全额扣缴申报。个人所得超过国务院规定数额的，在两处以上取得工资、薪金所得或者没有扣缴义务人的，以及具有国务院规定的其他情形的，纳税义务人需要办理纳税申报。具体地，纳税义务人有下列情形之一的，应当办理纳税申报：（1）年所得 12 万元以上的；（2）从中国境内两处或者两处以上取得工资、薪金所得的；（3）从中国境外取得所得的；（4）取得应纳税所得，没有扣缴义务人的；（5）国务院规定的其他情形。个税的征收方式分为按月计征、按年计征和按次计征。个人工资、薪金所得按月计征，个体工商户的生产、经营所得，对企业事业单位的承包经营、承租经营所得，特定行业的工资、薪金所得，从中国境外取得的所得，实行按年计征应纳税额，其他所得应纳税额实行按次计征。我国税收机关分为国家税收机关和地方税收机关，个税由地方税务机关征收。自 2002 年起，个税为共享收入，中央分享 60%，地方分享 40%。

2018 年 10 月《中华人民共和国个人所得税法》修正后，尤其是从 2019 年 1 月全面实施后，税收征管变化较大。（1）增加了纳税人办理纳税申报的情形：取得综合所得需要办理汇算清缴；取得应税所得，扣缴义务人未扣缴税款；因移居境外注销中国户籍；非居民个人在中国境内从两处以上取得工资、薪金所得；国务院规定的其他情形。（2）居民个人取得综合所得，按年计算个税；有扣缴义务人的，由扣缴义务人按月或者按次预扣预缴税款；需要办理汇算清缴的，应当在取得所得的次年 3 月 1 日至 6 月 30 日内办理汇算清缴。（3）纳税人取得经营所得，按年计算个税，由纳税人在月度或者季度终了后 15 日内向税务机关报送纳税申报表，并预缴税款；在取得所得的次年 3 月 31 日前办理汇算清缴。（4）纳税人取得利息、股息、红利所得，财产租赁所得，财产转让所得和偶然所得，按月或者按次计算个税，有扣缴义务人的，由扣缴义务人按月或者按次代扣代缴税款。（5）纳税人取得应税所得没有扣缴义务人的，应当在取得所得的次月 15 日内向税务机关报送纳税申报表，并缴纳税

款。纳税人取得应税所得，扣缴义务人未扣缴税款的，纳税人应当在取得所得的次年 6 月 30 日前，缴纳税款；税务机关通知限期缴纳的，纳税人应当按照期限缴纳税款。居民个人从中国境外取得所得的，应当在取得所得的次年 3 月 1 日至 6 月 30 日内申报纳税。非居民个人在中国境内从两处以上取得工资、薪金所得的，应当在取得所得的次月 15 日内申报纳税。

三、我国个税制度的特点

与其他国家税制相比，我国个税税制有几个突出特点。

第一，免税所得范围较广。免税所得是我国个税税制的重要规定之一，其涉及的收入数量较大，导致居民收入来源中的转移性收入基本不纳税。典型的是养老金收入（企业职工养老金和机关事业单位离退休工资），中国个税将其作为免税所得。比较而言，美国联邦个税没有这个税基减除项目，只是将部分收入列为收入排除项目，或者在税收抵免中予以考虑，远没有我国免税所得这么宽的范围。美国个税中，养老金收入仍然作为应税所得，只是在标准扣除额、税收抵免等税制因素中考虑老年人的实际情况。

第二，从分类税制模式转变为综合与分类相结合的税制模式，但综合所得范围不宽。从综合计征的范围看，综合所得包括工资薪金所得、劳务所得、稿酬所得和特许权使用费所得，由于稿酬所得、特许权使用费所得并不普遍，实际上主要是将劳务所得与工资薪金所得综合计征。经营所得单列，不纳入综合所得计征，实行独立的税率表。与财产有关的收入，无论是财产租赁所得还是财产转让所得，无论是实物财产所得还是金融资产所得（利息、股息和红利所得），均不纳入综合所得。

第三，没有明确区分费用扣除概念。费用扣除是个税税制的重要因素，一般区分为商业费用扣除、基本生活费用扣除（免征额）和特别费用扣除。值得注意的是，2018 年 10 月税法修正后，明确了专项扣除和附加专项扣除的概念，理论上属于为了执行社会政策的特别费用扣除。但是，无论之前的税法还是 2018 年 10 月新修正后的税法，都没有明确区分商业费用扣除和基本生活费用扣除。税法修正前，工资薪金所得允许扣除每月 3500 元的费用，既可以全部理解为基本生活费用扣除，也可以理解为基本生活费用和商业费用的综合扣除。税法修正后，劳务所得、稿酬所得和特许权使用费所得允许先行扣除 20% 的费用，应当属于商业费用扣除；工资薪金所得、劳务所得、稿酬所得和特许权使用费所得加总得到的综合所得，允许扣除每年 60000 元，可以理解为

基本生活费用扣除。税法修正后，经营所得、财产性质所得的费用减除，仍然没有明确区分属于商业费用扣除还是基本生活费用扣除。

第四，费用扣除多采取定额、① 定比方式，据实扣除方式较少。《中华人民共和国个人所得税法》修正前，工资薪金所得费用扣除采取定额方式，实际上属于单一标准化免征额；其他所得多采取 20% 的定比扣除方式（慈善捐赠扣除不超过 30%）；对于一些属于经营费用扣除的项目规定了允许扣除成本、费用和损失，实际上是据实扣除方式。税法修正后，这种格局并未改变，新设立的专项附加扣除除大病医疗外，也都规定了定额扣除。定额扣除的优点是简明易操作，但其假设每个纳税人的情况都一样，实际上没有更多地考虑纳税人之间的差异。定比扣除也类似，实际上假定取得所得的商业费用支出都与所得成一个固定比例。

第五，免征额调整采取集中性、大规模调整方式。税法规定的工资薪金所得的费用扣除可以理解为免征额（基本生活费用扣除），从 1994 年起算，于 2006 年 1 月、2008 年 3 月、2011 年 9 月和 2018 年 10 月分别进行调整，从最初的每月 800 元，调整到 1600 元、2000 元、3500 元和 5000 元，分别大约间隔 12 年、2 年、3 年和 7 年，分别提高了 100%、25%、75% 和 42.86%。对比而言，美国从 1986 年开始就实行税收指数化调整，对税法中的各种名义量逐年进行调整。我国个税免征额调整是必要的，但政策性强，而法律依据并不明确，也会导致逐年的实际免征额与应有免征额不一致，甚至导致税收不合理的波动。

第六，地方政府具有一定的税收政策权。我国个税为原为地方收入，后改为中央和地方共享收入。地方政府为招商引资、吸引人才，往往出台税收优惠政策，弱化了个税的再分配调节作用。

四、我国个税制度的实施成效

我国从 1980 年设立个税以来，至今只有 40 年的历史，远远短于英美国家。1980 年以来我国经济快速增长，个税收入增长也较快，在财政和社会经济中的作用逐渐增强，但没有达到像美国等发达国家那样的地位和作用。

（一）税收规模

21 世纪之前，我国城乡居民收入水平较低，个税税收规模较小。表 5 - 5

---

① 定额扣除实际上就是规定一个标准化扣除额。

显示，进入 21 世纪以来，个税税收绝对规模增长较快，除 2012 年外，税收规模一直呈现增长态势，从 2000 年的 659.64 亿元增加到 2018 年的 13872 亿元。从个税税收占 GDP 比重表示的相对规模看，21 世纪初也有较快增长，并持续到 2007 年，之后开始进入波动状态，2009 年下降后再恢复增长，并在 2011 年达到 1.24% 的峰值，2012 年下降到低谷再恢复增长，2015 年恢复到 2011 年的水平，之后继续增长，到 2018 年达到 1.54%。从个税与 GDP 增长率对比看，大部分年份个税增长率远超过 GDP 增长率，只有 2008 年、2009 年和 2012 年例外。

表 5-5　　　　　　　2000~2018 年我国个税税收规模和平均税率

年份	个税税收（亿元）	个税税收增长率（%）	总税收（亿元）	总税收增长率（%）	个税占总税收比重（%）	GDP（亿元）	GDP 增长率（%）	个税占 GDP 比重（%）
2000	659.64	59.46	12581.51	17.78	5.24	100280.1	10.73	0.66
2001	995.26	50.88	15301.38	21.62	6.50	110863.1	10.55	0.90
2002	1211.78	21.76	17636.45	15.26	6.87	121717.4	9.79	1.00
2003	1418.03	17.02	20017.31	13.50	7.08	137422.0	12.90	1.03
2004	1737.06	22.50	24165.68	20.72	7.19	161840.2	17.77	1.07
2005	2094.91	20.60	28778.54	19.09	7.28	187318.9	15.74	1.12
2006	2453.71	17.13	34804.35	20.94	7.05	219438.5	17.15	1.12
2007	3185.58	29.83	45621.97	31.08	6.98	270232.3	23.15	1.18
2008	3722.31	16.85	54223.79	18.85	6.86	319515.5	18.24	1.16
2009	3949.35	6.10	59521.59	9.77	6.64	349081.4	9.25	1.13
2010	4837.27	22.48	73210.79	23.00	6.61	413030.3	18.32	1.17
2011	6054.11	25.16	89738.39	22.58	6.75	489300.6	18.47	1.24
2012	5820.28	-3.86	100614.30	12.12	5.78	540367.4	10.44	1.08
2013	6531.53	12.22	110530.70	9.86	5.91	595244.4	10.16	1.10
2014	7376.61	12.94	119158.10	7.81	6.19	643974.0	8.19	1.15
2015	8617.27	16.82	124892.00	4.81	6.90	689052.0	7.00	1.25
2016	10089.00	17.08	130354.00	4.37	7.74	744127.0	8.00	1.36
2017	11966.00	18.60	144369.90	10.75	8.29	820754.0	10.90	1.46
2018	13872.00	15.93	156401.00	8.33	8.87	900309.0	9.69	1.54

资料来源：（1）国家统计局，国家数据（http：//data. stats. gov. cn）；（2）财政部国库司，"2018年财政收支情况"（http：//gks. mof. gov. cn/，2019-5-18）。各项收入指标均为名义量。

（二） 在筹集财政收入中的作用

从个税占总税收比重看，从 2000 年个税占全部税收的 5.24% 提高到 2018 年的 8.87%，提高了 3.63 个百分点。我国的税制目标是建立所得税和流转税并重的双主体税种结构，作为所得税的主力军，个税在税收结构中的作用总体上仍然与税制目标有较大差距。更为重要的是，个税在税收中的地位和作用并非持续增长，1999～2005 年，个税占总税收的比重持续增长，并且到 2005 年达到 7.28%，总体上升 2.04 个百分点；2006～2012 年，个税占总税收比重总体下降，下降到 2012 年的 5.78%，下降了 1.5 个百分点；2013～2018 年，个税占比有所上升，上升了 2.96 个百分点，已经超过了 2011 年的水平。

总体上看，一方面我国个税规模增加较快，个税在财政和国家经济生活中的作用增强；另一方面，我国个税占税收比重较低，在税收结构中的地位不高，还远低于英美等经济发达国家水平，作为主体税种的地位并没有形成。

（三） 税收征管

现有文献认为，我国个税流失率较高，征收率可能只有 50%（刘黎明和刘玲玲，2005；李一花、董旸和罗强，2010）。钱晟（2001）较早提出了我国个税的征管问题，认为我国重视工资薪金所得项目的征管，而对于收入来源不规范的隐形收入、灰色收入征管不足，难以真正通过累进税率体现出税收差别对待的政策精神。胡鞍钢（2002）认为我国个税产生了"逆调节"作用，并将之归因于征管问题，对高收入者、私营经济业主、非工薪收入征管不严，高收入人群的平均税率低，成为制约我国个税收入分配调节作用的重要因素。佘红志（2010）根据城镇住户调查的居民收入分布和个税税制进行模拟分析的结果显示，如果能够严格征管的话，个税的调节力度将远远大于当前的实际调节作用。

2012 年以来，我国经济增长率下降，但是个税税收收入保持了较高的增长速度，这与加强征管有密切关系。

第一，自 2007 年开始实施纳税人自行申报制度。2006 年，国家税务总局发布《个人所得税自行纳税申报办法（试行）》，对于年收入超过 12 万元的纳税人和两处以上取得收入的纳税人等，要求纳税人自行进行纳税申报。这有利于增强居民纳税意识，并为未来实行综合税制和全面推进纳税申报创造条件。

第二，加强财产性所得项目征管。从 2010 年起对个人转让上市公司限售股所得征收个税，体现了对高收入者的税收调节。同时，制定完善了股权转让

所得、房屋转让所得、拍卖所得等高收入者财产性所得个税征管措施，带动财产转让所得个税快速增长。

第三，加强高收入者日常税源监控。一方面，税务部门通过推广应用个税管理信息系统，方便扣缴义务人履行全员全额明细扣缴申报义务，税务机关掌握的高收入者逐步增加，日常税源管理得到加强。另一方面，积极推进年所得12万元以上纳税人自行纳税申报，高收入者自行纳税申报人数逐年增加。同时，税务部门积极开展与房屋登记部门的合作，实现了房屋转让所得"先税后证"的税源监管。另外，各地切实加强了私营企业投资者个税征管，积极开展高收入者个税专项检查。

第四，加强高收入者主要所得项目征管。一是以非劳动所得如财产转让所得和利息、股息、红利所得为重点，针对容易逃避税的关键环节，完善征管措施，创新管理方式。对于股权转让所得，重点做好平价或低价转让股权的核定工作，通过建立电子台账，记录股权转让的交易价格和税费情况，加强财产原值管理，形成较为完整的管理链条。重点监管上市公司在上市前进行增资扩股、股权转让、引入战略投资者等行为的涉税事项，防止税款流失。对于其他形式财产转让所得，重点加强个人以评估增值的非货币性资产对外投资取得股权的税源管理。对于股息、红利所得方面，针对连续盈利且不分配股息、红利或者核定征收企业所得税的企业，税务部门对个人投资者的股息、红利等所得实施重点跟踪管理。对投资者本人及其家庭成员从法人企业列支消费支出和借款的，积极开展日常税源管理、检查，对其相关所得依法征税。二是加强对生产经营所得的征管。对规模较大的个人独资、合伙企业和个体工商户的生产经营所得，加强查账征收管理。对个人独资企业和合伙企业从事股权（票）、期货、基金、债券、外汇、贵重金属、资源开采权及其他投资品交易取得的所得，全部纳入生产经营所得，依法征收个税。

第五，加强高收入行业和人群的个税征管。一是加强以非劳动所得为主要收入来源人群的征管，密切关注持有公司大量股权、取得大额投资收益以及从事房地产、矿产资源投资、私募基金、信托投资等活动的高收入人群，实行重点税源管理。二是深化高收入行业工薪所得扣缴税款管理，重点加强高收入行业企业的中高层管理人员的奖金、补贴和股权激励所得征管。三是切实加强数额较大的劳务报酬所得征管，与有关部门密切合作，及时获取相关劳务报酬支付信息。加强对个人从事影视表演、广告拍摄及形象代言等获取所得的源泉控管，重点做好相关人员通过设立艺人工作室、劳务公司及其他形式的企业或组织取得演出收入的所得税征管工作。四是加强高收入外籍个人来源于境内、境

外所得的征管。

第六，建立协税护税机制。强化税源管理基础，推动建立协税护税机制，加强税务机关内部和外部涉税信息的获取与整合应用，掌握高收入者经济活动和税源分布特点、收入获取规律等情况，有针对性地加强高收入者个税征管。各级税务机关通过改进纳税服务，深化纳税评估，加强专项检查，促进纳税人依法诚信纳税。2018 年 10 月《中华人民共和国个人所得税法》修正后，增加了反避税条款，有利于税收征管，提高征收率。

第七，加强纳税服务。纳税服务成为税务机关的重要职责之一，建立了纳税人和税务机关之间的良好互动关系，有助于创造良好纳税环境。

五、从个税制度及其实施估计再分配效应

（一）加大个税收入分配调节力度是重要的政策方向

2006 年以来，个税改革成为我国财税领域的热点之一。国家对个税改革的要求大致有三个方面。

第一，建立实行综合和分类相结合的个税制。1996 年的"九五"计划中，中国就提出要"建立覆盖全部个人收入的分类与综合相结合的个税制"。2003 年党的十六届三中全会通过的《中共中央关于完善社会主义市场经济若干问题的决定》，明确我国个税改革的方向是"实行综合和分类相结合的个税制"。2013 年党的十八届三中全会通过的《中共中央关于全面深化改革若干重大问题的决定》继续保留了这一改革政策。实行综合和分类相结合的税制，有什么政策作用呢？首先，有利于公平税负。这是直接的效果，也是改革的重要目标。分类税制模式之下，不同收入来源的税率结构、免征额和扣除方法不同，税负并不相同。实行分类税制模式主要是从征管成本考虑的，综合税制不仅税制复杂，征管成本高，而且需要健全的征管体系。其次，有利于实施费用扣除，使应税所得额可以更公平地衡量纳税能力。在每个纳税人只有一类收入的条件下，如果仅仅考虑公平税负，对不同收入设计相同的扣除项目、税率表也可以实现。但是，当今社会收入来源多元化，具有多种来源收入的人数增加，一个纳税人有几类来源的收入，分类计征无法进行统一扣除和适用税率表，这就需要综合计征。最后，在综合和分类相结合的税制下，课征对象是基础但不是全部，要在此基础上，进行税率结构、税收征管、扣除项目、免税收入的综合设计，要处理好个税与社会保障之间的关系，尤其是，综合税制有利于免征

额制度的改革和完善，这是一项复杂的系统工程。2019 年 1 月，新修正的税法全面实施，开始实施综合与分类相结合的税制模式，但是综合所得、费用扣除、免征额调整方式以及专项扣除和附加专项扣除制度仍有必要进一步改革和完善。

第二，加大个税收入分配调节力度。2013 年 2 月，国家发展改革委、财政部、人力资源和社会保障部《关于深化收入分配制度改革的若干意见》提出，加快健全以税收、社会保障、转移支付为主要手段的再分配调节机制，使收入分配差距逐步缩小。在税收调节方面，重点提出了加强个税调节。加大个税调节力度对税制改革和完善征管提出了要求，除了加快建立综合与分类相结合的个税制度外，还要完善对高收入者个税的征收、管理和处罚措施，将各项收入全部纳入征收范围，建立健全个人收入双向申报制度和全国统一的纳税人识别号制度，依法做到应收尽收；取消对外籍个人从外商投资企业取得的股息、红利所得免征个税等税收优惠。当然，要最终加大个税调节力度，单独依靠税制和征管是不行的，必须努力提高城乡居民收入，这就不是个税税制和征管本身的问题了。

第三，个税肩负着提高直接税比重的任务。《中共中央关于全面深化改革若干重大问题的决定》提出，要完善税收制度，逐步提高直接税比重。我国企业所得税改革基本到位，税率 25%，基本没有提高空间，而且随着经济新常态的到来，企业高利润时代基本过去，提高直接税比重将依靠个税和房地产税。尽管人们对房地产税抱有调节收入差距的期望，但从美国的经验看，房地产税并没有缩小居民收入差距的实际效果。实践表明，我国个税具有缩小居民收入差距的作用，但其再分配效应受制于税收规模小、平均税率低，如果能够提高税收规模和平均税率，其再分配效应有望增强，而这与提高直接税比重的任务是完全一致的。

（二）对我国个税再分配调节能力的估计

根据卡瓦尼（1977，1984）提出的再分配效应与税收累进指数、平均税率的关系，忽略再排序效应，个税再分配效应（RE）取决于税收累进性（π_T^K）和平均税率（t）两个因素：

$$RE = \frac{t}{1-t}\pi_T^K$$

以 2014 年为例。2014 年，我国个税税收为 7376.57 亿元，城镇人口为 74916万，按照全部税收由城镇居民承担估计，人均税收 984.65 元，当年城镇居民人

均可支配收入 28843.85 元；按照 2012 年城镇居民可支配收入与总收入的对比关系，估计 2014 年城镇居民人均总收入为 31655.24 元，[①] 则平均税率为 3.11%。假定个税税收累进指数 0.415，[②] 忽略再排序效应，则再分配效应为 0.0133，我国城镇居民收入基尼系数按照 0.5 计算，[③] 则相对再分配效应为 2.66%，也就是说，个税能够使城镇居民收入差距缩小 2.66%。按照全国城乡居民估计，人均税收 539.29 元，人均总收入估计为 22182.83 元，平均税率 2.43%，假定税收累进指数为 0.515（由于农村居民不纳税，税收累进性将更强，假定提高 0.1 个基尼点），再分配效应仍为 0.0128，而全国城乡居民初次分配收入基尼系数估计为 0.55，则个税的全国城镇居民相对再分配效应估计为 2.33%。

当然，以上估计不能代表我国个税再分配调节效果的真实情况。表 5-6 给出了关于我国个税调节城镇居民收入差距效果的一些实证分析结果。这些实证测算分为两类：一类是使用城镇住户报税数据；另一类是使用模拟计算税收数据。模拟计算的再分配效应比使用住户报税数据的再分配效应要高一些。与此相比，我们这里的估计的突出优势是采取实际税收规模，既不是住户调查数据，也不是模拟估计数据。可以看到，这个估计结果恰好处于文献中利用住户数据测算结果与模拟测算结果之间。可以推断，鉴于住户报税数据明显偏低，而模拟计算按照应征尽征测算的税收收入偏高，取两种方法的平均值可能更符合实际。

表 5-6　　　　　　　　　我国个税调节城镇居民收入差距的效果

文献	研究样本	数据特征	测算结果
佘红志（2010）	天津城镇住户调查（2002~2008 年）	住户调查微观数据，住户报税	2002~2008 年的个税再分配效应分别为 0.25%、0.5%、0.56%、0.37%、0.38%、0.59%、0.6%

①　这里使用的数据为国家统计局"国家数据"网站公布的数据。2012 年及之前公布城镇居民总收入，之后不再公布，而仅公布城镇居民可支配收入。

②　徐建炜、马光荣和李实（2013）估算，1997~2009 年，城镇居民个税累进指数为 0.34073 到 0.50115 不等，其中 2009 年为 0.40998；利用 2009 年城镇居民收入的数据，测算 2011 年 9 月税制改革后的税收累进指数为 0.50015。岳希明等（2012）同样利用 2009 年城镇居民收入数据，估计 2011 年 9 月税制改革后的税收累进指数为 0.4966，而如果税制不变，则税收累进指数为 0.4208。其实，免征额之所以调整，正是因为收入变了，用 2009 年居民收入估计 2011 年 9 月后税制的税收累进性，方法上并不恰当。为此，这里参照了 2009 个人税收累进指数数值，并取值为 0.415。

③　李实、朱梦冰和詹鹏（2017）测算 2013 年全国城镇居民市场收入基尼系数为 0.5346；蔡萌和岳希明（2018）测算，2014 年全国城镇居民不包括社会保障支出的居民收入基尼系数为 0.4298。这里，选择 0.5 为 2014 年全国城镇居民初次分配收入基尼系数的估计值。

续表

文献	研究样本	数据特征	测算结果
万莹 （2011）	全国城镇住户（1997～2008年）	全国城镇住户宏观分组数据，住户报税	从1997年的0.1%上升到2008年的0.77%
彭海艳 （2011）	全国城镇住户（1995～2008年）	全国城镇住户宏观分组数据，住户报税	从1995年的0.04%上升到2008年的0.74%
石子印和 张艳红（2012）	湖北省城镇住户（2007～2010年）	湖北省城镇住户宏观分组数据，住户报税	从2007年的0.32%上升到2010年的0.44%
岳希明和 徐静（2012）	2002年、2007年全国城镇住户	全国城镇住户调查微观数据，模拟计算纳税额	2002年2%，2007年4%
徐建炜、马光荣 和李实（2013）	全国城镇住户（1997～2009年）	全国城镇住户调查微观数据，模拟计算纳税额	1997～2009年分别为1.87%、1.81%、1.72%、2.01%、2.26%、2.0%、2.35%、2.9%、3.07%、2.74%、3.66%、3.27%、3.48%
曹桂全和 任国强（2014）	2008年天津市城镇住户	天津市城镇住户微观数据，住户报税	0.75%

注：徐建炜、马光荣和李实（2013）没有给出相对再分配效应数据，表中数据是本书根据其测算结果进一步计算的。

资料来源：笔者对文献进行整理而得。

第三节　我国的社会保障制度

一、概述

（一）社会保障的内涵

社会保障（social security）是国家处理社会经济问题的一系列制度安排。现代社会保障是指国家建立的社会安全网，使在市场竞争中失败的人不至于遭受灭顶之灾，并能够获得重新竞争的机会，使那些由于失去劳动能力或者因为

意外而不能参加竞争的人，获得基本生活上的保障。[①] 日本的社会保障有广义和狭义之分，广义的社会保障指政府关于解决各种社会问题的社会政策；狭义的社会保障指当国民在生活上遭遇诸如失业、伤病、高龄等情形而使其生活收入来源出现中断或者减少，造成国民生活困难时，国家通过国民收入再分配，保障其最低限度的收入，救济国民生活之缺损。[②] 因此，社会保障是国家干预公民社会生活的一种制度安排，通过收入再分配，对公民暂时或者永久失去劳动能力或者其他原因导致基本生活困难时提供物质帮助，保障其基本生活乃至于提高生活质量的社会制度。

2017 年，党的十九大报告提出，加强社会保障体系建设。按照兜底线、织密网、建机制的要求，全面建成覆盖全民、城乡统筹、权责清晰、保障适度、可持续的多层次社会保障体系。全面实施全民参保计划。完善城镇职工基本养老保险和城乡居民基本养老保险制度，尽快实现养老保险全国统筹。完善统一的城乡居民基本医疗保险制度和大病保险制度。完善失业、工伤保险制度。建立全国统一的社会保险公共服务平台。统筹城乡社会救助体系，完善最低生活保障制度。坚持男女平等基本国策，保障妇女儿童合法权益。完善社会救助、社会福利、慈善事业、优抚安置等制度，健全农村留守儿童和妇女、老年人关爱服务体系。发展残疾人事业，加强残疾康复服务。坚持房子是用来住的、不是用来炒的定位，加快建立多主体供给、多渠道保障、租购并举的住房制度，让全体人民住有所居。由此可见，我国的社会保障包括社会保险、社会救助、社会福利、慈善事业、优抚安置、住房保障等内容。

（二）改革开放前我国的社会保障制度

中华人民共和国成立后，我国实行国家型社会保障制度，其核心是国家机关及国有企业事业单位的养老（保险）制度和医疗（保险）制度。

养老方面，1958 年之前，企业养老保险与机关事业单位是分离的，1958年之后，企业与机关事业单位实行统一的城镇养老保险制度，保险费用由雇主（企业事业单位）按照国家规定的标准支付，个人不缴费，机关事业单位和企业职工退休退职后，领取退休工资，计划体制下的养老保险制度实际上就是退休制度。但退休制度不适用于农民，农民实际上保留了传统的家庭养老制度，不具备条件的，适用农村五保供养制度。所谓五保，最初指对缺乏劳动力、生

---

① 转引自张再生等. 社会保障 [M]. 天津：天津古籍出版社，2012：2.
② 转引自张再生等. 社会保障 [M]. 天津：天津古籍出版社，2012：3-4.

活无依靠的鳏寡孤独和残疾人，在生产和生活上给予适当安排，做到保吃、保穿、保烧（燃料）、保教（针对儿童和少年）、保葬，使其生养死葬有依靠。后来，五保对象和内容发生了变化，一般对于农村中无劳动能力、无生活来源、无法定赡养扶养义务人或虽有法定赡养扶养义务人但无赡养扶养能力的老年人、残疾人和未成年人，做到保吃、保穿、保医、保住、保葬（孤儿为保教）。

医疗方面，中国医疗保险制度基于计划经济时代的人口管理方式，即干部、工人和农民的身份划分，包括针对干部的公费医疗、针对工人的劳保医疗和针对农民的合作医疗。就公费医疗而言，1952 年 6 月，国家发布《国家工作人员实行公费医疗预付的指示》，正式确立了公费医疗制度。政府负责办医，医药费由国家财政拨款和卫生机构统筹统支，免除干部医疗费用。通过核定单位的编制人数来核定医药费，费用发放至各个医疗机构。随后，国家各部委又相继出台了一系列相关配套文件，旨在确定公费医疗的人员范围、具体保障内容、病假期间工资发放标准、子女享受公费医疗的规定以及退休人员的保障待遇等，例如 1952 年 7 月《卫生部关于公费医疗住院的规定》，1952 年 8 月《财政卫生支出预算内容和计算标准》，1955 年《关于国家机关工作人员子女医疗问题》，1955 年《国务院国家机关工作人员病假期间生活待遇试行办法》，1956 年《国务院人事局等国家机关工作人员退休后仍应享受公费医疗待遇的通知》。劳保医疗制度方面，1951 年《劳动保险条例》的颁布确立了劳保医疗的制度框架，企业负担职工医疗费用，作为企业福利的一部分。随后，为解决病假期间工人工资核发、子女医疗保障、退休人员医疗保障等问题，国家基本采取同公费医疗制度类似的解决方案，一直实行到 1994 年。农村合作医疗方面，1960 年，卫生部发布《人民公社卫生工作报告》，在全国推广合作医疗，县村开设医务室，向农民提供免费医疗，但因为当时药品供应能力有限，农民所获得的医疗保障也有限。总体上该合作医疗推进程度和覆盖程度并不高，而且随着人民公社体制改革，合作医疗作用并不明显。①

（三）我国现行社会保障制度的构成

改革开放后，我国社会保障制度与社会主义市场经济体制改革相适应，逐渐成为我国社会建设的重要内容，是惠及民生的制度，是保基本的制度，也是收入再分配调节的工具。当前，我国社会保障制度的目标是，按照兜底线、织

---

① 熊先军. 中国医疗保险制度的前世今生［EB/OL］. http：//www.sohu.com/a/115127182_456062，2016－09－26.

密网、建机制的要求，全面建成覆盖全民、城乡统筹、权责清晰、保障适度、可持续的多层次社会保障体系。多层次体现了社会保障制度构成的复杂性，具体地说，社会保障包括社会保险、社会救助、社会福利和社会优抚安置等。[①]

社会保险是我国社会保障制度的核心和重心，由基本养老保险、基本医疗保险、失业保险、工伤保险和生育保险构成，其中又以基本养老保险和基本医疗保险最为重要。

社会救助是我国社会保障的传统项目，但不断发展，形成了以最低生活保障为基础，各类专项社会救助（包括特困人员供养、灾害救助、医疗救助、教育救助、住房救助、就业救助等）为辅助构成的社会救助体系。

社会福利是针对老年人、残疾人、妇女和儿童特殊需要而建立的福利制度，包括老年人福利、残疾人福利、妇女福利、儿童福利等，有时也包括一些职业福利。

社会优抚安置制度作为我国社会保障体系的特殊部分，实施范围仅限于社会中备受尊敬而又有光荣身份的群体，即对复员转业军人、伤残军人、现役军人及其眷属以及为国捐躯军人的遗属，采取就业安置、优待、抚恤、褒扬等形式。社会优抚安置制度项目主要有：拥军优属活动、伤残军人安置、退役军人就业安置、军人抚恤、军烈属优待、军用两地人才培训等。

就再分配调节能力而言，社会保险和社会救助扮演主要的角色，社会福利和社会优抚安置的再分配调节作用是附带的。基于这种实际，本书主要阐述我国基本养老保险制度、基本医疗保险制度和最低生活保障制度。

二、我国现行社会保障制度的主要内容

（一）基本养老保险制度

1. 改革进程

随着经济体制改革的进行，我国原来的职工退休制度已经不能适应实际需要，开始进行重建养老保险试点。1982年，四川省南充市首次进行了全民所有制企业固定工退休费用社会统筹的试点。1984年，我国开始以退休费用社

---

① 住房保障也是一种重要的保障制度。我国计划体制时期，住房是一种福利，也是一种待遇，机会均等但实际上普遍性不强。经济体制改革后，我国住房制度中也有诸如经济适用房等制度，其实都不是普遍面向社会成员的，后来建立公积金制度虽然可以称为保障，但没有互助，谈不上是人际间的再分配。所以，我们这里仅将住房救济归入社会保障制度。

会统筹为主要内容的养老保险制度改革试点，广东、江苏和辽宁等省的少数市县开始推广实施。1986年，国务院颁布《国营企业实行劳动合同制度暂行规定》，规定企业合同制职工实行养老保险，企业缴纳15%、职工个人缴纳3%，国有企业劳动合同制工人开始实行养老保险缴费。各地实际缴费不同，比如河北省国企合同制工人从1986年10月开始缴费，缴费比例分别为17%和3%。

1991年，国务院发布《关于企业职工养老保险制度改革的决定》，提出建立多层次养老保险制度，标志着我国养老保险制度全面改革的开始。基本养老保险基金实行社会统筹模式，国家、企业、个人三方共同负担，职工个人也要缴纳一定的费用。

1994年，《中共中央关于建立社会主义市场经济若干问题的决定》指出：城镇职工养老和医疗由单位和个人共同负担，实行社会统筹和个人账户相结合。1995年，国务院颁布《关于深化企业职工养老保险制度改革的通知》，第一次明确提出各地建立个人账户，并提出了两套社会统筹和个人账户相结合的实施办法，由各地政府选择试点，"统账结合"开始落实。

1997年，国务院发布《关于建立统一的企业职工基本养老保险制度的决定》统一了"统账结合"实施方案，并统一了全国养老保险制度，是确立中国养老保障制度框架的纲领性文件。

2000年，国务院发布《关于印发完善城镇社会保障体系试点方案的通知》，标志着我国养老保险改革开始趋向完善。2005年，国务院发布《关于完善职工基本养老保险制度的决定》，自2006年1月1日起，个人账户记账规模统一由本人缴费工资的11%调整为8%，全部由个人缴费形成，单位不再划转，实现了个人缴费比例的全国统一。2009年，国务院办公厅出台文件，统一了全国养老保险转移办法。2010年，《中华人民共和国社会保险法》颁布，自2011年7月1日起实行，标志着我国社会保险进入新阶段。

除城镇职工基本养老保险外，我国还逐渐探索农村居民基本养老保险和城镇居民基本养老保险，并最终形成城乡居民基本养老保险制度。在总结自1991年开始在全国推行的农村社会养老保险政策及2003年以后部分地区"新农保"经验的基础上，2009年9月，国务院颁布《关于开展新型农村社会养老保险试点的指导意见》，新农保基金由个人缴费、集体补助、政府补贴构成，使农村社会养老保险制度的发展步入正轨。新农保的特点是财政补助力度较大。地方政府对参保人缴费给予补贴，对选择较高档次标准缴费的，可给予适当鼓励。对农村重度残疾人等缴费困难群体，地方政府为其代缴部分或全部最低标准的养老保险费。政府对符合领取条件的参保人全额支付新农保基础养老

金，中央财政对中西部地区按中央确定的基础养老金标准给予全额补助，对东部地区给予50%的补助。

2011年，国务院颁布《关于开展城镇居民社会养老保险试点的指导意见》，提出建立个人缴费、政府补贴相结合的城镇居民养老保险制度，实行社会统筹和个人账户相结合，与城镇职工基本养老保险、新型农村社会养老保险一起，实现基本养老保险制度全覆盖。城镇居民基本养老保险有两个突出特点：一是资金来源除个人缴费外，还有政府对参保人缴费给予的补贴，个人缴费越多，政府补贴也越多，而且个人缴费和政府补贴全部计入参保人的个人账户；二是养老金由个人账户养老金和基础养老金两部分构成，个人账户养老金水平由账户储存额即个人缴费和政府补贴总额来决定，基础养老金则由政府全额支付。

部分地区在"新农保"制度的基础上，适时调整制度安排，结合本地实际情况，建立起统一的城乡居民社会养老保险制度，打破了城乡二元化界限。2014年，国务院颁布《关于建立统一的城乡居民基本养老保险制度的意见》，将新农保和城镇居民基本养老保险两项制度合并实施，在全国范围内建立统一的城乡居民基本养老保险（简称城乡居民养老保险）制度。

2. 城镇职工基本养老保险

城镇职工基本养老保险筹集，由国家、企业和个人三方共同负担，用人单位和职工个人缴费，国家财政补助。以职工本人上一年度月平均工资为个人缴费工资基数，企业缴纳的一般比例为20%，① 职工个人缴费8%。职工平均工资低于当地职工平均工资60%时，按60%计算缴费工资基数，超过当地职工平均工资300%以上的部分，不记入缴费工资基数，也不记入计发养老金的基数。职工个人缴纳的基本养老保险费，由企业在发放工资时代为收缴。

城镇职工基本养老保险实行社会统筹和个人账户相结合的制度，个人缴费全部记入个人账户，单位缴费记入统筹账户。个人账户资金归参保职工个人，统筹账户用于统一给付基础养老金。2006年1月1日前，个人账户由个人缴费和部分单位缴费构成，为11%；2006年1月1日之后，个人账户全部由个人缴费构成，为缴费基数的8%。社会统筹体现了社会互济，个人账户体现了自我保障。

职工退休后领取的养老金（基本养老金）由基础养老金和个人账户养老

---

① 各地有差异。经过国务院批准，自2019年5月1日起，单位缴费比例逐渐统一为16%，高于或者低于该标准的，要逐渐过渡到16%。

金两部分组成，基础养老金按上年度职工月平均工资的 20% 计发，个人账户养老金按其账户储存额（包括利息）的 1/120 计发。但是，原来办理离退休手续的机关事业单位及企业职工，仍然按照原来的制度领取离退休工资。离退休工资和职工养老金建立逐年调整机制。

3. 城乡居民基本养老保险

根据《国务院关于建立统一的城乡居民基本养老保险制度的意见》，年满 16 周岁（不含在校学生），非国家机关和事业单位工作人员及不属于职工基本养老保险制度覆盖范围的城乡居民，可以在户籍地参加城乡居民养老保险。

第一，基金筹集方面，城乡居民养老保险基金由个人缴费、集体补助、政府补贴构成。参保个人需要缴纳养老保险费，缴费标准目前设为每年 100 元、200 元、300 元、400 元、500 元、600 元、700 元、800 元、900 元、1000 元、1500 元、2000 元 12 个档次，省（区、市）人民政府可以根据实际情况增设缴费档次，参保人自主选择档次缴费，多缴多得。有条件的村集体经济组织应当对参保人缴费给予补助，补助标准由村民委员会召开村民会议民主确定，鼓励有条件的社区将集体补助纳入社区公益事业资金筹集范围。地方人民政府应当对参保人缴费给予补贴，对选择最低档次标准缴费的，补贴标准不低于每人每年 30 元；对选择较高档次标准缴费的，适当增加补贴金额；对选择 500 元及以上档次标准缴费的，补贴标准不低于每人每年 60 元，具体标准和办法由省（区、市）人民政府确定。对重度残疾人等缴费困难群体，地方人民政府为其代缴部分或全部最低标准的养老保险费。

第二，实行社会统筹与个人账户相结合的制度模式。政府对符合领取城乡居民养老保险待遇条件的参保人全额支付基础养老金，其中，中央财政对中西部地区按中央确定的基础养老金标准给予全额补助，对东部地区给予 50% 的补助。国家为每个参保人员建立终身记录的养老保险个人账户，个人缴费、地方人民政府对参保人的缴费补贴、集体补助及其他社会经济组织、公益慈善组织、个人对参保人的缴费资助，全部记入个人账户。个人账户储存额按国家规定计息。

第三，城乡居民养老保险待遇由基础养老金和个人账户养老金构成，支付终身。中央确定基础养老金最低标准，建立基础养老金最低标准正常调整机制，根据经济发展和物价变动等情况，适时调整全国基础养老金最低标准。地方人民政府可以根据实际情况适当提高基础养老金标准；对长期缴费的，可适当加发基础养老金，提高和加发部分的资金由地方人民政府支出，具体办法由省（区、市）人民政府规定，并报人力资源社会保障部备案。个人账户养老

金的月计发标准，目前为个人账户全部储存额除以 139（与现行职工基本养老保险个人账户养老金计发系数相同）。参保人死亡，个人账户资金余额可以依法继承。具体可以总结为以下几个公式：（1）个人账户总额 = 个人缴费 + 政府补贴 + 集体补助 + 社会和个人资助 + 上述金额产生的利息；（2）基础养老金 = 标准为 55 元（今后随国家政策调整）+ 缴费满 15 年后每多缴 1 年基础养老金增加 1 元；（3）月养老金 = 基础养老金 + 个人账户总额 ÷ 139。

（二）基本医疗保险制度

1. 改革进程

随着经济体制改革进行，原有的公费医疗体制覆盖不了各种类型企业职工。以 1994 年江苏镇江、江西九江城镇职工医疗保险改革试点为标志，我国开始城镇职工社会医疗保险的探索。1994 年，国务院出台《关于两江医疗保障制度改革试点方案的批复》，提出公费、劳保医疗改革同步，人人参加医保，用人单位缴费不超过 10%，个人 1% 起步，个人账户和社会统筹相结合，基金支付方式是先结算个人账户，后按费用分段按比例支付医疗费用。

1996 年，国家进一步扩大了城镇职工医疗保险制度改革的试点范围，引入最高支付限额、采用统账结合的方式、增加了特殊人群的政策，所有在职领导干部参保，职工供养家属仍按原办法解决，单位福利费给予困难职工补助，以及发展职工医疗互助保险和商业医疗保险。从试点过程中总结出如下经验：一是筹资率不能太高，保障范围不能太宽，首次提出保基本的概念；二是中央对筹资率确定一个大概水平，具体由地方根据实际情况确定。

1998 年，国务院出台《关于建立城镇职工基本医疗保险制度的决定》，基本确定了社会医疗保险的框架，废除了公费、劳保医疗，标志着社会化医疗保险制度的建成。1999～2000 年，国家又相继出台了一系列管理办法，如《定点医疗机构管理办法》《定点零售药店管理办法》《医疗保险用药范围管理办法》《医疗服务和医疗设施标准管理办法》《企业补充医疗保险》《公务员医疗补助办法》等，旨在完善城镇职工医疗保险制度。同时，鉴于单纯解决费用问题无法解决医疗体制的问题，又提出医疗、医保、医药三项改革并举。

2003 年，国家提出要开展新型农村合作医疗（以下简称新农合）试点，实行政府财政补助加家庭缴费的筹资方式，后在 2009 年得到全面推广。2007 年，城镇居民医疗保障制度建立，同样采取了政府财政补助加个人缴费的筹资方式。2016 年 1 月 12 日，国务院印发《关于整合城乡居民基本医疗保险制度的意见》要求，推进城镇居民医保和新农合制度整合，逐步在全国范围内建立

起统一的城乡居民医保制度。

至此，全民医疗保险制度建立完成，形成了由城镇居民保险和城乡居民基本医疗保险构成的医疗保险制度，实现了制度全覆盖。之后的改革目标主要就是完善现有制度，重点是扩大参保规模、增加财政投入和完善相关政策文件。2019 年 5 月，国家医疗保障局会同财政部印发了《关于做好 2019 年城乡居民基本医疗保障工作的通知》，从筹资标准、报销比例、范围等方面做出明确规定。2019 年城乡居民医保人均财政补助标准新增 30 元，达到每人每年不低于520 元；同时，个人缴费同步新增 30 元，达到每人每年 250 元。针对城镇医保与新农合两项制度尚未完全整合统一的地区，明确要求加快整合力度，于2019 年底前实现两项制度并轨运行，向统一的居民医保制度过渡。

2. 城镇职工基本医疗保险

我们以天津市为例阐述我国城镇职工基本医疗保险制度。① 天津市规定，用人单位和职工、退休人员、居民应当按照规定的标准缴纳基本医疗保险费。这里以介绍职工参保和待遇为主。

资金筹集方面：（1）职工按照不低于本人上年度月平均工资的 2% 按月缴纳基本医疗保险费，用人单位按照不低于职工个人缴费基数之和的 10% 按月缴纳基本医疗保险费。职工本人上年度月平均工资高于上年度本市职工月平均工资 300% 的，以上年度本市职工月平均工资的 300% 为缴纳基本医疗保险费的基数。职工本人上年度月平均工资低于上年度本市职工月平均工资 60% 的，以上年度本市职工月平均工资的 60% 为缴纳基本医疗保险费的基数。职工本人上年度月平均工资无法确定的，以上年度本市职工月平均工资为缴纳基本医疗保险费的基数。（2）职工个人缴纳基本医疗保险费的全部和按照规定从用人单位缴纳的基本医疗保险费中划入的部分计入个人账户。个人账户的本金和利息归个人所有，个人账户的利息参照银行同期活期储蓄存款利率计息。（3）用人单位缴费有困难的，经职工代表大会或者职工大会通过，可以按照相关规定降低缴费比例，不建立个人账户。（4）根据经济社会发展水平，对基本医疗保险的缴费标准和政府补助标准做相应调整。

基本医疗保险待遇方面：（1）职工从缴费当月起享受基本医疗保险待遇。职工达到法定退休年龄时，累计缴纳基本医疗保险费年限男满 25 年、女满 20年，且实际缴费年限满 5 年的，退休后不再缴纳基本医疗保险费，继续享受基本医疗保险待遇；不足上述年限的，可以在办理退休时按当年缴费标准一次性

---

① 主要参照《天津市基本医疗保险规定》（2012 年）。

补足用人单位和个人应缴纳的基本医疗保险费后，享受基本医疗保险待遇。无雇工的个体工商户、未在用人单位参保的非全日制从业人员以及其他灵活就业人员，从缴费满 6 个月起享受基本医疗保险待遇。（2）参保人员发生的住院、门（急）诊等医疗费用，符合报销范围的，按照规定从基本医疗保险基金中支付。参保人员住院治疗发生的报销范围内的医疗费用，起付标准按照医院等级和住院次数确定。参保人员在 1 个年度内住院治疗 2 次以上的，从第二次住院治疗起，属于职工、退休人员的，起付标准按照 30% 执行，属于居民的，不再设置起付标准。职工基本医疗保险住院报销比例适当照顾退休人员等群体，居民基本医疗保险住院报销比例按照医院等级和缴费水平设定。基本医疗保险住院最高支付标准按照国家规定执行。职工和退休人员在各级别医院住院实行相同的最高支付标准，居民住院最高支付标准按照医院等级和缴费水平设定。职工和退休人员发生的报销范围内的门（急）诊普通疾病医疗费用，报销比例按照医院等级确定。（3）根据经济社会发展水平和基本医疗保险基金支付能力，对基本医疗保险待遇水平做相应调整。

下面以天津市 2018 年城镇职工基本医疗保险为例具体说明。（1）职工按照上年度工资的 2%，单位按照职工缴费基数之和的 10% 缴费，同时缴纳大额医疗费救助，在职人员每人每年 260 元，退休人员每人每年 360 元。（2）门（急）诊和大额医疗补助，在职人员起付标准为每年 800 元，退休人员超过 60 岁的略高；门（急）诊基本医疗保险支付最高限额每年 6500 元，一级医院、二级医院、三级医院和药店的基本医疗保险支付比例分别为 75%、65%、55% 和 75%，在职和退休人员相同。（3）对于起付标准到 6500 元的门（急）诊费用，在职人员大额医疗保险补充报销到 80%，退休人员报销到 90%；超过 6500 元限额的同时低于 10000 元的部分，实行大额门（急）诊补充报销，在职人员报销 80%，退休人员报销 90%。（4）住院医疗费用，在职人员和退休人员住院的，一级、二级、三级医院的起付标准分别为第一次住院 800 元、1100 元和 1700 元，第二次及以上为 270 元、350 元和 500 元，统筹基金报销限额为 15 万元；在职人员的报销比例一级、二级、三级医院分别为 5.5 万元以下为 85%，5.5 万~15 万元部分为 80%；退休人员报销比例一级、二级、三级医院分别为 5.5 万元以下为 90%，5.5 万~15 万元部分为 80%。（5）超过 15 万元、低于 35 万元的住院医疗费用，给予大额医疗补助报销，在职和退休人员报销比例相同，一级、二级、三级医院均为 80%。

3. 城乡居民基本医疗保险

我们以天津市为例介绍我国城乡居民基本医疗保险制度。天津市较早实现

城乡居民基本医疗保险统一，于 2007 年 9 月实施《天津市城乡居民基本医疗保险暂行规定》，并于 2009 年颁布《天津市城乡居民基本医疗保险规定》，自 2010 年 1 月开始实施。

城乡居民基本医疗保险适用具有本市户籍的下列人员：农村居民；城镇非从业居民；国家和本市规定的其他人员。按照筹资标准和保障水平与经济发展水平及各方承受能力相适应，重点保障城乡居民的大病医疗需求、适当保障门诊需求，逐步提高筹资标准和保障水平；以家庭缴费为主，政府给予适当补助；以收定支、收支平衡、略有结余的原则筹集基金和支付待遇。天津市居民医保参保人员，在不增加个人缴费负担的前提下，可同时享有"基本医保、居民大病、居民生育和意外伤害"四项保险待遇。

资金筹集方面：参保人员缴费和政府补助相结合。具体分为三类：学生儿童、城乡未就业成年居民、特殊人群。2019 年，成年居民按高档、中档、低档，个人年缴费分别为 850 元、500 元和 220 元，学生儿童缴费 200 元，政府补助标准为每人 840 元，见表 5 - 7。此外，低保、低收入家庭救助人员中的重度残疾人员、单亲家庭成员、失独家庭成员和城乡特困供养人员，以及优抚对象、离休老干部配偶或遗孀，按照成年居民高档缴费标准由政府全额补贴；低保、低收入家庭救助人员按照成年居民中档缴费标准由政府全额补贴；重度残疾按照成年居民低档缴费标准由政府全额补贴；低保、低收入家庭救助、重度残疾、优抚对象和享受国家助学贷款的普通高等学校学生，按照学生儿童档筹资标准由政府全额补贴。

表 5 - 7　　　　　　　　天津市城乡居民基本医疗保险参保缴费档次

人员类别	参保档次	个人缴费标准（元）
成年居民	高档	850
	中档	500
	低档	220
学生儿童	学生儿童档	200

资料来源：笔者根据天津市关于居民基本医疗保险制度的规定整理。

关于待遇方面。（1）住院待遇。2019 年，住院的起付标准为 500 元，最高支付限额为 18 万元。按照成年居民高档、中档、低档和学生儿童在一级、二级、三级医院住院的不同情况，规定了从 60% ~ 80% 的不同报销比例，见表 5 - 8。（2）门诊特定疾病待遇。所谓门诊特定疾病，指肾透析治疗、糖尿

病、肾移植术后的抗排异治疗、肺心病等 13 种疾病。门诊特定疾病报销比例见表 5 - 9。（3）门（急）诊费用报销。起付标准为 500 元，最高限额 3500 元（签约医疗机构为 3700 元），具体见表 5 - 10。此外，还有一些激励政策，例如，参保人员当年发生的政策范围内门诊医疗费用未超过起付标准的，次年门诊起付标准在规定标准基础上降低 100 元，连续 2 年、3 年未超过起付标准的，次年起付标准分别降低 200 元、300 元；参保人员年度内未发生门诊医疗费用，或发生政策范围内门诊医疗费用未达到当年度最高支付标准的，发生的医疗费用与最高支付标准的差额部分，可结转到次年及以后年度本人住院医疗费报销最高支付标准，并逐年累加计算。（4）居民大病、生育、意外伤害也属于城乡居民基本医疗保险待遇范围，具体规定从略。

表 5 - 8　　　　　　天津市城乡居民基本医疗保险的住院报销比例

项目		学生儿童	成年居民		
			高档	中档	低档
报销比例	一级	80%	80%	75%	70%
	二级	75%	75%	70%	65%
	三级	70%	70%	65%	60%
起付标准		500 元			
最高支付限额		18 万元			

资料来源：笔者根据天津市关于居民基本医疗保险制度的规定整理。

表 5 - 9　　　　天津市城乡居民基本医疗保险的门诊特殊疾病报销比例

项目		学生儿童	成年居民		
			高档	中档	低档
报销比例	一级	65%	65%	60%	55%
	二级	60%	60%	55%	50%
	三级	55%	55%	50%	45%
起付标准		500 元（一个年度内分别发生住院和门诊特定疾病治疗，或者发生两种以上门诊特定疾病，合并执行一个起付标准）			
最高支付限额		18 万元（与住院合并计算）			

资料来源：笔者根据天津市关于居民基本医疗保险制度的规定整理。

表 5-10　　　　天津市城乡居民基本医疗保险的门（急）诊报销比例

项目		学生儿童	成年居民		
			高档	中档	低档
非签约医疗机构	报销比例	50%			
	起付线	500 元			
	最高支付限额	3500 元			
签约医疗机构	报销比例	55%			
	最高支付限额	3700 元			
其他		限一级社区医疗机构（含定点零售药店）、本市已经进行取消药品加成和理顺医疗服务价格的公立二级医院和民营二级医院或异地二级公立医院			

资料来源：笔者根据天津市关于居民基本医疗保险制度的规定整理。

（三）最低生活保障制度

1. 形成过程

最低生活保障制度是我国社会救助体系的基础。在该制度之下，国家根据维持居民基本生活水平的支出需要设立一个最低生活保障标准（学理上可以视为贫困线），家庭居民收入低于该标准的，有权利按照法定程序和标准得到政府提供的现金补贴或者实物补贴。

上海市较早探索建立最低生活保障制度。1993 年，上海市政府宣布建立城市居民最低生活保障线制度，城市居民家庭人均收入低于市政府规定的最低生活保障线（月收入 120 元），有权申请社会救助。其他城市如大连、青岛、厦门进行了探索。1995 年，民政部认可这种制度，组织在全国推广。1997 年，国务院发出《关于在各地建立城市居民最低生活保障制度的通知》，要求在2000 年前全国所有城市和县政府所在镇都要建立这种制度。1999 年，国务院发布《城市居民最低生活保障条例》，从法律上正式确认这一制度。

1999 年，劳动和社会保障部、民政部、财政部发布《关于做好国有企业下岗职工基本生活保障和城市居民最低生活保障制度衔接工作通知》，规定下岗职工、失业人员、企业离退休人员和在职职工，在领取基本生活费、失业保险金、养老金，职工工作期间，家庭人均收入低于当地最低生活保障标准的，可以申请城市居民最低生活保障金。

城市居民最低生活保障制度由各地分别建立，财政经费由地方财政负担。

越是经济发展水平高的地方，低保支出需求少、低保水平高、低保救助落实得好；而经济落后地区，低保支出需求多、低保水平低、低保救助不易落实，财政资金缺口成为制约因素。2000 年，国务院决定，中央政府对城市居民低保支出进行配套并向经济落后地区倾斜，促进低保救助的有效实施。

农村最低生活保障制度则经历了不同的探索路径，与城市不同。1990 年，山西省在进行农村社会保障体系试点时就提出过类似概念，但没有得到实际执行。城市最低生活保障制度提出和试点期间，农村最低生活保障制度被正式提出。1996 年，民政部《关于加快农村社会保障体系建设的意见》提出，农村最低生活保障制度是对家庭人均收入低于最低生活保障标准的农村贫困人口按照最低生活保障标准进行差额补助的制度，保障资金由当地各级财政和农村集体分担。2003 年，民政部要求各地加快对特困农民人口进行排查，并希望中央财政给予支持，但是没有实现，各地出现不同的做法。2004 年，《中共中央国务院关于促进农民增加收入若干政策的意见》提出，有条件的地方要探索建立农民最低生活保障制度。2007 年，国务院发布《关于在全国建立农村最低生活保障制度的通知》，要求 2007 年在全国建立农村最低生活保障制度，将符合条件的农村贫困人口全部纳入保障范围，稳定、持久、有效地解决全国农村贫困人口的温饱问题。最低生活保障对象主要是因病残、年老体弱、丧失劳动能力以及生存条件恶劣等原因造成生活常年困难的农村居民；最低生活保障标准由县级以上地方人民政府按照能够维持当地农村居民全年基本生活所必需的吃饭、穿衣、用水、用电等费用确定，并随着当地生活必需品价格变化和人民生活水平提高适时进行调整；农村低保资金的筹集以地方为主，纳入地方政府财政预算，省级人民政府要加大投入，中央财政对财政困难地区给予适当补助。

2003 年之后，围绕城乡居民低保需要，我国逐渐完善配套措施和相关救助制度。为解决低保家庭在医疗、子女教育、住房、冬季取暖等方面的实际困难，实行一系列的分类救助，对低保家庭中有特殊需要的家庭成员如老人、未成年人、残疾人、重病人等采取特殊救助政策，逐步形成了以城乡低保救助为基础、各项分类救助为支撑的社会救助体系。2014 年国务院颁布《社会救助暂行办法》，自 2014 年 5 月 1 日起实施。

2. 制度构成及其内容

《社会救助暂行办法》规定了最低生活保障标准、低收入家庭救助标准计算方法、特困人员供养条件和范围、受灾人员救助、医疗救助、教育救助、住

房救助、就业救助和临时救助①事项，标志着城乡居民最低保障制度统一，也标志着以最低生活保障为基础、分类救助为辅助的社会救助体系的初步形成。

《社会救助暂行办法》规定，最低生活保障标准由省、自治区、直辖市或者设区的市级人民政府按照当地居民生活必需的费用确定、公布，并根据当地经济社会发展水平和物价变动情况适时调整。所以，各地区的具体标准并不一样，救助标准也不一样。

下面以天津市为例加以介绍。② 天津市 2016 年制定了《社会救助实施办法》，自 2016 年 7 月 1 日起实施。最低生活保障标准、救助范围和标准，每年进行调整。天津市民政局、天津市财政局发布的《关于调整社会救助范围和标准的通知》规定，从 2019 年 4 月 1 日起，社会救助范围和标准如下。（1）城乡居民最低生活保障标准为每人每月 980 元。（2）低收入家庭救助范围为家庭月人均收入 980 元至 1470 元，城乡低收入家庭救助标准为每户每月 294 元。（3）城市特困人员供养标准为每人每月 1840 元，农村特困人员供养（农村五保供养）的集中供养标准为每人每月 1840 元，分散供养标准为每人每月 1470 元。（4）城乡价补联动范围为家庭月人均收入低于 1470 元。（5）农村困难群众年终一次性补贴标准为每人 700 元。

三、社会保障制度的实施情况

社会保障构成复杂，我们主要阐述社会保障财政支出和社会保障覆盖面两个方面的情况，其中社会保障财政支出包括公共预算中的社会保障和就业支出及社会保险基金预算中的社会保险基金支出。

（一）全国公共预算中的社会保障支出

全国公共预算中的社会保障和就业支出反映一般财政收入用于社会保障支出的情况，主要用于社会救助、离退休人员工资和其他待遇、社会福利等项目。2009～2017 年，社会保障和就业支出从 7606.68 亿元增加到 24611.68 亿元，占公共预算支出比重从 9.97% 上升到 12.12%，具体情况见表 5 - 11。社

---

① 临时救助是指国家对因火灾、交通事故等意外事件，家庭成员突发重大疾病等原因，导致基本生活暂时出现严重困难的家庭，或者因生活必需支出突然增加超出家庭承受能力，导致基本生活暂时出现严重困难的最低生活保障家庭，以及遭遇其他特殊困难的家庭，给予临时救助。

② 这里主要介绍低收入家庭的一般救助，受灾人员救助等分类救助内容没有具体介绍。国务院《社会救助暂行办法》《天津市社会救助实施办法》规定了分类救助事项，但具体实施需要另行规定，政策变化大。

会保障和就业支出占公共预算支出和 GDP 的比重都有所上升，表明其增长速度超过公共预算支出和 GDP 增长速度。

表 5 - 11　　　　　　　　我国公共预算支出中的社会保障和就业支出

年份	社会保障和就业支出（亿元）	比上年增长（%）	社会保障和就业支出占公共预算比重（%）	社会保障和就业支出占 GDP 比重（%）
2009	7606.68	n. a.	9.97	2.18
2010	9130.62	20.03	10.16	2.22
2011	11109.40	21.67	10.17	2.28
2012	12585.52	13.29	9.99	2.34
2013	14490.54	15.14	10.33	2.44
2014	15968.90	10.20	10.52	2.49
2015	19018.69	19.10	10.81	2.77
2016	21591.50	13.53	11.50	2.92
2017	24611.68	13.99	12.12	3.00

资料来源：国家统计局，国家数据（http：//data.stats.gov.cn/）。所有指标为名义量。

（二）全国社会保险基金预算中的社会保险基金支出

我国的社会保险支出不包括在公共预算中，而是进行独立的社会保险基金预算。社会保险预算涵盖了城镇职工社会保险和城乡居民社会保险收支，在收入方面包括社会保险费收入和财政补贴收入，在支出方面包括社会保险待遇支出，也包括其他支出。2009 ~ 2017 年，社会保险基金支出从 12302.6 亿元增加到 57145 亿元，[①] 每年增长速度达到 20% 左右，其占 GDP 的比重从 3.53% 上升到 6.96%（见表 5 - 12），反映其增长速度快于经济增长。

表 5 - 12　　　　　　　　我国社会保险基金预算支出

年份	社会保险基金支出（亿元）	比上年增长（%）	占 GDP 比重（%）
2009	12302.6	n. a.	3.53
2010	15018.9	22.08	3.64

---

① 社会保险基金收入的一部分是财政补贴收入，实际上来源于公共预算的社会保障和就业支出。所以，社会保险基金支出与社会保障和就业支出的数量上有一部分是重合的。

续表

年份	社会保险基金支出（亿元）	比上年增长（%）	占 GDP 比重（%）
2011	18652.9	24.20	3.82
2012	23331.3	25.08	4.33
2013	27916.3	19.65	4.71
2014	33002.1	18.22	5.15
2015	38988.1	18.14	5.68
2016	46888.4	20.26	6.34
2017	57145.0	21.87	6.96

资料来源：国家统计局，国家数据（http：//data.stats.gov.cn/）。所有指标为名义量。

（三）居民收入中转移性收入与政府再分配资源

根据我国国家住户收入调查方案，居民收入分为工资薪金收入、经营性收入、财产性收入和转移性收入，其中转移性收入包括公共转移性收入和民间转移性收入，而公共转移性收入是政府财政进行的收入转移，反映政府再分配调节资源投入。根据国家统计局的数据，2013～2017 年，[①] 在全国人均可支配收入中，居民年人均可支配转移性净收入从 3042 元增加到 4744 元，占可支配收入比重从16.61% 上升到 18.26%（见表 5-13），表明近年来政府财政再分配调节投入资源继续扩大。此外，从城镇和农村看，城镇居民可支配转移性净收入从 2013 年的 4323 元提高到 2017 年的 6524 元，占比从 16.33% 提高到 17.93%；农村居民可支配转移性净收入从 2013 年的 1648 元提高到 2017 年的 2603 元，占比从17.48% 提高到 19.38%，表明农村居民转移性收入增长幅度高于城镇居民。

表 5-13　　　　　　　　　　我国城乡居民收入来源结构

年份	可支配收入	工资性可支配收入		经营性可支配收入		财产性可支配收入		转移性可支配收入	
	数量（元）	数量（元）	占比（%）	数量（元）	占比（%）	数量（元）	占比（%）	数量（元）	占比（%）
2013	18311	10411	56.86	3435	18.76	1423	7.77	3042	16.61
2014	20167	11421	56.63	3732	18.51	1588	7.87	3427	16.99

---

① 我国从 2013 年开始实行新的住户调查口径，与之前的指标不可比，为此，这里介绍 2013 年之后的情况。

年份	可支配收入	工资性可支配收入		经营性可支配收入		财产性可支配收入		转移性可支配收入	
	数量（元）	数量（元）	占比（%）	数量（元）	占比（%）	数量（元）	占比（%）	数量（元）	占比（%）
2015	21966	12459	56.72	3956	18.01	1740	7.92	3812	17.35
2016	23821	13455	56.48	4218	17.71	1889	7.93	4259	17.88
2017	25974	14620	56.29	4502	17.33	2107	8.11	4744	18.26

资料来源：国家统计局，国家数据（http：//data.stats.gov.cn/）。

（四）社会保险参保和最低生活保障救助的人口规模

我们用基本养老保险参保人口规模、基本医疗保险参保人口规模和最低生活保障救助人口规模来反映社会保障的覆盖面。

1. 城镇职工基本养老保险参保人口规模

2010～2017年，我国城镇职工参加基本养老保险人数持续增加，从2010年的25707.3万人增加到2017年的40293.3万人，年均增长6.6%。城镇职工基本养老保险基金收支同步增加，年均增长分别达到18.22%和20.1%。2015年和2017年，参保人员人均筹集资金数额分别为8297元和10749元（见表5-14）。

表5-14　　　　　我国城镇职工基本养老保险参保人口规模

指标	2010年	2011年	2012年	2013年	2014年	2015年	2016年	2017年
参保人数（万人）	25707.3	28391.3	30426.8	32218.4	34124.4	35361.2	37929.7	40293.3
在职职工参保人数（万人）	19402.3	21565.0	22981.1	24177.3	25531.0	26219.2	27826.3	29267.6
离退人员参保人数（万人）	6305.0	6826.2	7445.7	8041.0	8593.4	9141.9	10103.4	11025.7
基本养老保险基金收入（亿元）	13419.5	16894.7	20001.0	22680.4	25309.7	29340.9	35057.5	43309.6

续表

指标	2010 年	2011 年	2012 年	2013 年	2014 年	2015 年	2016 年	2017 年
基本养老保险基金支出（亿元）	10554.9	12764.9	15561.8	18470.4	21754.7	25812.7	31853.8	38051.5
基本养老保险累计结余（亿元）	15365.3	19496.6	23941.3	28269.2	31800.0	35344.8	38580.0	43884.6

资料来源：国家统计局，国家数据（http：//data. stats. gov. cn/）。

2012～2015 年，我国城乡居民参加基本养老保险的人口规模也有所增加，到 2015 年，参保人口达到 50472.2 万人，实际领取城乡居民基本养老保险待遇人口达到 14800.3 万人，城乡居民基本养老保险基金收入达到 2854.6 亿元，支出达到 2116.7 亿元（见表 5－15）。2015 年，参保人员人均筹集资金数额为 566 元，实际领取待遇数额为每人 1430 元。从筹集数量看，城乡居民基本养老保险资金筹集能力远远低于城镇职工，2015 年，前者仅为后者的 6.82%。

表 5－15　　　　　　　　我国城乡居民基本养老保险参保人口规模

指标	2012 年	2013 年	2014 年	2015 年
城乡居民社会养老保险参保人数（万人）	48369.5	49750.1	50107.5	50472.2
城乡居民社会养老保险实际领取待遇人数（万人）	13382.2	14122.3	14312.7	14800.3
城乡居民社会养老保险基金收入（亿元）	1829.2	2052.3	2310.2	2854.6
城乡居民社会养老保险基金支出（亿元）	1149.7	1348.3	1571.2	2116.7
城乡居民社会养老保险累计结余（亿元）	2302.2	3005.7	3844.6	4592.3

资料来源：国家统计局，国家数据（http：//data. stats. gov. cn/）。

2. 基本医疗保险参保人口规模

国家统计局统计数据显示（见表 5－16），2011～2017 年，城镇职工和居民参加基本医疗保险人数增加较快，从 47343.2 万人增加到 117681.4 万人，年均增速 16.39%。主要原因是城镇居民参加城镇居民基本医疗保险人数增加快，从 22116.1 万人增加到 87358.7 万人，年均增速达到 25.73%。基本医疗保险基金支出从 4431.4 亿元增加到 14421.7 亿元，年均增长 21.63%。基本医疗保险基金收入从 5539.2 亿元增加到 17931.6 亿元，年均增长 21.73%。但是，城镇职工和城镇居民的筹集水平不同，2017 年，职工人均筹集资金 4049

元，居民人均筹集资金 647 元。从结果看，城镇职工人均获得基金支出额为
3122 元，而居民人均获得基金支出额为 567 元，后者仅为前者的 18%。

表 5 - 16　　　2011 ~ 2017 年我国城镇职工和居民基本医疗保险参保人口规模

指标	2011 年	2012 年	2013 年	2014 年	2015 年	2016 年	2017 年
年末参保人数（万人）	47343.2	53641.3	57072.6	59746.9	66581.6	74391.6	117681.4
职工年末参保人数（万人）	25227.1	26485.6	27443.1	28296.0	28893.1	29531.5	30322.7
在岗职工年末参保人数（万人）	18948.5	19861.3	20501.3	21041.3	21362.0	21720.0	22288.4
退休人员年末参保人数（万人）	6278.6	6624.2	6941.8	7254.8	7531.2	7811.6	8034.3
居民年末参保人数（万人）	22116.1	27155.7	29629.4	31450.9	37688.5	44860.0	87358.7
基本医疗保险基金收入（亿元）	5539.2	6938.7	8248.3	9687.2	11192.9	13084.3	17931.6
职工医疗保险基金收入（亿元）	4945.0	6061.9	7061.6	8037.9	9083.5	10273.7	12278.3
居民医疗保险基金收入（亿元）	594.2	876.8	1186.6	1649.3	2109.4	2810.5	5653.3
基本医疗保险基金支出（亿元）	4431.4	5543.6	6801.0	8133.6	9312.1	10767.1	14421.7
职工医疗保险基金支出（亿元）	4018.3	4868.5	5829.9	6696.6	7531.5	8286.7	9466.9
居民医疗保险基金支出（亿元）	413.1	675.1	971.1	1437.0	1780.6	2480.4	4954.8
基本医疗保险基金累计结余（亿元）	6180.0	7644.5	9116.5	10644.8	12542.8	14964.3	19385.6
职工医疗保险基金累计结余（亿元）	5683.2	6884.2	8129.3	9449.8	10997.1	12971.7	15851.0
居民医疗保险基金累计结余（亿元）	496.8	760.3	987.1	1195.0	1545.7	1992.6	3534.6

资料来源：国家统计局，国家数据（http://data.stats.gov.cn/）。

3. 最低生活保障救助人口规模

根据国家统计局的数据，我国最低生活保障的救助对象人口规模有所下
降，尤其是城市最低生活保障人数从 2009 年的 2345.6 万人下降到 2018 年的
1008 万人（见表 5 - 17），农村低保人数经历上升之后也总体下降，表明国家
扶贫减贫取得了成效，贫困发生率下降。

表 5-17　　　　　　　2009~2018 年我国最低生活保障救助人口规模

指标	2009 年	2010 年	2011 年	2012 年	2013 年	2014 年	2015 年	2016 年	2017 年	2018 年
城市最低生活保障人数（万人）	2345.6	2310.5	2276.8	2143.5	2064.0	1877.0	1701.1	1480.2	1261.0	1008
农村最低生活保障人数（万人）	4760.0	5214.0	5305.7	5344.5	5388.0	5207.0	4903.6	4586.5	4045.2	3520
农村集中供养五保人数（万人）	171.8	177.4	184.5	185.3	183.5	174.3	162.3	139.7	99.6	N. A.
农村分散供养五保人数（万人）	381.6	378.9	366.5	360.3	353.8	354.8	354.4	357.2	367.2	N. A.

资料来源：国家统计局，国家数据（http：//data. stats. gov. cn/）。

从政府公共预算中社会保障与就业支出、社会保险基金预算的财政收支、居民收入中转移性收入比重等相关指标看，我国社会保障资源投入规模较大。从城镇职工和城乡居民基本养老保险、城镇职工和居民一般医疗保险的参保人数和资金筹集及待遇看，我国社会保障的覆盖面扩大。这些情况表明，我国社会保障制度投入力度加大，覆盖面扩大，城乡居民基本养老保险和基本医疗保险逐渐统一，一些地方城乡居民最低生活保障制度也趋于统一，可以期望取得积极的再分配调节效果。但社会保险和最低生活保障制度主要由地方政府制定标准和实施，地区差异较大，城镇职工和城乡居民的保障水平也有较大差异，将成为社会保障调节居民收入分配的制约因素。

四、我国社会保障制度的特点

我国社会保障制度构成复杂，虽然有全国统一制度，但其规定比较笼统。由于没有实行全国统筹，多由地方政府负责做出具体规定和实施，全面分析社会保障制度及其实施比较困难。为此，首先概括我国社会保障制度的几个特点。

第一，不断探索我国社会保障制度的方向和原则。从党的十七大开始，社会保障和收入分配体制改革纳入社会建设，并持续描绘社会保障体制的蓝图。一是突出保障基本。我国的社会保险中有基本养老保险、基本医疗保险，而且社会救助体系的基础是最低生活保障。党的十八大报告将"保基本"作为社会保障制度建设的原则和方向之一，党的十九大报告进一步明确为"兜底

线"，并强调"保障适度"，"既尽力而为，又量力而行"。二是重视社会保障的覆盖面。党的十七大报告提出：加快建立覆盖城乡居民的社会保障体系，保障人民基本生活。社会保障是社会安定的重要保证。要以社会保险、社会救助、社会福利为基础，以基本养老、基本医疗、最低生活保障制度为重点，以慈善事业、商业保险为补充，加快完善社会保障体系。党的十九大报告要求"加强社会保障体系建设"和"全面实施全民参保计划"，更加突出"全面"和"全民"，提出：按照兜底线、织密网、建机制的要求，全面建成覆盖全民、城乡统筹、权责清晰、保障适度、可持续的多层次社会保障体系。三是强调统筹。党的十八大报告提出：统筹推进城乡社会保障体系建设。社会保障是保障人民生活、调节社会分配的一项基本制度。要坚持全覆盖、保基本、多层次、可持续方针，以增强公平性、适应流动性、保证可持续性为重点，全面建成覆盖城乡居民的社会保障体系。党的十九大报告仍然强调了城乡统筹的方向，并提出"尽快实现养老保险全国统筹"。

　　第二，我国社会保障尚未形成体系，总体上仍处于探索阶段。（1）作为社会保障的核心，社会保险虽然经人大立法，但无缴费费率规定。实践中，各地规定不一，有的地方单位缴费达到20%，有的地方为13%和14%。最近，在减税降费的大环境下，以及考虑全国统筹之要求，单位缴费趋向16%。[①]
（2）社会救助形成了以最低生活保障为基础、分类救助为辅助的体系，但立法层次仍为国务院制定的"暂行条例"，并且最低生活保障标准由各省级政府确定，很大程度上受地方经济发展水平和财力影响，区域内有助于收入分配调节，但区域间的调节作用弱。很长时间内，很多地区的城乡低保标准也不同，城镇居民保障水平和补助水平高而农村居民低，其差距甚至高于城乡居民初次分配收入差距，不利于城乡收入差距调节。（3）虽然城乡统筹统一是方向，但受客观条件制约，仍在推进之中。党的十九大报告提出，完善城镇职工基本养老保险和城乡居民基本养老保险制度，尽快实现养老保险全国统筹。但实际上，统筹工作仍在省级层面推进。《国务院办公厅关于印发降低社会保险费率综合方案的通知》（2019）提出，加快推进企业职工基本养老保险省级统筹，逐步统一养老保险参保缴费、单位及个人缴费基数核定办法等政策，2020年底前实现企业职工基本养老保险基金省级统收统支。

　　第三，我国重视社会保障的全面性，覆盖到全部城乡居民。21世纪以来，我国更加重视社会保障的全面性，通过最低生活保障制度和多层次的社会保

[①]　见《国务院办公厅关于印发降低社会保险费率综合方案的通知》，2019年4月4日。

险，实现了制度全覆盖。2017 年城镇职工基本医疗保险和城乡居民基本医疗保险参保人数总计达到 11.77 亿人，城镇职工基本养老保险和城乡居民基本养老保险参保人数总计达到 9 亿人。在社会救济方面，我国建立了以最低生活保障为基础、分类救助为辅助的社会救助体系，民计民生保障工作取得巨大成效。但也应当看到，这毕竟是近年的事情，表明我国仍处于全面推进社会保障制度的发展阶段。

第四，我国社会保障制度是随着经济体制改革推进逐渐建立和完善的，逐渐注重统筹统一，但仍然由于统筹统一不够，层次多、差异大，不确定性较多。经济体制改革之初，最重要的是解决国企改革带来的下岗职工基本生活保障、失业保险和城市居民最低生活保障，为此国家建立了"三条保障线"制度。为处理农村人口流动导致传统农村社会保障不足的问题，逐渐建立农村最低生活保障、农村医疗保险、农村养老保险，并逐渐推进城乡居民基本养老保险、基本医疗保险统一标准。同时，社会保险最初实行县级统筹，统筹层次低。除了城镇职工社会保险缴费费率各地不一致外，各地实施的城乡居民医疗保险、养老保险和最低生活保障制度也有差异。以城乡居民基本医疗保险为例，上海市 2019 年个人缴费标准为：70 周岁以上人员为 390 元，60 ~ 69 周岁人员 555 元，超过 18 周岁、不满 60 周岁人员为 740 元，中小学生、婴幼儿以及大学生为 130 元。该个人缴费标准与天津市城乡居民基本医疗保险个人缴费标准政策差异很大。再如最低生活保障标准和救助标准，上海市也与天津市存在差别，2019 年，上海市城乡居民最低生活保障标准为每人每月 1160 元，而天津市为 980 元；上海市城乡居民特困人员的救助标准为低保标准的 1.3 倍，而天津市为 2 倍。我国的养老保险实行个人账户和统筹账户相结合的模式，但是由于建立之初，缺少基金积累，个人账户资金实际上用于支付退休人员养老保险待遇，导致个人账户并未做实，即存在个人账户"空转"问题。再者，社会保险从实行县级统筹开始，逐渐开始省级统筹，今后要向全国统筹转变，而各地区单位缴费不一，如何平衡处理，也是重要问题。

第五，社会保障体系复杂，财政上涉及公共预算和社保预算两个预算，多部门多单位提供管理和服务，管理成本较高。我国社会保障是极其重要的社会建设任务，是落实以民为本、保障民计民生政策的重要制度，涉及社会保险、社会救助、社会福利和社会优抚多个方面，而每一个方面又有很多制度，并且由不同的政府部门执行，体系相当复杂。从财政方面看，社会保障财政收支涉及公共预算和社会保险基金两个预算，既有专门的保险资金筹资，也有财政拨款和补助，也有部分来自集体经济组织和社会慈善捐助。除了职工社会保险缴

费由用人单位代缴外，城乡居民社会保险缴费、最低生活保障认定和补助、分类社会救助的实施工作，成为各级政府乃至村委会、居委会的重要工作职责，资金支出和增值管理也迫切需要加强。

五、我国社会保障制度的再分配效应能力分析

如上所述，我国社会保障制度构成复杂、层次多、差异大，在这种情况下，很难统一对社会保障制度的再分配效应做出整体判断。但是，我国社会保障制度改革和完善的步伐较快，从机制上进行一些预期展望还是必要的。结合我国社会保障制度的特点和重点，我们从六个方面进行估计判断。

第一，我国社会保障制度不断强化，尤其是进入 21 世纪以来，财政资源投入增长较快。随着城乡居民基本医疗保险、基本养老保险制度的建立，以及基本公共服务均等化的推进，社会保障覆盖面迅速扩大，可以期望社会保障制度的总体再分配效应呈现增强趋势。这是首先应当做出的判断，也是应当肯定的方面。

第二，社会保障的多层次、差异性会弱化社会保障的再分配效应。我国社会保障制度的发展方向是统筹统一，尤其是城乡统筹、区域统筹、不同群体制度统一，但实际上仍处于发展之中，这将制约社会保障的再分配调节作用。如前面所述，社会基本养老保险、社会基本医疗保险和最低生活保障是社会保障制度的基础，但尚未全面实现全国统筹，虽然实现城乡居民统筹，但城乡居民和城镇职工并不统一。同时，经济发达地区的社会保险水平和最低生活保障标准必然高于经济落后地区，社会保障能够缩小区域内收入差距，但可能扩大区域之间收入差距。

第三，我国扶贫减贫工作积极推进，低保人口规模下降，扶贫减贫政策效果显著，但是获得低保救助的人口减少，其再分配调节效果也可能下降。当然这不是必然的，如果救助水平提高，低保救助的再分配效应也可能提升。当然，即使由于低保人口规模减小而导致低保救助的再分配效应降低，并不是一个坏事情。

第四，我国社会保障制度的重要成效是实现了社会保险的制度全覆盖，尤其是基本医疗保险和基本养老保险制度全覆盖，但城乡居民的养老保险、医疗保险与城镇职工不一样，城乡居民获得待遇与城镇职工有差别，甚至存在很大的差别，这种差别在局部也会扩大收入差距。

第五，城乡居民基本医疗保险和养老保险缴费会导致一定的再分配逆调

节。当前制度下，城乡居民参加基本养老保险或者医疗保险的缴费不与其收入水平挂钩，而是自愿选择参保缴费的档次。那么，在一个时点上，收入低的可能缴费多，这样会导致逆向调节。例如，甲年收入 10000 元，参加基本医疗保险缴费 500 元；乙年收入 20000 元，参加基本医疗保险缴费 220 元，缴费之后，甲乙之间的收入差距扩大了，从 2 倍扩大到 2.08 倍。

第六，当前，老年人获得社会保障的途径和方式不一，保障水平差异较大，扩大了老年人之间的收入差距，还将产生一定程度的再排序，值得关注。养老收入是规模最大的再分配项目，但老年人获得的保障方式和保障水平存在很大差异。一部分老年人按照传统的离退休方式领取离退休工资，整体水平高，但内部也有较大差异。一部分老年人按照职工养老保险领取养老金，总体待遇低于离退休工资，内部存在个人账户导致的差别。一部分老年人按照城乡居民基本养老保险领取保险金，低于退休职工领取的养老金，内部也存在缴费档次不同而存在的差异，就全国来说，还有地区差异。此外，还有一部分老年人没有养老保险待遇，只能获得一些老年福利或者社会救助。在这种条件下，假定老年人都没有初次分配收入，那么，老年人获得社会保障收入可以缩小与在职人员之间的收入差距，这是养老保障的积极作用。但是，养老保障收入也产生了老年人之间的保障收入差别，削弱了养老保障的最终再分配调节作用。部分老年人取得的养老保障收入超过了部分在职人员的初次分配收入，还会产生收入分配的再排序，也将削弱养老保障的再分配效应。

专业明示录

第六章　政府再分配效应分析：
基于天津城镇住户样本

本章以天津市 2002～2012 年城镇住户调查数据为样本对财政再分配效应进行测算，并进行一定时间内的动态分析。

第一节　引　　言

收入不平等是经济学的持久主题，并与国家治理、社会治理密切相关。库兹涅茨（Kuznets，1955）提出收入不平等与长期经济增长的倒"U"形假说，提供了关于收入不平等的宏观视角，收入不平等在经济发展早期扩大的趋势被认为具有客观性，但随着经济进入成熟阶段，收入不平等最终将随经济增长而下降。威廉姆逊（Willianmson，1965）认为，区域收入不平等也同样存在这种倒"U"形关系。但是，在国家干预经济的理论和实践不断发展的背景下，处于现代社会的国家没有必要坐等收入不平等随经济增长而降低，而是应当积极执行促进社会公平和社会团结的社会政策，积极进行财政再分配调节。

马斯格雷夫（1959）提出，财政具有商品和服务分配职能，与资源配置职能、稳定宏观经济职能并列为国家财政的三项职能。最终居民收入不平等被视为初次分配经过政府财政再分配调节的结果，在给定初次收入差距的条件下，再分配效应就成为决定最终收入差距的关键。20 世纪 80 年代以来，在新经济发展和全球化背景下，经济发达国家的收入不平等出现了新趋势，包括美国在内的很多 OECD 国家最终收入不平等出现明显扩大。肯姆和拉姆勃特（2009）以及依麦沃尔和李查德森（2012）的研究都发现了这一点，也就是说，经济成熟阶段收入不平等也会出现扩大。在国家治理的视角下，处理好经济增长与收入分配、效率与公平的关系都需要加深对再分配的认识和理解，更好发挥财政再分配在国家治理中的作用。曹桂全（2013）指出，从一些国家

的收入分配和再分配的经验可以看出，最终居民收入差距决定于一个国家财政再分配效应，决定于一个国家财政再分配职能发挥的程度。蔡萌和岳希明（2016）也指出，我国居民收入差距大，并不是因为初次分配收入差距大，而是因为再分配效应差。

收入分配是我国经济体制改革的重要主题。根据国家统计局公布的数据，2003 年以来我国居民可支配收入分配基尼系数一直处于 0.4 以上，2008 年达到 0.491 的高位，之后从 2009 年起有所下降，2015 年下降到 0.462，但 2016年、2017 年则略微上升为 0.465 和 0.467，整体收入分配不平等程度不容乐观。可以说，经过实行完善社会主义市场经济体制的政策实践，居民收入不平等扩大趋势已经得到扭转，但收入不平等程度仍然较高，也没有理由表明今后居民收入差距必然不再扩大，缩小收入差距和收入分配改革任务仍然较重。但是，在实行市场经济体制后的较长时间内，收入分配改革主要侧重于初次分配方面，进入 21 世纪后，再分配才逐渐得到重视。2003 年，党的十六届三中全会提出，完善社会主义市场经济体制包括"加大收入分配调节力度，重视解决部分社会成员收入差距过分扩大问题"。经历十几年的探索，2017 年，党的十九大报告提出，要履行好政府再分配调节职能，促进基本公共服务均等化，缩小居民收入差距。可见，通过政府再分配调节缩小收入差距仍然是我国社会经济发展面临的重要课题。

从我国的情况看，现有文献表明我国收入不平等问题有忧有喜，关于收入分配和再分配调节的现状和成因仍需要深入分析。为此，本章以天津市2002～2012 年城镇住户调查微观数据为样本，测算政府再分配效应，并进行分解分析，重点从再排序效应的角度认识再分配效应的成因。

第二节　研究样本及其统计性描述

一、样本概况

本研究样本为 2002～2012 年天津城镇住户调查样本的微观数据。从 2013年开始，我国实行城乡统一的住户调查，对收入指标进行了调整，比如职工缴纳的住房公积金不再作为转移性支出，一次性提取的公积金不再作为转移性收入，报销的医药费、单位缴纳的住房公积金、房屋虚拟租金则作为初次分配收

入。适应新的统计制度，天津市城镇住户调查进行了较大的调整，2012 年及之前的城镇住户仅包括市内六区和滨海新区的城镇居民，而从 2013 年开始，城镇住户包括市内六区及所有涉农区县城镇居委会和城镇村委会辖区的住户，而且以常住人口替代户籍人口，这样必然总体上降低城镇住户的居民收入，使 2013 年及之后的城镇居民收入与之前不可比。为能够进行时间上对比，本研究选择样本期限为 2002～2012 年。

　　天津市城镇住户调查标准住户为 1320 户，每年有一定差别，如表 6－1 所示。

表 6－1　　　　　　　　　　研究样本基本情况

年份	样本户数（户）	样本人口数（人）
2002	1380	4120
2003	1436	4246
2004	1431	3728
2005	1415	4084
2006	1448	4108
2007	1454	4162
2008	1389	3961
2009	1395	3965
2010	1433	4049
2011	1416	3932
2012	1402	3967

资料来源：笔者根据天津市 2002～2012 年城镇住户调查数据整理。

二、样本的统计性描述

　　按照我国城镇住户调查指标体系，工资性收入、经营性净收入和财产性净收入构成初次分配收入。住户调查中涉及再分配的项目较多且复杂，既有政府财政再分配，也有商业保险、个人间收入转移。鉴于研究的目的和可计算性，我们选择社会保障收入、社会保障缴纳和个税缴纳三个再分配项目。社会保障收入由住户调查中转移性收入中的离退休工资（或养老金）、社会救助收入、社会福利收入等构成，是政府对个人的收入转移。社会保障缴纳对应住户调查中转移性支出中的社会保障缴纳，由个人缴纳的"三险一金"（即基本养老保

险、基本医疗保险、失业保险和住房公积金）构成，是个人向政府的缴费，类似于税收。个税缴纳即住户调查中的个税缴纳。对于居民个人来说，社会保障收入是收入的加项，而社会保障缴纳、个税缴纳是减项，初次分配收入加社会保障收入、减社会保障缴纳和个税缴纳，得到最终收入，也就是政府财政再分配调节后收入。

据此，表6-2给出了样本的初次分配与再分配收入。为观察各项收入的变动，图6-1给出了初次分配收入、社会保障收入、社会保障缴纳、个税缴纳和最终收入增长率的趋势图。可以看到，住户初次分配收入持续增长，且多数年份增长率达到两位数，年增长率的平均数为13.43%。社会保障收入也保持较快增长，年增长率的平均数为11.44%，略低于初次分配收入，增长率有一定波动，且期末开始下降。社会保障缴纳持续增长，年增长率的平均数为21.56%，超过初次分配收入的增长率。个税缴纳增长波动很大，既有超过年增长率116.08%的年份（2003年），也有下降达到43.74%的年份（2012年）。最终收入超过初次分配收入，说明财政再分配体系导致居民收入净增加，但总体上呈现下降趋势，从起初的141.73%下降到期末的126.68%。表6-2给出了逐年最终收入占初次分配收入的比重，总体呈现下降趋势。也就是说，再分配净收入占初次分配收入比重（最终收入占初次分配收入比重减100%），也呈现下降趋势，从起初的41.73%下降到期末的26.88%，说明再分配收入相对收入规模有所下降。

表6-2　　　　　　　　研究样本初次分配和再分配收入统计描述

年份	初次分配收入（元）	社会保障收入		社会保障缴纳		个税缴纳		最终收入	
		数量（元）	占比（%）	数量（元）	占比（%）	数量（元）	占比（%）	数量（元）	占比（%）
2002	6647.46	3256.39	48.99	453.22	6.82	29.04	0.44	9421.68	141.73
2003	7253.05	3745.60	51.64	574.22	7.92	62.75	0.89	10361.68	142.86
2004	8164.37	4000.97	49.11	710.74	8.72	73.66	0.90	11362.94	139.48
2005	8855.22	4640.48	52.40	813.03	9.18	88.29	1.00	12594.37	142.22
2006	10106.60	5329.89	52.74	1103.45	10.92	70.84	0.70	14262.20	141.12
2007	11969.13	5934.89	49.56	1342.85	11.22	106.21	0.89	16454.96	137.48
2008	13664.81	7224.28	52.88	1552.48	11.36	130.98	0.96	19205.62	140.55
2009	15097.94	7970.73	52.79	1889.40	12.51	119.63	0.79	21059.63	139.49

续表

年份	初次分配收入（元）	社会保障收入		社会保障缴纳		个税缴纳		最终收入	
		数量（元）	占比（%）	数量（元）	占比（%）	数量（元）	占比（%）	数量（元）	占比（%）
2010	17951.43	8900.98	49.58	2348.07	13.08	182.37	1.02	24321.97	135.49
2011	20185.45	9661.38	47.86	2711.87	13.43	177.37	0.88	26957.58	133.55
2012	23327.18	9476.01	40.62	3151.49	13.51	99.79	0.43	29551.91	126.68

注：表中的占比，均为该收入对初次分配收入的比重。

资料来源：天津2002～2012年城镇住户调查数据。

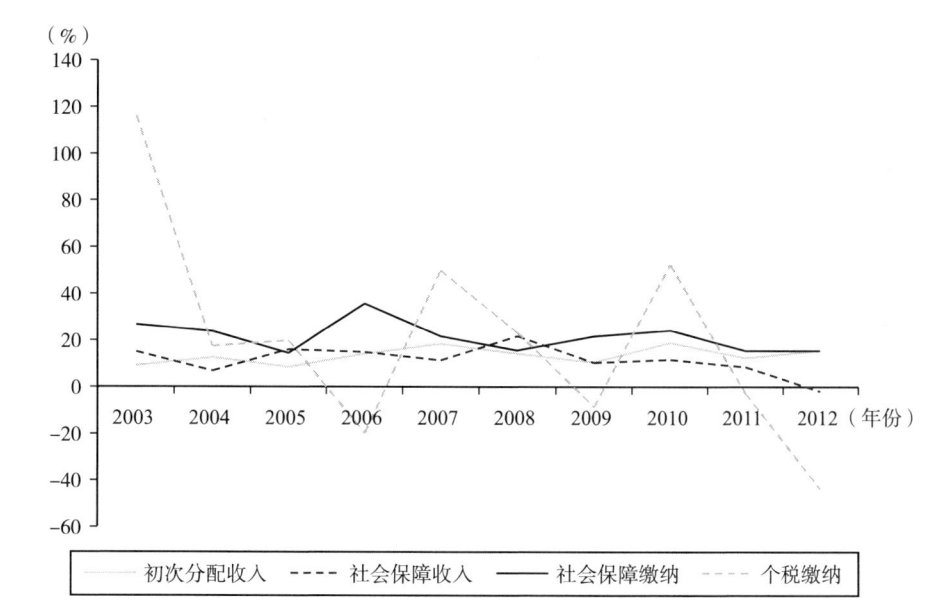

图6-1　研究样本的初次分配收入和各项再分配收入逐年增长率

资料来源：根据表6-2绘制。

相关研究发现，住户填报的个税缴纳额偏低（岳希明和徐静，2012；徐建炜等，2013）。有鉴于此，我们按照工资薪金所得个税计税办法，模拟测算了个税缴纳额。图6-2显示，模拟测算的个税缴纳额占初次分配收入的比率平均比住户填报个税缴纳额高2.01个百分点。由于个税具有税收累进性，模拟测算的个税的调节作用要比按照住户填报数据测算的结果高一些。当然，模拟测算也不能完全反映税收的实际情况，模拟测算假定100%的征收率会导致过高的个税缴纳额估计，而且模拟计算也没有考虑一些税收政策的变化，比如

2002～2005年模拟测算结果比住户填报个税缴纳额增长速度更快，但实际上一些地方政府已经不再执行工资薪金所得每月800元的免征额而提高到了1500元。模拟测算结果具有参考意义，但不能完全代表实际。除非特别指出，对于个税缴纳额，我们仍然使用住户填报数。

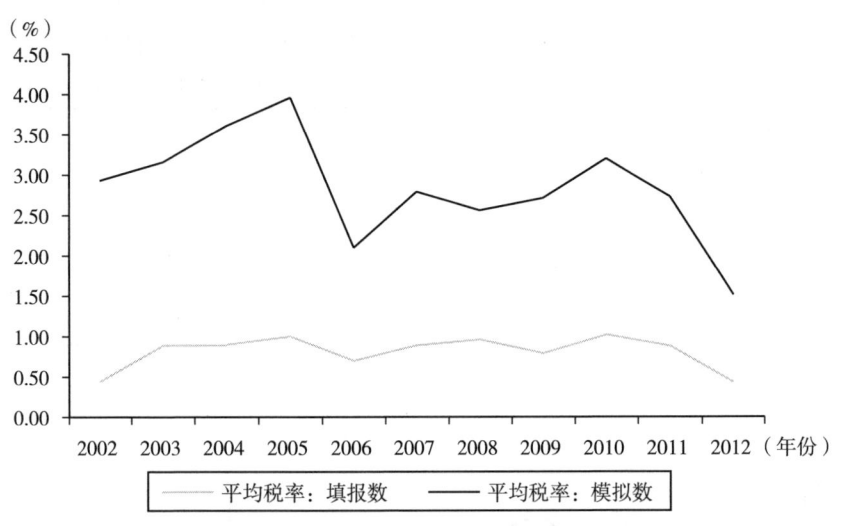

图6－2　模拟测算个税占初次分配收入比重与住户填报的对比

资料来源：笔者测算。

第三节　天津城镇住户的再分配效应：
规模、变动和来源[①]

首先，按照住户填报个税分别测算初次分配差距和再分配效应，并分别测算各再分配工具的再分配效应及其对总体再分配效应的贡献率，以获知总体再分配效应的来源。其次，使用同样的方法，模拟测算个税，并进行对比。

一、初次分配收入差距、最终收入差距和总体再分配效应

表6－3给出了研究样本逐年的初次分配收入差距、最终收入差距和再分配效应，图6－3则表示其变化趋势。

---

① 本章涉及的再分配效应测算和分解分析公式，均来自第四章，这里不再赘述。

首先，初次分配收入差距经历期初扩大后转而缩小，基尼系数从 2002 年的 0.4431 扩大到 2005 年的 0.4671，扩大了 5.42%，之后下降，2012 年比 2005 年下降了 9.33%。

表 6-3　　　　天津城镇住户的初次分配收入差距与财政再分配效应

年份	初次收入基尼系数	最终收入基尼系数	再分配效应	相对再分配效应（%）
2002	0.4431	0.3054	0.1377	31.08
2003	0.4588	0.3025	0.1563	34.07
2004	0.4606	0.3110	0.1496	32.48
2005	0.4671	0.3200	0.1471	31.49
2006	0.4654	0.3002	0.1652	35.50
2007	0.4548	0.3048	0.1500	32.98
2008	0.4502	0.3010	0.1492	33.14
2009	0.4430	0.2904	0.1526	34.45
2010	0.4272	0.2813	0.1459	34.15
2011	0.4274	0.2760	0.1514	35.42
2012	0.4235	0.2725	0.1510	35.66

资料来源：笔者测算。

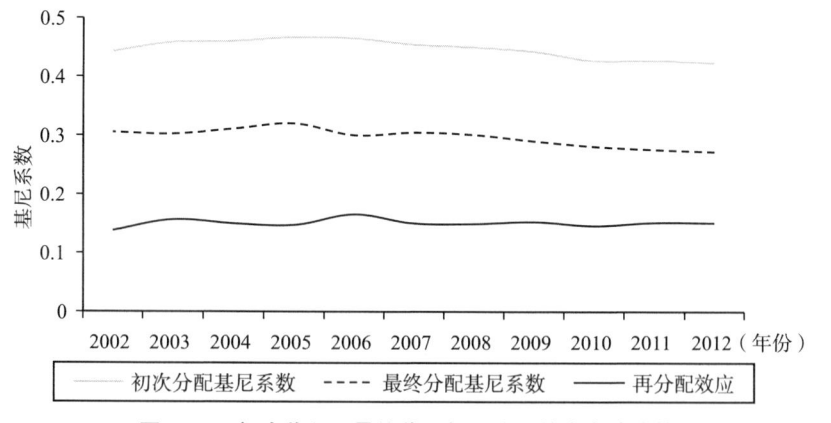

图 6-3　初次收入、最终收入与再分配效应变动趋势

资料来源：笔者根据表 6-3 整理。

其次，最终收入差距与初次收入差距变化趋势基本相同，期初有所扩大，之后缩小。2005 年比 2002 年扩大了 5.79%，2012 年比 2005 年下降了

14.84%，比2002年下降了10.77%，最终收入基尼系数比初次分配收入基尼系数下降幅度稍高，表明再分配调节力度有所加大。

再次，绝对再分配效应总体稳定，而相对再分配效应有所增强。绝对再分配效应介于0.1377和0.1652之间，除个别年份有一定波动（如2003年比2002年上升，2006年比2005年上升，2007年比2006年下降）外，总体上没有明显扩大或者缩小趋势。但是，2005年后初次收入差距下降，相对再分配效应总体上有所增强，从2002年的31.08%上升到2012年的35.66%，但其间2004年、2005年、2007年比上一年有所减弱。

最后，再分配效应比较积极。总体上看，2002~2012年，天津城镇居民初次分配收入基尼系数处于0.4235到0.4671之间，超过国际警戒线，而经过财政再分配调节，最终收入基尼系数降低到0.2725到0.32之间，收入差距缩小了31.08%至35.66%，再分配对初次分配收入差距起到了明显的缩小作用。

综合以上观察，应当强调的是，2002~2012年，最终收入基尼系数与初次分配收入基尼系数同向变动，2002~2005年，初次分配收入差距扩大，最终收入差距也扩大，而2005~2012年初次分配收入差距缩小，最终收入差距也缩小。因此，虽然财政再分配起到了明显缩小收入差距的作用，但就动态变化而言，最终收入差距的变动决定于初次分配收入差距变动，而再分配并不是最终收入差距动态缩小的原因。也就是说，财政再分配调节作用比较稳定，而最终收入差距在2005年后趋于缩小主要缘于初次分配收入差距缩小。

二、各项再分配工具的再分配效应：顺序分解

按照顺序分解方法，我们依次计算初次分配收入基尼系数、社会保障收入调节后收入基尼系数、社会保障缴纳继续调节后收入基尼系数和个税缴纳继续调节后收入基尼系数，得到各项再分配工具的再分配效应，见表6-4。

表6-4　　　　　2002~2012年社会保障收入、社会保障缴纳和
个税缴纳的再分配效应

年份	绝对再分配效应				相对再分配效应（%）			
	总体	社保收入	社保缴纳	个税缴纳	总体	社保收入	社保缴纳	个税缴纳
2002	0.1377	0.1380	-0.0079	0.0076	31.08	31.14	-2.59	2.43
2003	0.1563	0.1514	0.0027	0.0022	34.07	33.00	0.88	0.72

年份	绝对再分配效应				相对再分配效应（%）			
	总体	社保收入	社保缴纳	个税缴纳	总体	社保收入	社保缴纳	个税缴纳
2004	0.1496	0.1453	0.0024	0.0019	32.48	31.55	0.76	0.61
2005	0.1471	0.1429	0.0019	0.0023	31.49	30.59	0.59	0.71
2006	0.1652	0.1609	0.0025	0.0018	35.50	34.57	0.82	0.60
2007	0.1500	0.1460	0.0015	0.0025	32.98	32.10	0.49	0.81
2008	0.1492	0.1449	0.0017	0.0026	33.14	32.19	0.56	0.86
2009	0.1526	0.1510	−0.0004	0.0020	34.45	34.09	−0.14	0.68
2010	0.1459	0.1439	−0.0004	0.0024	34.15	33.68	−0.14	0.85
2011	0.1514	0.1470	0.0023	0.0021	35.42	34.39	0.82	0.76
2012	0.1510	0.1428	0.0069	0.0013	35.66	33.72	2.46	0.47
平均	0.1505	0.1467	0.0012	0.0026	33.67	32.82	0.41	0.86

注：按照顺序分解，本表中的社保收入、社保缴纳和个税缴纳的相对再分配效应分别针对初次分配收入、社会保障收入调节后收入、社会保障缴纳后收入计算，其再分配效应之和不等于总体再分配效应。

资料来源：笔者根据天津市 2002～2012 年城镇住户调查数据测算。

从表 6-4 可以得到几点认识。首先，社会保障收入的绝对再分配效应呈现先扩大、后缩小的趋势，从 2002 年的 0.138 扩大到 2006 年的 0.1609，之后缩小到 2012 年的 0.1428，但由于初次分配收入基尼系数先扩大而后下降，使社会保障收入的相对再分配效应比较稳定，维持在 30.59% 到 34.57% 的水平，没有明显扩大或者缩小趋势。其次，与社会保障收入相比，社保缴纳的再分配效应规模很小，而且不稳定，既有正向调节，也有逆向调节，且其波动没有明显的趋势。最后，与社会保障收入相比，个税缴纳的再分配效应规模也很小，除 2002 年外，相对再分配效应不足 1%，但始终保持正向调节效应。个税再分配效应也有较小波动，且同样没有明显时间序列上的变化趋势。

按照顺序分解方法，计算各项再分配工具再分配效应对总体再分配效应的贡献率（见表 6-5）。从表 6-5 可以得到以下认识。第一，社会保障收入项目是总体再分配效应的主要来源，占 94.75% 以上，2002 年由于社会保障缴纳的逆向调节超过个税缴纳调节的情况，社会保障收入的贡献率超过 100%。从变化趋势看，社会保障收入项目贡献率比较稳定，只是在 2012 年有所下降。第二，社会保障缴纳项目并没有明确的缩小收入差距作用，正向和逆向调节并存，除 2002 年外，逆向调节并不明显，且 2010 年以后，贡献率有所上升，

2012 年达到 4.57%，总体上还是具有一定的正向调节作用，尽管贡献率很低。第三，除 2002 年贡献率达到 5.52% 之外，个税缴纳项目对总体再分配效应有 1% 左右的贡献。个税缴纳项目的贡献率有一定波动，2003 年、2006 年、2012 年分别比上一年的贡献率有较大下降，这与 2003 年起地方政府自行提高个税免征额、2006 年免征额法定调整、2011 年 9 月免征额和税率表调整有关，免征额提高减少了税收，税率表调整总体上降低了税负，从而降低了个税再分配效应。

表 6 – 5　　　　　2002～2012 年各项再分配工具对总体再分配效应的贡献率

年份	总体贡献率（%）	社保收入贡献率（%）	社保缴纳贡献率（%）	个税缴纳贡献率（%）
2002	100	100.22	-5.74	5.52
2003	100	96.87	1.73	1.41
2004	100	97.13	1.60	1.27
2005	100	97.14	1.29	1.56
2006	100	97.40	1.51	1.09
2007	100	97.33	1.00	1.67
2008	100	97.12	1.14	1.74
2009	100	98.95	-0.26	1.31
2010	100	98.63	-0.27	1.64
2011	100	97.09	1.52	1.39
2012	100	94.57	4.57	0.86
平均	100	97.50	0.74	1.77

注：本表社保收入、社保缴纳和个税缴纳的再分配效应的贡献率指各再分配项目的再分配效应占总体再分配效应的比重，其总和为 100%。

资料来源：笔者根据天津市 2002～2012 年城镇住户调查数据测算。

三、基于模拟测算个税纳税额的财政再分配效应

作为住户填报个税缴纳额偏低的补正，我们测算了模拟测算个税缴纳额条件下的再分配效应。与住户填报的情形相比，由于仅个税缴纳额是模拟计算的，初次分配收入、社会保障收入、社会保障缴纳没有变化，初次分配收入差距、社会保障收入再分配效应、社会保障再分配效应也没有变化，但个税缴纳再分配效应和总体再分配效应有所变化。

首先，计算基于模拟测算个税缴纳额的总体再分配效应，如表 6 - 6 所示。与使用住户填报个税类似，总体再分配效应比较稳定，最终收入差距比初次分配收入差距明显缩小。基于模拟测算个税缴纳额的总体再分配效应比住户填报增强，2002～2012 年总体再分配效应平均提高了 0.0061，相对再分配效应平均提高了 1.35 个百分点。因此，模拟测算个税缴纳额后，个税再分配效应有所提高，带动了总体再分配效应提高，但模拟测算的个税规模仍然难以与社会保障收入相比，其对总体再分配效应影响不大。

表 6 - 6　　　　　　2002～2012 年天津城镇住户的初次分配收入差距与
财政再分配效应：基于模拟计算个税

年份	初次收入基尼系数	最终收入基尼系数	再分配效应	相对再分配效应（%）
2002	0.4431	0.2980	0.1451	32.75
2003	0.4588	0.2966	0.1622	35.35
2004	0.4606	0.3036	0.1570	34.09
2005	0.4671	0.3136	0.1535	32.86
2006	0.4654	0.2950	0.1704	36.61
2007	0.4548	0.2986	0.1562	34.34
2008	0.4502	0.2959	0.1543	34.27
2009	0.4430	0.2846	0.1584	35.76
2010	0.4272	0.2753	0.1519	35.56
2011	0.4274	0.2703	0.1571	36.76
2012	0.4235	0.2673	0.1562	36.88

资料来源：笔者根据天津市 2002～2012 年城镇住户调查数据测算。

其次，我们按照顺序分解方法测算了使用模拟计算个税缴纳额条件下的社保收入、社保缴纳和个税缴纳的再分配效应（见表 6 - 7）。对比表 6 - 7 与表 6 - 4，与住户填报个税计算的再分配效应相比，社会保障收入和社会保障缴纳的绝对再分配效应不变，但由于总体再分配效应提高，二者的相对再分配效应有所降低。个税缴纳的再分配效应则明显扩大，绝对再分配效应从住户填报的逐年平均数 0.0026 扩大到模拟计算的 0.0086，相对再分配效应从 0.86% 扩大到 2.87%。[①] 从动态看，相比于住户填报数据，模拟测算的个税再

---

① 岳希明和徐静（2012）使用全国城镇样本，并对个税缴纳额进行测算，2002 年和 2007 年个税相对再分配效应分别为 2% 和 4%。

分配效应更加稳定，尽管在 2006 年和 2012 年也比上一年有所下降，但下降幅度缩小。

表 6 – 7　　2002 ~ 2012 年各项再分配工具的再分配效应：基于模拟计算个税

年份	绝对再分配效应				相对再分配效应（%）			
	总体	社保收入	社保缴纳	个税缴纳	总体	社保收入	社保缴纳	个税缴纳
2002	0.1451	0.1380	− 0.0079	0.0150	32.75	31.14	− 2.59	4.79
2003	0.1622	0.1514	0.0027	0.0081	35.35	33.00	0.88	2.66
2004	0.1570	0.1453	0.0024	0.0093	34.09	31.55	0.76	2.97
2005	0.1535	0.1429	0.0019	0.0087	32.86	30.59	0.59	2.70
2006	0.1704	0.1609	0.0025	0.0070	36.61	34.57	0.82	2.32
2007	0.1562	0.1460	0.0015	0.0087	34.34	32.10	0.49	2.83
2008	0.1543	0.1449	0.0017	0.0077	34.27	32.19	0.56	2.54
2009	0.1584	0.1510	− 0.0004	0.0078	35.76	34.09	− 0.14	2.67
2010	0.1519	0.1439	− 0.0004	0.0084	35.56	33.68	− 0.14	2.96
2011	0.1571	0.1470	0.0023	0.0078	36.76	34.39	0.82	2.80
2012	0.1562	0.1428	0.0069	0.0065	36.88	33.72	2.46	2.37
平均	0.1566	0.1467	0.0012	0.0086	35.02	32.82	0.41	2.87

资料来源：笔者根据天津市 2002 ~ 2012 年城镇住户调查数据测算。

表 6 – 8 给出了基于模拟计算个税缴纳额条件下的各再分配工具的再分配效应的贡献率。对比表 6 – 8 和表 6 – 5，模拟计算个税的再分配效应贡献率比住户填报个税的结果更强一些，而社会保障收入和社会保障缴纳的贡献率有所下降，社会保障收入贡献率平均数从 97.5% 下降到 93.72%，社会保障缴纳的贡献率平均数从 0.74% 下降到 0.72%，而个税缴纳的贡献率平均数从 1.77% 扩大到 5.56%。

表 6 – 8　　　　　2002 ~ 2012 年各项再分配工具对总体再分配效应的
贡献率：基于模拟计算个税

年份	总体贡献率（%）	社保收入贡献率（%）	社保缴纳贡献率（%）	个税缴纳贡献率（%）
2002	100	95.11	− 5.44	10.34
2003	100	93.34	1.66	4.99
2004	100	92.55	1.53	5.92

年份	总体贡献率（%）	社保收入贡献率（%）	社保缴纳贡献率（%）	个税缴纳贡献率（%）
2005	100	93.09	1.24	5.67
2006	100	94.42	1.47	4.11
2007	100	93.47	0.96	5.57
2008	100	93.91	1.10	4.99
2009	100	95.33	−0.25	4.92
2010	100	94.73	−0.26	5.53
2011	100	93.57	1.46	4.96
2012	100	91.42	4.42	4.16
平均	100	93.72	0.72	5.56

资料来源：笔者根据天津市 2002～2012 年城镇住户调查数据测算。

因此，模拟测算个税缴纳额与住户填报个税的比较结果表明，在模拟测算个税条件下，个税的再分配效应明显增强，但总体再分配效应增加有限。之所以出现这种结果，是因为个税在总体财政再分配中的作用相对较弱。同时，模拟测算的个税缴纳额也不等于实际的纳税额，如果说住户填报的个税缴纳额偏低的话，模拟测算的个税缴纳额则偏高，实际情况应当介于二者之间。

第四节　财政再分配效应成因分析

一、再分配效应成因分析原理

根据现有再分配效应成因机制的研究成果，一项再分配工具的再分配效应取决于三个方面。

（1）税收累进性（社会收益累退性）。对于税收类项目，如果个人（或者家庭）收入越高，平均税率越高，则具有税收累进性，能够缩小收入差距，而且累进性越强，缩小收入差距的再分配效应也越强。对于增加居民收入的社会保障收入项目，如果个人社会性收益越高，平均收益率越低，则具有收益累退性（类似于税收累进性），能够缩小收入差距，而且收益累退性越强，缩小收入差距的再分配效应也越强。现有文献还进一步分析了税收累进性的形成机

制，个税的免税所得、经营性费用支出扣除、生计费用支出扣除（即免征额）、特许费用扣除（比如慈善捐献税前扣除）、税收抵免等税制要素对税收累进性均有不同程度影响（瓦格斯塔夫，2001；彭海艳，2007；彭海艳，2008）。

（2）再分配收入相对规模。再分配收入规模用再分配收入占初次分配收入的比重衡量，对于税收类再分配工具，再分配收入相对规模即平均税率；对于社会性收益类再分配工具，再分配收入相对规模则指平均收益率。再分配收入相对规模越大，再分配效应越强。比较而言，再分配项目的税收累进性（社会性收益累退性）决定了再分配调节的方向，而再分配收入相对规模则对再分配效应大小的影响更重要。

（3）再分配效应损失。在再分配工具调节过程中，可能发生违反公平再分配的两种情况。一是违反水平公平原则，指初次分配中收入排序相同的个人之间，由于再分配没有给予同等对待而产生新的差距，表明再分配违反了水平（横向）公平原则，再分配导致了新的收入差别。比如，初次分配收入同样是每年30000元，纳税过程中，一人纳税2000元，另一人纳税3000元，产生税后收入差距，与平等地纳税2500元相比，产生了再分配效应损失。二是违反垂直公平原则，使初次分配中收入排序高低不同的个人之间，由于再分配而产生重新排序，收入排序低的变高，而收入排序高的变低，虽然进行了垂直（纵向）调节，但不符合纵向公平的要求。比如，初次分配收入分别是0元（可以考虑是退休人员）和30000元的两个人，如果获得社会保障收入分别是20000元和0元，最终收入是20000元和30000元，则社会保障收入缩小了收入差距，而且没有再分配效应损失；如果获得社会保障收入分别是35000元和0元，则社会保障收入虽然缩小了收入差距，但导致了收入的重新排序（再排序），也属于再分配效应损失。现有文献的测算分析分为两种：一种是将再分配效应损失总体上称为再排序效应（或者称为水平不公平效应）；另一种是将再分配效应损失区分为水平不公平效应和再排序效应。如前所述，这里将再分配损失按照再排序效应进行分析。

针对2002～2012年天津城镇住户财政再分配效应结果的特征，我们使用上述再分配效应原理对其成因进行一些解释，先分别分析各再分配工具再分配效应成因，之后分析总体再分配效应变动趋势的成因。

二、关于社会保障收入项目的再分配效应

以初次分配收入作为调节前收入，以社会保障收入调节后收入为调节后收

入，我们计算了 2002～2012 年逐年再分配效应，之后按照垂直效应和再排序效应分解，以及对垂直效应按照收益累退性、平均收益率进行分解。

图 6-4 显示了社会保障收入再分配效应及其按照垂直效应和再排序效应分解的结果。社会保障收入再分配效应较强，是财政再分配效应的主要来源，相对再分配效应持续达到 30%，比较稳定。分解分析表明，社会保障收入的再排序效应也很强，占再分配效应的 50% 以上，最高达到 84.27%（2002年）。动态看，再排序效应呈现下降趋势，从 2002 年的 0.1163 下降到 2012 年的 0.0736，从占再分配效应的 84.27% 下降到 51.56%。另外，垂直效应从2009 年开始出现明显下降，但再排序效应也明显下降，从而维持了再分配效应没有下降。因此，社会保障收入的再排序对再分配效应具有很大影响，导致较大规模的再分配效应损失。如果没有再排序效应或者再排序效应降低，社会保障收入的再分配效应会更大。

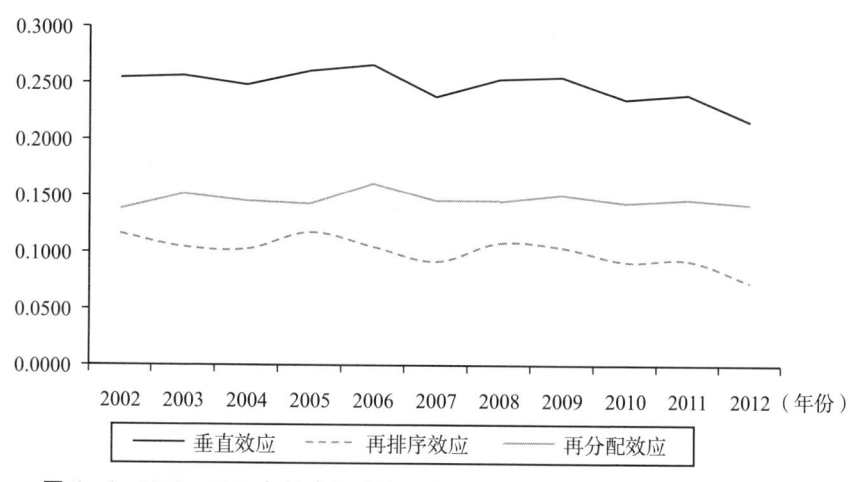

图 6-4　2002～2012 年社会保障收入的再分配效应、垂直效应和再排序效应

资料来源：笔者测算。

图 6-5 显示了决定社会保障收入垂直效应的收益累退指数和平均收益率。社会保障收入的累退指数稳定在 0.7111 至 0.7734 之间，决定了社会保障收入能够缩小初次收入差距的方向，而且是再分配效应较强的重要原因。社会保障收入的再分配收入相对规模也较高，平均收益率处于 40.62% 至 52.88% 之间，是社会保障收入再分配效应强的重要原因。2009 年后累退指数有所上升，但收益率有所下降，最终决定垂直效应有所下降。

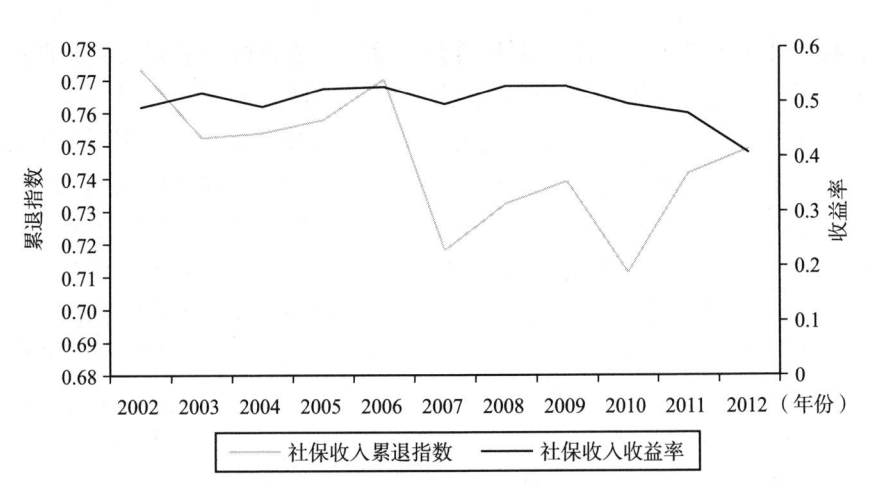

图 6 – 5　2002 ~ 2012 年社会保障收入项目累退指数和平均收益率变化

资料来源：笔者测算。

三、关于社会保障缴纳项目的再分配效应

以初次分配收入作为调节前收入，以社会保障缴纳调节后收入为调节后收入，我们计算了 2002 ~ 2012 年逐年再分配效应，并按照垂直效应和再排序效应进行分解，之后将垂直效应按照税收累退性、平均税率进行分解。

图 6 – 6 给出了社会保障缴纳的再分配效应及其分解为垂直效应和再排序效应的动态变化。社会保障缴纳的再分配效应较弱，甚至存在逆向调节，这里

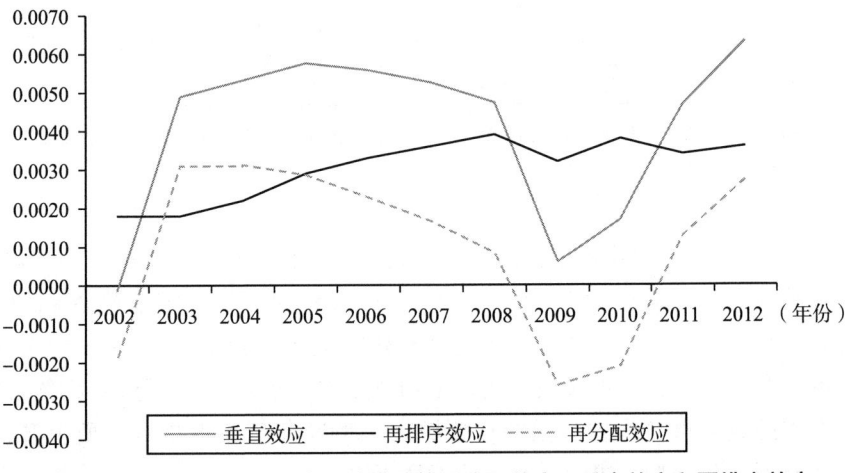

图 6 – 6　2002 ~ 2012 年社会保障缴纳的再分配效应、垂直效应和再排序效应

资料来源：笔者测算。

测算的社会保障缴纳的再分配效应最高只有 0.0031，仅能使初次分配收入差距缩小 0.68%。分解分析表明，社会保障缴纳也存在大规模的再排序效应，甚至超过再分配效应（图中再排序效应位于再分配效应之上），导致较大比例的再分配效应损失，是 2002 年、2009 年、2010 年形成逆向调节的原因。动态看，再排序效应呈现一定扩大趋势，但 2008 年后比较稳定。

　　图 6-7 给出了社会保障缴纳的税收累进系数和平均税率及其动态变化。社会保障缴纳的税收累进性微弱，最高年份也只有 0.0569，而且 2002 年甚至是累退的，决定了社会保障缴纳大多数时间具有缩小收入差距作用，但调节效果微弱。之所以存在税收累退性，一则与城镇职工社会保障缴纳实行比例税率且有封顶有关，二则与城镇居民社会保险缴纳的非强制性有关。社会保障主要通过居民取得社会保障收入环节进行收入分配调节，社会保障缴纳具有轻微程度的税收累退性。动态看，社会保障缴纳的税收累进系数是波动的，2009 年之后有所增强。社会保障缴纳的平均税率呈现上升趋势，由 2002 年占初次分配收入的 6.82% 上升到 2012 年的 13.51%，这与不断提高城镇职工缴费覆盖面和逐渐推进城镇居民社会保险制度的政策有关，有助于扩大其再分配调节作用。垂直效应由社会保障缴纳的税收累进性与平均税率决定，由于平均税率呈现上升态势，垂直效应的动态变化方向决定于税收累进性，税收累进性强，垂直效应就强，税收累进性弱，垂直效应也就弱，而且税收累退时，垂直效应为负。2009 年、2010 年税收累进性比较弱，再排序效应很强，导致社会保障缴纳的再分配效应为负，扩大了收入差距。2009 年之后，社会保障缴纳的税收累进性增强，平均税率提高，垂直效应有所增强。

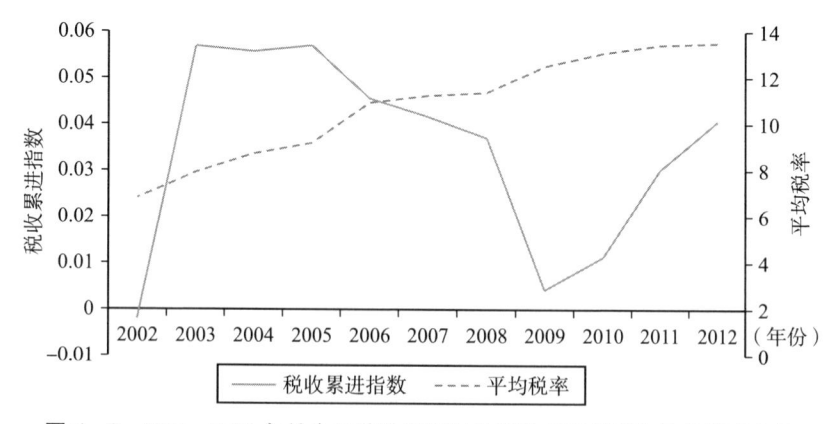

图 6-7　2002~2012 年社会保障缴纳项目的税收累进指数和平均税率变化

资料来源：笔者测算。

四、关于个税缴纳项目的再分配效应

以初次分配收入作为调节前收入，以个税缴纳调节后收入为调节后收入，计算 2002～2012 年逐年个税再分配效应，并按照垂直效应和再排序效应分解，之后将垂直效应按照税收累退性、平均税率分解。

个税再分配效应及其按照垂直效应和再排序效应分解的结果如图 6－8 所示。结果显示，个税缴纳的再分配效应接近于垂直效应，再排序效应损失较小，最高只有 10.13%，该结果符合预期，个税贯彻了税法的高收入者多纳税的原则。但也存在一定的再排序，与税制和征管都有关系。税制方面，个人的养老收入为免税所得，会导致一定的个税调节后的再排序。征管方面，同等应税收入的个人如果税收缴纳不同，会出现再排序。

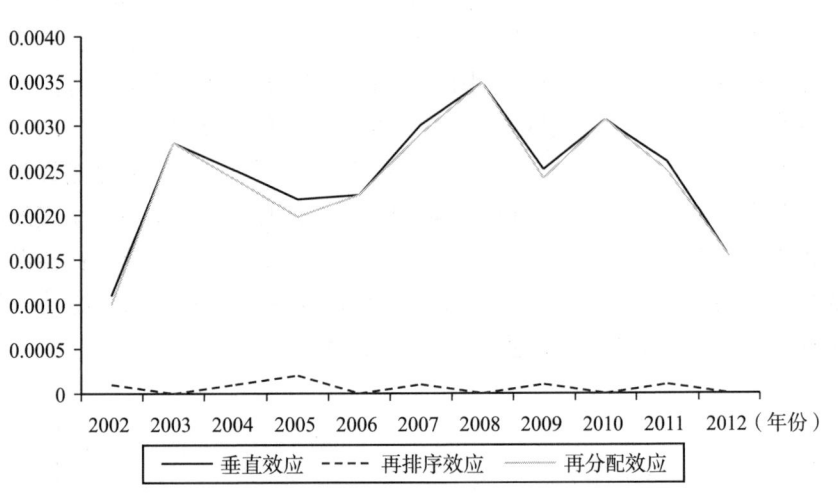

图 6－8　2002～2012 年个税缴纳的再分配效应及其按照垂直效应和再排序效应分解
资料来源：笔者测算。

图 6－9 给出了个税缴纳的税收累进系数和平均税率的动态变化。首先，个税税收累进性较强，远高于社会保障缴纳，多数年份都达到 0.3 左右，体现了个税能够缩小收入差距的方向。动态上，2005～2006 年、2011～2012 年累进系数上升，与免征额调整相关。个税平均税率很低，最高的 2010 年也只有1.02%，且动态上呈现较大波动，最低的 2012 年只有 0.43%。2011～2012年，平均税率大幅度下降，必然受到 2011 年 9 月免征额提高和税率结构调整的影响，但 2005～2006 年、2007～2008 年也进行了免征额调整，平均税率却

没有下降，说明免征额调整并不是导致平均税率变化的唯一因素。平均税率不能稳定提高，是个税再分配效应不能持续提高的根本制约因素。垂直效应由税收累进性和平均税率共同决定，由于税收累进系数波动较小，垂直效应主要决定于平均税率。受平均税率低且波动的制约，垂直效应很小且存在波动。2004~2005年、2005~2006年、2009~2010年、2011~2012年，税收累进系数与平均税率呈现相反方向变动，累进性增强时，平均税率下降了，不利于形成垂直效应和再分配效应。因此，若干年较大规模调整一次免征额的方式不利于税收累进性稳定，不利于平均税率持续提高，从而不利于个税再分配效应持续提高。

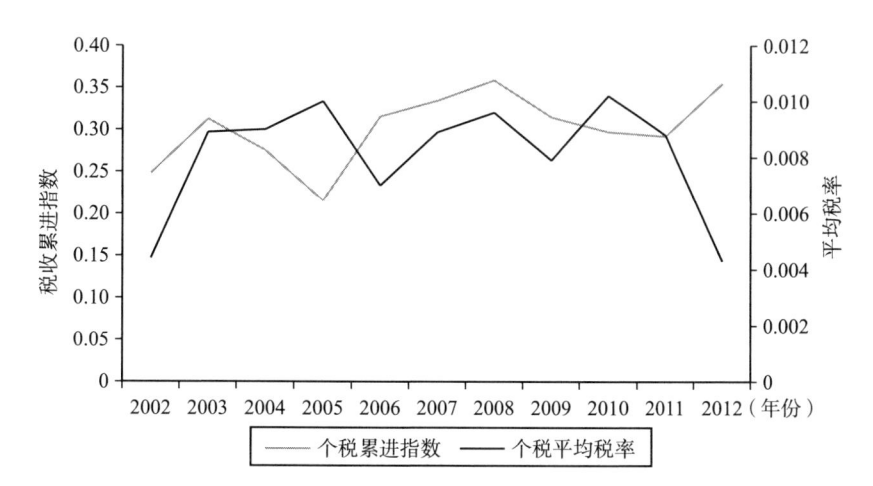

图6-9　2002~2012年个税缴纳项目的税收累进指数和平均税率变化

资料来源：笔者测算。

第五节　结论和政策建议

一、研究结论

天津城镇住户居民收入财政再分配效应具有如下特征。

第一，投入了较大规模财政再分配资源，财政再分配效应总体结果积极。总体上，最终居民收入是初次分配收入的138.24%，政府为居民收入分配投入了较大规模的财政资源。2002~2012年，天津城镇居民初次分配收入基尼

系数处于 0. 4235 到 0. 4671 之间，而经过再分配调节，最终收入基尼系数降低到 0. 2725 到 0. 32 之间，再分配使收入差距缩小了 31. 08% 到 35. 66%，平均相对再分配效应达到 33. 67%，再分配对缩小初次分配收入差距起到了明显的作用。从动态来看，最终收入差距动态上缩小，2012 年比 2002 年、2005 年下降了 10. 77%、14. 84%，表明最终收入分配也有所改善。因此，应当肯定财政再分配调节的积极效果。

第二，天津 2002 ~ 2012 年城镇住户样本的再分配效应比较稳定，不是最终收入差距缩小的直接原因。对比初次分配基尼系数、最终收入基尼系数和再分配效应，最终收入基尼系数与初次分配收入基尼系数同向变动，再分配不是动态上最终收入差距缩小的直接原因，也就是说，再分配调节作用比较稳定，能够持续缩小初次分配收入差距，但再分配调节作用并没有持续扩大，最终收入差距从 2005 年后开始缩小主要取决于初次分配收入差距缩小，而不是再分配强化的结果。这是本样本的特殊情况，还是全国的普遍特征，值得研究。

第三，再分配效应主要来源于社会保障收入的贡献，社会保障缴纳和个税的贡献很低。各再分配项目中，社会保障收入项目是再分配效应的主要来源，其逐年平均贡献率达到了 97. 5%，而社会保障缴纳和个税缴纳的贡献率分别只有 0. 74% 和 1. 77%。动态上看，各再分配项目的贡献率没有明显扩大或者缩小趋势，社会保障收入贡献率比较稳定；社会保障缴纳的再分配调节作用有较大的波动，但在 2010 年后有所上升；个税再分配调节贡献率波动较大，在 2006 年和 2012 年比上一年出现明显下降，但没有导致总体再分配效应下降，这明显与个税免征额及税率结构调整相关联。

第四，个税规模小是其再分配效应弱的根本原因，而个税免征额调整方式则是导致个税再分配效应不稳定的原因。个税免征额调整具有必要性（曹桂全和仇晓凤，2017），免征额调整也不意味着必然恶化个税再分配效应（曹桂全，2018），但若干年集中大规模调整一次免征额，调整年平均税率必然下降，导致再分配效应向下波动，但并不是说免征额不调整的时候免征额就更加适当，问题在于这种集中性、大规模的免征额调整方式不合理。考虑到住户填报个税额偏低，我们使用了模拟测算个税缴纳额，个税再分配效应有所扩大，但仍然只有 2%，表明个税再分配效应根本上受个税规模小的制约，只有在居民收入普遍较高从而税收规模较大的条件下，个税才能更好发挥再分配调节作用。

第五，再排序弱化了再分配效应，存在较大的制度改进空间。社会保障收入是再分配效应的主要来源，既来源于其较好的收益累退性，也来源于其较大

的再分配规模，但由于其存在较大规模的再排序，导致较大规模的再分配效应损失。社会保障缴纳并不是直接调节居民收入的手段，其税收累进性不强，再分配效应微弱甚至存在一定程度的逆向调节，但对于城镇居民来说，没有就业和初次分配收入却仍要参加城镇居民社会保险，是社会保障缴纳存在较大规模再排序的重要原因，具有不合理性。个税缴纳的税收累进性较高，但也由于税制和征管形成一定的再排序，起到降低个税再分配效应的消极作用。

二、政 策 建 议

为更好履行政府财政再分配职能，缩小收入差距，我们提出如下建议。

第一，加快社会保障制度与个税改革和完善，尽快形成成熟、稳定的财政再分配体系。总体上，我国财政再分配资源投入较大，天津城镇样本体现的再分配效应总体满意，但从社会保障收入、社会保障缴纳和个税缴纳的逐年税收累进性（收益累退性）、平均税率（平均收益率）看，均存在不稳定性，表明我国社会保障和个税制度亦不稳定，尚不成熟。一个成熟、稳定、持续的财政再分配体系，应当是今后完善再分配机制的方向。

第二，改进和完善社会保障制度，减少再排序。严重再排序是现行社会保障制度和个税再分配调节机制中的弊端，表明其不符合财政公平的要求，不利于缩小收入差距。具体有两条建议。一是提高养老收入的均等化程度，建立国家基础养老金制度。在现行社会养老保险制度下，不同的老年人之间的养老收入差别很大，虽然降低了初次分配收入差距，但产生了新的较大规模的收入差距，并表现为较大规模的再排序。为此，我们建议考虑设立国家基本养老金，将其作为均等化公共服务为老年人提供而不以缴费为前提，改善养老收入的再分配效应。二是改革养老收入免税制度。社会保障收入的主体是养老收入。当前的养老收入免税政策导致其不受个税调节，并产生一定程度的再排序，既不公平也不利于缩小收入差距。包括养老收入在内的任何收入都接受个税调节，才是公平的，才能更好发挥社会保障收入和个税的再分配调节作用。

第三，逐步完善个税税制，重点加强对高收入人群和非工资薪金收入的税收征管，提高个税再分配调节作用。当前个税再分配效应很弱，主要受制于个税平均税率低；平均税率低在很大程度上受制于居民收入水平总体偏低，这是客观的，需要在居民收入提高的过程中逐步提高个税平均税率。在我国经济改革过程中，城镇居民非现金收入、非工资薪金收入增长很快，但并没有进行很好的税收调节；征管不严导致税收流失，地方政府为吸引人才和招商引资而制

定个税优惠政策导致税收征收率低，也不利于扩大个税规模和发挥个税再分配调节作用。当前我国已经开始落实综合与分类相结合的税制改革，如果能够增强个税课征的普遍性，更加重视个税征管尤其是高收人者的征管，并清理地方政府不合理的税收优惠，可以期望个税规模和再分配效应有一定的提升。当然，当前我国处于通过减税扩张经济的周期，清理税收优惠的时机应当权衡选择。

第七章 政府再分配效应的分解分析：基于2014年天津市住户调查样本[*]

本章以 2014 年天津市住户调查数据为样本，对中国个税和社会保障的再分配效应进行测算和分解分析。

第一节 引 言

从国际经验看，在工业化进程中，一些国家积极执行促进社会公平和社会团结的社会政策，通过财政再分配调节缩小收入不平等。现代财政学认为，再分配是财政职能之一，通过对收入和财富分配的调整以实现社会期望的或者合适的收入分配状态（马斯格雷夫，1959）。财政再分配不仅能够促进收入的平等，也进而产生对经济增长的促进作用，收入平等与经济增长并不是完全对立的，应当重视财政再分配的作用（保罗和沃德，1996）。奥地利等欧洲15国初次分配收入基尼系数平均数为 0.46，财政再分配调节后的基尼系数降低到 0.3，再分配效应达到34.78%；而阿根廷等拉丁美洲6国初次分配收入基尼系数平均数为 0.52，财政再分配调节仅将基尼系数降低到 0.5，再分配效应只有 4%，财政再分配严重不足是拉丁美洲国家成为世界上收入不平等最严重地区的直接原因（岗尼等，2008）。20 世纪 80 年代以来，在新经济和全球化背景下，包括美国在内的一些经济合作与发展组织（OECD）成员最终收入不平等出现明显扩大，乃是由于再分配能力跟不上初次收入分配不平等扩大的状况，显示了财政再分配职能对缩小收入不平等具有关键作用（肯姆和拉姆勃特，2009；依麦沃尔和理查德森，2012）。蔡萌、岳希明（2016）指出，我国的市

---

[*] 本章的主要内容已经发表，参见曹桂全. 中国个人所得税和社会保障再分配效应的分解分析——以 2014 年天津住户调查的数据为样本 [J]. 经济社会体制比较，2020（2）：39 – 48.

场收入不平等与发达国家差不多，政府再分配不足是我国居民收入不平等严重的主要原因，应当通过加大转移支付力度来缓解收入不平等。

　　财政再分配工具包括税收和政府对个人的收入转移两大类。税收范围广泛，包括直接税和间接税，但间接税并不包括在个人收入调查中，其再分配效应分析主要是宏观估计，且其不利于再分配调节的认识早已成为共识。直接税中个税的再分配调节功能突出，是税收调节的主力。社会保障税一般实行比例税率，不能起到缩小收入不平等的作用。房产税对财产存量课税，与收入流量不是一个范畴，其再分配效应也需要检验。政府对个人的收入转移可以称为社会性收益，或者笼统称为社会保障收入，面向符合条件的个人（比如参保）、低收入者（比如收入低于贫困线）和有需要的个人（比如医疗救助），是通过政府财政支出实现再分配调节的关键工具，具有再分配调节潜力。从经济发达国家的实际情况看，社会保障收入的再分配效应贡献率一般达到80%以上，远远超过包括社会保障缴纳的税收（万莹、史忠良，2010）。2004年，美国初次分配收入基尼系数达到0.50081，经过政府对个人收入转移和税收调节，调节后收入基尼系数下降到0.34196。分别考察，政府对个人的收入转移的再分配效应为22.58%，税收的再分配效应为5.9%；税收各项目中，个税的再分配效应为6.79%，财产税为-1.19%，工薪税为-0.45%，税收抵免（EITC）为0.73%（肯姆和拉姆勃特，2009）。实际上，不同国家个税再分配效应存在较大差异，丹麦等12个OECD成员国中，再分配效应从法国的4.78%到芬兰的16.09%不等（瓦格斯塔夫等，1999）。总体上看，政府对个人的收入转移的程度高，再分配效应就强。

　　财政投入的再分配资源并不都有效形成再分配效应，当再分配不能体现垂直平等和水平平等的时候，再分配效应将削弱。财政再分配效应来自财政再分配体系（由各再分配工具构成）的垂直再分配效应，垂直再分配效应决定于再分配收入的税收累进性（或者收益累退性）和相对规模，税收累进性越强，再分配收入规模越大，垂直再分配效应越强。但是，如果各再分配工具存在再排序、水平不平等效应，则垂直再分配效应不能全部转化为再分配效应。美国2004年包括社会保障收入和税收（个税、财产税、工薪税和税收抵免）的总体财政再分配效应为31.72%，将再分配效应分解为垂直再分配效应和再排序效应，总体上存在26.24%的再排序效应损失。分别考察，社会保障收入的再分配效应为22.58%，再排序效应损失为35.76%；个税再分配效应为6.79%，再排序效应损失为5.46%；工薪税再分配效应为-0.45%，再排序效应损失为4.7%。如果将再分配效应分解为垂直再分配效应、水平效应和再排序效

应，其中水平效应均小于 1%（肯姆和拉姆勃特，2009）。

国内文献也进行了再分配效应的分解分析。彭海艳（2008）关于一个城市样本的分解分析显示，工资薪金所得税的水平不平等和再排序的再分配效应损失分别为 0.18% 和 2.51%。岳希明和徐静（2012）关于 2002 年和 2007 年城镇住户样本的分析表明，个税再分配效应分别为 2% 和 4%，水平不平等效应（即再排序效应）① 损失为 3.13% 和 1.46%。徐建炜等（2013）的估计与岳希明和徐静（2012）类似，比如 2009 年横向公平效应占垂直再分配效应的 1.79%。可见，个税再排序损失并不大。刘柏惠、寇恩惠（2014）进行了财政再分配体系、税收（含社会保障缴纳）和政府对个人收入转移的再分配效应的分解分析，2009 年，在财政再分配体系的再分配效应中，垂直再分配效应、水平不平等效应和再排序效应分别占 173.3%，－5.38% 和 78.68%；税收的再分配效应中，垂直再分配效应、水平不平等效应和再排序效应分别占 440.8%、102.14% 和 238.66%；政府对个人的收入转移的再分配效应中，垂直再分配效应、水平不平等效应和再排序效应分别占 5.78%、－158.8% 和 64.58%。该文献测算结果显示了水平不平等、再排序的重要影响，但笔者并没有分析其影响，也没有解释为什么存在水平不平等效应和再排序效应。

国内关于财政再分配效应的研究取得了显著进展，拓展数据来源，使用分解分析方法对财政再分配效应的认识更加客观、深入，认识到财政再分配职能发挥不理想、再分配效应不足，是我国居民收入不平等高位运行的重要原因。我们注意到，除个别文献外（如黄文正等，2014），其他研究都往往将财政再分配效应不足归结为社会保障投入和税收规模不够，从而提出加大财政再分配投入的建议。从政策实践看，我国注重个税的收入分配调节功能和社会保障体系建设，形成了较大规模的财政再分配。个税税收规模呈现上升趋势，从 2000 年占 GDP 的 0.66%、占总税收的 5.24% 上升到 2016 年占 GDP 的 1.36%、占总税收的 8.74%。社会保险是社会保障的重心，其缴费率和替代率比较高。2016 年，全国一般公共预算中安排的社会保障支出占比达到 11.5%，合并计算社会保险基金预算，社会保障支出（一般预算中的社保支出

---

① 卡瓦尼（1984）提出将再分配效应分解为垂直平等效应（effect of vertical equity）和水平平等效应（或者不平等，effect of horizontal equity or inequity）效应。后来的研究表明，卡瓦尼（1984）提出的水平平等效应实际上是再排序效应，真正的水平效应并没有从垂直平等效应中分解出来，所以肯姆和拉姆伯特（2009）将卡瓦尼（1984）的分解方法是将再分配效应分解为垂直再分配效应和再排序效应。所以，在卡瓦尼（1984）的分解公式中，水平效应与再排序效应是一个概念。

与社会保险基金预算中的社会保险支出之和）占比达到 28.18%；[①] 2016 年，全国居民人均可支配收入 23821 元，其中转移性净收入 4259 元，占比达到 17.88%；[②] 后文表 7-1 关于本书天津样本与美国的财政再分配收入对比显示，我国财政再分配相对规模并不小，尤其是居民社会保障收入相对规模比美国还高。为此，本章探究我国财政再分配效应与财政再分配规模是否匹配的问题，并进而分析财政再分配机制可能存在的问题。具体地，本章以 2014 年包括城乡住户的天津市住户调查数据为样本，对包括个税和社会保障（含居民社会保障收入和居民社会保障缴纳）在内的财政再分配效应进行测算和分解分析，比较不同再分配工具的再分配效应，认识再分配收入累进性和再分配收入规模的影响，尤其分析再排序导致的再分配效应损失，探索再分配调节机制不合理导致的再分配规模与再分配效应不匹配的问题，寻找提高财政再分配效应的路径。

本章的贡献有 4 个方面：（1）使用天津市城乡住户样本，评估最终居民收入差距形成中的初次分配和再分配各自的作用，丰富对我国财政再分配效应的认识；（2）对不同财政再分配工具尤其是作为财政再分配效应主要来源的社会保障收入的再排序效应损失进行评估，从而解释财政再分配规模与再分配效应不匹配的问题；（3）比较城镇居民和农村住户的再分配效应差异，从财政再分配资源城乡分布不平衡角度认识城乡居民收入差距成因；（4）在经验分析的基础上，提出诸如建立均等化国家基本养老金制度等完善再分配调节机制的建议。需要说明的是，本章使用一个省级地区（直辖市）样本，侧重再分配机制分析；仅使用 2014 年的横截面样本，不能反映财政再分配效应的动态变化，这是本章的局限。

第二节　样本特征和再分配收入规模的统计性描述

一、样本概况、数据处理和收入不平等指标计算方法

本章选取天津市 2014 年住户调查数据作为研究样本，该样本包括城乡住

---

① 数据来源：国家统计局，国家数据（http://data.stats.gov.cn）和财政部 2016 年决算数据（http://yss.mof.gov.cn/2016js/）。

② 国家统计局，http://data.stats.gov.cn。

户，使用常住人口指标。样本包括 3939 户，人口 11480.5 人，户均 2.92 人。

根据初次分配的内涵和住户调查数据实际，将工资性收入、经营净收入和财产性净收入之和定义为初次分配收入。使用家庭人均收入（X）为测度单位，将其定义为相应的工资性收入（X_S）、经营性净收入（X_M）和财产性净收入（X_A）之和：

$$X = X_S + X_M + X_A \qquad (7-1)$$

根据我国财政制度和住户数据，我们将财政再分配工具分为个税、居民社会保障缴纳和居民社会保障收入 3 项。个税和居民社会保障缴纳可以使用调查数据中的既有数据。居民社会保障收入来源于住户调查中的转移性收入数据，但转移性收入范围比较广，我们剔除了个人间收入转移，也不考虑住房公积金收支，而选择养老收入（包括职工养老金和离退休工资）、社会救助和补贴收入（主要针对农村住户）作为居民社会保障收入。

确定合乎实际的再分配顺序对于顺序分解是重要的。一般地说，社会保障收入和社会保障缴纳之间没有严格的顺序，但考虑部分居民实际上在取得社会保障收入（如社会救助）的基础上缴纳社会保险费，为尽可能避免负收入，本书将社会保障收入在前调节。根据社会保障优先原则，社会保障缴纳在个税之前优先扣除，个税在后进行调节。所以，3 个再分配项目的调节顺序是：居民社会保障收入、居民社会保障缴纳和个税，最终收入等于初次分配收入加居民社会保障收入（SB），减去居民社会保障缴纳（SE）和个税缴纳（T）。为此有：

$$NX = X + SB - SE - T \qquad (7-2)$$

将每个调查户（家庭）作为一个收入组，假定有 n 个家庭，按照家庭人均初次分配年收入由低到高排序，基尼系数（G）的计算公式为：

$$G = 1 - \sum_{i=1}^{n} p_i(Q_i + Q_{i-1}) \qquad (7-3)$$

其中，p_i 为第 i 组的人口比重，Q_i 为累计到第 i 组的收入比重。集中系数计算方法与基尼系数相同，不过其收入数据不是按照自身收入排列，而是按照参照系（如初次分配）的收入顺序排序。

二、再分配收入规模的统计性描述

2014 年，天津市住户家庭初次分配人均年收入为 22855.69 元，人均获得社会保障年收入为 5912.8 元，是初次分配收入的 25.87%；人均社会保障年缴

纳为 940.81 元，是初次分配收入的 4.12%；人均个税缴纳为 56.38 元，是初次分配收入的 0.25%。经过所有再分配调节，家庭最终人均年收入为 27771.3 元，是初次分配收入的 121.35%，也就是说，人均获得再分配净收入 4915.61 元，是初次分配收入的 21.51%，占最终收入的 17.7%。

这种财政再分配收入规模、结构与美国有较大的差别（表 7−1）。天津样本的社会保障收入是初次分配收入的 25.87%，强于美国的 20.97%；天津样本的社会保障缴纳是初次分配收入的 4.12%，弱于美国（美国主要为工薪税）的 6.36%；天津样本的个税为初次分配收入的 0.25%，严重弱于美国的 14.85%。总体来看，天津样本的居民再分配收入大于再分配支出，人均获得再分配净收入占初次分配的 21.51%；美国依靠个税和工薪税筹集的收入基本与居民社会保障收入平衡，居民再分配净收入为初次分配收入的 −0.24%。对比表明，我国居民社会保障收入中部分来源于政府其他财政预算（如机关事业单位职工离退休工资、社会救助资金来源于一般公共预算），而且，天津样本的整体财政再分配规模高于美国。

表 7−1   天津市与美国的财政再分配收入比较

地区	社会保障收入/初次分配收入	社会保障缴纳/初次分配收入	个税缴纳/初次分配收入	居民再分配净收入/初次分配收入
天津市样本（2014 年）	0.2587	0.0412	0.0025	0.2151
美国样本（2004 年）	0.2097	0.0636	0.1485	−0.0024

资料来源：美国的数据来源于肯姆和拉姆勃特（2009），美国的社会保障缴纳为工薪税（payroll tax）。天津的数据为笔者根据天津市 2014 年住户调查数据测算。

三、财政再分配收入的城乡结构

天津住户样本中城镇住户 2249 户，占 74.89%，城镇人口 8232 人，占 71.7%；农村住户 990 户，占 25.11%，农村人口 3248.5 人，占 28.3%。表 7−2 显示，城镇人均初次分配收入高于农村，是农村的 1.65 倍。同时，城镇居民各项再分配收入规模也明显高于农村居民，城镇居民人均获得净收入转移 6477.12 元，农村居民则只有 912.61 元，城镇居民人均净收入转移是农村的 7.1 倍，表明社会保障资源并没有向低收入的农村住户倾斜。表 7−3 进一步说明，对城镇居民来说，社会保障收入、社会保障缴纳和个税缴纳占初次分配收入比例分别为 30.26%、4.79% 和 0.3%，最终收入是初次分配收入的

125.17%；对农村居民来说，社会保障收入、社会保障缴纳和个税缴纳占初次分配收入比例分别为 7.49%、1.59% 和 0.04%，最终收入是初次分配收入的 105.86%。城镇财政再分配收入规模明显高于农村，城镇最终收入比初次分配收入增加了 25.17%，而农村仅增加了 5.86%。城乡居民最终收入倍率从初次分配的 1.65 扩大到 1.95，财政再分配体系扩大了城乡居民收入不平等，这不是政策期待的结果。

表 7-2　　　　天津市城乡住户初次分配和再分配收入比较

收入分配类型	城镇住户年人均收入（元）	农村住户年人均收入（元）	城镇/农村
初次分配收入	25732.74	15564.98	1.6532
居民社会保障收入	7786.36	1165.05	6.6833
居民社会保障缴纳	1232.59	246.94	4.9915
个税	76.65	5.59	13.7120
净再分配收入	6477.12	912.61	7.0974
最终收入	32209.86	16477.59	1.9548

资料来源：笔者根据天津市 2014 年住户调查数据测算。

表 7-3　　　　　　天津市城乡住户再分配规模的比较

区域	社会保障收入/初次分配收入	社会保障缴纳/初次分配收入	个税/初次分配收入	最终收入/初次分配收入
城镇	0.3026	0.0479	0.0030	1.2517
农村	0.0749	0.0159	0.0004	1.0586

资料来源：笔者根据天津市 2014 年住户调查数据测算。

天津城乡收入差距总体不大，但也经历了从扩大到缩小的变化，从 2005 年的 1.75 倍扩大到 2011 年的 2.26 倍，之后从 2012 年开始下降，下降到 2015 年的 1.85 倍。[①] 由于财政再分配扩大了城乡收入差距，城乡收入差距下降应当来源于农村居民初次分配收入增长快于城镇；当然，财政再分配在时间序列上也可能具有缩小城乡收入差距的作用，也就是说，财政再分配扩大城乡收入差

---

① 根据 2006～2016 年《天津统计年鉴》数据计算。2005～2015 年天津市逐年城乡收入差距分别为 1.75 倍、1.8 倍、1.98 倍、2.01 倍、2 倍、2.06 倍、2.26 倍、2.18 倍、2.12 倍、1.85 倍和 1.85 倍。

距的效果逐步减弱。

第三节　财政再分配效应测算及分解[①]

一、总体财政再分配效应及其顺序分解

表7-4给出了2014年天津城乡住户样本总体财政再分配效应以及按照顺序分解方法计算的各再分配工具的再分配效应。初次分配收入基尼系数为0.3832，经过所有财政再分配调节，最终收入分配基尼系数为0.3222，比初次分配收入基尼系数降低了0.061个基尼点，降低了15.91%。按照顺序分解方法测算，社会保障收入、社会保障缴纳和个税分别使调节前收入基尼系数降低了0.0573个基尼点、0.003个基尼点和0.0007个基尼点，再分配效应分别为14.95%、0.78%和0.18%，对总体财政再分配效应的贡献率分别为93.93%、4.92%和1.15%。

表7-4　　天津市2014年城乡住户调查样本的再分配效应及顺序分解

指标	初次分配收入	社会保障收入调节后	社会保障缴纳调节后	个税调节后	再分配体系调节后
基尼系数	0.3832	0.3259	0.3229	0.3222	0.3222
绝对再分配效应	n. a.	0.0573	0.0030	0.0007	0.0610
相对再分配效应（%）	n. a.	14.9500	0.7800	0.1800	15.9100
再分配效应贡献率（%）	n. a.	93.9300	4.9200	1.1500	100.0000

资料来源：笔者根据天津市2014年住户调查数据测算。

因此，财政再分配一定程度上降低了初次分配收入不平等，各再分配项目都具有积极的调节作用，其中居民社会保障收入再分配效应最强，是再分配效应的主要来源；居民社会保障缴纳也起到了缩小收入差距的作用，但贡献率不

[①]　本章涉及的再分配效应测算和分解分析公式见第四章，这里不再赘述。

大，而个税再分配效应很弱。

与肯姆和拉姆勃特（2009）测算的美国 2004 年财政再分配效应相比，天津样本总体财政再分配效应弱很多。应当注意的是，天津样本的社会保障收入规模大，但其再分配效应明显更弱；天津样本社会保障缴纳的再分配效应为正，而美国工薪税的再分配效应为负，存在明显差异；天津样本个税税收规模小，其再分配效应大幅度弱于美国，则并不意外。

二、城镇和农村住户的财政再分配效应差异

表 7-5 显示，按照顺序分解，城镇居民内部的初次分配收入基尼系数为 0.3692，最终收入基尼系数为 0.2783，财政再分配效应为 24.63%；社会保障收入、社会保障缴纳和个税都具有积极的再分配效应，贡献率分别为 98.13%、1.1% 和 0.76%。农村居民内部的初次分配收入基尼系数为 0.3388，最终收入基尼系数为 0.3085，财政再分配效应为 8.94%，社会保障收入和个税具有积极的再分配效应，而社会保障缴纳扩大了收入差距，社会保障收入、社会保障缴纳和个税对财政再分配效应的贡献率分别为 105.28%、-5.61% 和 0.33%。可以看到，城镇居民初次分配收入不平等大于农村，但由于城镇内部的再分配资源规模大、再分配能力强，城镇内部财政再分配效应高于农村内部，经过财政再分配调节，城镇内部最终居民收入不平等低于农村。对比表 7-4，城乡住户的初次分配收入、最终收入不平等，都比城镇住户和农村住户高，而且财政再分配扩大了城乡居民收入差距，从城乡居民初次分配收入的倍率 1.6532 扩大到最终收入的倍率 1.9548（见前文表 7-2），表明城乡收入不平等以及城乡之间财政再分配的差异，都是值得关注的。

表 7-5　　　　天津市城镇住房、农村住户再分配效应的比较

指标	初次分配收入	社会保障收入调节后	社会保障缴纳调节后	个税缴纳调节后	再分配体系调节后
城镇住户					
基尼系数	0.3692	0.2800	0.2790	0.2783	0.2783
绝对再分配效应	n. a.	0.0892	0.0010	0.0007	0.0909
相对再分配效应（%）	n. a.	24.1600	0.2700	0.2000	24.6300
再分配效应贡献率（%）	n. a.	98.1300	1.1000	0.7600	100.0000

续表

指标	初次分配收入	社会保障收入调节后	社会保障缴纳调节后	个税缴纳调节后	再分配体系调节后
农村住户					
基尼系数	0.3388	0.3069	0.3086	0.3085	0.3085
绝对再分配效应	n. a.	0.0319	−0.0017	0.0001	0.0303
相对再分配效应（%）	n. a.	9.4300	−0.5000	0.0300	8.9400
再分配效应贡献率（%）	n. a.	105.2800	−5.6100	0.3300	100.0000

资料来源：笔者根据天津市 2014 年住户调查数据测算。

三、各再分配工具的垂直再分配效应和再排序效应

对于全部城乡住户样本，将各再分配工具的再分配效应分解为垂直再分配效应和再排序效应，结果见表 7 - 6。结果表明，社会保障收入、社会保障缴纳和个税的相应垂直再分配效应分别为 36.87%、0.91% 和 0.23%，再排序效应分别为 0.084、0.0501 和 0.00005，占各自相应垂直效应的 59.45%、37.14% 和 5.56%。如果没有再排序效应，全部垂直再分配效应转化为再分配效应，社会保障收入、社会保障缴纳和个税的再分配效应分别可以达到 36.87%、0.91% 和 0.23%，而由于再排序导致再分配效应损失后，相应各再分配工具再分配效应实际上分别缩小到 14.95%、0.57% 和 0.22%，其中社会保障收入的再排序效应导致的损失最大，而由于社会保障缴纳和个税垂直再分配效应本身就不大，再排序损失也相对小，影响也就相对小。

表 7 - 6　各再分配项目的再分配效应以及垂直再分配效应、再排序效应

指标	居民社会保障收入	居民社会保障缴纳	个税
再分配收入集中系数	0.2419	0.3797	0.38230
再分配调节后收入基尼系数	0.3259	0.3810	0.38235
再分配工具的垂直效应	0.1413	0.0035	0.00090
垂直效应占初次分配基尼系数比重（%）	36.8700	0.9100	0.23000
再分配工具的再排序效应	0.0840	0.0013	0.00005
再排序效应占初次分配基尼系数比重（%）	21.9200	0.3400	0.01000
再排序效应占垂直效应比重（%）	59.4500	37.1400	5.56000

续表

指标	居民社会保障收入	居民社会保障缴纳	个税
再分配工具的再分配效应	0.0573	0.0022	0.00085
再分配工具的相对再分配效应（%）	14.9500	0.5700	0.22000

注：各再分配工具的再分配效应是各再分配工具分别对初次分配收入的调节效果。
资料来源：笔者根据天津市 2014 年住户调查数据测算。

我们与肯姆和拉姆勃特（2009）测算的美国样本进行对比。（1）美国样本中，政府对个人的收入转移（类似于本书的社会保障收入）的垂直再分配效应为 0.1535，是初次分配收入基尼系数的 30.65%，而再排序效应为 0.04043，仅为初次分配收入基尼系数的 8.07%，政府对个人收入转移的再分配效应为 0.11307（相对再分配效应为 22.58%），再排序仅使垂直再分配效应损失 26.34%。如果天津样本社会保障收入的垂直再分配效应的再排序损失也是 26.34%，则其再分配效应可以达到 0.1041（相对再分配效应为 27.16%），比美国样本还要强。（2）美国样本中，类似于天津样本中社会保障缴纳的工薪税的垂直再分配效应为 -0.00213，是初次分配收入基尼系数的 -0.43%；再排序效应为 0.0001，是初次分配收入基尼系数的 0.02%，最终工薪税的再分配效应为 0.0023（相对再分配效应为 -0.45%），再排序使垂直再分配效应降低了 4.65%。如果天津样本中的社会保障缴纳的垂直再分配效应的再排序损失也是 4.65%，则其再分配效应可以达到 0.0033（相对再分配效应 0.89%），虽然改进幅度不大，但也有所提高。（3）美国样本中，个税的垂直再分配效应为 0.03585，为初次分配收入基尼系数的 7.16%，而再排序效应为 0.00186，为初次分配收入基尼系数的 0.37%，再排序使垂直再分配效应损失了 5.19%，最终个税的再分配效应为 0.034（相对再分配效应为 6.79%）。天津样本中，个税的再排序使垂直再分配效应损失了 5.56%，与美国相近。总体来看，天津样本的社会保障收入的较大规模的再排序是总体财政再分配效应弱的重要原因。如果能够将再排序降低到美国的水平，社会保障收入的再分配效应将显著增强，尽管受个税再分配效应弱的制约，总体达不到美国的水平，但已经比较接近。可见，在既有的财政再分配资源条件下，改进再分配机制也是提高再分配效应的重要途径。

四、各再分配项目的垂直效应及其决定因素

对各再分配工具的垂直再分配效应的来源进行分析和比较的结果如表 7 - 7

所示。社会保障收入工具的垂直再分配效应为 0.1413，为初次分配收入基尼系数的 36.87%，显著高于其他两个再分配项目。分解分析的数据显示，社会保障收入的累退性强，累退指数为 0.6876，是 3 个再分配工具中最强的；社会保障收入相对规模也最大，为初次收入的 25.87%。实际上，养老金收入（离退休工资和职工养老金）是社会保障收入的主体，其规模较大。取得社会保障收入之前，该等人群没有或者很少有初次分配收入而处于最低收入组；取得社会保障收入后，其收入明显改善，最低收入组收入明显提高，从而导致很强的累退性。社会保障收入中社会救济和补贴收入面向最低收入人群，具有明显累退性，但规模相比养老金收入小得多，其作用弱于养老金收入。

表 7 -7　　　　　　　　各再分配工具的垂直再分配效应及其来源

指标	社会保障收入	社会保障缴纳	个税缴纳	财政再分配体系
再分配收入集中系数	− 0.3044	0.4641	0.7378	——
累进（退）指数	0.6876	0.0809	0.3546	——
再分配收入相对规模	0.2587	0.0412	0.0025	0.2150
垂直效应	0.1413	0.0035	0.0009	0.1499
相对垂直效应（%）	36.8700	0.9100	0.2300	39.1100

　　注：（1）再分配收入规模指再分配收入相对于初次分配收入的比重；（2）相对垂直效应为各再分配工具或者再分配体系的垂直效应占初次分配收入基尼系数的比重；（3）财政再分配体系的再分配收入相对规模指居民净再分配收入占初次分配收入比重，等于平均税率和平均收益率之和。
　　资料来源：笔者根据天津市 2014 年住户调查数据测算。

　　社会保障缴纳的垂直再分配效应为 0.0035，占初次分配收入基尼系数的 0.91%，显著低于社会保障收入。社会保障缴纳的累进指数为 0.0809，累进性微弱，且社会保障缴纳相对收入规模为 4.12%，规模也不大，从而导致社会保障缴纳垂直再分配效应较小。与现有文献测算社会保障缴纳的城镇居民再分配效应有时存在逆向调节（李清彬，2014；刘柏惠、寇恩惠，2014）相比，本样本的社会保障缴纳垂直再分配效应及再分配效应均为正值，是本书样本包含城乡住户所致。城镇职工社会保险缴费实行比例费率，但超过一定数额工资的部分不再缴费，形成一定程度税收累退性；城镇职工与城镇居民（即非就业人员）的社会保险缴费也可能形成一定税收累退性。但是，农村居民总体上属于低收入者而社会保险缴纳相对少，而城镇居民总体上属于高收入者而社会保险缴纳较多，社会保障缴纳在城乡居民之间呈现税收累进性，并使城乡居民社会保障缴纳总体上形成了税收累进性。

个税的垂直再分配效应为 0.0009，占初次分配收入基尼系数的 0.23%，垂直再分配效应为正值，但是最弱。个税税收累进指数为 0.3546，弱于社会保障收入，显著强于社会保障缴纳，但个税相对规模仅有 0.25%，显著低于社会保障缴纳，是个税垂直再分配效应最弱的决定性因素。因此，个税规模小是其再分配效应弱的主要原因。

各项再分配工具构成的财政再分配体系的垂直再分配效应为 0.1499，是初次分配基尼系数的 39.11%；也就是说，如果没有再排序效应损失，总体财政再分配效应可以达到 39.11%，而不是实际的 15.91%，各项再分配工具的再排序使再分配效应损失了 59.32%。因此，我们再次看到，再排序效应损失是非常值得关注的。

五、再分配工具的再排序的形成机制

社会保障收入是财政再分配体系再分配效应的主要来源，基于社会保障收入较强的收益累退性和相对收入规模，其垂直再分配效应较强，但其再排序效应也最大，导致了大规模再分配效应损失，是财政再分配体系的再分配效果减弱的重要原因。根据本书样本的微观数据，结合我国的社会保障制度，可以认为再分配效果弱主要是由于养老金制度造成的。

第一，养老金收入（包括养老保险金和离退休工资）是社会保障收入主体，占 98.58%，而社会救助和补贴仅占 1.42%。养老金如何分配，基本决定了社会保障收入如何分配；养老金的再分配调节存在的问题，也就反映了社会保障收入的问题。

第二，养老金分配存在严重的不平等，造成较强的再排序，弱化了再分配调节效果。我国养老保障以社会保险为重心，机关事业单位、企业职工和城乡居民的养老保险存在制度差异和水平差异，机关事业单位和部分企业的养老金收入待遇较高，城乡居民的养老金待遇差别更大，形成养老金收入较大差异。对于本书样本，全部住户的养老金收入自身的基尼系数达到 0.76，比全部住户初次分配收入基尼系数（0.3832）还大，即使仅考虑有养老金收入住户子样本，其养老金收入自身的基尼系数也达到 0.458。依靠养老金收入的家庭的初次分配收入为 0，但经过养老金收入的再分配调节，将产生新的收入不平等，也体现为不同养老收入的家庭之间的再排序。同时，不仅依靠养老金收入的人群内部形成再排序，部分家庭养老金收入超过了初次分配收入较低的居民，也产生养老金收入群体与其他低收入人群之间的收入再排序。

第三，当然，养老金收入也有助于缩小收入不平等。养老金收入调节前的初次分配中，依靠养老金收入的家庭收入为0，形成了与其他人群的收入不平等，而养老金收入能够改变初次分配为0的状态从而缩小收入差距。问题的关键在于，内部如此不平等的养老金收入也使本来没有收入差距的住户之间形成再排序，产生新的收入不平等，不利于进行再分配调节。

社会保障缴纳具有较大再排序效应，之所以如此，部分原因是社会保障制度不统一。我国的社会保险（尤其是养老保险）分为三个类型：机关事业单位职工、企业职工、城乡居民，其缴费方法不一。初次分配收入较低的人群（例如非职工的城镇居民、农村居民）需要进行社会保障缴纳，其社会保障缴纳后的收入排序将进一步下降，从而产生再排序；缴纳保险和不缴纳保险的同一初次分配收入的人群之间，将产生再排序。这些再排序是公平的，但不利于再分配调节。

个税调节再排序效应很小。原则上，个税不应当存在收入低的纳税人反而多纳税导致排序进一步下降或者高收入者纳税少而收入排序上升的情况，但也存在引发再排序的制度因素。我国个税实行分类税制模式，同等水平收入纳税额并不相同，会导致一定程度的收入再排序。从个税制度看，养老金收入属于免税所得，但并非依靠养老金收入的人都是低收入者，导致一定程度的再排序。比如，假定甲、乙的初次分配月收入分别是0元和5000元工资，再分配环节，甲获得每月5000元的离退休工资而不需要纳税，最终收入是5000元，而乙需要缴纳45元个税（免征额为3500元），最终收入4955元，从而产生再排序。

六、城乡再分配资源不平衡的影响及其成因

按照养老金收入（含离退休工资和职工养老金）、社会救助和补贴收入、社会保障缴纳、个税四项分别核算城乡住户的再分配收入来源结构（见表7－8）。第一，城镇住户人均再分配净收入6477.12元，农村住户为912.61元，前者为后者的7.09倍；其中，养老收入是城乡居民再分配净收入的主体，城镇和农村住户占比分别达到118.96%和117.83%，且城镇居民人均养老收入是农村住户的7.16倍，是城乡住户再分配净收入差别的决定性因素。第二，城乡住户的人均社会救助和补贴收入接近，且农村数量略高，是缩小城乡收入不平等的因素；但社会救助和补贴收入规模小，作用有限。第三，城镇住户人均个税是农村居民的13.71倍，也是缩小城乡收入不平等的因素；但个税规模更

小，作用更有限。第四，城镇住户人均社会保障缴纳是农村的4.99倍，是缩小城乡收入不平等的因素。综上，城乡住户养老收入差别是城乡再分配资源不平衡的主要来源，也是财政再分配扩大城乡收入不平等的主要原因。

表7-8　　　　　　　　　天津市城乡住户再分配收入来源构成比较

项目	再分配净收入	养老收入	社会救助收入	个税	社会保障缴纳
城镇住户					
人均数额（元）	6477.12	7705.02	81.34	-76.65	-1232.59
占净再分配收入比重（%）	100.00	118.96	1.26	-1.18	-19.03
农村住户					
人均数额（元）	912.61	1075.37	89.77	-5.59	-246.94
占净再分配收入比重（%）	100.00	117.83	9.83	-0.61	-27.06
城乡住户比较					
城镇/农村	7.09	7.16	0.91	13.71	4.99

资料来源：笔者根据天津市2014年住户调查数据测算。

为什么城乡住户之间养老收入存在如此大的差距呢？第一，城乡二元人口特征导致离退休职工集中居住在城镇，而农村企业缺乏，退休企业职工人口占比低。因此，城乡住户养老收入差异大直接源于城乡之间客观存在的人口特征差异。第二，职工保险与城乡居民保险的差异在地域上体现为城乡居民之间的差异。我国有多层次社会保险体系，农村居民按照城乡居民社会保险参保，保障水平低于职工，农民养老待遇自然低，且城乡居民社会保险为自愿性质，实施时间不长，实际参保率有待提高，一些农村老年人实际上并不能获得养老保险待遇。

第四节　结论和建议

一、研究结论

本章对2014年天津城乡住户调查样本测算的主要结果为：个税和社会保

障的总体再分配效应为 15.91%，社会保障收入、社会保障缴纳和个税的贡献率分别是 93.93%、2.92% 和 1.15%。分解分析表明，导致再分配效应较弱的原因有三个方面：一是再分配工具尤其是社会保障收入的再排序严重弱化了再分配效应，使财政再分配效应与再分配资源不匹配，如果能够消除或者减弱再排序，再分配效应将有极大改观；二是财政再分配资源城乡分布严重不平衡，扩大了城乡收入不平等；三是个税受其规模小的制约，再分配调节作用最弱。

本章测算的结果也反映了一些值得注意的现象，对于改革和完善我国财政再分配调节机制具有一定认识意义。

第一，本样本测算的财政再分配效应及其来源结构符合我国经济发展阶段特征。我国通过社会保障体系进行了较大规模的收入转移，社会保障收入起到了较大的再分配调节作用，是财政再分配效应的主体。理论上，社会保障缴纳会起到一定扩大居民收入不平等的作用，但本书样本中社会保障缴纳具有一定积极再分配效应，主要原因是城乡住户社会保险缴费不一致导致的，社会保障缴纳总体上呈现一定的税收累进性。但是，社会保障缴纳在农村内部起到了扩大收入不平等的作用，暴露了社会保险制度的弊端。个税税收累进性较强，起到了缩小居民收入不平等的作用，但由于个税规模很小，其再分配效应很弱。总体上，我国的财政再分配效应仍然不足，是全国最终居民收入基尼系数仍然处于 0.4 以上的重要原因。再分配效应构成结构反映了我国现阶段城乡差距大、社会保障制度不统一、居民收入水平总体仍然不高的发展特征，也反映了我国致力于社会保障制度建设的努力，具有很大的未来拓展空间，有待改善且能够改善。

第二，财政再分配效应较弱很大程度上源于再分配工具存在较大的再排序效应。本书天津样本中，从初次分配收入基尼系数 0.3822 下降到最终收入基尼系数 0.3222，财政再分配体系的再分配效应为 15.91%，再分配调节作用不强。尽管不具有完全可比性，但与美国财政再分配体系相比也具有明显意义。本书天津样本的财政再分配收入规模并不低于美国，但财政再分配效应比美国弱较多，表明我国财政再分配收入规模和再分配效应不匹配，究其原因，再分配工具尤其是社会保障收入的再排序效应是重要因素。本书天津样本中，社会保障收入规模较大，其垂直再分配效应达到 36.87%，但再排序效应使之损失了 59.45%，再分配效应只有 14.95%；而美国社会保障收入的垂直再分配效应为 30.56%，其再排序效应仅使之损失 26.34%，再分配效应则达到了 22.58%。类似地，本书样本的社会保障缴纳存在 37.14% 的再排序效应，也远高于美国工薪税（4.7%）。如果完全消除再排序效应，本书样本最终收入

基尼系数将降低到 0.2333 而不是 0.3222，相对再分配效应将从 15.91% 扩大到 39.11%；即使将总体再排序效应降低到 30%，再分配效应将达到 27.38%，最终收入基尼系数将降低到 0.2783，这表明存在较大的完善再分配调节机制的空间。

第三，城乡之间再分配资源不平衡是财政再分配效应弱的重要原因。本书研究表明，财政再分配缩小了城镇内部收入差距和农村内部收入差距，但是，城镇内部的财政再分配效应强而农村内部弱，尤其是财政再分配扩大了城乡收入差距。出现这种结果的主要原因是城镇居民的养老收入大大高于农村居民，而这又源于城乡二元人口特征和城乡社会保障差异。

二、政策建议

最终居民收入分配格局不仅取决于初次分配，也取决于政府财政再分配调节；财政再分配效果不仅取决于再分配收入规模，也取决于再分配机制设计，以使财政再分配收入具有较强的税收累进性（或者社会性收益累退性）而减少再排序效应，使再分配资源真正向低收入者转移。履行好政府再分配职能，不仅要加强财政再分配投入，也要完善再分配调节机制，重视基本公共服务均等化。

第一，改革社会保障制度，尤其是重构养老保障制度，建立国家均等化基本养老金制度。我国现行社会保障制度以社会保险为核心，社会保险实行个人账户与统筹账户相结合，并区分职工社会保险和城乡居民社会保险；职工社会保险尽管实现了统一，但原机关事业单位人员与企业职工仍然存在差异；城乡居民养老金收入差别很大，不同个人养老金收入差别较大，且养老金收入全部免征个税，表现出很强的再排序效应。我们认为，养老收入保障应当首先建立基本保障，不宜完全依赖于缴费型的社会保险。为此，建议建立国家均等化基本养老金制度，为相同年龄、不分地域的老年人提供相同的基本养老金，使国家养老金成为普遍福利、均等化基本公共服务，从而弱化不同人群、城乡差别的影响，缩小养老收入差别，扩大财政再分配效应。在国家基本养老金制度的基础上，再考虑设立其他社会养老保险或者商业保险。

第二，加强城乡社会保障统筹，使财政再分配资源向农村倾斜。要逐步改变财政再分配扩大城乡收入差距的状况，就需要采取财政再分配资源向农村倾斜的政策。除了建立城乡统一的国家基本养老金制度外，可以考虑增加农村居民的就业培训、医疗补助、生育津贴和住房保障制度的供给，缩小城乡社会保

障差距。贫困主要发生在农村，促进消除农村农民贫困，增加农民收入，有利于缩小城乡收入不平等，也就是有利于缩小总体收入不平等。

第三，逐步扩大个税规模，发挥个税调节作用。个税是发挥再分配调节作用主要税种，其再分配效应依赖于个税规模。我国实行市场经济体制改革以来，原有的社会福利制度逐步改革，需要在居民收入提高的过程中逐步增加个税费用扣除标准，因而个税规模有所扩大但速度不快，个税再分配效应仍处于较弱的水平。经过 2018 年个税税制改革，费用扣除有望基本定型，未来居民收入增加有望更多形成个税税收，个税再分配调节作用将逐步扩大。展望未来，扩大个税规模和发挥个税再分配调节作用是有条件的，也符合提高直接税比重的税制改革方向，但过程可能比较长。

第八章　免征额调整对个人所得税
再分配效应的影响

　　个税免征额调整对于评估我国个税再分配效应极为重要。本章首先分析我国个税免征额构成及其调整方式的特征，尤其是提出标准化免征额和累积性调整方式的概念，之后分析免征额调整对个税再分配效应的影响。其次，鉴于我国个税免征额采取累积性调整方式，分析免征额调整的再分配效应，不仅应分析实际免征额调整与假定不调整条件下的差异，还应分析实际免征额调整与应有免征额调整条件下的差异，从而更好评价免征额的适当性、税收合理性及其对个税再分配效应的影响。

第一节　我国个人所得税免征额调整引起的思考[①]

　　个税改革是全面深化改革的重要内容，其中免征额制度则显得非常突出。深入认识我国个税免征额制度和分析免征额调整存在的问题，改革和完善有利于发挥个税功能的免征额制度，是改革和完善个税税制的重要内容。我国个税制度始于 1980 年。1993 年修改后的税法规定了适用于工资薪金所得每月 800元的免征额扣除方法，并一直适用到 2005 年。之后，我国工资薪金所得税免征额经历了三次调整，分别于 2006 年 1 月、2008 年 3 月、2011 年 11 月调整为 1600 元、2000 元和 3500 元。第三次免征额调整的同时，将工资薪金所得的税率累进级次从九级超额累进减少为七级，将最低边际税率从 5% 降低为 3%，将适用 45% 边际税率的应纳税所得额从 100000 元降低到 80000 元。[②] 免征额

　　① 曹桂全和仇晓凤. 论我国个人所得税免征额制度改革［J］. 天津大学学报（社会科学版），2016（3）：217－223.
　　② 2018 年 10 月，我国个人所得税进行新的改革，基本免征额进一步提高到每年 60000 元（相当于每月 5000 元），本章没有对其再分配效应进行分析。

调整是我国个税税制改革的重心，引起广泛关注。

免征额调整是个税制和免征额制度的内在要求。随着经济和社会发展，一方面，物价水平上涨，原来免征额的货币购买力不能满足居民基本生活费用支出需要，免征额数量出现不足；另一方面，居民基本生活支出项目增加，也导致原来的免征额不能对新形势下居民基本生活费用支出进行充分扣除。尤其是，我国处于社会主义市场经济体制改革和完善时期，原来依靠国家、企事业单位提供的住房、医疗、养老福利大量取消而实行货币化购买，居民生活费用支出增加明显，客观要求免征额进行调整（魏明英，2005；金人庆，2005；谢旭人，2011）。

但是，2005 年第一次调整免征额之时，就存在反对意见，而对 2011 年 9 月的调整则有更多的异议。刘汉屏（2005）认为，再分配调节作用是以税收规模大为基础的，提高免征额不利于发挥个税组织财政收入的作用，不利于提高个税在税收中的地位和作用，将减弱其再分配调节功能。岳希明和徐静（2012）以及岳希明等（2012）认为，提高免征额后，平均税率必然下降，由于平均税率是决定个税再分配效应的主要因素，再分配效应也可能下降，个税再分配调节能力将减弱；2011 年 9 月的免征额调整降低了再分配效应，而要扩大再分配效应和提高个税比重，应当降低免征额，提高免征额的税制改革与税制改革的目标是背道而驰的，该做的不是提高免征额、降低个税的收入比重，减弱其调节功能，而是降低免征额和提高税率水平。徐建炜（2013）认为，2005 年税制改革之前个税再分配效应提升，而 2006 年开始税制改革之后再分配效应下降，税制改革恶化了个税再分配效应，其关键因素是免征额提高导致平均税率下降。我国税收结构目标是建立所得税和流转税并重的双主体税种，提高个税免征额不利于提高个税比重，减缓了增加所得税比重的税收结构优化进程。

我们面临的问题似乎是：提高免征额作为税制的应有之义与追求扩大个税再分配效应、提高个税地位的目标形成冲突，以个税免征额调整为核心的税制改革处于尴尬境地。免征额是对居民基本生活费用的减除，目的是实现"生计收入不纳税"，使个税不侵蚀居民基本生活，使个税成为良税，这是免征额的功能和作用所在，也是个税免征额受到欢迎的根本原因。那么，问题的实质就是，免征额的功能目标与个税的功能目标之间必然存在冲突吗？我们认为，经济增长的过程中，居民收入也在增长，而居民基本生活费用支出也随着物价水平和居民生活水平提高而增长，但是，居民基本生活费用增长（比如5%）必然只能是居民收入增长（比如10%）的一部分而不可能是全部，那么，即使

免征额增长（5%），居民收入增长并没有因为免征额增加而完全减除，应税所得必然增加。居民收入增长而带来的税收增加，可以称为"居民收入增长的税收增加效应"；免征额提高而带来的税收减少，可以称为"免征额调整的税收减少效应"。经济增长过程中税收规模的变化取决于税收增加效应和税收减少效应的对比，如果免征额调整是正常的话，就不会超过居民收入增长，税收增加效应必然大于税收减少效应，总体上税收将随经济增长而增长，在这种适应性调整方式之下，税收规模并不会下降，免征额功能目标与个税功能目标之间并不存在矛盾。

　　从实际情况看，我国个税收入规模和相对规模（以个税税收收入占GDP比重衡量）并没有因为免征额提高而单向下降（见表8-1）。2006年税收规模没有比2005年下降，但是相对税收规模仅仅维持了2005年的水平；2008年税收规模没有比2007年下降，但是相对税收规模下降了0.01个百分点；2012年不仅税收规模比2011年下降了3.87%，而且相对规模下降了0.16个百分点。但是，除了免征额调整年外，其他年份个税规模呈现上升势头，而且免征额调整没有改变税收上升的整体趋势，个税占比从2000年的0.66%上升到2014年的1.16%。

表8-1　　　　　　2000年以来我国个税的免征额、居民收入与税收规模

年份	免征额（元/月）	月平均工资（元）	月平均工资增长率（%）	个税税收（亿元）	GDP（亿元）	个税占GDP比重（%）
2000	800	778	—	659.64	99776.3	0.66
2001	800	906	16.45	995.26	110270.4	0.90
2002	800	1035	14.23	1211.78	121002.0	1.00
2003	800	1170	13.04	1418.03	136564.6	1.04
2004	800	1335	14.10	1737.06	160714.4	1.08
2005	800	1517	13.63	2094.91	185895.8	1.13
2006	1600	1738	14.57	2453.71	217656.6	1.13
2007	1600	2078	19.56	3185.58	268019.4	1.19
2008	2000	2408	15.88	3722.31	316751.7	1.18
2009	2000	2728	13.29	3949.35	345629.2	1.14
2010	2000	3045	11.62	4837.27	408903.0	1.18
2011	2000	3483	14.38	6054.11	484123.5	1.25

续表

年份	免征额 （元/月）	月平均工资 （元）	月平均工资 增长率（%）	个税税收 （亿元）	GDP （亿元）	个税占 GDP 比重（%）
2012	3500	3897	11.89	5820.28	534123.0	1.09
2013	3500	4290	10.08	6531.53	588018.8	1.11
2014	3500	4695	9.44	7376.57	636138.7	1.16

注：（1）2008 年 1～2 月的免征额为 1600 元，2011 年 9～12 月的免征额为 3500 元，表中分别统一写为 1600 元和 2000 元；（2）月平均工资为城镇单位就业人员平均工资；（3）工资等收入指标均为名义量。
资料来源：国家统计局，国家数据（http：//data.stats.gov.cn/）。

　　我们发现，认为免征额提高降低了平均税率和再分配效应的原因是，对比同一收入分配使用了原来免征额和调整后的免征额情况下的不同平均税率、再分配效应。这种方法过于简单了，免征额是应税所得额的减项，同一收入分配适用更高的免征额当然会降低税收规模、平均税率，如果说免征额提高不合理，无异于说免征额本身就不合理。岳希明（2012）甚至提出，为加大再分配调节力度，应该通过提高法定税率和降低免征额的办法来提高平均税率，这就将免征额调整推向了另外一个极端，放弃了保证居民基本生活费用的支出应足额扣除的基本原则。这种论证方法难以得到认同。

　　我们还发现，我国个税免征额制度有两个重要特征：一是标准免征额扣除方法，也就是说，采取对所有纳税人都相同的、统一的费用扣除方法；二是免征额累积性调整方式，也就是说，若干年集中调整一次免征额数量，而没有采取适应性调整方式。这两个方面都有显著的弊端。在标准免征额扣除方法之下，即使免征额在宏观上（总体上）是合理的，也会导致纳税人个体之间税负不公平，存在垂直公平损失，该调节的收入差距得不到调节，弱化了个税再分配调节能力。在免征额累积性调整方式之下，即使不同时期的免征额总体上（整个时期内）是合理的，但在免征额不能及时进行调整的年份将会存在"过头税"，这在免征额调整前一年尤为突出。因为免征额调整的前一年已经累积了多年的应当调整而没有调整的免征额数量，过头税比较严重，较高的税收规模、平均税率是以不合理的税收为代价的，即使免征额调整年的税收规模有所下降，也部分甚至全部是不合理税收负担的合理减轻。因此，免征额调整年与前一年相比，即使税收规模、平均税率存在下降，并不能理解为不合理的下降，而应当理解为免征额累积性调整方式导致的不合理波动；解决问题的方法不在于不调整免征额，而在于改变免征额调整方式。

　　可以推断，标准化免征额和免征额调整方式的确存在消极效果，免征额累

积性调整方式的确存在某些年份再分配效应比上年降低的可能，但这可以通过改革免征额调整方式而加以避免，而不能据此否认免征额调整的必要性，提高再分配效应和优化税收结构不能以免征额扣除不充分为代价。随着经济发展而逐步提高免征额非但合理而且是税法的应有之义，如果免征额扣除标准和方法是合理的，实现免征额的充分扣除功能与提高再分配效应、优化税制结构并不必然存在矛盾，实现免征额功能目标与实现个税功能目标之间并不冲突。问题是免征额制度中的不合理因素导致的，应当从免征额制度上找原因，并通过制度改革，走出困境，更好实现个税改革目标。

第二节　我国个人所得税免征额制度的特点和弊端

一、标准免征额扣除方法与垂直公平损失、再分配效应弱化

　　免征额是税法规定的应税所得中允许减除的收入数额。应税所得减除免征额得到应税所得额，应税所得额适用不同税率计算应纳税额。应税所得小于免征额的部分不予征税，当应税所得超过免征额时，仅对超过部分征税。一般地，免征额奉行"生计收入不课税"的原则，根据纳税人用于其个人及家庭基本生活费用支出确定，使税收不侵蚀居民基本生活，使个税成为"良税"，这是免征额的制度功能。按照我国个税立法文件的解释，免征额标准是参照城镇居民人均消费支出确定的（金人庆，2005；谢旭人，2011）。

　　我国实行分类所得税制，工资薪金所得是城镇居民收入的主体。工资薪金所得实行标准免征额扣除方法，标准免征额的具体内涵是，每一个工资薪金所得税纳税人都具有一个相同的免征额。标准免征额是按照城镇居民平均消费支出和平均赡养系数确定的，这就存在两个平均化倾向：一是城镇居民消费支出平均化，二是城镇就业人员的赡养系数平均化。假定城镇居民人均基本生活费用支出是2000元/月，城镇就业人员的平均赡养系数为1.75，就可以确定标准免征额为3500元/月。标准免征额制度具有计算简单、征管便利的优点，但也存在严重弊端，基本生活费用支出平均化和赡养系数平均化导致垂直公平损失，[①]　不

----

　　① 税收公平有两个方面，一个是横向公平（水平公平），是指税收不应当改变生活境况相同的人的福利状况；另一个是垂直公平（纵向公平），是指纳税能力强的人多纳税，纳税能力弱的人少纳税，使税收缩小税前收入差距。

利于进行纵向调节，蕴藏着税收不公平和税收累进性弱化，对再分配效应是不利的。下面具体阐述其机理。

首先，观察个人基本生活支出费用平均化的影响（见表 8 - 2）。假定两个纳税人 M、N 具有相同的税前收入水平（$X_M = X_N = X$），但家庭条件不同（比如医疗费用支出不同），基本生活消费支出分别为 E_M、E_N，且 $E_M < E_N$。按照生计收入不纳税原则，免征额应该考虑每个纳税人实际基本生活费用支出情况，分别确定为 $A_M = E_M$ 和 $A_N = E_N$。相应地，应税所得额分别是（$X - E_M$）和（$X - E_N$），且 $X - E_M > X - E_N$，二者纳税能力不同，按此纳税，M 将多纳税而 N 少纳税，也就是说，纳税能力强的，税率高；纳税能力弱的，税率低，平均税率呈现累进性并具有垂直公平效应。但是，如果采取标准免征额 A_0，按照两人的平均生活费用支出确定免征额，$A_0 = (E_M + E_N)/2$，则 M 的免征额高于实际基本生活费用支出而 N 的免征额低于实际生活费用支出，免征额过高和过低并存。且两人的应税所得额相同，均为（$X - A_0$），纳税额也相同，平均税率相同，税收没有累进性，不能进行纵向调节。因此，考虑每个纳税人实际基本生活费用的支出才能体现税收公平和进行再分配调节，不考虑纳税人实际生活费用支出的标准免征额必然造成垂直公平损失，不利于形成税收累进性，不利于发挥缩小收入差距的个税功能。

表 8 - 2　　个人基本生活费用支出平均化对税收累进性与税收公平的影响

纳税人		纳税人 M	纳税人 N	对比关系
税前收入（X）		X_M	X_N	$X_M = X_N = X$
基本生活费用实际支出（E）		E_M	E_N	$E_M < E_N$
实际扣除方法	免征额（A）	$A_M = E_M$	$A_N = E_N$	$A_M < A_N$
	应税所得额（TX）	$TX_M = X - E_M$	$TX_N = X - E_N$	$TX_M > TX_N$
	税收（T）	$T_M = s(TX_M)$	$T_N = s(TX_N)$	$T_M > T_N$
	税率（t）	$t_M = T_M/X$	$t_N = T_N/X$	$t_M > t_N$
标准化扣除方法	免征额（A）	$A_M = A_0 = (E_M + E_N)/2$	$A_N = A_0 = (E_M + E_N)/2$	$A_M = A_N$
	应税所得额（TX）	$TX_M = X - A$	$TX_N = X - A$	$TX_M = TX_N$
	税收（T）	$T_M = s(X - A)$	$T_M = s(X - A)$	$T_M = T_N$
	平均税率（t）	$t_M = T_M/X$	$t_N = T_N/X$	$t_M = t_N$

注：$s(\cdot)$ 表示税率结构函数，根据应税所得额计算税收；A_0 表示标准免征额。
资料来源：笔者编制。

其次，分析纳税人赡养系数平均化的影响（表8-3）。仍以上述 M、N 为例，但假定按照基本生活费用支出确定的个人免征额为 a，① 假设 M、N 的实际赡养系数分别为 1 和 3。在考虑每个纳税人实际赡养负担的条件下，免征额应当分别为 $A_M = a$ 和 $A_N = 3a$，应税所得额分别为 $X - a$ 和 $X - 3a$，M 赡养负担小，纳税能力强，将多纳税，平均税率高；而 N 赡养负担重，纳税能力弱，将少纳税，平均税率低，税收具有累进性。反之，如果实行标准化免征额并设定为 $A_0 = 2a$，M 的免征额高于实际基本生活费用支出而 N 的免征额低于实际生活费用支出，导致免征额过高和过低并存；并且，M、N 的应税所得税额均为 $X - 2a$，纳税额也相同，税收不具有累进性，也没有再分配调节能力。因此，考虑每个纳税人的实际赡养负担才能体现税收公平和进行再分配调节，而实行标准化免征额必然弱化税收累进性，造成垂直公平损失，不能有效缩小收入差距。

表8-3　　　　纳税人赡养负担平均化对税收累进性与税收公平的影响

纳税人		纳税人 M	纳税人 N	对比关系
税前收入（X）		X_M	X_N	$X_M = X_N = X$
基本生活费用实际支出（E）		$E_M = a$	$E_N = 3a$	$E_M < E_N$
实际扣除方法	免征额（A）	$A_M = E_M = a$	$A_N = E_N = 3a$	$A_M < A_N$
	应税所得额（TX）	$TX_M = X - a$	$TX_N = X - 3a$	$TX_M > TX_N$
	税收（T）	$T_M = s(X - a)$	$T_N = s(X - 3a)$	$T_M > T_N$
	税率（t）	$t_M = T_M/X$	$t_N = T_N/X$	$t_M > t_N$
标准化扣除方法	免征额（A）	$A_M = A_0 = 2a$	$A_N = A_0 = 2a$	$A_M = A_N$
	应税所得额（TX）	$TX_M = X - 2a$	$TX_N = X - 2a$	$TX_M = TX_N$
	税收（T）	$T_M = s(X - 2a)$	$T_M = s(X - 2a)$	$T_M = T_N$
	平均税率（t）	$t_M = T_M/X$	$t_N = T_N/X$	$t_M = t_N$

资料来源：笔者编制。

我们可以对中国个税免征额与美国联邦个税免征额制度进行对比。美国联邦个税免征额分为个人免征额和分项扣除额两个部分，其中个人免征额按照纳税人家庭人口配给，每人一份个人免征额，考虑了纳税人的家庭赡养负担，更加公平，而不是我国那样使用平均赡养系数确定；分项扣除则是设计一些法定

---

① 个人免征额不同于我国的免征额，不是每个纳税人 1 份，而是纳税人赡养的人口每人 1 份。个人免征额也称基本免征额。

扣除项目，比如超过调整后毛所得 7.5% 的医疗费用、州和地方所得税和财产税、消费者债务的利息支付、符合条件的教育贷款利息支付、符合条件的住房抵押贷款利息支付、符合条件的慈善捐款等。分项扣除可以据实申报，也可以选择采用标准扣除的方式。实际上，分项扣除据实申报的纳税人，一定是其分项支出额超过了标准扣除额度，这也就照顾了实际支出较高的纳税人，使其合乎条件的支出项目尽可能予以扣除。美国联邦个税的个人免征额和分项扣除构成的免征额制度，更能反映纳税人（家庭）基本生活费用支出实际，更符合税收公平原则，值得借鉴。

二、免征额累积性调整方式与过头税、税收不合理波动

我国个税 800 元的免征额从 1994 年开始实施，到 2006 年才开始调整，这种调整显然是一种累积性的集中调整，可以称之为累积性调整方式。累积性调整就是将若干年应当调整的免征额数量集中起来，通过一次调整完成，而不是逐年根据居民基本生活费用支出变化及时调整。在这种调整方式之下，免征额调整前一年和免征额调整年，分别适用原免征额和调整后的免征额。这种调整方式的问题表现在三个方面。

第一，累积性调整方式使基本生活费用支出不能及时调整，免征额经常不足，不能充分实现免征额的功能。假定原来（第 0 年）免征额 1000 元，居民收入每年增长 10%（名义增长，含通货膨胀），居民基本生活费用支出每年增长 5%，那么第 1 年、第 2 年、第 3 年、第 4 年、第 5 年的免征额应当按照居民基本生活费用支出增长分别适应性地调整为 1050 元、1102.5 元、1157.63 元、1215.51 元和 1276.28 元（见表 8-4），这样才能保证居民基本生活费用支出每年都得到充分扣除。但是，累积性调整将 5 年应当调整的数量全部集中在第 5 年，第 1 年、第 2 年、第 3 年、第 4 年仍然适用 1000 元免征额标准，免征额对基本生活费用扣除出现不足，而尤以第 4 年为甚；到第 5 年，一次性将免征额提高到 1276.28 元，免征额才达到合理的水平。

表 8-4　　　免征额累积性调整方式与适应性调整方式比较：一个例子

项目	第 0 年	第 1 年	第 2 年	第 3 年	第 4 年	第 5 年
居民收入增长（%）	n. a	10	10	10	10	10
生计支出增长（%）	n. a.	5	5	5	5	5

续表

	项目	第0年	第1年	第2年	第3年	第4年	第5年
免征额适应性调整方式	免征额（元）	1000	1050	1102.5	1157.63	1215.51	1276.28
	免征额扣除充分性	充分	充分	充分	充分	充分	充分
	税收规模比上年	n.a.	增加	增加	增加	增加	增加
	平均税率比上年	n.a.	上升	上升	上升	上升	上升
	再分配效应比上年	n.a.	扩大	扩大	扩大	扩大	扩大
免征额累积性调整方式	免征额（元）	1000	1000	1000	1000	1000	1276.28
	免征额扣除充分性	充分	不充分	不充分	不充分	不充分	充分
	税收规模比上年	n.a.	增加，过头税	增加，过头税	增加，过头税	增加，过头税	可能降低
	平均税率比上年	n.a.	增加	增加	增加	增加	可能降低
	再分配效应比上年	n.a.	增加	增加	增加	增加	可能降低

资料来源：笔者编制。

　　第二，累积性调整方式导致经常性的过头税，尤以调整前一年的超额税收负担最为严重。免征额不充分必然导致过头税。在表8-4的例子中，免征额集中调整前，第1年、第2年、第3年、第4年的免征额应当调整而没有调整，免征额扣除不充分，应税所得额超过应有、合理水平，税收也就超过了应有规模，征收了过头税。假定第0年和第5年的免征额是合理的，则第1年、第2年、第3年、第4年都存在过头税，而由于第4年免征额没有及时调整的数量是4年累积的，过头税就更为严重。过头税的存在表明，免征额调整前的税收规模尽管增长快、平均税率高，但是已经包括不合理的部分，相应的再分配效应即使提高、所得税比重即使上升，也不是合理的提高和上升。当免征额背离居民基本生活费用充分扣除的基本要求时，个税作为良税的基础条件受损，危害的是个税税制本身。当免征额到调整年回到合理水平的时候，尽管税收规模、平均税率可能下降，但应当理解为合理的下降。

　　第三，累积性调整方式导致税收规模、平均税率、再分配效应发生不合理波动。这是与适应性调整方式相比较而言的。适应性调整是对居民基本生活费用支出变化进行及时调整，且免征额增长速度一般不会超过居民收入增加速度。基本生活费用支出是居民家庭支出的一部分，居民收入增长不可能全部用于满足基本生活支出需要，适应性调整方式下的免征额增长速度必然小于居民收入增长（比如居民收入增长10%，而基本生活费用支出增长5%）。在适应

性调整方式之下，假定其他税制因素不变，扣除免征额提高部分之后，居民收入增加中仍然有部分收入用于新增税收，且由于累进税率结构使税收比收入增长更快，纳税人将增加，原纳税人适用更高边际税率，税收规模扩大，平均税率稳步上升；按照再分配效应与税收累进性、平均税率的关系，平均税率增加将带动再分配效应扩大（卡瓦尼，1977）。因此，免征额适应性调整方式的结果是：税收规模持续增长，平均税率持续上升，再分配效应持续扩大。累积性调整方式则可能出现新问题，由于第1、第2、第3、第4年仍适用1000元的免征额，没有根据居民基本生活费用支出实际足额扣除，征收了"过头税"，税收在此期间持续增长且超过适应性调整方式下的增长数量，但这个税收规模是不合理的。第5年将免征额集中调整为1276.28元，尽管税收规模是合理的，但与上一年相比，由于免征额迅速上升27.63%，超过了居民收入增长速度（10%），税收规模可能下降，平均税率更有可能下降，再分配效应也可能下降，从而导致税收规模、平均税率和再分配效应的波动。一些研究者测算的由于免征额调整而导致的平均税率、再分配效应的变动结果正是这种机制的反映。

我国个税免征额调整的实际情况是，工资薪金所得800元的免征额从1994年开始适用到2005年，之后将从1995年到2006年应当调整的数量都集中在了2006年，一次性提高了100%；将2007年、2008年应当调整的数量集中在2008年，一次性提高了25%；将2009年、2010年、2011年应当进行的调整集中在2011年9月，一次性提高了75%。比较而言（参见前文表8-1），2005~2006年城镇就业人员月平均工资增长了14.57%，2007~2008年城镇就业人员月平均工资增长了15.88%，2011~2012年城镇就业人员月平均工资增长了11.89%，免征额增长超过了居民收入增长，不符合适应性调整方式的要求，出现税收规模和平均税率下降是可能的。实际上，2006年税收规模没有比2005年下降，但税收占GDP的比重仅维持了原来水平（1.13%）；2008年税收规模有所增长，但是占GDP比重比上一年下降；2012年税收规模和税收占GDP比重均比2011年较大幅度下降。如果采取适应性调整方式，1994~2006年免征额平均每年名义增长5.95%，低于城镇就业人员工资增长率，税收规模、平均税率、再分配效应将不断提高；2006~2008年，免征额增长率低于城镇就业人员工资增长速度，如果按照适应性调整方式逐年调整，也将避免2007年税收占GDP比重较高而2008年下降的波动；2008~2012年，如果免征额按照平均每年增长15.02%逐年进行调整，2011年免征额就会超过2000元，税收比重不会像实际那么高，税收规模也就不会出现2011~2012年的大

规模波动。因此，我国个税免征额采取累积性调整方式是导致税收规模、平均税率不合理波动的原因；如果采取适应性调整方式，这些波动是可以避免的。

此外，2008～2012 年免征额增长幅度（75%）超过了城镇就业人员工资的增长幅度（65.57%），总体上不符合一般意义上的适应性调整方式；在此条件下，即使免征额逐年增长 15.02%，也难以保证该期间逐年平均税率上升而不下降。实际上，同样是免征额调整年，2012 年的税收占 GDP 比重 1.09% 相比于 2008 年的 1.18% 是下降的，这就是说，2008～2012 年（2011 年 9 月）的免征额调整幅度的确存在过大的倾向。2011 年 9 月免征额调整不仅没有采取逐年调整的方式，而且其调整规模超过居民收入增长。可以有两个方面的解释，一方面，累积性调整方式不仅包括后向累积即弥补过去，也包括前向累积即具有前瞻性，2011 年 9 月将免征额调整到 3500 元是为了 2012 年及之后持续适用，而实际上适用到了 2018 年 9 月，从此期间看，免征额调整总体上就是适应性的。另一方面，经济增长速度的变化也有影响，2012 年的经济增长发生了急剧下降，名义 GDP 的增长速度从 2011 年的 18.4% 迅速下降到 2012 年的 10.3%，这也肯定是 2012 年税收规模比 2011 年下降的重要原因。

对累积性调整方式的特征及其影响认识不清、对免征额的内涵和功能认识不清，将会导致对免征额调整效果的不合理判断。我们就此对免征额调整的两个问题进行进一步讨论。

第一，能否简单地以免征额调整年与前一年相比的平均税率和再分配效应下降为由而判断税制改革失败？如前所述，在累积性调整方式之下，免征额调整前一年的免征额已经肯定是不合理的了，而且是积累了一段时间的不合理，存在严重的"过头税"，不适合作为比较的基础，不能简单地用调整年的平均税率、个税再分配效应简单地与前一年相比较来说明再分配效应弱化，并进而推断税制改革失败。根据前述分析，免征额调整年的确存在平均税率、再分配效应比上一年下降的可能，但这能说明的是累积性调整方式不合理，导致平均税率、再分配效应的不合理波动。如果要考察免征额调整的再分配效应，免征额调整年之间的比较将更加合适。假定免征额 800 元对 2000 年、1600 元对 2006 年、2000 元对 2008 年、3500 元对 2012 年是合理的，各年税收占 GDP 的比重分别为 0.66%、1.13%、1.18% 和 1.09%，则前两次免征额调整并没有导致平均税率下降，只有第三次调整使平均税率下降。按照这个评价标准，不能说税制改革时期平均税率都是下降的。

第二，能否以追求税收规模和平均税率为由拒绝免征额调整？我们认为，这种对免征额的理解已经脱离了免征额功能，其实质是忽视免征额功能而追求

个税功能，这是不合适的。对居民生计收入充分扣除是免征额的基本功能，也是个税作为"良税"的基础，免征额制度存在的价值在于此，免征额适应性调整的价值也在于此。如果以增加税收规模、平均税率为由而确定免征额，当然是不设立免征额或者存在的条件下不调整乃至降低免征额更加能够提高税收规模和平均税率，但这是与个税自身的功能背道而驰的。所以，与个税功能相比，使个税成为良税的个税免征额功能目标是基础性的、优先性的，如果破坏了个税的基础而简单追求个税税收规模、再分配效应，个税已经不是个税，也就谈不上提高个税的地位和作用、谈不上优化税收结构。而且，尽管免征额适应性调整与不调整相比，税收规模增长将相对变慢，但税收规模、平均税率将持续上升而不是下降，不会造成充分实现免征额功能与扩大再分配效应、税收结构优化目标的矛盾。我们追求的目标，应当是在充分实现个税免征额功能的基础上，更好地实现提高个税税收规模和个税再分配调节作用的目标。就我国的情况看，个税发挥较大的再分配调节作用和税收结构优化是长期任务，需要以国家经济增长和居民收入水平提高作为支撑（黄凤羽，2010；曹桂全和任国强，2014），追求短期迅速扩大税收规模和提高再分配效应是不可能的。

综上所述，我国个税免征额制度有两个重要特点，一是实行标准化免征额，二是实行累积性调整方式。这两个特点的好处是便于税收征管，而其弊端在于存在严重的税制不公平，不利于发挥个税再分配调节功能，且导致税收规模不合理波动。

第三节　免征额调整与个人所得税再分配效应：事实和理论模型[①]

一、我国个税免征额调整和税收变动

个税是我国财税改革的重点之一，免征额调整则是 2006 年以来税制改革的焦点，也是社会关注的热点。正确认识免征额调整的必要性及其对个税税收、平均税率和个税再分配调节作用的影响，对于推进免征额制度乃至整体税

---

① 本章第三节、第四节内容参见：曹桂全. 我国个税免征额调整的税收效应——基于应有免征额、免征额累积性调整方式的分析 [J]. 经济学报，2018 (3)。

制改革具有重要意义。

我国个税法中没有明确使用免征额一词，但对工资薪金所得规定的纳税人纳税所得的减除费用，符合免征额的内涵，应当属于免征额。纳税人负担的基本生活费用支出至少随着物价水平提高而提高，免征额客观上需要调整。实际上，经过调整，1994～2005 年，工资薪金所得纳税人免征额为每月 800 元，2006 年 1 月到 2008 年 3 月为每月 1600 元，从 2008 年 3 月到 2011 年 8 月为每月 2000 元，从 2011 年 9 月到 2018 年 9 月为每月 3500 元。2000～2016 年我国工资薪金所得纳税人免征额各年的标准，见图 8 - 1。

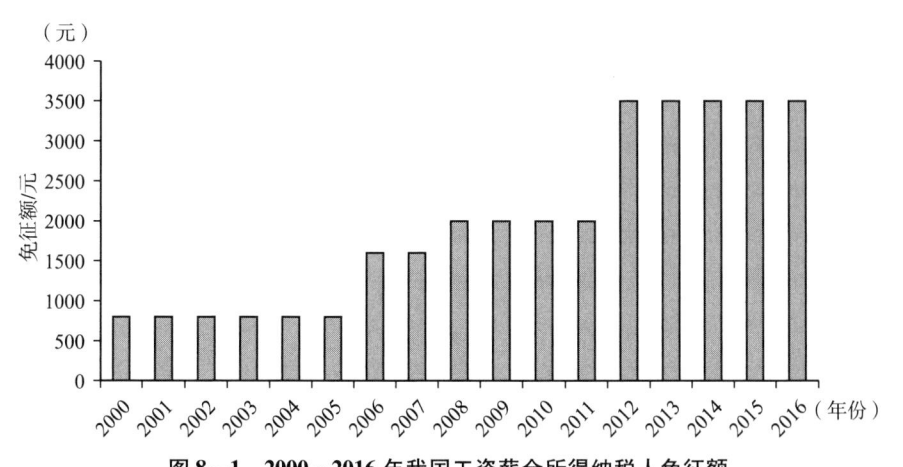

图 8 - 1　2000～2016 年我国工资薪金所得纳税人免征额

资料来源：笔者编制。

那么免征额调整会不会减少税收和弱化个税功能？

首先，分析我国个税税收的实际变动。如表 8 - 5 所示，2000 年以来，个税税收呈现增长态势，从 2000 年的 659.64 亿元增长到 2016 年的 10089 亿元，年均增长 18.59%，只有 2012 年比 2011 年下降了 3.86%。图 8 - 2 给出了个税税收、总税收和 GDP 增长率的比较，比较而言，同期总税收年均增长 15.73%，GDP 年均增长 13.34%，个税税收增长是最快的，但个税增长率波动也最大。图 8 - 3 给出了个税税收占税收比重和占 GDP 比重的变化，其中个税税收占 GDP 的比重总体上呈现上升趋势，从 0.66% 上升到 1.36%，但 2008 年、2009 年和 2012 年有所下降；个税税收占总税收比重从 5.24% 上升到 7.74%，但也出现与个税占 GDP 比重相似的波动。

表 8 - 5　　　　　　　2000 ~ 2016 年我国个税税收规模和平均税率

年份	个税税收（亿元）	个税税收增长率（%）	总税收（亿元）	总税收增长率（%）	个税占总税收比重（%）	GDP（亿元）	GDP 增长率（%）	个税占 GDP 比重（%）
2000	659.64	59.46	12581.51	17.78	5.24	100280.1	10.73	0.66
2001	995.26	50.88	15301.38	21.62	6.50	110863.1	10.55	0.90
2002	1211.78	21.76	17636.45	15.26	6.87	121717.4	9.79	1.00
2003	1418.03	17.02	20017.31	13.50	7.08	137422.0	12.90	1.03
2004	1737.06	22.50	24165.68	20.72	7.19	161840.2	17.77	1.07
2005	2094.91	20.60	28778.54	19.09	7.28	187318.9	15.74	1.12
2006	2453.71	17.13	34804.35	20.94	7.05	219438.5	17.15	1.12
2007	3185.58	29.83	45621.97	31.08	6.98	270232.3	23.15	1.18
2008	3722.31	16.85	54223.79	18.85	6.86	319515.5	18.24	1.16
2009	3949.35	6.10	59521.59	9.77	6.64	349081.4	9.25	1.13
2010	4837.27	22.48	73210.79	23.00	6.61	413030.3	18.32	1.17
2011	6054.11	25.16	89738.39	22.58	6.75	489300.6	18.47	1.24
2012	5820.28	- 3.86	100614.30	12.12	5.78	540367.4	10.44	1.08
2013	6531.53	12.22	110530.70	9.86	5.91	595244.4	10.16	1.10
2014	7376.61	12.94	119158.10	7.81	6.19	643974.0	8.19	1.15
2015	8617.27	16.82	124892.00	4.81	6.90	689052.0	7.00	1.25
2016	10089.00	17.08	130354.00	4.37	7.74	744127.0	8.00	1.36

资料来源：（1）国家统计局，国家数据（http：//data. stats. gov. cn，2017 - 3 - 2）。（2）国家统计局，《中华人民共和国 2016 年国民经济和社会发展统计公报》。（3）财政部国库司，"2016 年财政收支情况"（http：//gks. mof. gov. cn/，2017 - 3 - 2）。各项收入指标均为名义量。

　　其次，分析个税税收变动的特征及其可能的影响因素，尤其分析其与免征额调整的关联性。2000 ~ 2016 年，个税税收和用个税税收占 GDP 比重衡量的平均税率都呈现增长态势，且个税税收增长速度超过总税收增长和 GDP 增长速度。但是，个税税收增长与经济增长并非完全同步。如图 8 - 2 所示，2000 ~ 2003 年，经济增长率上升，个税税收增长率却下降；2012 ~ 2016 年，经济增长率下降，而个税税收增长率上升；其他时间个税税收增长率与经济增长率同步增减。个税税收占 GDP 比重和占总税收比重都经历了大幅上升、轻微下降、轻微上升、较大幅度短期下降和较大幅度上升 5 个阶段。如图 8 - 3 所示，2000 ~ 2007 年，个税税收占 GDP 比重从 0.66% 上升到 1.18%，之后经

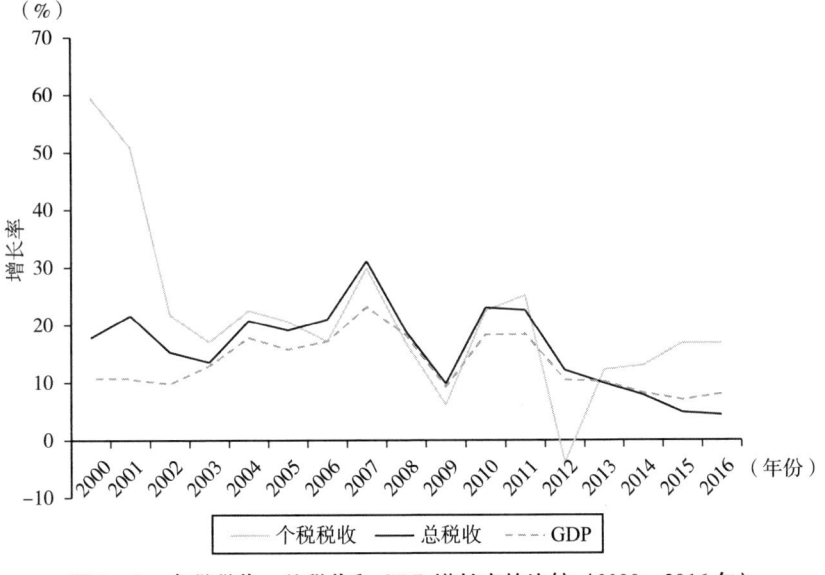

图 8 - 2 个税税收、总税收和 GDP 增长率的比较（2000～2016 年）

资料来源：同表 8 - 5。

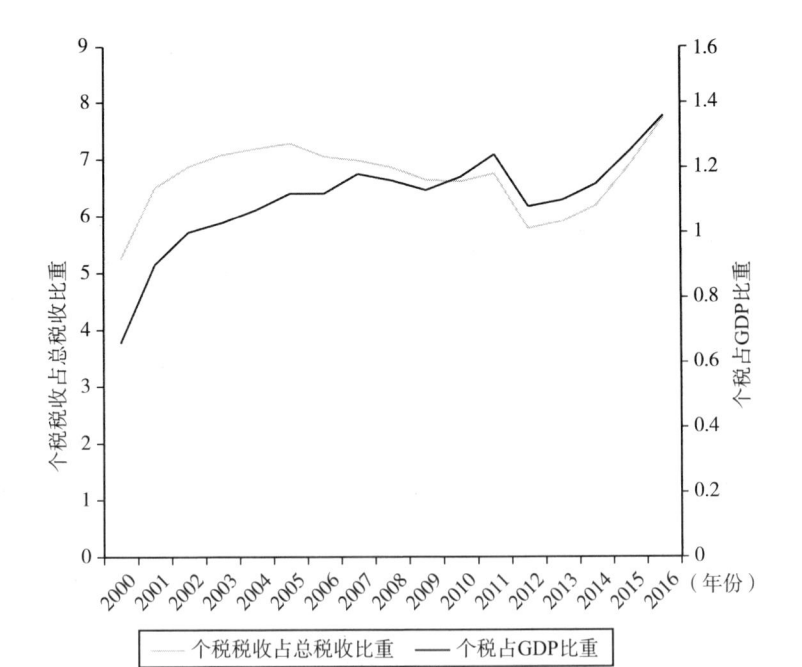

图 8 - 3 个税税收占总税收比重和占 GDP 比重的变化（2000～2016 年）

资料来源：同表 8 - 5。

历 2008 年、2009 年下降到 1.13%，再经历 2010 年、2011 年上升到 1.24%，之后 2012 年较大幅度地下降到 1.08%，最后，2013 年、2014 年、2015 年和 2016 年连续上升，达到 1.36%。个税占税收比重则在 2006 年出现下降，并持续到 2010 年，之后仅经历 2011 年的轻微上升，随后出现 2012 年的较大幅度下降，之后上升趋势与个税占 GDP 比重的趋势相同。上述个税税收、个税税收占 GDP 比重的变化与免征额是否调整有明显的相关性。2006 年免征额调整，个税税收收入没有下降，但增长率下降，平均税率仅与 2005 年持平，个税占税收比重下降。2008 年免征额调整，个税税收没有下降，但税收增长率明显下降，平均税率下降，个税占税收比重下降。2012 年免征额调整幅度较大，个税税收、个税税收占 GDP 比重、个税占税收比重均出现明显下降。反之，个税免征额固定期间，除 2009 年外，个税占 GDP 比重持续上升；除 2009 年和 2010 年外，个税占税收比重持续上升。当然，不能将个税税收变动完全归结于免征额调整，不能用免征额调整解释全部个税税收变动，比如 2006 年，免征额调整幅度大，但平均税率并没有下降；2009 年免征额没有调整，但平均税率下降、个税占税收比重下降。

综上所述，我国个税税收、个税占税收比重变动与免征额调整有关，免征额提高导致一些年份个税税收下降，但个税税收总体上仍然呈现上升趋势，个税筹集财政收入的作用是增强的；尽管个税平均税率在 2008 年、2009 年和 2012 年有所下降，但总体也呈现上升趋势，个税的再分配调节作用也是总体增强的。但是，究竟如何认识和评价免征额调整对个税税收、个税税收占 GDP 比重（平均税率）、个税税收占总税收比重变动的影响，是需要研究的问题。

现有文献对免征额调整的税收效应进行了研究，倾向于认为免征额调整弱化了个税再分配效应。洪兴建（2007）以 2004 年的我国职工工资收入为样本，测算了适用 800 元和 1600 元免征额条件下的收入不平等，结果显示 1600 元免征额条件下的收入不平等更高，提高工资薪金所得税免征额并不一定能改善个税再分配效应。岳希明和徐静（2012）在对全国城镇住户调查数据中的税收额进行模拟调整后，测算了个税再分配效应，认为 2002 年和 2007 年我国个税再分配效应"十分不显著"甚至可以"忽略不计"，而免征额调整必然导致比不调整免征额时更低的平均税率和降低再分配效应。岳希明等（2012）利用 2009 年城镇住户调查数据，对 2011 年 9 月免征额从 2000 元提高到 3500 元的个税再分配效应影响进行了评估，认为 2011 年 9 月税制改革弱化了个税再分配效应。徐建炜等（2013）利用 1997~2009 年城镇住户调查数据，使用微观模拟方法核算应纳个税税额，测算的免征额从 2000 元调整到 3500 元将导致个

税再分配效应下降，2006 年以来的税制改革恶化了个税再分配效应。

一般地说，为持续实现免征额功能，免征额调整具有必然性，如果如上述文献认识的那样，免征额调整具有如此的消极效应，个税免征额调整就陷入了一个两难境地，迫切需要深入认识问题的症结。我们认为，我国个税纳税人免征额采取了累积性调整方式，免征额进行集中性、大规模调整，将导致经常性的免征额过度、不足的交替以及税收不足、税收过度的交替；免征额调整的影响不能仅看免征额调整年及其与前一年的比较，固定免征额期间虽然个税税收上升但却可能是以牺牲免征额应有价值为代价的，应当考虑免征额实际调整与应有调整的比较，这就为更加全面认识个税免征额调整的税收效应提供了一个新的视角。基于此，我们首先对免征额调整税收效应及其评估方法进行界定，提出应有免征额和免征额适当性的概念，区分不同的免征额调整税收效应的界定标准，建立居民收入增长和免征额调整条件下的税收动态效应模型，之后按照不同评估方法进行分析，以求对免征额调整的税收效应做出更加全面、合理的解释，提出我国个税免征额调整存在的问题和改进建议。

二、免征额调整税收效应的概念界定和评估方法

（一）应有免征额与免征额的适当性

应有免征额是分析免征额调整税收效应的关键概念。应有免征额即应当采取的纳税人免征额。按照我国个税法关于工资薪金所得费用扣除标准的确定方法（金人庆，2005；谢旭人，2011），应有免征额（A_0）等于全国城镇职工人均负担的消费支出，等于全国城镇居民月人均消费支出（per capita mensal living expenditure for consumption，PCMLEC）与城镇职工平均负担人口数（number of persons supported by each employee，NPSEE）的乘积：

$$A_0 = PCMLEC \times NPSEE \tag{8-1}$$

我国个税免征额采取累积性调整方式，经常导致实际免征额与应有免征额不一致，用实际免征额（A）与应有免征额（A_0）的比率表示实际免征额的适当性（α），即：

$$\alpha = \frac{A}{A_0} \tag{8-2}$$

如果 $\alpha = 1$，则免征额恰好适当；如果 $\alpha > 1$，则免征额偏高；如果 $\alpha < 1$，则免征额偏低。免征额是应税所得的减项，如果免征额偏高，实际税收比应有

税收偏低；如果免征额偏低，则实际税收比应有税收偏高。

（二）免征额调整的税收效应的界定

免征额调整的税收效应，即免征额调整对税收规模、平均税率、个税再分配效应的影响。一般而言，免征额调整的税收效应可以理解为免征额调整与不调整条件下的税收差异，现有文献多按照这个理念进行分析和评价。但是，不能认为免征额不调整就是合理的，以免征额不调整作为比较的基础忽略了免征额价值。我国个税实际免征额经常与应有免征额不一致，单纯比较实际免征额与不调整免征额条件下的税收差异并不能说明实际调整的合理性。根据我国个税免征额调整实际，可以界定 3 种类型的免征额调整的税收效应。

1. 实际免征额调整与假定不调整的税收差异

我国个税免征额长期固定在每月 800 元，2006 年 1 月开始调整为每月 1600 元，那么，假定 2006 年仍然固定在每月 800 元，比较 2006 年采取 1600 元免征额与采取 800 元免征额条件下的税收差异以及其他效果，就是免征额调整的税收效应。免征额是税基减项，免征额提高必然导致税收减少，这种概念界定下的税收效应是可以明确预期的，现有文献正是采用这种概念界定来说明免征额调整导致税收减少、平均税率下降和再分配效应弱化的结果。但是，按照个税税制要求，免征额应当适应纳税人负担的基本生活费用支出变化而调整，不调整是不合理的，虽然调整导致税收减少，但这正是免征额的内在要求。因此，从实质上说，免征额调整与假定不调整条件下的税收之间没有可比性，更不能说明免征额调整条件下税收减少必然是不合理的；恰恰相反，如果免征额固定不调整，免征额偏离应有价值，税收即使增加也是不合理的增加。因此，单纯比较实际免征额调整与假定不调整的税收差异，没有实际意义。当然，鉴于我国个税免征额调整方式的实际情况，说明实际免征额调整与不调整哪种情况更加符合应有免征额调整的要求，是有认识意义的，也可以测算不调整条件下的情况。

2. 实际免征额调整与应有调整的税收差异

对于一定年份的收入分配，实际免征额调整与应有调整条件下的税收差异，就是这种类型的免征额调整效应。如果实际调整没有按照应有免征额进行调整，二者的差异属于免征额调整的税收效应。如果实际免征额调整超过应有调整，则免征额过度，税收低于应有水平而不足；反之，则免征额调整不足，税收高于应有水平而过度。我国个税免征额从 2006 年 1 月调整为 1600 元，但按照免征额标准确定方法，2016 年应有免征额为 1377 元，实际调整超过应有

调整，从而导致税收不足，属于免征额调整的税收效应。推而广之，免征额固定期间，由于免征额没有积极调整，实际免征额与应有免征额之间也存在不一致性，也导致实际免征额与应有免征额条件下的税收差异，同样属于免征额调整的税收效应。这种类型税收效应分析的目的在于分析免征额调整的适当性以及对税收合理性的影响。我国个税免征额采取集中性、大规模调整方式，实际调整与应有调整经常不一致，这类效应的研究意义重大。

3. 免征额调整导致的税收动态变动

免征额调整导致的税收动态变动，是指免征额调整条件下，免征额调整年与前一年相比较，免征额调整导致的税收增减，以及免征额调整条件下，税收的总体变动趋势。这种分析也区分为免征额实际调整和应有调整两种情形，并且可以比较二者的差异。这种分析的目的在于评价实际免征额调整对税收动态变化的影响，以及免征额调整如何实际地影响个税功能发挥。

上述分析表明，应当选择应有免征额条件下的税收作为免征额调整效应的比较基准，而不是选择不调整条件下的税收作为比较基准，才能说明实际免征额调整是否适当、是否导致税收不合理波动。进一步地，我国个税免征额采取累积性调整方式，一个固定免征额并非为特定年份而是为若干年设计，免征额调整效应分析也不应当仅仅分析逐年实际免征额调整与应有调整条件下的税收差异，而且也应当分析不同免征额固定期间的税收差异，这样才能更好反映个税免征额调整的目标，更加全面评价个税免征额调整的适当性及其对税收的影响。比如说，2012 年 3500 元的实际免征额对比 2012 年应有免征额是过度的，存在税收不足（税收减少），但这只是 2011 年 9 月免征额调整税收效应的一部分，而不是全部，需要综合分析 3500 元免征额适用年份 2013 年、2014 年、2015 年和 2016 年乃至 2017 年的税收效应，才能对 2011 年 9 月免征额调整的税收效应做出全面评价。

三、免征额调整的税收动态效应模型

（一）个税税收增长模型

根据我国个税税法，假定居民收入为 X_0，免税所得（income exempted from tax）表示为 IEFT，税前收入为居民收入减除免税所得，表示为 X，免征额为 A，税前扣除为 D，应税所得额为 TX，以工资薪金所得为例，其税率结构为 s(·)，则应税所得额为：

$$TX = X_0 - IEFT - A - D = X - A - D \qquad (8-3)$$

按照税法，计算的税收（T）为：

$$T = s(X_0 - IEFT - A - D) = s(X - A - D) \qquad (8-4)$$

根据该模型，税前收入增加将导致税收增加，免税所得增加将导致税收减少，免征额和税前扣除增加将导致税收减少。此外，影响税收收入的因素还有税收政策和税收征管，但没有在模型中考虑。例如，储蓄存款利息征收个税政策的变化，1999 年 11 月 1 日至 2007 年 8 月 14 日，实行 20% 的比例税率；2007 年 8 月 15 日至 2008 年 10 月 8 日，实行 5% 的比例税率；2008 年 10 月 9 日以后，暂免征收个税。再如，2006 年之前，一些地方政府自行提高了工资薪金所得的减除费用标准；2006 年之后，国家加强对财产转让（住房、限售流通股、股权等）所得征收个税，建立健全个人纳税申报制度。因此，按照式（8-4）计算的税收，并不完全等于实际税收，实际税收还受税收政策和税收征管的影响。

（二）免征额调整的税收动态效应模型

我国个税免征额调整并非仅仅依据物价水平，物价水平甚至不是主要原因。财政部向全国人大常委会报告的个税税法修正案（草案）明确提出，当居民维持基本生活所需的费用发生较大变化时，工资薪金所得减除费用标准也应相应调整，而居民基本生活费用支出变化既来源于物价水平的变化，也来源于经济体制改革导致原本由国家和单位负担的生活费用支出转由家庭负担，以及居民基本生活费用支出随着居民生活水平提高而增加。

根据我国个税税法，为确定工资薪金所得的应税所得额，首先要从税前收入中减除免税所得，其次进行税前扣除，即减除个人缴纳的"三险一金"和慈善捐献，最后再减除纳税人免征额。忽略免税所得和税前扣除，简化后的应税所得额（TX）等于纳税人税前收入（X）减除免征额（A），即：

$$TX = X - A \qquad (8-5)$$

假定年通货膨胀率为 π，$\pi \geqslant 0$，通货膨胀导致的名义税前收入增加为 πX，体现税前收入实际增长部分[1]的名义增长率为 g，g $\geqslant 0$，实际税前收入增长部分的名义收入增加为 gX，税前收入增长由通货膨胀导致的名义收入增加和实际税前收入增长导致的名义收入增加构成，增长速度为（$\pi + g$）。同时，将免

---

[1]　比如，某年某人名义税前收入为 1000 元，后一年名义税前收入为 1200 元，增长了 20%，但通货膨胀率为 10%，通货膨胀带来的名义收入增加为 100 元，另外 100 元的名义收入增加是实际收入增长带来的，体现实际收入增长的名义增长率也是 10%，当然实际增长率为 9.09%。

征额调整区分为两个部分，适应通货膨胀而调整部分的速度为 π，适应实际居民基本生活费用支出增加（即由于经济体制改革导致的和随着居民收入水平提高导致的部分）而调整部分的速度为 b，b≥0，免征额调整速度为（$\pi + b$）。免征额调整后，应税所得额变化（ΔTX）为：

$$\Delta TX = [X(1 + \pi + g) - A(1 + \pi + b)] - (X - A)$$
$$= (\pi + g)X - A(\pi + b) \qquad (8-6)$$

由于个税采取累进税率结构，如果应税所得额增加，税收必然增加。不考虑其他因素，如果税前收入增加幅度（$\pi + g$）X 大于免征额提高幅度（$\pi + b$）A，则应税所得额增加，税收将增加，否则税收将下降。所以，税收增加的条件是：

$$(\pi + g)X > (\pi + b)A \qquad (8-7)$$

再分析平均税率变化。显然，随着税前收入增长，如果税收下降，则平均税率当然下降；但即使税收增加，如果税收增加速度低于税前收入，平均税率也将下降，所以平均税率下降的条件比税收下降的条件更加宽松。一般地，税收增长速度（$\Delta T/T$）超过税前收入增长速度（$\Delta X/X$），则平均税率上升，而税收增长速度比应税所得额增长速度（$\Delta TX/TX$）更快（由于累进税率），用应税所得额增长速度代替税收增长速度，应税所得额增长速度与税前收入增长速度二者差额的表达式为：

$$\frac{\Delta TX}{TX} - \frac{\Delta X}{X}$$

$$= \frac{[X(1 + \pi + g) - A(1 + \pi + b)] - (X - A)}{X - A} - \frac{X(1 + \pi + g) - X}{X}$$

$$= \frac{A}{X - A}(g - b) \qquad (8-8)$$

显然，在 g＞b 的条件下，式（8-8）结果为正，平均税率将上升。当然，即使 g＜b，应税所得额增长速度低于税前收入增长速度，由于累进税率结构的作用，并不能判断税收增长速度一定低于税前收入增长速度。但是，由于税率结构的作用不容易模型化，可以大致以 g＜b 作为平均税率下降的条件。$\pi + g < \pi + b$ 与 g＜b 表示的条件相同，在不能区分免征额适应通货膨胀调整和实际居民基本生活费用支出调整的条件下，可以通过直接比较免征额调整速度与税前收入增长速度，来判断免征额调整对平均税率变化的影响。也就是说，如果免征额调整速度超过税前收入，可以大致判断平均税率将下降。所以，平均税率下降的条件是：

$$\pi + g > \pi + b \qquad (8-9)$$

综上所述，在我国个税免征额适应物价和实际居民基本生活费用支出变化而调整的条件下，税收下降的门槛条件是免征额调整幅度超过税前经济增长幅度，即 $(\pi+b)A>(\pi+g)X$；平均税率下降的门槛条件是免征额调整速度超过税前收入增长速度，即 $\pi+b>\pi+g$。

此外，卡瓦尼（1977）提出的模型表明，在不考虑再排序效应的条件下，个税再分配效应（RE）决定于平均税率（t）和税收累进指数（K）：

$$RE=\frac{t}{1-t}K \tag{8-10}$$

显然，如果税收累进指数不变，平均税率越高，再分配效应越强。假定税收累进指数不变，如果平均税率提高，则个税再分配效应增强。此外，式（8-10）忽略了个税的水平效应和再排序效应，即假定垂直效应全部形成再分配效应，这种忽略不会改变个税再分配效应的方向。

第四节　免征额调整效应分析

一、免征额调整的必要性：实际调整、不调整与应有调整比较

一些现有文献采取比较实际免征额调整与假定不调整条件下的税收、平均税率和个税再分配效应，以说明免征额调整弱化了个税再分配效应、不利于提高直接税比重，这种对免征额调整效应的认识值得商榷。免征额是应税所得的减项，税前收入不变，免征额提高，应税所得额将减少，税收将减少，平均税率将降低，再分配效应也将下降，这是可预期的结果，甚至可以是一个简单的算术关系，但脱离了免征额应当按照其应有价值进行调整的客观要求，并不能说明免征额是否应当调整，否则任何免征额调整都将被拒绝。如果当前个税免征额仍然维持每月800元的水平，可以计算出很大规模的税收、很高的平均税率甚至很强的个税再分配效应，但显然违背了个税内在性质。

分析免征额是否应当调整，也就是分析免征额调整的必要性。但是，比较的基础应当是应有免征额而不是不调整。也就是说，免征额应当适应居民基本生活费用变化而进行调整，如果调整后免征额比不调整的免征额更适当，免征额调整就是必要的。为此，表8-6分别给出2000~2016年的实际调整下的免征额、假定免征额不调整从而固定在上一期的免征额以及应有免征额。

表 8 - 6　　　　　　　　**2000～2016 年我国个税免征额逐年适当性**

年份	实际免征额（元）	不调整免征额（元）	应有免征额（元）	实际免征额/应有免征额	不调整免征额/应有免征额
2000	800	800	791	1.0114	1.0114
2001	800	800	841	0.9512	0.9512
2002	800	800	955	0.8377	0.8377
2003	800	800	1031	0.7759	0.7759
2004	800	800	1137	0.7036	0.7036
2005	800	800	1324	0.6042	0.6042
2006	1600	800	1377	1.1619	0.5810
2007	1600	800	1583	1.0107	0.5054
2008	2000	1600	1874	1.0672	0.8538
2009	2000	1600	1942	1.0299	0.8239
2010	2000	1600	2133	0.9376	0.7501
2011	2000	1600	2400	0.8333	0.6667
2012	3500	2000	2640	1.3258	0.7576
2013	3500	2000	2927	1.1958	0.6833
2014	3500	2000	3162	1.1069	0.6325
2015	3500	2000	3388	1.0331	0.5903
2016	3500	2000	3654	0.9579	0.5473

资料来源：笔者编制。

表 8 - 6 显示，2005 年之前，免征额没有调整，实际免征额逐渐较大幅度低于应有免征额，到 2005 年，实际免征额只有应有免征额的 60.42%。如果 2006 年、2007 年仍不调整，实际免征额将只有应有免征额的 58.1% 和 50.54%。实际调整后，2006 年实际免征额为应有免征额的 116.19%，免征额偏高，但与不调整相比，更接近于应有免征额，而 2007 年实际免征额基本是适当的，与不调整将导致的免征额严重不足形成鲜明对比，因此，2006 年免征额调整是必要的，而且已经迟缓。类似地，如果 2008 年免征额不调整，实际免征额将只有应有免征额的 85.38%，而实际调整后的免征额为应有免征额的 106.72%；而且，如果 2008 年免征额不调整，2009 年、2010 年和 2011 年的免征额维持在 1600 元，则分别将只有应有免征额的 82.39%、75.01% 和

66.67%，比实际调整后的免征额更加不适当，因此，调整是必要的。最后，2011 年 9 月进行了免征额调整，2012 年实际免征额是应有免征额的 132.58%，较大幅度超过了应有免征额，而如果不调整，实际免征额将是应有免征额的 75.76%，因此，仅就 2012 年而言，调整后免征额比不调整更加偏离应有免征额，不过偏离的方向不同而已。但是，如果 2011 年 9 月免征额不调整，2012 年后持续保持 2000 元的免征额，2013 年、2014 年、2015 年和 2016 年的免征额将分别为应有免征额的 68.33%、63.25%、59.03% 和 54.73%，其适当性低于免征额调整后的 119.69%、110.69%、103.31% 和 95.79%，因此，除了 2012 年，免征额调整比不调整条件下的免征额更加适当，调整是必要的，实际调整比不调整更加合理。

因此，2006 年 1 月、2008 年 3 月和 2011 年 9 月的免征额调整都是必要的。与免征额不调整相比，除了 2012 年，免征额调整后的适当性更强，实际调整具有合理性。但不是说免征额调整不存在任何问题，这就需要进一步分析实际免征额调整的适当性。

二、免征额调整的适当性：实际调整与应有调整的比较

实际免征额调整的合理性，就是比较实际免征额与应有免征额之间的差异，以应有免征额为基准，分析调整后实际免征额的适当性。如果免征额按照应有调整进行，就不存在这个问题，但我国个税免征额采取了累积性调整方式，调整年和不调整年的免征额都可能偏离应有免征额，成为我国个税免征额调整效应的特殊问题。同时，在累积性调整方式之下，个税免征额调整并非针对调整年进行，免征额调整幅度中既包括对过去免征额不足的弥补，也包括对未来免征额的前瞻，除了分析逐年免征额的合理性外，还需要进行期间分析。

（一）实际免征额的适当性：逐年分析

1994 年税法修正后，工资薪金所得免征额标准为每月 800 元，较大幅度超出了 1994 年应有免征额，其目的是较长时间适用。表 8 - 6 显示，由于免征额没有及时调整，2001 年出现了免征额不足，2002 年、2003 年、2004 年、2005 年免征额持续不足，直到 2006 年才调整为 1600 元。可见，免征额采取累积性调整方式之下，固定免征额期间内，免征额依次出现过度、适当或者基本适当、不足的变化，免征额经常性不适当。如图 8 - 4 所示，对于 800 元的免征额，2000 年之前，免征额过度，但免征额过度程度逐渐降低；到 2000 年，

免征额基本适当；2001～2005 年，免征额不足，不足程度逐渐提高。对于 1600 元的免征额，2006 年过度而 2007 年基本适当；对于 2000 元的免征额，2008 年免征额过度，2009 年基本适当，2010 年和 2011 年不足且 2011 年不足严重；对于 3500 元的免征额，2012 年免征额严重过度，2013 年、2014 年仍然过度，2015 年基本适当，2016 年免征额不足。

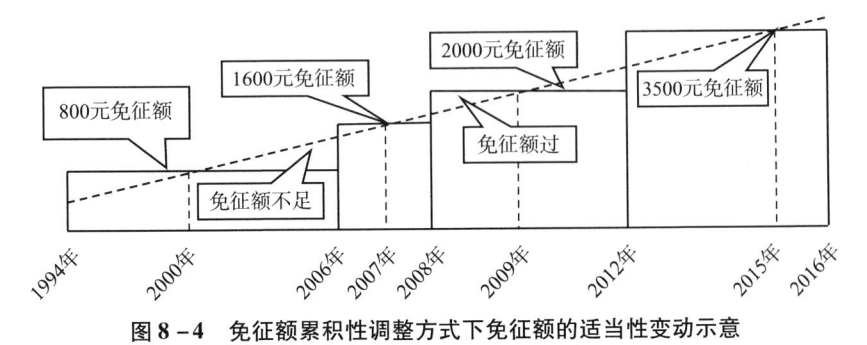

图 8-4　免征额累积性调整方式下免征额的适当性变动示意

注：图中横轴表示年份。实线表示实际免征额，虚线表示应有免征额变化趋势。虚线和实线相交，表示免征额适当；实线在虚线上方，表示免征额过度；实线在虚线下方，表示免征额不足。

资料来源：笔者编制。

（二）实际免征额调整的适当性：期间分析

我们看到，一方面，免征额调整是必要的；另一方面，免征额调整又导致逐年实际免征额经常不适当，并表现为免征额不足和过度的周期性波动。那么，究竟如何总体评价个税免征额调整的适当性呢？我们认为，应当考虑我国个税免征额累积性调整方式的目标：每次免征额调整不以调整年当年应有免征额为标准，而是力图使一个免征额在固定期间（若干年）总体上、平均地更好适用。因此，免征额调整是否适当应当就固定免征额期间进行总体评价，而不仅仅看逐年免征额是否适当。至于免征额累进性调整方式存在的问题，则另行分析。

我们用固定免征额期间内逐年免征额适当性指标的平均数反映免征额总体适当性。如表 8-7 所示，固定免征额期间内，只有一个年份免征额适当性较强，其他年份免征额过度或者不足，但总体适当性明显提高。800 元的固定免征额期间，总体适当性仍然不足；1600 元的固定免征额期间，2006 年过度而 2007 年基本适当，总体上仍略有过度；2000 元的固定免征额期间，2008 年免征额过度，2009 年基本适当，2010 年和 2011 年过度，总体适当性明显提高但略有不足；3500 元的固定免征额期间，2012 年、2013 年和 2014 年免征额过度，2015 年基本适当，而 2016 年出现不足，总体免征额仍然略有过

度。图 8 - 5 显示了免征额固定期间总体适当性与逐年免征额适当性的对比，1600 元免征额、2000 元免征额和 3500 元免征额的总体适当性介于 0.9 ~ 1.1 之间，比逐年免征额适当性好很多，免征额调整总体上适当性更强。

表 8 - 7   2000 ~ 2016 年固定免征额期间实际免征额总体适当性

项目	800 元免征额 (2000 ~ 2005 年)	1600 元免征额 (2006 ~ 2007 年)	2000 元免征额 (2008 ~ 2011 年)	3500 元免征额 (2012 ~ 2016 年)
免征额固定周期	5 年	2 年	4 年	5 年
免征额过度	(不在考察期内)	1 年 (2006 年)	1 年 (2008 年)	3 年 (2012 ~ 2014 年)
免征额适当	2000 年	2007 年	2009 年	2015 年
免征额不足	5 年 (2001 ~ 2005 年)	无	2 年 (2010 ~ 2011 年)	1 年 (2016 年)
实际免征额/应有免征额平均数	0.814	1.0863	0.967	1.0846
免征额总体适当性	免征额不足	略有过度	略有不足	略有过度

注：本表数据限于本研究 2000 ~ 2016 年的考察期间。
资料来源：笔者计算和编制。

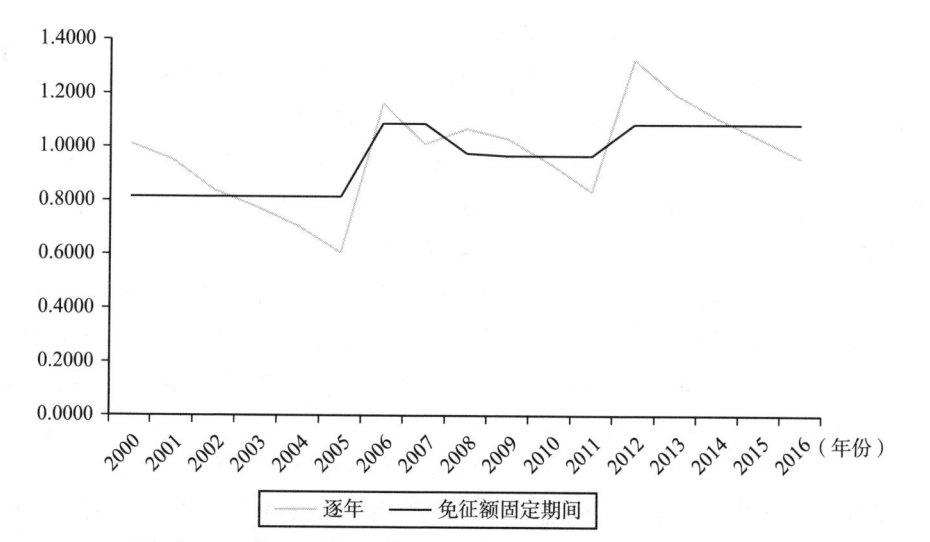

图 8 - 5   个税免征额逐年适当性和免征额固定期间总体适当性

注：纵坐标为实际免征额与应有免征额的比值，其中实线表示逐年实际免征额与应有免征额比值，虚线表示固定免征额期间实际免征额与应有免征额比值的平均数。
资料来源：笔者编制。

应该指出，本书考察期间为 2000～2016 年，而实际上 800 元免征额从 1994 年就开始适用，2000 年前免征额必然是偏高甚至显著偏高的，那么 800 元免征额在 1994～2005 年将不会总体不足甚至可能总体是过度的。如果考虑 2017 年甚至 2018 年仍然适用 3500 元免征额，3500 元免征额将不一定是总体过度的，免征额总体适当性会更高。

因此，我国个税免征额调整导致逐年免征额适当性较差，不能很好实现免征额价值，免征额过度和不足相互交替，免征额经常性不适当，且有时不适当性程度很高。但是，就免征额累积性调整方式的预期目标而言，免征额调整总体上接近应有免征额调整幅度，免征额在固定期间的总体适当性较强。免征额适当性的逐年波动是由于采取大规模、集中性的累积性调整方式引起的，如果保持免征额调整总体幅度，但是免征额逐年调整，逐年免征额适当性将大大增强。

三、免征额调整对动态税收的影响

为正确认识免征额调整的税收效应，应当对免征额调整的税收效应进行逐年分析和期间分析，并且区分调整免征额与假定不调整条件下的税收差异以及实际免征额与应有免征额条件下的税收差异。

（一）实际免征额调整对税收的影响：逐年分析

我们比较两种条件下免征额调整幅度、调整速度与税前收入增加幅度、增长速度之间的比较，以分析免征额调整的税收效应：（1）实际免征额调整；（2）免征额按照应有调整额进行调整。本书主要考察工资薪金所得免征额调整，所以使用城镇职工月人均工资指标表示税前收入。表 8－8 给出了 2000～2016 年税前收入、实际免征额、应有免征额及其逐年增加幅度和增长速度。

表 8－8 　　　　　　 2000～2016 年我国个税实际免征额、
应有免征额与税前收入的比较

年份	实际免征额			应有免征额			税前收入		
	数值（元）	比上一年增加（元）	增长率（%）	数值（元）	比上一年增加（元）	增长率（%）	数值（元）	比上一年增加（元）	增长率（%）
2000	800	0	0	791	n. a	n. a	778	n. a	12.28
2001	800	0	0	841	50	6.32	906	128	16.45

续表

年份	实际免征额			应有免征额			税前收入		
	数值（元）	比上一年增加（元）	增长率（%）	数值（元）	比上一年增加（元）	增长率（%）	数值（元）	比上一年增加（元）	增长率（%）
2002	800	0	0	955	114	13.56	1035	129	14.24
2003	800	0	0	1031	76	7.96	1170	135	13.04
2004	800	0	0	1137	106	10.28	1335	165	14.10
2005	800	0	0	1324	187	16.45	1517	182	13.26
2006	1600	800	100	1377	53	4.00	1738	221	14.57
2007	1600	0	0	1583	206	14.96	2078	340	19.56
2008	2000	400	25	1874	291	18.38	2408	330	15.88
2009	2000	0	0	1942	68	3.63	2728	320	13.29
2010	2000	0	0	2133	191	9.84	3045	317	11.62
2011	2000	0	0	2400	267	12.52	3483	438	14.38
2012	3500	1500	75	2640	240	10.00	3897	414	11.89
2013	3500	0	0	2927	287	10.87	4290	393	10.08
2014	3500	0	0	3162	235	8.03	4695	405	9.44
2015	3500	0	0	3388	226	8.03	5169	474	10.10
2016	3500	0	0	3654	266	7.85	5691	522	10.10

资料来源：（1）国家统计局，国家数据（http：//data. stats. gov. cn，2017 – 3 – 2）。（2）国家统计局：《2016 年中华人民共和国国民经济主要数据统计公报》。

在免征额调整条件下，对于免征额固定年份，税前收入增长而免征额不变，即 $\pi + g > 0$ 而 $\pi + b = 0$，必然有 $(\pi + g)X > (\pi + b)A$ 以及 $(\pi + g) > (\pi + b)$，根据式（8 – 7）和式（8 – 9），个税税收和平均税率都必然上升。对于免征额调整年，税收变化取决于免征额调整幅度与税前收入增长幅度的对比，由于免征额采取累积性调整方式，实际免征额调整幅度明显超过税前收入增长幅度，如表 8 – 8 所示，2006 年、2008 年和 2012 年免征额调整幅度分别为 800 元、400 元和 1500 元，而相应的税前收入增加分别为 221 元、330 元和 414 元，按照式（8 – 7），免征额调整必然导致当年税收下降的税收效应。平均税率变化则取决于免征额调整速度与税前收入增长速度的对比，2006 年、2008 年和 2012 年免征额调整速度分别为 100%、25% 和 40%，相应的税前收

入增长率分别为 14.57%、15.88% 和 11.89%，按照式（8-9），免征额调整具有较强的平均税率下降效应。

如果免征额按照应有免征额进行调整，表 8-8 显示，除 2005 年税前收入增长幅度与应有免征额变化幅度接近外，其他年份税前收入增长幅度都大于应有免征额变化幅度，税收收入将总体持续上升，即使存在下降，下降幅度也很小；除 2005 年、2008 年和 2013 年应有免征额调整速度略大于税前收入增长速度从而可能导致平均税率下降外，其他年份的平均税率将上升，因此，平均税率将呈现总体上升趋势，即使存在下降年份，下降幅度也很小。

显然，按照逐年免征额适当性与税收合理性关系，免征额过度则税收不合理下降，而免征额不足则税收不合理上升，也可以得出相同的结论。如图 8-6 所示。实际免征额调整条件下，一个固定免征额期间内，实际免征额与应有免征额相比，渐次呈现免征额过度、免征额适当和免征额不足，相应地出现税收不合理下降、税收合理和税收不合理上升。尤其应当关注免征额调整年与前一年的税收比较，调整年实际免征额过度、税收不合理下降，而调整前一年免征额不足、税收不合理上升，从税收过度到税收不足，足以引起平均税率和税收下降。

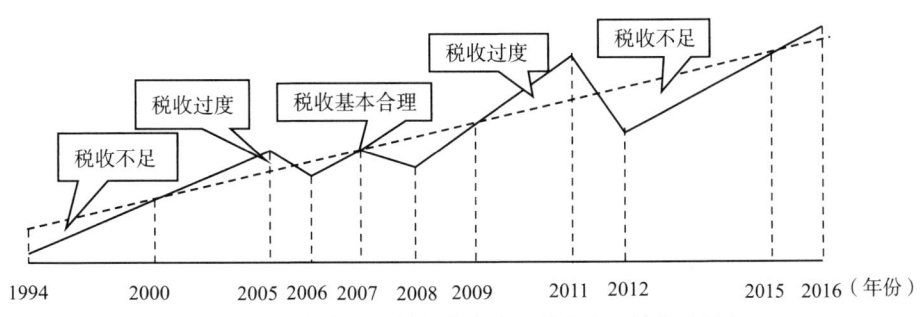

图 8-6 免征额累积性调整方式下税收合理性变动示意

注：图中横轴表示年份。实线表示实际免征额条件下税收变动趋势，虚线表示应有免征额条件下应有税收的变动趋势。虚线和实线相交，实际税收与应有税收一致；实线在虚线上方，表示税收过度；实线在虚线下方，表示税收不足。免征额调整年相比于前一年，税收受不合理税收变动影响而下降。
资料来源：笔者编制。

因此，从逐年的情况看，免征额调整年免征额严重过度而税收严重不足，调整前一年免征额严重不足而税收严重过度（2007 年除外），不合理税收从过度变化到不足，足以导致税收和平均税率下降，不利于税收持续稳定增长，不利于个税功能正常发挥。如果采取按照应有免征额调整，税收动态变化将更加稳定，即使出现税收和平均税率下降，也是轻微下降，必然更加有利于实现免

征额价值和持续稳定发挥个税功能。

（二）实际免征额调整对税收的影响：期间分析

逐年分析表明，免征额调整之下，既存在免征额调整年税收不合理减少的税收效应，也存在免征额固定年份税收不合理增加的税收效应，不能仅以免征额调整年税收减少代替免征额调整的全部税收效应。为认识免征额调整对税收的总体影响，需要按照免征额累积性调整方式的目标，进行期间比较。

固定免征额期间内的税收过度和不足相互抵消，税收不合理性将明显减弱，逐年平均税率的平均数能更好反映一个固定免征额期间的税收水平。为此，我们使用固定免征额期间内逐年平均税率的平均数反映税收水平，通过比较不同固定免征额期间的税收水平反映免征额调整的总体税收效应。通过计算得到，2000～2016年，4个免征额固定期间逐年平均税率的平均数分别为0.963%、1.15%、1.175%和1.188%，呈现较小幅度的持续上升趋势。图8－7显示，免征额固定期间的逐年平均税率的平均数比逐年平均税率变化平稳，说明免征额调整并没有产生总体下降的税收效应。此外，如果考虑3500元的免征额在2017年仍没有调整，2017年的平均税率将较高，计算2012～2017年的逐年平均税率的平均数将更高一些，税收水平上升趋势也会更明显。

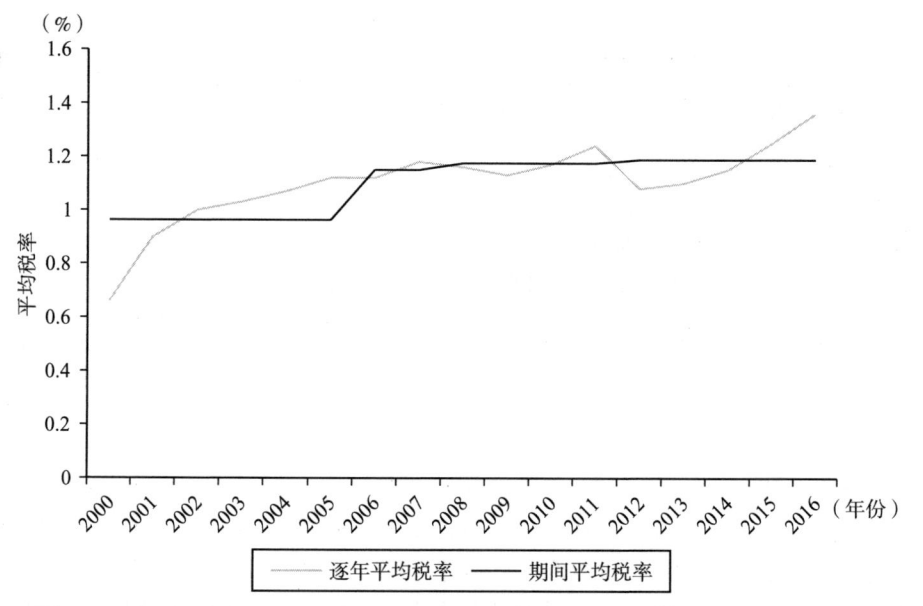

图8－7　个税逐年平均税率和免征额固定期间平均税率的平均数（2000～2016年）

资料来源：笔者编制。

因此，2000～2016年，尽管存在较多年份免征额过度或不足导致税收不足或者过度，逐年平均税率存在不合理波动，但就免征额固定期间而言，免征额固定期间的税收水平（用逐年平均税率的平均数反映）呈现上升趋势，实际免征额调整并没有总体上导致税收水平下降。

需要进一步说明的是，我们这里使用的税收和平均税率是税前收入、免征额变动以及各种税制因素、征管因素等综合作用的实际结果，并不仅仅是免征额调整的效应。其中免征额之外的税制因素主要是2011年9月新修正的税法对税率表进行了修正，降低了最低税率，降低了最高边际税率门槛，降低收入者税负和加强对收入者调节并存；而征管因素的核心是加强了征管，有利于增加税收。但是，这些因素的作用无法一一排除。

四、小结

现有文献关于免征额调整减少了个税税收、降低了个税平均税率、弱化了个税再分配效应的结论主要建立在免征额调整年的税收变化上，在研究方法上存在不合理性，而且没有考虑我国个税免征额采取累积性调整方式的特征，不能全面反映免征额调整的税收效应。当然，现有文献认识到免征额调整年的税收减少、平均税率下降甚至个税再分配效应弱化，是符合实际的，但仅以调整年的税收变化评价免征额调整是片面的，据此来否认免征额调整的必要性甚至认为其恶化个税再分配效应的结论值得商榷。本书结合我国个税免征额调整的特征，建立了更加全面的免征额调整税收效应评价方法，其分析结果表明：第一，我国个税免征额调整是必要的，符合免征额应当调整的客观需要；第二，免征额调整幅度总体上符合应有免征额调整的要求，因此总体上不会产生税收减少、平均税率下降和个税再分配效应弱化的税收效应；第三，从免征额适用期间看，个税实际税收、平均税率呈现上升趋势；第四，累积性免征额调整方式的确存在弊端，导致了免征额过度、不足的经常性存在，并进而导致了税收不足、税收过度的经常性存在，尤其是导致免征额调整年税收和平均税率比上一年下降（有时实际税收或平均税率没有下降，是影响税收的其他税制因素和征管因素导致的结果），不利于持续实现免征额价值和个税功能稳定发挥。

免征额及其调整是个税的内在要求，如何确定符合税收效率和公平原则的免征额标准、免征额调整方式，是税制设计和改革的重要问题。鉴于免征额累进性调整方式存在明显弊端，应当进行改革。当前，我国正在着手推进综合与分类相结合的个税制改革，应当将免征额调整方式改革纳入税制改革中，作为

税制改革的内容之一。①

第五节　研究结论和政策建议

一、研究结论

本章研究提出了以下新概念：（1）免征额调整的有限性；（2）单一标准化免征额；（3）免征额累积性调整方式和适应性调整方式；（4）免征额实际调整、不调整与应有调整；（5）免征额调整的当年效应与免征额固定期间效应。这些概念对于认识我国个税免征额制度的特征、弊端，对于全面、客观认识免征额调整的再分配效应具有重要理论意义。

本章认为，我国个税实行单一标准化免征额和累积性调整方式，具有税收征管上的便利性，但也存在税制不公平、不利于再分配调节、产生税收规模和再分配效应不合理波动的弊端。尤其是，在累积性调整方式之下，会导致免征额调整年的税收规模、平均税率和再分配效应比上一年下降的可能性，是累积性调整方式的严重弊端。我国个税免征额调整是必要的，而且全面、客观地看，免征额调整幅度总体上是合适的，不存在严重的过度调整。展望未来，免征额仍然将向上调整。

二、政策建议

我国个税免征额制度弊端日益显现，改革势在必行，应该作为我国个税税制改革重要内容。在充分而公平的免征额扣除标准和免征额适应性调整方式之下，我们期望随着居民收入水平的提高，个税规模、平均税率和再分配效应都将有所提高，个税收入再分配调节机制更加完善，国家税收结构逐步优化，更好发挥个税功能。

第一，要正确认识个税免征额的内涵和价值，并将个税免征额功能作为优先目标。个税免征额制度是保证个税作为良税的基础制度，免征额调整也具有必然性。不能为了追求税收规模和平均税率而放弃调整免征额，更不能降低免征额（当然，如果免征额超过了法定的居民基本生活费用支出标准，免征额可

---

① 　2018 年 10 月我国的个人所得税税制改革仍然没有考虑免征额调整方式的问题。

以降低，但是其目的仍然是更好实现免征额功能）。免征额充分、及时、准确扣除是免征额制度的要求，是个税税制的优先目标，不能将个税免征额与个税功能对立起来。

第二，要改革免征额扣除方法，尽可能避免平均化，充分考虑纳税人基本生活费用支出和赡养负担的实际。我国实行简单易行的标准免征额制度，实际上忽略了很多事关公平的因素，不利于再分配调节功能的发挥，也不利于实现免征额制度应有目标。改革的基本方向是，按照纳税人实际基本生活支出费用和赡养负担计算免征额。我国每个家庭基本生活支出费用是相当不同的，有宏观上地区之间物价和生活水平差别因素，也有实际医疗、教育、住房支出差别因素，免征额应当尽可能体现这些差别，但个税免征额并不是面面俱到地直接考虑所有因素。美国联邦个税的免征额方法可以借鉴，就是首先按照纳税人的赡养负担分配个人免征额，个人免征额虽然也是标准化的，但是可以避免赡养负担平均化，使纳税人及其赡养人口的基本生活费用比较准确的扣除，增加公平性。同时，要增列分项扣除标准，也就是按照居民基本生活支出项目确定一个标准作为个人免征额的补充。此外，为照顾分项扣除项目支出较高的纳税人，允许纳税人在一定额度内据实申报，这能够在一定程度上避免基本生活费用平均化，增加公平性，更好实现免征额的功能目标。

第三，改革免征额累积性调整方式，实行适应性调整方式，建立税收、平均税率和再分配效应持续稳定增长机制。免征额累积性调整方式不能使居民基本生活费用支出及时扣除，导致"过头税"经常性存在，税收增长、平均税率和再分配效应不合理波动。解决这个问题的方法是将免征额累积性调整方式改革为适应性调整方式。适应性调整方式可以包括三个方面：一是对于通货膨胀引起的名义值变化的部分通过指数化方式，实现逐年调整；二是对社会经济发展导致的基本生活费用实际增长，通过社会居民基本生活费用调查（居民生计调查），及时进行调整；三是对于经济体制改革引起居民基本生活费用支出增加，进行充分研究，纳入免征额调整，以消化改革带来的居民基本生活费用支出增加。

第四，免征额标准和免征额调整幅度应当有科学标准，并严格执行。按照居民基本生活费用支出确定免征额标准的原则是确定的，但如何确定居民基本生活费用支出则仍然是难题，也是免征额制度的基础问题，需要有科学的依据，需要加强研究。2008～2012年的免征额增长幅度超过了同期城镇就业人员工资增长，除非对经济体制改革引起的居民消费支出增加有所考虑，否则不符合免征额适应性调整方式下免征额调整的应有幅度，不仅在理论上，而且在实际上出现了税收相对规模（平均税率）下降。

第九章　我国个人所得税费用扣除制度改革和方案设计

个人所得税的费用扣除，包括经营性费用、特许费用和生计费用（免征额），是个税制的重要组成部分。在分类税制模式之下，我国个税的费用扣除具有简便易行的优势，但存在不能反映纳税人费用支出实际、纳税人之间费用扣除不公平等弊端，不利于充分实现个税功能。本章首先阐述费用扣除的内涵，之后研究美国联邦个税以免征额为主的费用扣除制度，并与我国进行比较，分析我国个税费用扣除制度的弊端。最后，提出改革和完善我国个税费用扣除制度的方案建议。

第一节　费用扣除是个人所得税重要的制度安排[①]

个税是税制复杂的税种，涉及所得基础、免税所得、分类所得和综合所得、按个人计征和按家庭计征、计税期间、经营性费用扣除、特许费用扣除和（或者）税收抵免、生计费用扣除、税率表、税收减免、纳税方式、征管分工等税制要素。费用扣除包括经营性费用扣除、特许费用扣除和生计费用扣除。我们先对个税总体税制做出理论说明，之后分别阐述三种费用扣除的内涵、作用和一般规则。

一、个税的税制要素

个税税制的一般构成要素如图 9 – 1 所示。

---

① 曹桂全. 我国个人所得税费用扣除存在的问题和解决方案［J］. 天津大学学报（社会科学版），2018（3）：202 – 209.

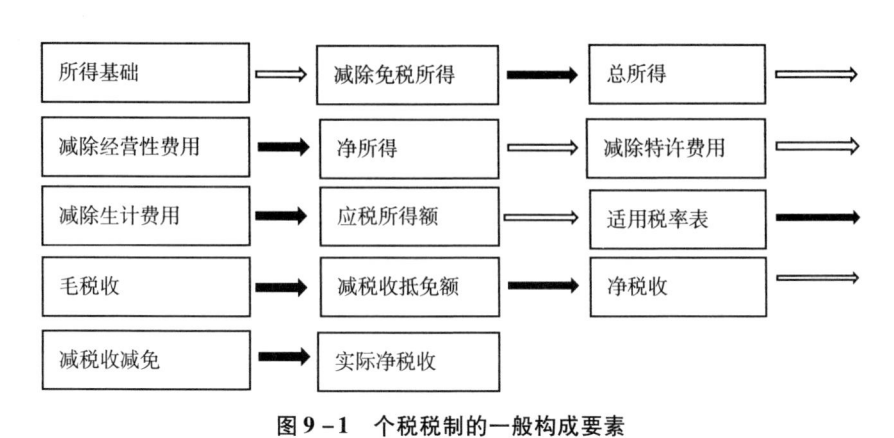

图 9 - 1 个税税制的一般构成要素

注：图中 ⟹ 后面的为操作项，➡ 后面的是结果项。
资料来源：笔者编制。

（1）所得基础（income base），指确定哪些所得属于征收对象。我国个税采取列举方式，没有列举的所得（如资本利得）不能课税，不是个税课征对象。

（2）免税所得（exempt income）。所得基础减除免税所得，得到总所得（gross income，也称毛所得）。我国个税税法规定了10类免税所得，国家财税部门的规范性文件进一步明确了较多免税所得，尤其是个人从政府获得的收入转移基本是免税的，免税所得政策得到广泛应用。

（3）分类所得（categorized income）和综合所得（comprehensive income），既是所得计算的方式，也涉及税制模式。分类所得强调不同来源所得经济性质的差异，而且通过源泉课征可以降低征管成本，而综合所得则强调更好衡量纳税人的纳税能力，但征管成本较高。

（4）按个人计征和家庭计征。个人是市场收入单元，但并不总是支出单元。家庭作为经济生活单元，纳税人有赡养和抚养义务，按照家庭计征显然更加合理。按照家庭计征的目的是充分考虑纳税人的负担人口状况，如果能够通过其他方式加以考虑，并不一定将家庭作为税法上的纳税人。我国个税采取对有应税所得的个人课税的方式，但也平均地考虑了纳税人的负担人口，不能简单理解为对个人计征。

（5）计税期间，即计算所得和应纳税额的期间。任何个人的当前收入并非一定用于当前消费，短期间内个人所得有波动，更长的计税时间更加合理，但期间太长不利于征管，按年纳税更加合理，并被广泛采用。我国个税针对不同所得分别采取按年、按月、按次三种方式，其中工资薪金所得按月纳税，能够保证税收及时征纳，但逐月收入变动较大的纳税人存在过重的税

收负担。

（6）经营性费用（commercial expenditure）扣除，指允许在毛所得中扣除纳税人用于取得所得所发生的经营性支出，目的是保证税收仅课征于净所得。

（7）特许费用扣除（privileged expenditure），指国家为实施教育、社会保障等社会政策而允许进行税前扣除的费用。

（8）生计费用（livelihood cost）扣除，即免征额（allowance），是为贯彻"生计收入不纳税"原则而设计的一种扣除，是各国税法不可或缺的税制要素。[①] 美国个税中有分项扣除（itemed deduction），包括已经缴纳的州和地方个税和财产税、房屋抵押贷款利息、特殊医疗费用、未保险的灾害或者被盗损失、寻找工作的费用（job hunting expenses）、慈善捐赠、个人退休计划（individual retirement arrangements，IRA）缴费等，既有生计费用扣除内容，如特殊医疗费用、房屋抵押贷款利息；也有特许费用扣除内容，如慈善捐献、个人退休计划缴费、寻找工作的费用。

（9）税率表（rate schedule）。我国个税税率表包括工资薪金所得的七级累进税率表、个体户经营所得和企业承包租赁所得的五级累进税率表，其他所得适用20%的比例税率。

（10）税收抵免（tax credit），是通过个税实施社会政策的一种工具，与特许费用扣除不同的是，税收抵免允许纳税人直接从应纳税额中减除税收抵免额。特许费用扣除和税收抵免都是实施社会政策的工具，是可以替代的。我国个税没有采取税收抵免这种社会政策工具，而美国个税中的税收抵免项目很多。

（11）税收减免（tax reduction），是一种税收优惠政策。我国个税规定，对于残疾、孤老人员和烈属的所得，以及因严重自然灾害造成重大损失的，经批准可以减征个税。

（12）纳税方式，包括源泉课征（支付所得的单位作为代扣代缴义务人）和纳税人纳税申报两种。我国个税主要采取源泉课征方式，但也积极推行纳税申报。

（13）征管分工，指税收由国家税务机关还是地方税务机关履行征管职能。2002年以来，我国个税为中央和地方共享税，但由地方税务机关征管。

---

① OECD Taxdatabase，Explanatory Annex，Part Ⅰ，Taxation of Wage Income（Document updated September 2017），http：//www.oecd.org/ctp/tax－policy/personal－income－tax－rates－explanatory－annex.pdf，2017－12－29.

二、经营性费用扣除的内涵、功能和税制设计

经营性费用是与工作有关支出。按照黑格－西蒙斯关于所得的定义，任何消费潜力的增加属于所得，而消费潜力的下降，则使所得减少。减除经营性费用，才能科学确定纳税人净所得，作为计税的基础。美国个税将减除经营性费用支出后的所得称为"调整后毛所得（adjusted gross income，AGI）"，是税法中重要的收入指标。比如，对于纳税人个人免税额（personal exemptions）和分项扣除额（itemed deductions）实行缩减制度，其标准就是根据纳税人的毛所得确定，纳税人 AGI 高于规定门槛的，则会被缩减。由于各种来源所得的经营性费用支出种类、形式、数量不同，税法应当对允许扣除的支出项目加以列举，由纳税人据实申报（declaration according to the facts）扣除，使经营性费用支出得以充分扣除。

三、特许费用扣除的内涵、功能和税制设计

特许费用扣除是一种税前扣除，与经营性费用扣除减轻纳税人负担的效果相同，但与经营性费用是纳税人为取得收入而发生的支出不同，它是国家通过个税执行社会政策的工具，而不是个税本身的必然要求。由于各国社会政策不一，特许费用扣除项目必然存在差别。美国个税的分项扣除中包含了较多的特许费用扣除项目，也采取较多的税收抵免项目实施社会政策。特许费用扣除一般规定特定用途的支出可以扣除，同时加以数量限制，或者规定最高额。例如，美国规定慈善捐献不能超过调整后毛所得的50%，我国规定公益捐赠数量不能超过应税所得额的30%。特许费用扣除制度的设计既要体现相应社会政策的宗旨，也不应当损害个税功能。社会政策主要面向低收入和弱势群体，如果简单地规定特定用途支出可以全额扣除，将背离社会政策的宗旨，损害个税功能。美国个税规定，对于调整后毛所得超过规定门槛后，分项扣除额也要进行缩减，以维持个税税率的有效累进。

四、生计费用扣除的内涵、功能和税制设计

生计费用扣除（即免征额）是对居民基本生活费用支出的扣除，以实现生计收入不纳税。免征额具有重要的功能，地位突出。第一，免征额使个税具

有良税的性质。与经营性费用扣除保证课征对象为净所得不同，免征额保证课征对象为超过生计收入的剩余所得，使税收不损害居民基本生活，使个税享用良税的美誉。第二，免征额符合效率的要求。在资源配置效率的意义上，免征额避免了国家征税之后，还要通过社会保障对个人进行收入转移以保证居民基本生活需要得到满足，符合行政效率的要求。第三，免征额具有税收累进性效应，使个税具有缩小收入差距的调节作用。一国之居民，除非因为健康、年龄之差异，否则基本生活费用支出大致相同，免征额构成中应当有一个基本免征额，该免征额将产生税收累进性效应，从而即使在比例税率的条件下，个税也能够起到缩小收入差距的作用。① 实际上，免征额的税收累进性是税收累进性来源之一，甚至是一些国家（如加拿大、英国、爱尔兰和美国）个税税收累进性的主要来源。我国居民收入水平较低，而且工资薪金所得采取单一标准化免征额，免征额也是税收累进性的主要来源。

免征额制度设计非常复杂，其根本要求是与纳税人负担的基本生活费用支出实际相一致，以体现免征额的内涵和功能，同时也要兼顾征管效率。第一，就理想状态而言，免征额应当是完全差异化的，每个纳税人都应当允许在基本生活费用支出项目范围内，据实申报扣除，但这将导致巨大的征管成本。实际上，一国之居民，在正常情况下，基本生活费用支出大致相同，因此统一的标准化免征额也能满足正常情况的需要，并且可以降低征管成本，是可取的。但纳税人负担人口的年龄、健康以及与之相适应的基本生活保障所需之费用也存在差异甚至巨大差异，统一的标准化免征额不能照顾特殊情况，根据纳税人及其负担人口的基本生活费用支出实际允许其据实申报扣除，也是必要的。因此，标准化免征额与差异化免征额相结合的构成是合理的选择。第二，个税实行累进税率结构，免征额会对高收入者产生更高的免税利益，与税收累进性相冲突，设立高收入者免征额缩减制度也是可取的。第三，免征额需要合理调整。居民基本生活费用支出随着经济发展而提高，免征额应当随之提高。在经济发展达到一定阶段且经济体制比较稳定的条件下，居民基本生活费用支出趋于稳定，但税法规定的免征额是名义量，需要逐年进行物价指数化调整。第四，免税所得、特许费用扣除、税收抵免与免征额之间有一定的重合和替代关系，需要协调，并选择利于实现税收功能和便于征管的税制设计。

---

① 比如两人税前收入分别为 10000 元和 20000 元，收入差距为 2 倍。假定课征个税，基本免征额为 4000 元，比例税率为 20%，则税后收入分别为 8800 元和 16800 元，平均税率分别为 8.8% 和 16%，具有所受累进性，收入差距降为 1.91 倍。显然，免征额越接近于低收入者收入，税收累进性越强，降低收入差距的作用越大。

第二节　美国个人所得税费用扣除制度的比较分析

美国联邦个税设计了精细化的免征额及相关制度，[①] 主要包括：纳税人免征额由标准化的个人免税额和差异化的分项扣除额构成，纳税人可以选择标准化扣除以代替分项扣除，并设立附加标准化扣除额，实行高收入纳税人个人免税额缩减和分项扣除数额限制制度；免征额制度与免税收入、特定支出扣除、税收抵免项目相互协调；免征额及税收等级等名义收入值实行指数化调整。美国个税免征额及相关制度有利于持续实现免征额价值，为我国个税改革提供了有益的启示。

一、美国联邦个税及其免征额制度概况

美国联邦个税发挥了主体税种的作用，税收比较公平，认可程度较高，具有较高的比较研究和借鉴价值。美国个税税制复杂，其中免征额及相关制度精细化，国内已经有不少关于美国个税及免征额制度的文献，但难窥全豹。我国正值个税税制改革关键时期，全面、准确认识和评价美国个税尤其是免征额制度，意义重大。

美国联邦个税包括多个环节，体现了个税设计理念和税制精细化特征，如图 9-2 所示。（1）确定毛所得（gross income）。毛所得是个税的课征对象。不课税的收入属于非应税收入（免税收入），不计入毛所得。美国实行综合型税制模式，各类应税所得加总计算。除法律规定的非应税收入，毛所得原则上涵盖任何增加居民消费潜力的货币收入、财富增加、不支付对价的实物消费等（罗森和盖亚，2009）。（2）计算调整后毛所得（adjusted gross income，AGI）。调整后毛所得由毛所得减除为取得收入而发生的特定支出（specific expenditures）得到，特定支出原则上是与工作有关的支出（曹雪琴，2003），美国税法称之为"线上项目"扣除。（3）计算应税所得额。AGI 减除纳税人免征额（包括免税额和扣除额），得到应税所得额，是可以直接适用税率表计算纳税额的税基。（4）计算毛税收（gross taxes）。应税所得额适用税率表，得到毛税收。（5）计算净纳税额（net taxes）。税法设立多项税收抵免（税收豁免，tax

---

① 曹桂全. 美国个人所得税免征额制度及其对我国的启示 [J]. 经济社会体制比较，2017（4）：84-96.

credits）项目，分为可退还的（refundable）和不可退还的（non-refundable）税收抵免项目，毛税收减税收抵免后得到纳税人应纳净税收，即实际税收负担。如果可退还的税收抵免超过了毛税收，纳税人可以从政府获得转移支付。

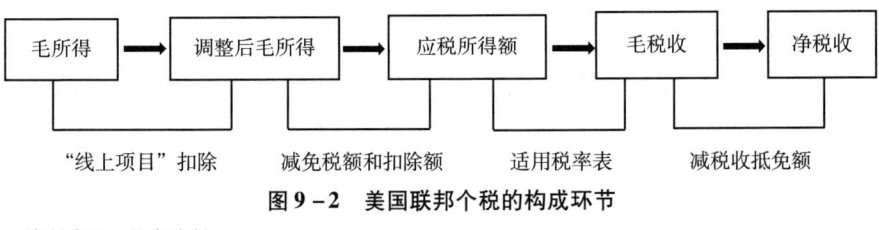

图9－2　美国联邦个税的构成环节

资料来源：笔者编制。

纳税人免征额由纳税人个人免税额（personal exemptions）和分项（类）扣除额（itemized deductions）构成，如图9－3所示。纳税人个人免税额包括纳税人及其配偶、亲属的每人1份的个人免税额，个人免税额是标准化的。纳税人毛所得超过一定标准的，纳税人个人免税额将递减，这就是个人免税额缩减制度（personal exemption phase-out，PEP）。分项扣除额允许纳税人在法定项目上的支出据实申报扣除，但分项扣除额有数量限制，毛所得超过一定水平的纳税人，其分项扣除额不能完全据实扣除。纳税人可以选择标准化扣除额（standard deduction）代替分项扣除，标准化扣除额按照不同纳税申报类型规定法定标准，还规定了非独立亲属标准扣除额，以及老年人和盲人的附加标准化扣除额（additional standard deduction）。

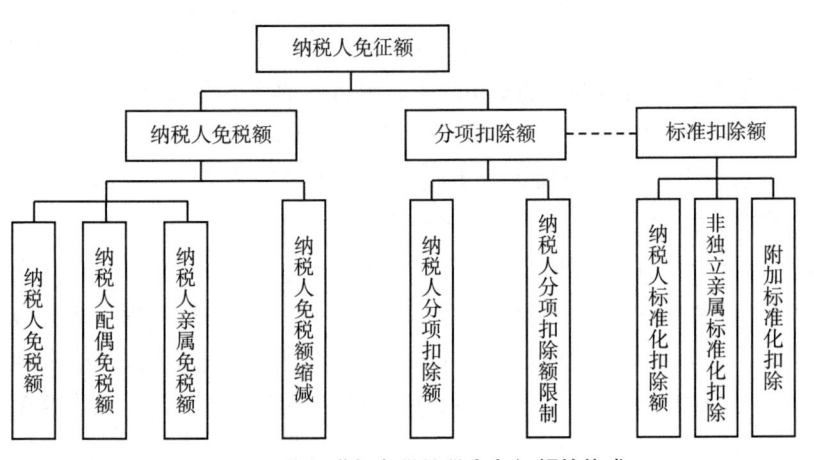

图9－3　美国联邦个税纳税人免征额的构成

资料来源：笔者编制。

免征额是个税税制的重要税制要素，其功能和价值是实现居民基本生活费用支出不纳税，这个理念在我国是得到认可的（金人庆，2005；谢旭人，2011）。个税免征额制度与其他税制要素密切关联，包括确定毛所得时的非应税收入（免税收入）、确定调整后毛所得时的特定支出扣除，以及计算净纳税额时的税收抵免。非应税收入、特定项目支出扣除和税收抵免不属于免征额，但有类似的功能，应当统筹考虑，属于应当加以重视的免征额相关制度（见图9－4）。

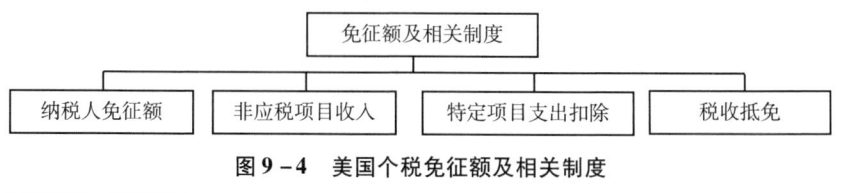

图 9 － 4　美国个税免征额及相关制度

资料来源：笔者编制。

免征额的功能和价值应当持续实现，但法定的个人免税额、标准化扣除额和税收等级阈值都是名义值，需要根据通货膨胀进行调整。1986 年开始，美国联邦个税实行税收指数化，个人免税额、标准化扣除额、纳税等级阈值、个人免税额缩减阈值、分项扣除额限制阈值、税收抵免额等均进行年度动态通货膨胀调整。

从税收规模来看，图 9 － 5 显示，1985 年以来，美国个税收入总体上呈现上升趋势，但存在明显向下波动的期间。图 9 － 6 显示，个税收入占 GDP 比重为 8% 左右，但在 6% 至 10% 之间波动，1997 年以来波动较大。图 9 － 7 显示，个税受经济增长影响明显，个税收入与经济增长率同向变动，但个税增长波动幅度更大，在经济衰退的时候，个税收入下降更加明显。

二、标准化与差异化相结合的纳税人免征额

纳税人免征额是纳税人个人免税额和纳税人选择的分项扣除或者标准化扣除之一的总和，较好地处理了免征额的标准化和差异化的关系。标准化免征额考虑了一个国家居民的基本生活需要，符合横向公平的要求，也利于降低征管成本。美国联邦个税免征额标准化数量部分以标准化的个人免税额和标准化扣除额为典型，但纳税人个人免税额（纳税人允许扣除的个人免税额总和）实际又不是完全相同的，因为毛所得超过一定水平的纳税人个人免税额将受到缩

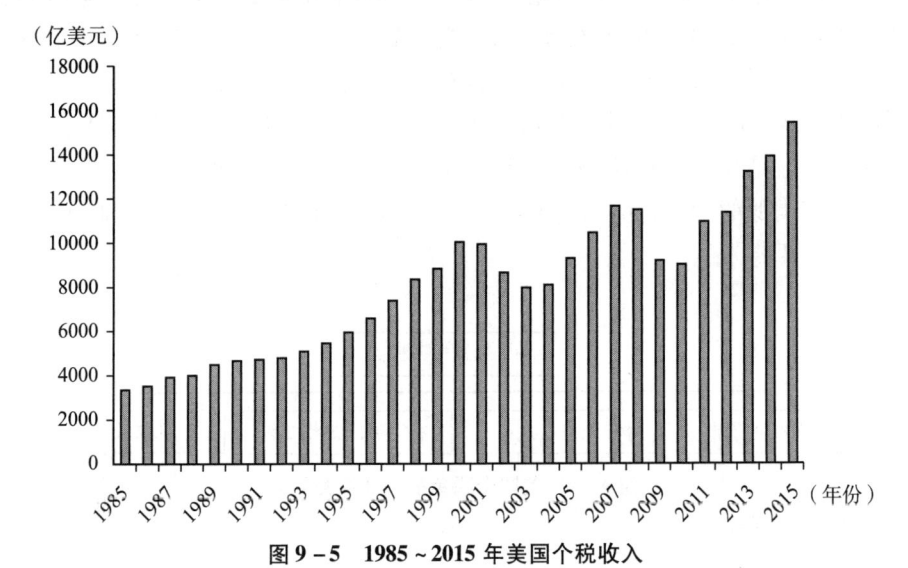

图 9 – 5 1985 ~ 2015 年美国个税收入

资料来源：前瞻数据库，http：//d. qianzhan. com/xdata/details/a0b6e881177eb692. html，2017 – 01 – 18。

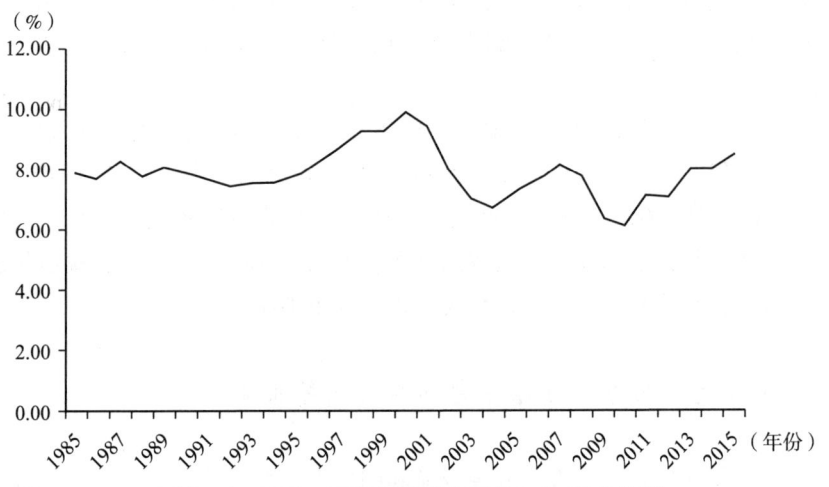

图 9 – 6 1985 ~ 2015 年美国个税收入占 GDP 比重

资料来源：前瞻数据库，http：//d. qianzhan. com/xdata/details/b2556d84a69c4258. html，2017 – 01 – 18。

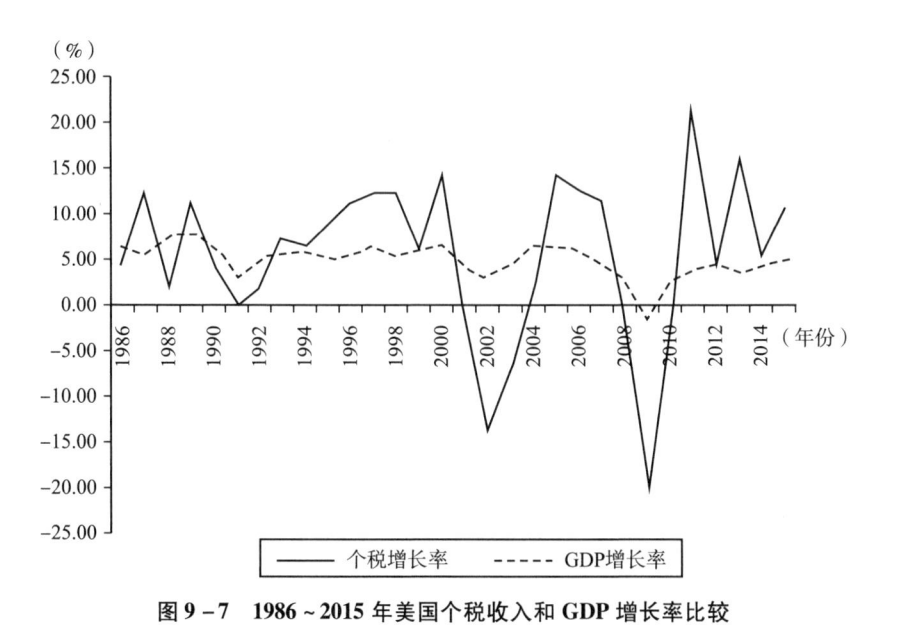

图9-7 1986~2015年美国个税收入和GDP增长率比较

资料来源：前瞻数据库，http://d.qianzhan.com/xdata/details/b2556d84a69c4258.html，2017-01-18。

减，甚至缩减到0。标准化扣除是标准化的，但是对于不同的纳税申报类型，[①]标准化扣除额又有一定差别；而且还设立了考虑非独立亲属数量的亲属标准化扣除额以及按照年龄、视力残疾的情况确定的附加标准扣除额。差异化免征额符合纵向公平的要求，可以更好考虑纳税人收入、亲属数量、健康状况等居民基本生活费用支出等实际情况，使免征额能够更好体现纳税人基本生活费用支出实际。除了在标准化免征额中存在的差异化设计之外，分项扣除额是差异化免征额的典型。分项扣除额允许纳税人根据在法定项目上的支出据实申报扣除。但是，分项扣除额也不是必然完全按照纳税人在法定扣除项目上的实际支出进行扣除，当纳税人毛所得超过一定水平时，其允许的扣除额将减少，但不会减少到0。

（一）纳税人个人免税额及其缩减制度

美国联邦个税的个人免税额有三项制度，即个人免税额标准、纳税人个人免税额、纳税人个人免税额缩减。个人免税额是标准化的；纳税人个人免税额

———————

① 美国联邦个税纳税人申报类型包括：单身报税、夫妻分别报税、夫妻联合报税、户主报税、鳏寡家庭报税。

是作为一个纳税单位所有成员的个人免税额之和；纳税人个人免税额缩减则是对高收入纳税人个人免税额的削减。

2015 年，美国联邦个税个人免税额为 4000 美元。[①] 纳税人可以为自己和自己的配偶（如有）各申请 1 份个人免征额。一对夫妻组成的家庭，丈夫可以在纳税申报中扣除自己和妻子一共 2 份个人免征额，但是妻子就不能在自己的纳税申报（如果夫妻分别报税）中再行扣除，纳税人其他家庭成员（如孩子）也类似，可以由父母之一在纳税申报时申请一份个人免税额，但不允许夫妻分别作为纳税人都为孩子申请个人免税额。总之，每个纳税人及其亲属都可以独立取得 1 份个人免税额，但是不能重复取得。

纳税人自己、配偶、亲属的个人免税额之和，构成纳税人个人免税额。比如，一个 4 口之家采取夫妻联合报税，可以扣除 4 个个人免税额，按照 2015 年的标准，纳税人个人免税额为 16000 美元。纳税人家庭构成不一样，纳税人个人免税额就不一样。

所谓纳税人个人免税额缩减，即在收入（用 AGI 衡量）达到一定水平的区间时，免税额将缩减。2015 年，单身报税的 AGI 从 258250 美元（起点阈值）开始起算，到 380750 美元（终点阈值）终止，每增加 1250 美元扣除纳税人个人免税额 2 个百分点。也就是说，AGI 达到 258250 美元后，纳税人个人免税额将开始扣减，最多将扣除 100%，AGI 达到 380750 美元以上的，该纳税人将不享受个人免税额扣除。夫妻联合报税、夫妻分别报税和户主报税也设计了相应的纳税人个人免税额缩减区间。设立纳税人个人免税额缩减制度，避免了高收入者免税额提高时获得较多的免税额利益。

（二）分项扣除和分项扣除额限制

分项扣除制度是为了使该部分免征额能够按照纳税人基本生活费用支出实际进行扣除，对于法定基本生活项目支出，纳税人支出多少，就准允据实申报扣除多少。分项扣除使免征额扣除符合纳税人基本生活费用支出实际，分项扣出额差异体现了纳税人之间的实际差异。但是，分项扣除额不是独立存在的，税法允许纳税人选择与分项扣除相对应的标准化扣除。由于标准化扣除额的标准较高，很多中低收入家庭按照分项扣除计算的扣除额还不如标准化扣除额的数量多，从而选择标准化扣除。因此，分项扣除实际上是对在法定支出项目上

[①] 本章关于美国联邦个人所得税 2015 年的税制的内容和数据来自美国国内收入署网站（www. irs. com）。

支出数量较多的纳税人的照顾，但对其他纳税人也公平地给予了考虑。

2015 年，美国联邦国内收入署（IRS）列出了 5 类重要分项扣除。（1）州和地方税扣除。纳税人可以申请扣除在工资单上扣除的州和地方所得税，也可以扣除销售税，但不允许同时申请扣除州和地方所得税、销售税。（2）慈善捐款扣除。纳税人将金钱或者财产捐赠给符合条件的慈善组织，该捐款可以在纳税申报中扣除，但捐献以 AGI 的 50% 为限，捐献超过 250 美元的需要慈善组织提供证据。慈善捐献发生的相关费用如天然气、厨房原料、邮费等也允许申报扣除。（3）利息支出扣除。如学生贷款利息、住房抵押贷款利息。住房抵押贷款利息支出必须通过分项扣除进行申请，而学生贷款利息也可以通过"线上项目"扣除。（4）寻找工作的费用扣除（job hunting expenses）。寻找工作的费用支出，比如编写求职信、交通、住宿、职业咨询机构费用甚至用餐的费用，允许申请扣除，但如果是第一次找工作，上述费用不允许申报扣除。（5）个人退休计划（Individual Retirement Arrangements，IRA）扣除。投入个人退休计划的金额可以申请扣除，申请扣除也有一些年龄、婚姻、雇主是否提供退休计划等资格条件要求，2015 年，50 岁以上的纳税人允许最多扣除 6500 美元。此外，未保险的灾害或者被盗损失（uninsured casualty or theft losses）可以申报扣除。

分项扣除允许纳税人根据给定的支出项目据实申报，但是并不代表纳税人可以无限制地根据实际支出获得扣除，分项扣除数量是有限制的。如果调整后毛所得超过特定的收入阈值数量，分项扣除数将递减，该阈值数量与纳税人个人免征额缩减区间的阈值相同。税法还规定，最后准许的分项扣除不低于分项扣除项目实际支出的 80%，这与纳税人个人免税额可能缩减到 0 不同。

（三）标准化扣除和附加标准化扣除

对于分项扣除，纳税人可以选择标准化扣除。标准化扣除额根据纳税人纳税申报类型不同而有不同标准。2015 年，单身报税或者夫妻分别报税为 6300 美元，夫妻联合报税为 12600 美元，户主报税为 9250 美元，鳏寡家庭（qualifying widow or widower）报税为 12600 美元。其他非独立家属可以在纳税人纳税申报中申请标准化扣除，2015 年亲属标准化扣除额为 1050 美元。标准化扣除额不需要进行缩减。

标准化扣除包含对老年人和失明人士的附加标准化扣除。在一个纳税年度至少最后一天达到 65 岁的老年人，或者在一个纳税年度的最后一天之前发生完全失明（如果不是完全失明，需要眼科医生证明需要特定医疗设备），就有

资格获得附加标准化扣除。如果一个纳税人既符合老年人资格，又符合失明资格，则可以同时申请两项附加标准化扣除。2015 年，已婚 65 岁以上或者失明的纳税人的附加标准化扣除额为 1250 美元，未婚的为 1550 美元。

（四）个税免征额由纳税人免税额与分项扣除额构成

纳税人免征额由纳税人个人免税额和分项扣除额（或者标准扣除额）构成。[1] 应当强调的是，个人免税额标准不是个税起征点，[2] 比如不能认为 2015 年超过 4000 美元的个人所得就进入纳税等级。首先，个人免征额标准不等于允许纳税人扣除的个人免税额，允许纳税人扣除的个人免税额是纳税人自身、配偶和亲属个人免税额构成的总和，不能混淆个人免税额标准和纳税人的个人免征额。其次，美国个税免征额不仅包括纳税人个人免税额，还包括分项扣除或者标准化扣除，纳税人的个人免税额与分项扣除额（或标准化扣除额）之和才有类似于起征点的意义。以 2015 年单身报税为例，个人免征额 4000 美元，标准化扣除为 6300 美元，纳税人免征额为 10300 美元，如果选择标准化扣除，则超过 10300 美元收入的单身纳税人才发生纳税义务。此外，由于税法允许纳税人选择分项扣除，并不是所有单身报税的起征点必然是 10300 美元。对于一个由父母和两个未成年孩子构成的四口之家，按照夫妻联合报税考虑，纳税人的个人免征额为 16000 美元，如果选择标准扣除，标准扣除额为 12600 美元，亲属标准化扣除额为 2010 美元，免征额为 30700 美元，如果选择分项扣除，免征额可能还会更高一些。因此，不能将个人免税额标准理解为起征点，不同纳税人实际发生纳税义务的收入水平并不一样，可以说美国个税没有统一的起征点。

三、免征额与非税收入、特定费用扣除、税收抵免协调配合

除了上述的个人免税额、分项扣除（或标准化扣除）制度之外，美国联邦个税税制中的非应税收入项目、特定支出扣除（"线上项目"扣除）和税收抵免制度也发挥了类似免征额制度的重要作用。

---

① 也有的学者称美国个税免税额是个人宽免额和标准扣除（可以选择分项扣除），所指内容是一致的。见岳树民和卢艺. 我国个税免征额界定的比较分析 [J]. 税务与经济，2009（5）：1 - 5.

② 个税起征点是指纳税人收入超过该数额，将对全部收入课税，否则不课税。免征额则不同，即使收入超过免征额，也仅对超过免征额的部分收入课税。就纳税义务是否发生来说，免征额与起征点类似。

（一）非应税收入项目

按照美国联邦个税法，非应税收入包括州和地方政府债券利息、雇主向福利计划的缴款、个人退休账户缴款、教育储蓄账户缴款、接受赠与和遗产等。按照黑格—西蒙斯（H-S）关于收入的定义，[①] 任何居民消费潜力增加都属于所得，应当计入毛所得，但是考虑各种不同因素，税法将某些收入排除在应税所得之外。比如，对州和地方政府债券利息不课联邦个税，目的之一在于为州和地方政府债务融资提供便利；退休账户等缴款虽然增加了消费潜力，但毕竟还没有实现，且属于政府支持的政策，也不课；美国对接受赠与和遗产不课税，但存在赠与税和遗产税，体现了不同税种之间的协调。就纳税人来说，非应税项目收入使一些收入排除在应税所得之外，减轻了税收负担，与免征额有类似之处。

（二）"线上项目"

按照黑格—西蒙斯（H-S）关于收入的定义，消费潜力的减弱，应当从所得中排除，为此，为工作而发生的支出应当在毛所得中扣除，这在美国联邦个税税制中体现为"线上项目"扣除。这些特定支出项目包括贸易或者经营支出、搬家费、教育费、个体户健康保险费、学生贷款偿还支出、学杂费等。"线上项目"扣除与分项扣除是有联系的，比如学生贷款利息既可以通过分项扣除申请，也可以进行"线上项目"扣除。"线上项目"扣除也减轻了纳税人税收负担，这一点与免征额是类似的。"线上项目"扣除实行据实申报扣除方法。

（三）税收抵免

税收抵免，指对于纳税人符合条件的纳税项目规定抵免额，在计算税收时从应纳税额中减除。比如，假定按照某项规定纳税人享有 200 元的税收抵免，纳税人应纳税额为 1000 元，则纳税人的净纳税额为 800 元。税收抵免是美国执行社会政策的重要工具。从与免征额制度的关系看，部分税收抵免项目实际上具有与免征额相同的功能；与免征额不同的是，税收抵免并不改变纳税人应税所得，也不改变纳税人适用税率，而是直接降低纳税人税收负担。税收抵免

---

① 黑格—西蒙斯（H-S）关于收入的定义是，任何个人消费潜力的增加，都应当作为个人收入，而个人消费潜力的减少，则导致个人收入减少。

先计算税收再进行税收退还，能够灵活处理一些纳税人的实际情况，取得与免征额类似的效果。

税收抵免分为不可退还的和可退还的税收抵免两类。不可退还的税收抵免是指税收抵免可以减少纳税额但不会使税负降低到 0 以下，不会导致政府向纳税人转移支付。其主要包括：（1）国外税收抵免；（2）儿童和亲属照料税收抵免；（3）教育税收抵免；（4）退休储蓄税收抵免（retirement savings credit）；（5）儿童税收抵免；（6）节能税收抵免（energy savings tax credits）。可退还的税收抵免不仅可以减少纳税人纳税，而且可能将税负降到 0 以下，导致政府向纳税人进行转移支付。可退还的税收抵免主要有 3 种：（1）劳动所得税收抵免（Earned Income Credit，EITC）。EITC 设立的主要目的是为低收入劳动家庭提供补贴，正常情况下不需要纳税申报的人可以通过劳动就业获得 EITC 的好处，为低收入者提供一种积极工作的激励，而政府也可以减轻相应的社会救助负担。（2）附加儿童税收抵免。这是为较低收入家庭设计的，他们由于收入低、应纳税额少而得不到完全的儿童税收抵免。（3）美国机会税收抵免（american opportunity tax credit，AOTC）。AOTC 为合格纳税人抵消接受更高教育的费用，2015 年价值达到 2500 美元。如果纳税人应纳税额为 2000 美元，并且具有 AOTC 资格，则可以从美国政府获得 500 美元的教育资助。

美国联邦个税的非应税收入项目、"线上项目"扣除、税收抵免制度和免征额（个人免征额和分项扣除或标准扣除）相互联系和补充，更好地实现了居民基本生活费用不课税的目标，更加有利于实现个税免征额价值，实际上是免征额与社会保障政策等社会政策的结合。

四、税收指数化与免征额价值持续实现

通货膨胀使固定收入的实际购买力下降，固定的免征额也一样，如果没有税收指数化政策，政府将从通货膨胀中获得更多的税收，即通货膨胀税。假定居民收入与物价水平同步增长，则个人实际所得（real income）没有增长。如果实行比例税率且没有免征额设计，物价上涨一倍，收入上涨一倍，税收也增加一倍，物价水平上涨并不带来税收扭曲。但是，由于个税存在免征额，实行累进税率结构，[①] 并且税法关于纳税等级阈值是按照名义所得（nominal in-

---

① 如果实行比例税率，但是设立了标准化免征额，免征额占低收入者收入比例大而占高收入者收入比例低，实际平均税率必然是随收入增加而提高的，税收仍然具有累进性。

come）确定的，即使纳税人实际所得没有上升，其纳税等级也将因为通货膨胀而爬升（bracket creep），导致适用税率提高，居民税负将加重。如果没有指数化，物价上升将导致适用税率提高和税收增加，将扭曲税法预期的国家和个人之间的分配关系。所以，免征额以及纳税收入等级阈值都客观需要进行指数化调整，否则不能实现税法的预期目标。

20 世纪 60 年代，美国通货膨胀上升，最初的办法是下调法定税率，1969～1981 年又实施了三次减税，以抵消通货膨胀的影响。1981 年，美国通过立法，决定对个税中特定部分实行指数化，1986 年确定了较完整的税收指数化制度。税收指数化有三个方面的好处。（1）指数化减少了税法修改机会，使税法稳定和可以预期。（2）税收指数化排除了未经立法许可的实际税率上升和税负加重。（3）税收指数化有益于减少低收入家庭不合理税收负担。当然，税收指数化将弱化个税的"财政自动稳定器"功能，可能失掉这个宏观经济自动调整的工具。[①]

美国联邦个税的税收指数化包括很多方面，并不限于免征额（包括个人免税额标准和标准扣除额）的指数化。（1）税收等级指数化。以单身报税纳税人为例，适用 10% 税率的最高应税所得从 2014 年的 9075 美元提高到 2015 年的 9225 美元，提高了 150 美元，提高了 1.65%；适用 39.6% 的最低应税所得从 2014 年的 406751 美元提高到 2015 年的 413201 美元，提高了 6450 美元，提高了 1.59%。（2）个人免税额标准指数化。2014 年的个人免税额为 3950 美元，2015 年为 4000 美元，增加了 50 美元，提高了 1.01%。个人免税额标准的指数化是为了保证免税额保持一定的实际购买力，使纳税人不因通货膨胀而承担过重税收负担。（3）纳税人个人免税额缩减区间阈值指数化。就单身报税纳税人缩减区间起点阈值来看，2015 年比 2014 年提高了 4050 美元，提高了 1.59%。个人免税额缩减阈值的指数化保证个人免税额缩减不进入既定的高收入区域之下，保证不必要缩减的纳税人的个人免税额不被缩减。（4）标准化扣除额指数化。2015 年比 2014 年的标准化扣除也有所提高，单身报税标准化扣除额从 6200 美元提高到 6300 美元，提高了 1.61%，以保证标准化扣除保持固定的购买力。（5）分项扣除限制收入阈值指数化。分项扣除限制收入阈值指数化与纳税人个人免税额缩减阈值指数化相同。（6）其他收入指标的指数化。美国联邦个税中的其他指标，例如 EITC 的税收抵免额和相关收入指标也

---

① 如果仅仅是免征额指数化，而不是税制中全部名义收入指标都指数化了，个税的财政自动稳定器功能不会全部丧失。

都是指数化的。

第三节　我国个人所得税免征额制度与美国的比较和启示

一、我国个税免征额制度的特征

我国个税免征额制度过于简化，免征额标准不能充分考虑纳税人及其家庭基本生活费用支出实际，免征额调整方式也存在较大不合理性（曹桂全、仇晓凤，2016）。

第一，我国规定了单一的纳税人标准化免征额。我国工资薪金所得免征额就是税法规定的纳税人统一的费用减除标准，也就是说，税法直接确定了纳税人免征额，而且是完全标准化的，任何纳税人免征额标准的确定不需要进行任何计算，显然利于降低征管成本。

第二，我国工资薪金所得税免征额不是完全没有考虑纳税人的赡养负担，也不是完全将个人作为纳税单位。标准化免征额对纳税人（及其家庭）基本生活费用支出进行了一个综合的、平均的考虑，是在假定所有居民基本生活费用支出完全一样、所有纳税人赡养负担完全一样的基础上确定的，但没有具体考虑居民之间、纳税人之间的实际差异（金人庆，2005；谢旭人，2011），这与美国联邦个税采取的标准化与差异化相结合的免征额确定方法有很大差距。

第三，我国个税免征额标准采取集中性、累积性调整方式。2006年之前，免征额处于长期不调整的状态。2006年之后，免征额分别在2006年1月、2008年3月、2011年9月实行了三次调整，这种调整综合考虑了物价、经济体制改革导致居民基本生活费用支出上升等因素（金人庆，2005；谢旭人，2011），之后免征额没有调整。但是，物价每年都在变化，这种调整方式很难保证免征额标准每年都是适当的，必然导致免征额标准偏高与偏低并存、税收不足和过度交替，进而导致税收规模的不合理波动。我国个税免征额调整的时候，都是问题积累到很严重的时候，是一种消极应对的方法，与1986年以来美国联邦个税免征额逐年调整有很大差距。

第四，我国的个税免征额调整与美国个税税收指数化也有很大差距。物价变化不仅仅影响免征额，也通过影响税率等级收入阈值而影响适用税率和税负。在通货膨胀的条件下，如果仅调整免征额，通货膨胀导致的税收等级爬升

仍然存在，仍然存在过度税收，这就需要将免征额调整扩展到税收指数化。

第五，我国个税相关制度与免征额衔接不密切，精细化不够。我国个税关于非应税项目（免税收入项目）的规定过于宽泛，来自政府对个人的收入转移几乎全部免税，而确定工资薪金所得额又缺乏类似于美国的"线上项目"扣除。我国个税免征额没有对于高收入者的免征额缩减制度，使免征额调整时的高收入者获益偏高，导致新的不公平，不利于发挥个税的收入分配调节功能。我国个税也没有在标准化免征额的基础上设立标准化扣除额附加、亲属免征额，精细化不够。我国个税税收抵免制度主要是为避免国家双重纳税，而没有像美国那样用来执行社会政策。

第六，税收规模增长存在波动。2000年以来，我国个税收入规模有较快增长，仅2012年比2011年小幅下降（见图9-8），比美国个税收入增长波动小。个税收入占GDP比重总体上呈现上升趋势，但2006年开始出现波动，而且增长缓慢（见图9-9）。与美国相比，我国个税占GDP比重低很多。我国个税收入增长率波动很大，一方面与经济增长波动总体上是同方向的（见图9-10），另一方面也受2006年以来的免征额调整影响，尤其是2012年个税收入负增长受2011年9月免征额调整影响明显，而之后免征额维持不变，尽管经济增长缓慢，但个税收入保持较好增长。但是，2006年以来，我国个税收入增长波动比美国小。

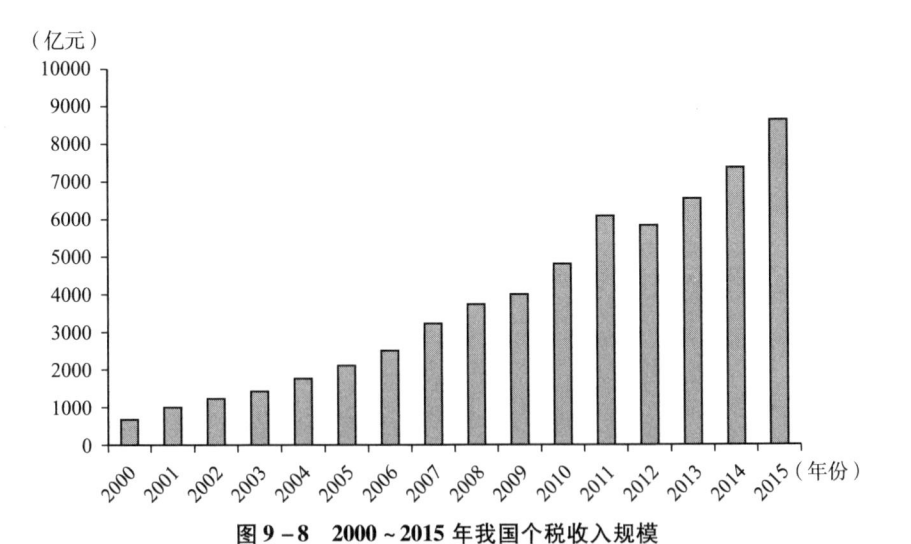

（亿元）

图9-8　2000~2015年我国个税收入规模

资料来源：国家数据，http：//data. stats. gov. cn/easyquery. htm？ cn = C01，2017 - 01 - 18。

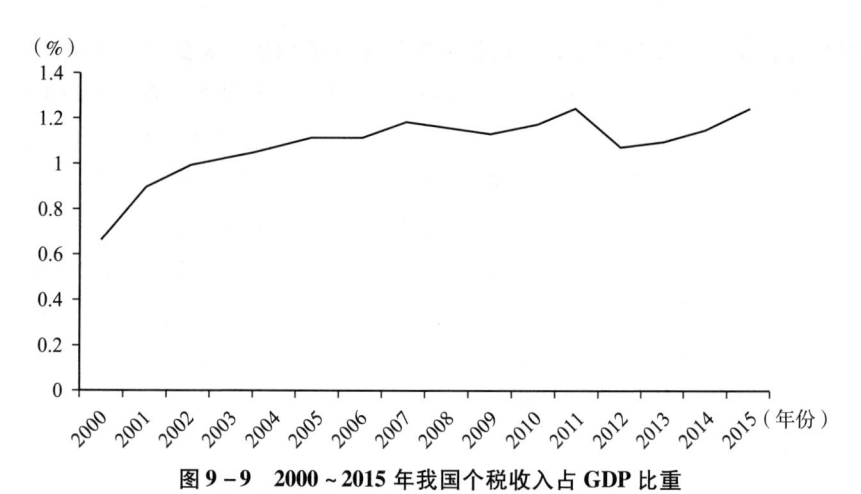

图 9 - 9　2000 ~ 2015 年我国个税收入占 GDP 比重

资料来源：国家数据，http：//data. stats. gov. cn/easyquery. htm? cn = C01，2017 - 01 - 18。

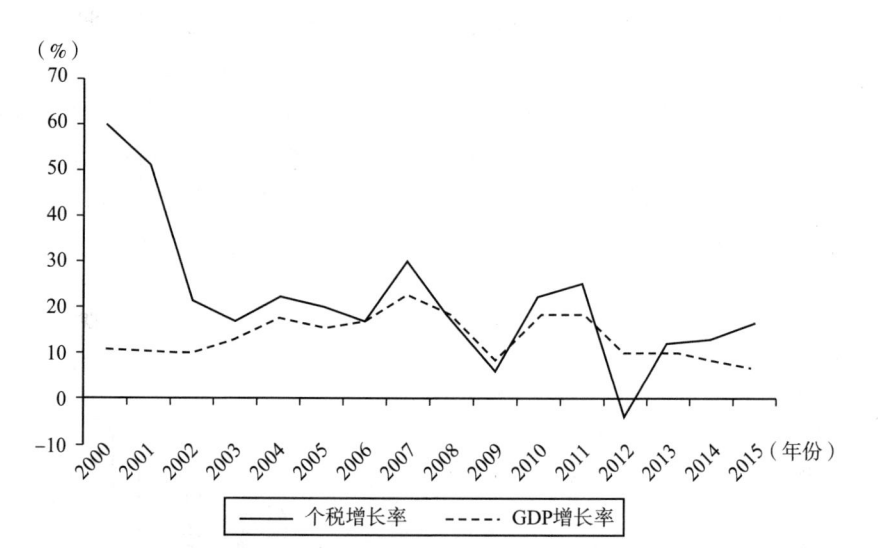

图 9 - 10　2000 ~ 2015 年我国个税收入和 GDP 增长率比较

资料来源：国家数据，http：//data. stats. gov. cn/easyquery. htm? cn = C01，2017 - 01 - 18。

二、美国个税免征额制度可以借鉴之处

美国联邦个税免征额相关制度可以为我国个税免征额制度改革和完善提供有益借鉴价值，主要体现在标准化和差异化相结合的免征额标准制度、税收指数化的免征额调整制度、免征额与相关制度相协调，以及免征额制度的精细化。

（一）采取标准化和差异化相结合的免征额标准确定方法

美国联邦个税免征额的确定方法相当复杂，在部分免征额标准化的基础上，部分免征额考虑纳税人实际而存在差异化，标准扣除与据实扣除相结合，以使免征额适应不同纳税人基本生活费用支出实际，更好实现免征额价值，体现税制公平。与美国对比，我国个税免征额标准制度有四个方面的差距。（1）我国个税免征额平均地考虑纳税人的赡养负担，而美国个税按 1 人 1 份的原则扣除个人免征额，更好地考虑了每个纳税人的实际赡养负担。（2）美国个税设立分项扣除，以对超过标准化扣除额的纳税人予以照顾，使其在一些重要的基本生活费用支出项目能获得更多的扣除，而我国个税没有这个分项扣除和据实扣除制度。（3）美国联邦个税免征额制度中，即使是标准化扣除也存在一些差异化设计，比如非独立亲属标准化扣除额、特殊人群（老年人和失明人士）的附加标准化扣除，而我国没有相应的附加制度，只是规定特殊情况纳税人可以申请税收减免。（4）美国个税设立个人免税额缩减制度和分项扣除限制制度，能够避免高收入者因为免征额提高而获得更多的利益，保持税收累进性，使提高免征额可能导致的局限性得到抑制。我国个税没有这些制度，提高个税免征额在使一些收入较低的纳税人获益的同时，也使高收入者获益，[①] 提高免征额导致的不公平问题更加突出。我们认为提高标准化免征额在局部收入区间的确存在高收入者获得利益更多而最低收入者获得较少甚至没有利益的情况，而且只要设立免征额，这种局限性就存在。[②] 但是，相应的措施应当是增加设立免征额缩减制度，以对免征额局限性加以抑制，而不是采取放弃免征额调整这种顾此失彼的做法。

我国个税免征额标准确定方法过于简单，为使免征额能够更多地考虑纳税人及其家庭基本生活实际，应当借鉴美国个税免征额采取的标准化与差异化相结合的方法，尤其应当借鉴考虑纳税人实际的每人一份的个人免税额制度、分项扣除制度、附加标准化扣除制度。当然，借鉴不是照搬，具体怎么做应当结合中国的实际情况进行统筹安排。就分项扣除而言，首先，分项扣除是免征额的一部分，而不是免征额之外的税制要素，如果将分项扣除置于免征额之外，

---

① 比如对于应税所得额为 2200 元和 4000 元的月工资薪金所得，经过 2011 年 9 月税制改革，免征额从 2000 元提高到 3500 元，前者减少纳税 10 元，后者减少纳税 160 元。

② 设想一个没有收入的居民和一个有收入的居民，即使不设立免征额，前者的纳税额也是 0，设立免征额并不会给没有收入的居民带来利益，有收入的居民将获得利益，而没有收入的人是真正的低收入者。因此，免征额局限性必然存在，不能因为免征额存在局限性就否认之，提高免征额也有局限性，也不能因为存在局限性就不提高。

也就难以理解分项扣除的内涵和价值。其次，分项扣除应当选择对于居民基本生活重要而且纳税人之间实际支出差异可能很大的项目，以使重要的居民基本生活费用支出项目通过据实扣除而实现充分扣除。最后，增加分项扣除必须增加对应的标准化扣除以供纳税人选择，否则将导致税负不公平。比如，可以选择住房抵押贷款利息支出等作为分项扣除项，但不能只允许有住房抵押贷款的纳税人才享受扣除，而需要设立一个对应的标准化扣除额供纳税人选择。

（二）免征额标准应当进行适应性调整，推进税收指数化

免征额不能随通货膨胀和居民基本生活费用支出实际增长而调整，就不能持续实现免征额价值，破坏了税法规定的个人与国家之间的分配关系，即使税收增加，也是不合理的增加，不应当成为国家财政追求的目标，也不是提高直接税比重的积极措施。免征额适应物价变化的调整不能等同于免征额提高，更不等同于减税。除非能够证明当前免征额能够给予居民基本生活费用充分扣除，否则任何拒绝免征额调整的观点都是值得怀疑的。个税免征额调整本身不应当成为问题，问题是如何改革和完善免征额调整方式。在免征额调整方式方面，美国联邦个税采取的税收指数化的方法是可取的。比较而言，我国个税免征额采取较大规模的集中性调整方式，不是适应通货膨胀和居民基本生活费用支出增加进行及时调整，而是问题积累到一定程度再调整，结果必然是免征额偏高和偏低并存、税收规模不足和过度并存，不利于国家税收持续稳定。如果全面实施税收指数化存在困难，进行免征额的逐年调整并不存在较大的困难，应当尽快实施。

（三）处理好免征额与相关制度配套衔接关系

美国联邦个税税制较好协调了免征额制度与免税收入（非应税收入）、"线上项目"扣除、税收抵免制度的关系，也值得借鉴。我国个税对养老收入等转移性收入免税，有其历史合理性，但其现实不合理性日益增加，依靠转移性收入获得的高收入脱离个税调节，既不利于增加税收，也不利于税收公平。借鉴美国个税免征额及相关制度，不同人群的特殊情况可以通过分项扣除、附加标准化扣除、税收抵免等制度加以考虑，而不是一律免税。我国工资薪金所得并没有具体考虑因为工作而发生支出的特殊支出扣除，也应当是加以改革完善的。劳动所得税收抵免有利于激励低收入劳动者就业，既能提高居民收入，也能减轻财政的社会救济支出压力，也应当借鉴。其他的税收抵免有助于处理很多社会发展问题，例如可以考虑设立相应的税收抵免，支持学前教育。

从免征额及相关制度所依赖的整体税制看，美国联邦个税的免征额制度依赖于综合型税制模式和纳税人纳税申报。我国个税主要采取源泉课征方法，无法汇总纳税人的各种收入和衡量纳税人总体纳税能力，诸如美国个税免征额制度中的分项扣除、个人免征额缩减等无法实施。所以，进行免征额制度改革，也需要进行个税税制模式和征管方式的改革。

（四）充分认识免征额制度的重要意义，推进免征额制度精细化

免征额及相关制度是个税制度的重心。免征额是围绕居民基本生活费用支出不纳税的要求展开的，是决定个税性质的关键问题。免征额标准制度和适应性调整制度是持续实现免征额价值的要求，是体现个税良税性质的要求。美国个税税收占 GDP 的 8% 左右，个税收入占联邦税收的 40% 以上，是主体税种，免征额制度精细化是与之相呼应的。重要的税收制就需要更公平合理的制度设计。将个税免征额标准确定和免征额调整看作是"小问题"的观点（华生，2011）值得商榷。税收规模越大，免征额不公平的危害就越明显，越需要税制精细化。2015 年，我国个税税收占到总税收的 7%，占 GDP 的 1.25%，我国还提出了提高直接税比重的税种结构发展方向，在这种条件下，税收公平要求也必然更高。改变我国个税免征额制度过于简化的局面，改革和完善个税免征额标准和免征额调整方式，推进免征额制度精细化，已经势在必行。

第四节　我国个人所得税费用扣除制度存在的问题

一、关于费用扣除的规定[①]

我国个税制度由《个人所得税法》（2011）、《个人所得税法实施条例》（2011）以及财政部、国家税务总局关于税法实施的解释构成。但需要明确的是，我国税法并没有明确提出经营性费用扣除、特许费用扣除和生计费用（或者免征额）的概念，而是笼统使用"成本""费用""必要费用""合理费用"等词汇，为此，我们按照相关条款背景和相关政策文件精神，按照十类所得，

---

① 曹桂全. 我国个人所得税费用扣除存在的问题和解决方案 [J]. 天津大学学报（社会科学版），2018（3）：202 - 209.

分别做出界定和解释。①

（一）关于工资薪金所得的费用扣除

我国税法没有明确规定当前工资薪金所得每月 3500 元的"费用减除"为免征额，但从财政部关于个税税法修正案草案的说明（谢旭人，2011）看，该费用扣除应当是免征额。《财政部、国家税务总局关于基本养老保险费基本医疗保险费失业保险费住房公积金有关个税政策的通知》（2006）确认，个人按照国家或省（自治区、直辖市）人民政府规定的缴费比例或办法实际缴付的基本养老保险费、基本医疗保险费、失业保险费和住房公积金，允许在个人应纳税所得额中扣除，该扣除应当理解为特许费用扣除。税法规定了公益捐赠扣除，而且规定不能超过纳税义务人申报的应纳税所得额 30%，也属于特许费用扣除，该规定适用于所有类型所得。

（二）关于个体工商户的生产经营所得的费用扣除

《个人所得税法实施条例》规定，对于个体工商户生产经营所得允许扣除的成本、费用，是指纳税义务人从事生产、经营所发生的各项直接支出和分配计入成本的间接费用以及销售费用、管理费用、财务费用；所说的损失，是指纳税义务人在生产、经营过程中发生的各项营业外支出。《财政部、国家税务总局关于调整个体工商户业主、个人独资企业和合伙企业自然人投资者个税费用扣除标准的通知》（2011）规定，个体户向其从业人员实际支付的合理的工资、薪金支出，允许在税前据实扣除。这些费用扣除具有企业经营成本性质，属于经营性费用。《财政部、国家税务总局关于调整个体工商户业主、个人独资企业和合伙企业自然人投资者个税费用扣除标准的通知》（2011）规定，对个体工商户业主、个人独资企业和合伙企业自然人投资者的生产经营所得依法计征个税时，个体工商户业主、个人独资企业和合伙企业自然人投资者本人的费用扣除标准统一确定为 42000 元/年（3500 元/月），个人独资企业和合伙企业投资者的工资不得在税前扣除，该标准与工资薪金所得扣除标准相同，应当属于生计费用扣除。②

---

① 这些规定来自 2018 年 10 月之前的税法，部分内容经过 2018 年税法修正已经调整。

② 假定一个个体户年收入 600000 元，原材料等支出 200000 元，工人工资 150000 元，个体户自己工资 100000 元，则该个体户的生产性费用为原材料等支出、工人工资之和，即 350000 元，但个体户自己工资不能作为经营性费用扣除，调整后净所得为 250000 元，扣除生计费用 42000 元，应税所得额为 208000 元。

（三）关于企业承包租赁经营所得的费用扣除

《个人所得税法实施条例》第十八条规定，企业承包、租赁经营所得的每一纳税年度的收入总额，是指纳税义务人按照承包经营、承租经营合同规定分得的经营利润和工资、薪金性质的所得，因此，该所得已经扣除了经营性费用。同时规定，税法所说的减除必要费用，是指按月减除3500元，该费用与工资薪金所得费用减除标准相同，应当属于免征额。

（四）关于劳务报酬所得、稿酬所得、特许权使用费所得、财产租赁所得的费用扣除

税法规定，劳务报酬所得、稿酬所得、特许权使用费所得、财产租赁所得，每次收入不超过4000元的，减除费用800元；4000元以上的，减除20%的费用。如何理解该费用的性质？我国个税立法时，除了个体户、企业承包者之外，纳税人一般都有工资薪金所得，生计费用扣除可以通过工资薪金所得免征额实现，这里规定的费用减除不应当属于免征额，而是经营性费用。按照《国家税务总局关于个人所得税若干业务问题的批复》（2002），对于个人的财产租赁收得，还可以扣除财产租赁过程中缴纳的税费、由纳税人负担的该出租财产实际开支的修缮费用，明显属于经营性费用。

（五）关于利息、股息、红利所得的费用扣除

对于利息、股息、红利所得，税法没有规定任何费用扣除，因此应当理解为没有经营性费用扣除和免征额扣除。

（六）关于财产转让所得费用扣除

税法规定，财产转让所得，以转让财产的收入额减除财产原值和合理费用后的余额，为应纳税所得额。《个人所得税法实施条例》对财产原值的确定方法做出规定，并规定合理费用是指卖出财产时按照规定支付的有关费用。所以，这些费用属于经营性费用。

对于偶然所得，税法没有费用减除的规定。综合上述，将我国个税中经营性费用、特许费用扣除和生计费用扣除的规定，按照10类所得，列于表9－1。

表 9-1　　　　　　　　　　我国个税关于三项费用扣除的规定

序号	所得来源	经营性费用	生计费用（免征额）	特许费用
1	工资、薪金所得	无	3500 元/月	社会保险缴费、住房公积金缴纳以及公益捐赠
2	个体工商户的生产、经营所得	允许减除成本、费用以及损失，例如从业人员工资，但本人工资不得扣除	个体户本人收入不作为经营性费用扣除，按照工资薪金对待，年扣除 42000 元	与工资薪金所得相同
3	对企事业单位的承包经营、承租经营所得	计税收入为经营利润和工资、薪金性质的所得，已经进行了经营性费用扣除	减除必要费用为 3500 元/月，可以理解为生计费用扣除	与工资薪金所得相同
4-7	劳务报酬所得、稿酬所得、特许权使用费所得、财产租赁所得	每次收入不超过 4000 元的，经营性费用为 800 元；4000 元以上的，经营性费用为所得的 20%	无	公益捐赠
8	利息、股息、红利所得	无	无	公益捐赠
9	财产转让所得	财产原值和合理费用	无	公益捐赠
10	偶然所得	无	无	公益捐赠

资料来源：笔者编制。

二、我国个税费用扣除制度的特点

对比费用扣除制度一般原理，参照英国、美国等经济发达国家的经验，我国个税费用扣除制度具有以下四个特点。

第一，三项费用扣除均多采取定额、定比扣除标准，据实申报扣除相对较少。除了个体生产经营所得、企业承包租赁经营所得、财产转让所得，其他所得的经营性费用基本采取定额、定比扣除方式，工资薪金所得甚至没有经营性费用扣除。作为特许费用的社会保险和住房公积金缴纳，实行全额扣除。工资薪金所得免征额最为典型，所有纳税人均按照每月 3500 元标准扣除。与美国个税免征额构成不同，我国工资薪金所得纳税人只有单一的标准化免征额，而没有任何差异化免征额。

第二，费用扣除针对所得设定，是分类税制模式的体现。我国个税

实行分类税制模式，各类所得分别规定经营性费用扣除、特许费用扣除和免征额，这对于经营性费用来说是合理的，有所得的，就会有经营性费用支出。但是特许费用扣除、免征额是针对纳税人及其负担人口的，并不必然与所得相关联，按照所得来源分别设定特许费用、免征额并不合理。按照税法，只有工资薪金所得、个体户生产经营所得和企业承包租赁经营所得的纳税人能够获得免征额扣除，只有其他来源所得的纳税人不能获得免征额扣除。这应当是我国采取分类所得税制模式条件下将该三种所得推定为独立所得的结果。我国采取分类所得税制模式，按照所得规定免征额扣除，但又不能每种所得都规定免征额，否则就会出现重复扣除免征额，为此实际上推定其他所得均为非独立所得，免征额已经在独立所得中予以扣除。

第三，费用扣除调整主要是免征额调整，但采取集中性、大规模调整方式。2006 年前，工资薪金所得免征额长期固定于每月 800 元，严重脱离实际，一些地方政府自行提高了扣除标准。经过个税税法修正，工资薪金所得免征额分别于 2006 年 1 月、2008 年 3 月、2011 年 9 月进行调整，分别比上一年提高了 100%、25% 和 75%，很难与居民基本生活费用支出增加实际相符，与应有调整之间存在很大差异。像劳务所得等所得采取定额扣除的费用，则一直适用每次 800 元，并没有调整。

第四，总体扣除比例较高。2011 年，我国城镇单位就业人员人年均工资41799 元，月工资 3483 元，总体上达不到纳税水平。2015 年，我国城镇单位就业人员人年均工资为 62029 元，月工资 5169 元，总体上达到了纳税水平。按照城镇职工社会保险和住房公积金缴费比例总计 20% 计算，[①] 特许费用扣除每月 1034 元（不考虑公益捐赠），再扣除免征额每月 3500 元，总计扣除每月4534 元，占工资的 87.71%，导致随后应纳税所得额只有 635 元。[②] 另外，按照现行政策，个人领取养老金、失业保险金、住房公积金和报销医疗费不仅包括个人缴费部分，还包括单位缴纳的部分，为工资总额的 41.5%，[③] 都属于免征所得，也导致很多所得免于课税。

---

① 现行政策规定个人缴纳基本养老保险费、基本医疗保险费、失业保险费、住房公积金的比例分别为工资的 8%、2%、0.5% 和 8% ~12%。
② 根据国家统计局"国家数据"数据库（http：//data. stats. gov. cn）相关数据计算。
③ 按照现行政策，单位缴纳的基本养老保险费、基本医疗保险费、失业保险费、住房公积金分别为工资的 20%、10%、1.5% 和 8% ~12%。

三、个税费用扣除制度存在的问题

我国个税税法颁布于 1980 年，现行税法框架形成于 1993 年，当时的居民收入水平低，收入来源结构单一，费用扣除制度简便易行的特点具有很大优势，在纳税人不多、税收规模不大的条件下，突出征管效率，加强对高收入者的收入调节的政策选择具有合理性。但是，随着经济增长和经济体制改革推进，居民收入水平有了很大提高，居民收入来源多样化，工资性收入占比下降，2015 年全国城镇居民工资性可支配收入仅占可支配收入的 61.99%，居民基本生活费用支出结构也发生变化，单一标准化免征额不公平问题突出，社会保障和住房公积金制度不能涵盖当前社会政策需要，费用扣除制度的弊端逐渐显现。

（一）经营性费用扣除制度存在的问题

经营性费用扣除存在的问题表现在三个方面，一是扣除制度不健全，工资薪金所得纳税人没有经营性费用扣除，是不合理的。二是过多使用定额或者定比扣除，缺乏更加合理的据实申报扣除，劳务报酬所得、稿酬所得、特许权使用费所得、财产租赁所得的经营性费用扣除标准为定额和定比扣除，难于符合实际。三是税法关于允许扣除项目规定不具体，需要通过规范性文件进行确定，不符合税收法定原则。

（二）特许费用扣除制度存在的问题

特许费用扣除存在的问题表现在三个方面。一是特许费用扣除集中于公益捐赠、社会保险缴费和住房公积金缴纳上，对于教育以及住房公积金之外等住房支出（如住房贷款）缺乏政策支持，对于纳税人已经发生的税收（比如契税）没有考虑，导致重复课税。二是公益捐赠扣除需要纳税人申报，但由于工资薪金所得纳税人实行源泉课征，实际很难实现扣除，不利于慈善捐献实施。三是社会保险缴费和住房公积金缴费扣除没有数量限制，任何收入纳税人都全额可以扣除，显然有利于高收入者。住房公积金全部属于个人账户，职工缴费比例相同，高收入者扣除更多，而且领取住房公积金免税，不利于个税税收规模扩大，也背离住房保障政策宗旨。

（三）免征额制度存在的问题

免征额制度存在的问题更加突出。

第一，免征额标准参考城镇居民消费支出确定，而缺乏居民基本生活费用支出指标。城镇居民消费支出是居民基本生活费用支出的一个替代性指标，二者并不完全一致。随着经济增长和居民收入水平提高，居民消费支出明显超过基本生活费用支出，继续使用居民消费支出替代指标的不合理性越来越明显。

第二，单一标准化免征额构成不利于实现免征额价值。不同纳税人负担人口的基本生活费用支出存在差别，不同纳税人负担人口数也不相同，单一标准化免征额导致有的纳税人免征额数量不足而税收负担过度，有的免征额过度而税收负担不足，免征额扣除过度和不足并存，存在不能区别对待的不公平。

第三，免征额累积性调整导致免征额数量经常性不适当，税收不合理，免征额调整年可能出现税收不应有下降。在一个固定免征额期间内，必然导致不同年份免征额过度、适当或者基本适当、偏低，相应年份税收不足、合理或者基本合理、过度，而调整前一年的免征额不足和税收过度最为严重，调整年免征额过度和税收不足最为严重，不合理税收的变动足以导致税收下降。2012年我国个税税收为 5820.28 亿元，占 GDP 1.08%，均比 2011 年（个税税收为6054.11 亿元，占 GDP 1.24%）下降，[1] 明显受到 2011 年 9 月免征额调整的影响。

第四，缺少免征额缩减制度，不能有效避免免征额与累进税率结构之间的冲突。提高免征额时，税前收入低于标准化免征额的纳税人并不能获得免征额的利益，而高收入者能够充分获得免征额的利益，而且由于累进税率结构，减税利益更大，产生不公平。[2] 避免高收入者因为免征额获得更多减税利益并维持累进税率结构的效果，需要对高收入者的免征额进行缩减，而我国当前没有这一制度，是一个重要缺陷。

第五，我国个税是以工资薪金所得为核心，工资薪金所得、个体户生产经营所得、企业承包租赁经营所得能够获得免征额待遇，没有这三种所得的其他所得纳税人，无法获得免征额待遇。但是，随着市场经济发展，收入来源多样化，部分个人依靠非工资薪金收入作为主要收入来源，没有免征额扣除是不合理的。

特许费用扣除制度存在的问题与分类税制模式的弊端相联系。我国个税采

---

[1]　个税收入和 GDP 数据根据国家统计局 "国家数据"（http://data.stats.gov.cn/）的统计数据计算。

[2]　一些文献指出了这个问题，例如华生：《个人所得税免征额调整的三大问题与改革方向》（《中国证券报》2011 年 6 月 9 日第 A19 版），以及贾康，梁季：《过度关注起征点将误导个人所得税改革》（《上海证券报》2016 年 3 月 30 日第 12 版）。但这些文献据此认为不应当调整免征额，却没有寻找解决冲突的可行办法。

取分类税制模式，不能对纳税人总体纳税能力进行衡量，难以全面实现税收累进性，这是分类税制模式的弊端。分类税制模式之下，采取费用源泉课征方式，各种费用扣除采取定额或者定率的方式，也是出于便于征管的考虑，因为源泉课征无法实现据实申报扣除。同样基于此，税法规定了几种所得的免征额，而没有规定纳税人免征额（即纳税人及其负担人口的免征额的总计），也源于分类税制和源泉课征模式之下，如果税法对每种所得都规定免征额，将无法避免纳税人获得重复扣除。税收抵免政策工具是针对纳税人的，在强调所得而不是纳税人的条件下，也就无法实施。

第五节　完善个人所得税费用扣除制度的政策建议①

《中共中央关于全面深化改革若干重大问题的决定》（2013）提出，逐步建立综合与分类相结合的个税制。我们认为，建立综合与分类相结合的个税制不仅强调综合计征的重要性，也必然要求采取纳税人申报的纳税方式，抓住了个税改革的牛鼻子。现行费用扣除制度存在的问题很大程度上是与分类税制模式相联系的，完善费用扣除制度需要在综合与分类相结合税制框架下进行，并作为逐步建立综合与分类相结合的个税制的重要组成部分。②

一、关于完善经营性费用扣除制度

应当按照经营性费用支出充分扣除的原则，完善各类所得的经营性费用项目、扣除方式的规定，尤其注重允许据实申报扣除。对于生产经营性所得，在存在会计记录的条件下，应当实行对生产经营性费用据实申报扣除，如果会计记录不健全，可以由税务机关核定扣除。对于工资薪金所得、劳务所得、稿酬所得等劳动性质所得，可以规定一个经营性费用扣除比例，同时允许纳税人选择据实申报扣除，扣除费用项目包括与劳动有关交通费、教育培训费、劳动工具和资料等费用支出。对于财产租赁和股息、利息和红利所得，允许扣除一定比例的经营性费用。对于财产转让所得，允许据实申报扣除取得财产的费用和相关税费。

---

① 本节内容已经发表，见：曹桂全. 我国个人所得税费用扣除存在的问题和解决方案 [J]. 天津大学学报（社会科学版），2018（3）：202 – 209.

② 下文的对策建议，均建立在实行综合与分类相结合的税制的基础上。

二、关于完善特别费用扣除制度

应当按照体现社会政策宗旨的要求，进一步健全特许费用扣除制度。

第一，对于完全属于个人账户的缴费扣除，增加扣除数量限制。例如，继续保留个人住房公积金缴纳作为特许费用扣除的制度，但超过一定数量的，比如每年36000元，不继续作为特别费用扣除。这样做的目的，是将公积金缴费扣除作为对基本住房保障的支持，而不是支持任何住房。

第二，适当增加特别费用扣除。例如，针对学前教育负担较重的实际，可以增加学前儿童特别费用扣除，比如每年20000元；纳税人购买住房发生的契税，减少了净所得，可以考虑对于符合条件的纳税人允许按照特别费用进行扣除。[①] 针对住房贷款利息支付负担较重，可以对符合条件的纳税人增加住房贷款利息扣除，比如每年20000元。

第三，处理好特别费用扣除和免征额、免税所得、税收抵免的关系。例如，我国已经建立住房保障和住房公积金制度，不宜在免征额中增加分项免征额来降低纳税人住房贷款利息负担；对于学前教育的支持，可以使用税收抵免项目替代特别费用扣除，比如设立儿童学前教育税收抵免每年3000元，这种抵免可以是可返还的，[②] 这样能够更好地支持低收入家庭。

三、改革和完善免征额制度

免征额是费用扣除制度的重点，应当以使免征额更好反映纳税人基本生活费用支出实际为根本要求，兼顾征管效率，增强免征额的科学性和公平性。

第一，免征额依据纳税人负担的基本生活费用支出确定。要改变参照城镇居民人均消费支出确定免征额数量的做法，以免征额内涵和价值为出发点，科学界定居民基本生活费用支出项目和正常条件下居民基本生活费用支出数量，以居民基本生活费用作为确定免征额数量的收入指标。这需要进行进一步的统计调查和科学测算。

第二，采取标准化与差异化免征额相结合、以标准化免征额为主的免征额构成。改变当前单一标准化免征额构成，适当增加差异化免征额。既考虑

---

① 符合条件是对高收入者获得该特许费用扣除资格的限制，比如年综合净所得超过36万元的纳税人，没有资格获得该项扣除。

② 可返还的税收抵免是指当纳税人没有税收可以抵扣时，政府对纳税人进行补贴。

纳税人负担的基本生活费用支出总体一致性，也考虑不同纳税人实际负担的基本生活费用支出的差异性，尤其是对纳税人重点基本生活费用支出项目予以关注。建议设立基本免征额、附加免征额和分项免征额三个层次的免征额（见图 9 – 11）。

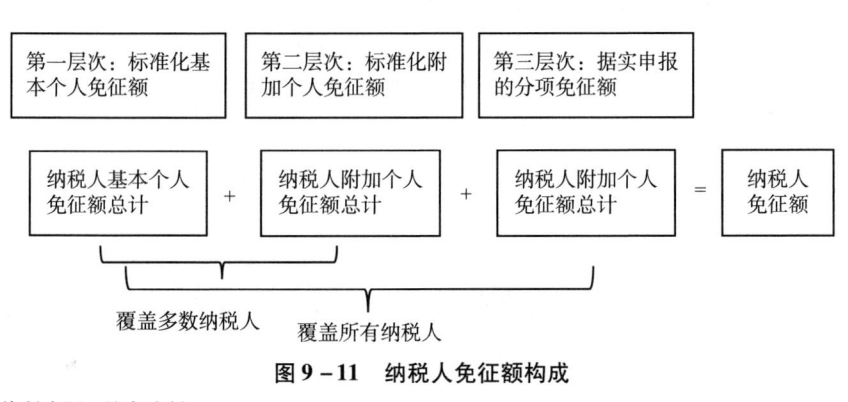

图 9 – 11　纳税人免征额构成

资料来源：笔者编制。

第一个层次是标准化个人基本免征额，为正常情况下个人的基本生活费用支出，纳税人负担人口每人一份，比如每年个人基本免征额 20000 元。[①] 纳税人个人基本免征额为其负担人口个人基本免征额之和。第二个层次为附加标准化免征额，为符合一定年龄、健康状况等条件的纳税人负担人口的免征额，以体现对基本生活费用支出高于正常情况的照顾，比如，对于老年人，每人每年附加标准化免征额为 6000 元。第一个层次、第二个层次的免征额应当能够涵盖多数纳税人的基本生活费用支出，使标准化免征额覆盖大多数纳税人，利于降低征管成本。第三个层次为据实申报的分项免征额，对于基本生活费用支出项目范围内的重要支出项目（如医疗费用支出、未保险的灾害损失），如果纳税人个人基本免征额和附加标准化免征额仍不能涵盖之，可以对超过部分据实申报扣除。例如，可以规定纳税人负担的医疗费用支出超过 10000 元的，可以对超过部分申报扣除。在这种制度下，纳税人免征额是纳税人基本个人免征额总计、附加个人免征额总计和分项免征额总计之和。以一个三口之家为例，一个人发生纳税义务，纳税人个人基本免征额总计为 60000 元，没有附加标准化免征额，医疗费用支出 20000 元，可以额外申报分项免征额 10000 元，纳税人免征额为 70000 元。这种免征额由标准化免征

---

① 笔者所举数据仅为表述这种制度的机制，但没有经过科学测算。本节其他举例也是如此。

额与差异化免征额构成，以标准化免征额为主，能够更好实现免征额价值，同时兼顾征管效率。

第三，引入高收入者免征额缩减制度。要避免免征额与累进税率结构之间的冲突，增加税收累进性，加强对高收入者的收入分配调节，应当引进免征额缩减制度。英国免征额缩减门槛是人均收入的 5 倍左右，而美国则是 10 倍左右。2016 年，我国城镇居民人均可支配收入 33616 元，参照美国的标准，我国个税纳税人免征额缩减门槛可以按照年综合净所得 360000 元（每月 30000元）左右考虑，每超过 1000 元，纳税人免征额缩减 1%，综合净所得达到460000 元的纳税人，免征额缩减到 0。

第四，免征额等税法名义收入指标实行指数化调整。当前，我国社会主义市场经济体制逐步完善，社会保障制度已经成型，社会福利、教育、住房、医疗体制改革总体到位，总体上已经进入中上收入水平国家，居民基本生活费用支出项目总体确定，免征额指数化调整条件已经成熟。建议采取逐年免征额物价指数化调整方式，并授权国务院或者财税主管部门实施。同时，对税法中的税率等级阈值等名义收入指标一并进行指数化调整，稳定税负。

第五，统筹免征额与免税所得、经营性费用扣除、特许费用扣除和税收抵免，适当引入税收抵免项目。个税功能和社会政策可以通过不同税制要素实现，需要统筹安排。我国养老收入（离退休工资和养老金）为免税所得，无论收入高低一律免税具有一刀切的弊端，采取附加老年人免征额或者税收抵免实现对老年人的基本生活费用特殊照顾更加合理，本书上述设立老年人附加免征额不宜与养老收入免税并存。如果考虑学前儿童的整体生活费用较高，除了设立教育方面的特许费用扣除或者税收抵免，也可以整体考虑设立相应的税收抵免，比如每个学前儿童每年 5000 元税收抵免额。

为消除现行费用扣除存在的弊端，考虑建立综合与分类相结合的个税制的要求，应当明确区分三类费用扣除，按照使经营性费用扣除充分、使特许费用扣除更好体现社会政策的宗旨、使免征额体现每个纳税人负担的基本生活费用支出实际的原则，改革和完善相关规定，并适当引入据实申报的费用标准和税收抵免制度，促进费用扣除更加公平有效。

第六节　2018 年个人所得税改革的再分配效应分析

如第五章第二节所述，2018 年我国个税改革的主要内容是：（1）对应税

所得分类进行调整，并确定了综合所得，迈出综合与分类相结合税制的步伐；（2）对综合所得实行按年计征；（3）提高了费用减除（即免征额）标准；（4）增加了专项附加扣除；（5）调整了税率表，扩大了低档税率的适用区间；（6）完善了居民个人和非居民个人的规定；（7）增加了反避税条款。除第 6 项外，个税改革对其再分配效应具有一定的影响。为此，在前面内容的基础上，补充本节内容。

一、综合所得课税的再分配效应

2018 年 10 月之前，我国个税应税所得分为 11 类，实行分类个人所得税模式。其中，工资薪金所得、劳务所得、稿酬所得、特许权使用费所得分别课税，其中工资薪金所得允许进行费用减除（一般认为属于免征额）和税前扣除（即职工缴纳"三险一金"的费用允许税前扣除），实行超额累进税率结构；而其他三类所得实行定额或比例费用减除，比例税率为 20%，但对超过一定额度的劳务所得加成征收，而稿酬所得按应纳税额减征 30%。所以，四种不同来源所得的费用扣除不同，税率表不同，从而具有不同的税收累进性，税收负担也不一样，存在税负不公平和不利于再分配调节的效果。同时，不同来源所得分别课征，不利于对于有不同来源收入的纳税人适用高税率，也不利于形成税收累进性和再分配调节。

2018 年税收改革之后，应税所得分为 9 类，提出了经营所得（合并原来的个体工商户生产经营所得和对企业事业单位承包承租经营所得）的概念，取消了其他所得，将工资薪金所得、劳务所得、稿酬所得、特许权使用费所得综合计征，适用统一的超额累进税率表。

确定综合所得、实行部分综合计征的税制改革后，有利于实现公平税负，也利于更好地发挥个税调节居民收入分配的作用。具体体现在两个方面。第一，综合计征意味着同等对待工资薪金所得、劳务所得、稿酬所得、特许权使用费所得，执行统一的费用扣除标准，适用统一的税率表，避免了分类税制模式下的税负不公平，利于进行居民收入分配调节。尤其是单一依靠非工资薪金所得来源的纳税人，可以获得与税制改革前工资薪金所得纳税人相同的费用减除（免征额）待遇，能够更好实现基本生活费用支出不纳税的要求，税制更加合理。第二，综合计征后，对于有不同来源所得的纳税人来说，其税负相对提高，利于提高税收累进性和再分配调节能力。

二、综合所得按年计税的再分配效应

2018 年 10 月税制改革前，工资薪金所得按月计税、劳务所得等按次计税；改革后，工资薪金所得、劳务所得等四类所得计入综合所得，按年计税。税制改革后，按年计税有利于逐月工资薪金、劳务所得额等存在不同波动的纳税人之间公平税负，合理进行再分配调节。为消除费用减除提高的影响，假定费用减除为年 60000 元（月 5000 元），采用税制改革之后的税率表，三个纳税人收入分别为：（1）每月工资薪金收入 15000 元，年收入 180000 元；（2）其中 6 个月工资薪金收入为每月 10000 元，另 6 个月工薪收入为每月 20000 元，年收入 180000 元；（3）其中 6 个月工薪收入为每月 8000 元，另 4 个月工薪收入为每月 12000 元，另 2 个月工薪收入为每月 42000 元，年收入 180000 元。按月计征，三个纳税人应纳税额分别为 9480 元、11280 元和 15880 元，平均税率分别为 5.27%、6.27% 和 8.82%。如果按年计征，应纳税额均为 9480 元，平均税率均为 5.27%。因此，按年计征，消除了对于月收入波动大的纳税人过重的税负，税收更加公平。

三、提高费用减除标准（即免征额）的再分配效应

如前面所述，现有文献对提高免征额的再分配效应进行了理论分析和实证检验。理论上，提高免征额后，原来刚刚超过免征额的纳税人的收益最大，因此一定程度上利于低收入者；但是，提高免征额对于本来收入就低于免征额的最低收入者并没有帮助，且高收入者从免征额提高中获益较多，最终再分配效应的变化是不确定的（岳树民等，2011）。总体上看，一方面，税收累进性呈现从递增到递减的变化，并非提高免征额一定能够提高税收累进性，但经验分析表明，我国过去几次提高免征额能够提高税收累进性；另一方面，提高免征额降低了平均税率，不利于扩大再分配效应，经验分析表明，如果单纯就调整年来说，提高免征额比固定免征额不变条件下的再分配效应减弱（岳希明和徐静，2012）。2018 年 10 月免征额比之前提高幅度达到 42.86%，远远超过税前收入增长，平均税率必然大幅下降，可以推测 2018 年乃至 2019 年的个税再分配效应也是下降的。但是，如第八章所述，我国个税免征额采取累积性调整方式，免征额调整一次，并非仅仅适用一年，免征额调整的再分配效应不应当仅仅考察对免征额调整年再分配效应的影响。为此，应当关注免征额调整的适当

性，即免征额是否总体上实现了基本生活费用充分扣除的目标。

按照我国官方给出的确定费用减除（免征额）标准的方法，纳税人免征额为城镇居民人均消费支出乘以城镇职工平均负担人口数（金人庆，2006）。2018 年，城镇居民人均消费支出 26112 元，[①] 按照城镇职工平均负担人口数 2 计算，纳税人年免征额应为 52224 元。2018 年 10 月免征额调整后，纳税人年免征额为 60000 元，超出应有免征额 14.89%。比较而言，如果免征额不调整，维持 2018 年税制改革前的年免征额 42000 元（每月 3500 元），比纳税人应有免征额低 19.58%。考虑 60000 元的免征额在 2019 年仍然适用，按照 2018 年城镇居民消费支出增长率（6.8%）计算，2019 年应有免征额为 55755 元，比 60000 元的免征额仅高出 7.61%，相比免征额不调整更加适当。如果 2020 年、2021 年继续维持 60000 元免征额，则会逐渐与应有免征额接近，且再分配效应必然由于收入提高带来的平均税率提高扩大。从这个意义上来说，免征额调整是适当的。

此外，根据本书第八章、第九章的研究，有两点值得注意。第一，本次税制改革仍然没有明确进行免征额调整方式改革，没有明确采取免征额逐年调整的方式，而仍可能采取累积性调整方式。值得强调的是，免征额采取逐年调整的方式更加合理。第二，当免征额提高时，为避免高收入者获得更多减税利益而降低税收累进性，可以设立免征额缩减制度。展望未来，实行免征额逐年适应性调整方式以及引入高收入者免征额缩减制度，仍然是应当考虑的。

四、增加专项附加扣除的再分配效应

2018 年《中华人民共和国个人所得税法》修正后，原税法中的居民个人缴纳基本养老保险、基本医疗保险费、失业保险费和住房公积金保留下来，并称为"专项扣除"；同时，修正后税法增加了子女教育、继续教育、大病医疗、住房贷款利息、住房租金和赡养老人支出扣除，并称为"专项附加扣除"（详见第五章第二节）。

按照本书第八章的阐述，我国 2018 年前税法采取标准化免征额，所有工资薪金所得纳税人的免征额都是相同的，不利于实现免征额价值和强化个税再分配调节功能。税前扣除（修改后税法称为专项扣除）额与纳税人工资薪金

---

① 国家统计局，国家数据，"2018 年国民经济和社会发展统计公报"，http：//www.stats.gov.cn/tjsj/zxfb/201902/t20190228_1651265.html。

所得额成比例，虽然是差异化的，但不具有税收累进性。本次税法修正引入专项附加扣除，实际上属于一种执行社会政策的特别费用扣除，能够更好考虑纳税人的实际负担，是差异化的，尤其是大病医疗费用支出采取据实申报扣除方式，能够更好实施社会政策，符合税收公平要求。

但是，根据我国居民收入的实际情况，专项附加扣除并不一定能够直接扩大个税再分配效应。有两个方面的原因。第一，对于综合所得纳税人，首先有每年60000元的费用减除（每月5000元），其次还可以进行专项扣除，一般扣除数量可以达到工资薪金所得的20%，这样对于税前收入每月6000元（每年72000元）的个人，将没有剩余收入可以进行专项附加扣除。2018年，全民居民收入分配五等份收入分组中，中上收入组人均可支配收入36471元，高收入组人均可支配收入70640元。也就是说，可以进行专项附加扣除的纳税人大约只有全国居民的20%；换句话说，大致只有属于高收入组的个人才用得上专项附加扣除。那么，这将降低高收入者税负，并不利于缩小居民收入差距。第二，对于某些收入较低的居民，实际上负担着子女教育支出、继续教育支出、赡养老人支出等，但由于收入低，实际上没有收入可以扣除，这些专项附加扣除实际上并不起作用。

专项附加扣除考虑纳税人的负担实际的出发点是正确的，也确实使一些人尤其是收入较高的纳税人获得了相应的社会政策支持。但是，当前这种扣除政策并不能使中低收入者受益，对总体再分配调节并不发挥较大作用。实际上，根据本书第九章关于美国个人所得税费用扣除制度的介绍，其中的可返还税收抵免政策可以借鉴。这种政策是对符合特定条件的纳税人可以获得一定数额税收抵免额（或者按照某种方法计算的金额），可以从应纳税额中减除，如果净税额为负数，可以获得国家补贴。比如假定一个综合所得纳税人年税前收入90000元，扣除专项扣除额后为72000元，再扣除免征额后，纳税所得额为12000元，应纳税额为360元。假定该个人有一个受教育子女，按照现行税法，可以再扣除12000元，则纳税所得额为0，应纳税额为0。假定该个人还赡养老人，虽然每年可以扣除12000元，但实际不能再行扣除。假定再有其他附加专项扣除符合条件，该纳税人也无法扣除。如果税法对一些附加专项扣除改变为可返还的税收抵免，则能使中低收入者受益。比如设定一个子女教育年可返还税收抵免额为1000元，且上述纳税人符合条件，则该纳税人可以先进行赡养老人支出扣除，应纳税额为0，减除税收抵免额后为－1000元，从而可以获得政府补贴1000元，体现政府对子女教育的支持。一般规定享受可返还税收抵免额的个人为低收入者，从而将产生利于缩小居民收入

差距的效果。

五、调整了税率表的再分配效应

本次税制改革中，在原工资薪金税率表的基础上，设立了综合所得税率表。由于二者为不同来源所得的税率表，原则上不尽可比，但考虑我国存在大量的单一工资薪金所得纳税人以及综合所得实际上主要来源于工资薪金所得的实际，可以相对简单地分析税率表变化对税负的影响以及对再分配效应某些方面的影响。

表9-2给出了对于单一工资薪金所得纳税人税制改革前后适用税率表的变化（忽略按年计征的影响）。可以看到，在3%、10%、20%的低档税率的适用区间，适用区间扩大，边际税率25%的适用区间大幅缩小，而30%及以上的适用区间未变。

表9-2　　2018年税制改革前后单一工资薪金所得纳税人适用税率表变化

级数	税率（%）	应纳税所得额	
		2018年税制改革前	2018年税制改革后
1	3	不超过1500元的部分	不超过3000元的部分
2	10	1500~4500元	3000~12000元
3	20	4500~9000元	12000~25000元
4	25	9000~35000元	25000~35000元
5	30	35000~55000元	35000~55000元
6	35	55000~80000元	55000~80000元
7	45	超过80000元的部分	超过80000元的部分

资料来源：《中华人民共和国个人所得税法》（2011年），《中华人民共和国个人所得税法》（2018年）。

这种变化的首要影响就是降低了工资薪金所得纳税人的税负，无论是高收入者还是低收入者，税负都将明显降低。其次，由于25%适用区间大幅降低，尤其有利于中等收入者。当然，这里中等收入者仅指与处于税率表中间位置的纳税人，与实际的中等收入者并不一定一致，但表明了税法修改的政策意向。再次，就纳税人群体来说，低税率适用区间扩大，有利于降低低收入部分纳税人税负，增强税收累进性。但是，如果综合考虑纳税人和纳税人之外的个人（由于税前收入太低而不纳税），税收累进性变化结果并不明确。最后，纳税

人税负降低，平均税率下降，与税制改革前比，将相对弱化个税再分配效应。综合起来看，短期的再分配效应的影响方向不明确。

因此，税率表调整的主要效果是降低了税负，尤其重点指向降低中等收入者税负，这与增加居民收入、扩大中等收入阶层、扩大消费和采取积极财政政策的目标是一致的，但不是将扩大个税再分配调节能力作为直接的政策目标，且这方面也没有明显的积极效果。

六、增加反避税条款对再分配调节的影响

我国个人所得税法实施中，个人运用各种手段逃税避税现象时有发生。尤其是，一般而言，高收入者更容易逃税避税。为了堵塞税收漏洞，2018 年税法修正增加了反避税规定，针对个人不按独立交易原则转让财产、在境外避税地避税、实施不合理商业安排获取不当税收利益等避税行为，赋予税务机关按合理方法进行纳税调整的权力。修正后税法规定，对于符合条件的情形，税务机关有权作出纳税调整，补征税款，并依法加收利息。反避税条款的引入，有利于加强税收征管尤其是加强对高收入者的税收征管，有利于提高征收率，从而提高平均税率和扩大再分配效应。2018 年，我国个税税收在从 10 月开始适用新税法后，仍然达到 13872 亿元，比 2017 年增长 15.93%，快于总税收和 GDP 增长（参见表 5-5），可以推断，加强税收征管和反避税条款发挥了积极作用。

综上所述，2018 年税制改革中，综合计征、综合所得按年计征、税率表调整、增加反避税条款的制度有利于公平税负、强化个税再分配调节能力；提高免征额标准、调整税率表有利于增加税收累进性，但受平均税率降低制约，短期不一定能扩大再分配效应，但有利于扩大中等收入阶层，促进消费；增加专项附加扣除体现了国家关注民生并通过个税实施社会政策意图，但这些扣除政策只有高收入者才能实际受益，并导致平均税率降低，预期并不能取得扩大个税再分配效应的效果。本次税制改革没有解决标准化免征额、免征额累积性调整的问题，也没有引入免征额缩减制度，虽然增加了专项附加扣除，但没有增加有利于低收入者的税收抵免政策，这些将是未来税制改革的方向。

第十章 均等化公共服务、再分配调节与城乡收入差距

本章从公共服务均等化的视角，对政府再分配调节制度如何影响初次分配尤其是城乡收入差距进行考察。首先对基本公共服务均等化的内涵及其再分配调节机制进行分析，之后分别考察义务教育对收入差别的调节作用、社会保障对城乡差距的调节作用。

第一节 均等化公共服务的内涵和再分配调节机制

一、基本公共服务均等化内涵

党的十六届六中全会提出，完善公共财政制度，逐步实现基本公共服务均等化。党的十七大报告提出，缩小区域发展差距，必须注重实现基本公共服务均等化。国家"十二五"规划纲要提出，要推进基本公共服务均等化，逐步缩小城乡区域间生活水平和公共服务的差距。在中央政策和国家规划的指导下，公共服务均等化成为我国社会经济发展的一项重要战略。

什么是基本公共服务均等化？国内官方的看法是，基本公共服务均等化是指政府要为社会成员提供基本的、与经济社会发展水平相适应的、能够体现公平正义原则的大致均等的公共产品和服务，目的是实现人们生存和发展最基本的条件的均等，使人们共享经济社会发展成果。

基本公共服务均等化是我国政府创造出的一个概念，是 2006 年《中共中央关于构建社会主义和谐社会若干问题的决定》提出的。针对城乡、地区之间经济发展、财政能力以及相应政府提供服务的差异，为缩小城乡、地区之间差距，基本公共服务均等化力图构建政府间分工明确和政府间均等化转移支付的

公共财政制度。党的十七大报告提出，缩小区域发展差距，必须注重实现基本公共服务均等化。时任财政部部长的金人庆专门撰文，[①] 提出三个方面的观点。一是财政支出向教育、卫生、文化、就业再就业服务、社会保障、生态环境、公共基础设施、社会治安等方面倾斜，为最广大人民的根本利益服务，大致确定了基本公共服务的范围。二是进一步明确中央和地方的事权，健全财力与事权相匹配的财税体制，科学界定中央和各级地方政府的事权、职责以及收入划分，以明确基本公共服务的支出责任。三是加大转移支付力度，促进地区间基本公共服务均等化，也就是说，基于地区间财政能力的差异并导致提供基本公共服务的不一致，需要进行政府间财政转移支付，保证各地区提供基本公共服务的均衡性。因此，基本公共服务的均等化最初是指地区间的基本公共服务供给能力的均等化，而不是个人获得基本公共服务的均等化。

刘德吉（2009）研究指出，均等化的概念源于西方，但是西方学者并没有对基本公共服务均等化进行系统而直接的研究。[②] 实际上，西方分级财政体制涉及政府间转移支付模式，其中有一种模式叫作"均等化转移支付模式"，就是根据地方政府财政收入能力与全国平均财政收入能力的差异，进行政府间的转移支付，使地方政府提供的公共服务差异缩小，也就是使不同地区的公民得到大致均等的公共服务。德国、加拿大、澳大利亚采取这种政府间转移支付模式。大致均等的意思是说，转移支付的方向是从富裕的地方向落后地方转移，但是并不是以完全均等为目标，德国在进行转移支付后，贫困州最多只能补助到全国平均财政收入的95%，而富裕州的人均财政支出最多不超过全国平均税额的104.4%，最高与最低之间仍然可以有9.4个百分点的差距。

2011年，国家"十二五"规划提出，推进基本公共服务均等化。把基本公共服务作为公共产品向全民提供，完善公共财政制度，提高政府保障能力，建立健全符合国情、比较完整、覆盖城乡、可持续的基本公共服务体系，逐步缩小城乡区域间人民生活水平和公共服务差距。这里有一个重大变化，就是将"基本公共服务均等化"与"全民"直接联系起来，隐含着基本公共服务均等化是指个人获得基本公共服务的均等化，这显然比地区间均等化复杂得多。这种提法西方文献中没有先例。在此概念之下，国内出现了很多研究基本公共服务均等化的文献，以界定哪些属于基本公共服务以及政府如何实现这些基本公共服务均等化。均等化转移支付模式本来是一种政府间转移支付模式，我国将

①　金人庆. 完善促进基本公共服务均等化的公共财政制度［J］. 党建研究，2006（10）.

②　刘德吉. 国内外公共服务均等化问题研究综述［J］. 上海行政学院学报，2009（11）.

其演变为居民基本公共服务的均等化，是一个重大挑战。显然，居民基本公共服务均等化是比地区间基本公共服务均等化更高的要求。1994 年我国实行分税制改革时，主要借鉴日本的税收返还模式，政府间转移支付均等化程度不够，且制度不规范，应在诸如建立财政转移支付等的基础上继续完善。可以想象一个简单的问题：在什么区域层次上实现基本公共服务均等化？如果是全国范围的，那么，按照基本公共服务均等化的逻辑，这些基本公共服务应该由中央政府免费向全国居民提供；如果地方政府在各自辖区内按照各自的标准提供，这种均等化有什么价值？如果全国统一标准并由地方承担支出责任，地方政府没有财政能力怎么办？看来还是要进行政府间均等化转移支付，这就回到均等化最初的基本内涵上来了。所以，基本公共服务均等化核心是均等化的政府间财政转移支付。

二、基本公共服务均等化的特征

基本公共服务均等化是宽泛的政策范畴，在理念上切合我国建立服务型政府、保障民生、实现社会公平的要求，与一系列的再分配调节政策、社会保障制度建设具有一致性。社会保障等制度本身就是一种"保基本""为公平"的制度，其所体现的社会价值与均等化基本公共服务是一致的。例如，义务教育制度的社会价值已经得到广泛的认可，成为现代国家制度中的重要一环，而均等化基本公共服务的理念将有助于推进义务教育制度更好地落实。

概括地说，基本公共服务均等化具有以下特征。

第一，基本公共服务均等化的内涵要求有需求的社会成员应该获得对于这些基本公共服务相同程度的服务供给。比如，具有相同就医需要的患者能够同等程度便利地获得相同的医疗保健服务，具有教育需求的学生能够同等程度地获得受教育的机会和获得相同水平的教育服务。

第二，进一步地可以推导出，在不同区域，提供基本公共服务的能力应该是无差异的。基本公共服务均等化要求基本公共服务供给能力在区域上均等化分布，否则就无法满足基本公共服务均等化的要求。这个要求与政府间均等化财政转移支付一致，也是我国最初提出基本公共服务均等化的内在规定。在客观上存在区域经济和财政能力较大差异的条件下，如果没有均等化政府间财政转移支付，均等化基本公共服务也就无法实现。

第三，基本公共服务应该是免费的。不同个人、家庭的支付能力不同，如果服务获得者需要付费，必然影响不同社会成员实际获得基本公共服务的水

平，形成获得基本公共服务的差异而不是均等化。例如，虽然有医院，但是有的人看得起病，有的人看不起，依靠个人支付就无法实现均等化。这种服务甚至有时是强制性的，有的家庭希望孩子上学并愿意支付学费，有的家庭则不希望孩子上学，依靠家庭决策无从实现教育均等化。基本公共服务需要政府付费，而直接获得这些基本公共服务的社会成员免费。当把基本公共服务均等化的对象指向个人的时候，其实现条件就变得更加苛刻。

第四，需要对弱势群体实施有针对性的特殊待遇。社会成员本身在获取免费的基本公共服务能力上也是有差异的，片面的均等化会导致社会成员间实际获得公共服务的差异化。残疾人、孤儿、老年人由于不同的客观原因，面对相对的服务并不能获得相同的服务效果。要对这些弱势群体给予特别的关照，以切实实现基本公共服务实际效果的均等化。这些制度实际已经存在，基本公共服务均等化的概念应当促进这些已经存在的是有社会价值的制度。

第五，基本公共服务的供给机制不应该是市场机制。市场机制要求获得商品和服务必须凭借竞争和货币，商品和服务提供给愿意并能够支付高价的社会成员。基本公共服务的供给不能够依靠市场机制，至少不能够主要依靠市场机制，必须依靠政府供给或者政府主导。

第六，与理想化的基本公共服务均等化模型相比，实际的基本公共服务均等化不可能是完全的均等化。医院和学校不可能完全均匀地分布，也不可能要求医院和学校的教学条件、教学质量完全相同，对弱势群体增加特殊的关照也不可能达到与其他人完全一样的状态。完全免费也有负激励，市场的竞争机制有时能够更好地促进服务水平的提高。完全均等化的基本公共服务或者说基本公共服务完全均等化是不可能的，要在均等化的要求下实现基本公共服务的适当的均衡化，建立基本公共服务均等化下的弱势群体基本公共服务保障制度，发挥社会成员的积极性和主动性，适当引入市场机制。

2012年，国家提出基本公共服务均等化以后，首先实施的是基本公共卫生服务的均等化。一方面，这些服务采取政府购买的方式，接受服务的对象无须付费；另一方面，国家建立社区公共卫生服务机构，由这些机构差不多同等便利地为城乡居民提供公共卫生服务。根据《广东省基本公共服务均等化规划纲要（2009~2020）》，基本公共服务分为两大类八项内容。第一类是基础服务类，包括公共教育、公共卫生、公共文化体育、公共交通等四项；第二类是基本保障类，包括生活保障（含养老保险、最低生活保障、五保）、住房保障、就业保障、医疗保障等四项。这些项目如何实现均等化？比方说，就业保障是需要的，那就是帮助低收入者、失业者和弱势群体解决就业指导和岗位培

训问题，但不同人的就业保障需求是有差异的，为什么要提供均等化的保障？文化体育需求也千差万别，政府提供哪些服务来保障，又如何保证均等化？养老保险本身是处理退休之后的生活问题，即使按照现在的制度，同一种养老保险如企业职工养老保险制度之下，每个人的待遇也是有差异的，如何算是均等化？合理的解释是，基本公共服务存在均等化的要求，政府应当通过一系列的政策措施，促进基本公共服务均等化，这种基本公共服务面向有需要的社会成员而不一定是全部社会成员；均等化是方向但不等于平均化、完全一致的结果。

三、均等化基本公共服务的范围

关于哪些服务属于基本公共服务存在不同的观点。一种观点认为，基本公共服务是指直接与民生问题密切相关的公共服务，中共中央十六届六中全会《关于构建社会主义和谐社会若干重大问题的决定》中，把教育、卫生、文化、就业再就业服务、社会保障、生态环境、公共基础设施、社会治安等列为基本公共服务。另一种观点认为，基本公共服务应是指纯公共服务，不能笼统地讲教育、卫生、文化、科学、社会保障等是基本公共服务，只能将其中的义务教育、公共卫生、基础科学研究、公益性文化事业和社会救济等纳入基本公共服务范畴。还有一种观点认为，基本公共服务是一定发展阶段上最低范围的公共服务。

国内通常将基本公共服务划分为四类：一是基本民生性服务，如就业服务、社会救助、养老保障等；二是公共事业性服务，如公共教育、公共卫生、公共文化、科学技术、人口控制等；三是公益基础性服务，如公共设施、生态维护、环境保护等；四是公共安全性服务，如社会治安、生产安全、消费安全、国防安全等。

我国 2012 年正式发布《国家基本公共服务体系"十二五"规划》，标志着我国基本公共服务体系建设进入新阶段。从国家规划看，基本公共服务内涵广泛，社会保障项目全部纳入基本公共服务体系。国务院《"十三五"推进基本公共服务均等化规划》（2017）指出，基本公共服务是由政府主导、保障全体公民生存和发展基本需要、与经济社会发展水平相适应的公共服务。基本公共服务均等化是指全体公民都能公平可及地获得大致均等的基本公共服务，其核心是促进机会均等，重点是保障人民群众得到基本公共服务的机会，而不是简单的平均化。我国基本公共服务领域包括基本公共教育、基本劳动就业创

业、基本社会保险、基本医疗卫生、基本社会服务、基本住房保障、基本公共文化体育、残疾人公共服务八个领域 81 个项目。

我们认为，不应该把基本公共服务的范围定义得过宽，而应该按照基本公共服务均等化的内涵和特征，考虑适合均等化的实际，界定基本公共服务均等化的范围。具体地说，应该主要考虑那些与人们基本生活相关、涉及公民基本权利保障、存在大规模的外部性的公共服务。具体包括三方面。（1）基本生活保障。基本生活保障与基本公共服务均等化的要求基本是一致的，尤其是涉及低收入群体和弱势群体的基本保障。但是，基本生活保障是社会保障的一部分，不能将全部社会保障等同于基本生活保障，社会保障比存在均等化要求的基本公共服务的范围要宽。社会保障中的社会救助（包括住房保障和医疗救助）和社会福利的均等化要求更强一些。（2）义务教育。义务教育涉及公民的基本权利保障和机会均等，尤其是基础教育具有大规模的外部性，私人决策会导致低资源配置效率。（3）基本医疗服务和基本公共卫生服务。基本医疗和基本公共卫生都涉及健康保障，将基本公共卫生服务作为均等化的范围是合理的。尤其是，基本公共卫生服务还涉及特殊群体如幼儿和妇女，很多公共卫生项目具有大规模的外部性。

四、均等化公共服务的再分配调节机制

均等化公共服务的特点是指向符合一定条件的人群提供免费的或者低价（低于成本）的服务或者提供津贴以获得相应的服务。获得均等化公共服务的对象与其自身的收入无关，而仅与特定的需要有关。义务教育、社区基本公共卫生服务是典型的例子。其收入调节机制是由于对于低收入者和高收入者进行了相同的支付，会缩小以相对指标衡量的收入差距（绝对差距不会缩小）。假定 A、B 两人的初始分配收入的倍率为：

$$\frac{y_A}{y_B} > 1 \qquad\qquad (10-1)$$

进行均等化转移支付（y_{TR}）之后，则会在保持初始分配顺序的前提下，降低收入差距。即：

$$1 < \frac{y_A + y_{TR}}{y_B + y_{TR}} < \frac{y_A}{y_B} \qquad\qquad (10-2)$$

例如，两个家庭年收入分别为 20000 元和 100000 元，各自有一个孩子获得免费的义务教育，其价值为 20000 元。这样，相当于使两个家庭的实际可支

配收入分配提高到了 40000 元和 120000 元，收入差距由起初的 5 倍缩小到 3 倍。显然，均等化公共服务价值越高，越有利于缩小收入差距。

如果将个人均等化转移支付数额相同（y_{TR}）的收入全部以社会救济金（y_{SA}）的形式支付给低收入家庭，$y_{SA}=2y_{TR}$，与社会救济相比，均等化转移支付的收入分配调节力度相对弱，因为社会救济将全部收入转移支付给低收入家庭，即：

$$1<\frac{y_A}{y_B+2y_{TR}}<\frac{y_A+y_{TR}}{y_B+y_{TR}}<\frac{y_A}{y_B}\,(只要\,2y_{TR}<y_A-y_B)\qquad(10-3)$$

政府的均等化公共服务还与促进机会均等、满足基本需要有关，还会对长期的收入差距产生影响。例如，教育的均等化转移支付促进了低收入者家庭子女获得人力资本和收入的能力。因此，也不能简单地以当前直接调节力度的大小评价各种政府再分配能力。

第二节　均等化义务教育的再分配效应分析

提供均等化公共服务是政府的重要职能之一。在基本公共服务体系中，除社会保障项目外，其他项目也有不同程度的收入分配调节作用，其中义务教育支出规模最大、覆盖人群最广。为此，本节以义务教育为例[①]考察其收入再分配效应。

一、义务教育缩小收入不平等的评估方法

一般认为，教育是人力资本形成因素，是影响经济增长的因素，也是影响初次分配的重要因素。人力资本理论认为，教育通过提高个人的知识和技能而提高劳动生产率，促进经济增长，从而增加个人收入。但是，接受不同教育水平的个人之间也形成收入水平的差异，经验分析也证实了这一点。但是，收入不平等与整体教育水平之间的关系如何，则有不同的经验分析结论。周金燕和钟宇平（2010）认为，中国 1991~2006 年教育水平的提高对收入不平等的影

---

① 均等化基本公共服务对于不同个人，在某个时期并不一定是均等化的，因为并不是每个人都在同一时期具有相同的需求，但就一生而言，都有相同的需求或者说可能存在相同的需求，因此是面向每个人的、均等化的。义务教育明显是均等化的，而劳动保障和就业服务作为均等化公共服务，实际上并非每个人都存在这种需求，但每个人都可能存在这种需求。

响经历了"扩大—缩小"的变化，而缩小的强度增加，但教育收益率对收入不平等则呈现"缩小—扩大"的变化，而扩大的强度在缩小；要发挥教育缩小收入不平等的作用，应当提高低收入者的教育水平，减少教育本身的人际不平等。

从再分配调节的角度看，我们暂时忽略教育影响收入的具体过程和机制，而仅关注国家提供均等化的教育服务本身对居民收入分配的影响，也就是侧重考察作为均等化基本公共服务的义务教育支出对居民收入差距的直接影响。

假定全国义务教育财政支出为 M，全国人口为 N，收入分布为 $Y_i(i = 1,$ 2，3，…，N)，接受义务教育的学生为 Q，则接受义务教育学生的人均经费为 M/Q。这项政府支出将相应减少有接受义务教育学生的家庭负担。假定有接受义务教育学生的家庭与家庭收入水平是不相关的，则政府义务教育支出相当于为每一个人减少了 m = M/N 的教育支出负担，我们将其视为增加了任何一个居民的收入（可以设想为提供了财政补贴）。

显然，上述估计是按照随机概率分布的，政府的义务教育支出并不改变居民的绝对收入差距，但是会缩小相对收入差距。我们设立两种方法评估均等化义务教育支出的再分配效果。

第一种方法可以称为基尼系数调整法。根据基尼系数的定义式，义务教育支出前的居民可支配收入的基尼系数为：

$$G = \frac{1}{2\mu} \sum_{i=1}^{N} \sum_{j=1, j \neq i}^{N} |Y_i - Y_j| \qquad (10-4)$$

其中，μ 为全部人口的平均收入。经过均等化义务教育支出（m）后，居民实际可支配收入的基尼系数变为：

$$G_e = \frac{1}{2(\mu + m)} \sum_{i=1}^{N} \sum_{j=1, j \neq i}^{N} |(Y_i + m) - (Y_j + m)| = \frac{\mu G}{\mu + m} = \frac{1}{1 + m/\mu} G$$
$$(10-5)$$

那么，对义务教育支出的再分配调节效应（RE_E）表示为：

$$RE_E = G - G_E \qquad (10-6)$$

相应地，相对再分配调节效应（$RE_E\%$）表示为：

$$RE_E\% = \frac{G - G_E}{G} \times 100\% = \frac{1}{1 + \mu/m} \times 100\% \qquad (10-7)$$

显然，m 越大，相对再分配调节效应越大；m 越小，调节效应越小；当人均义务教育支出远小于平均收入时，调节效应接近于0。假定人均年收入为50000 元，义务教育人均年支出为2000 元，义务教育支出占收入的4%，则基尼系数将降低3.8%。如果义务教育年人均支出为4000 元，占收入的8%，则

基尼系数将降低 7.4%。根据该方法进行估计的时候，只需要人均收入和人均义务教育支出的数据，测算容易进行。[①]

第二种方法为倍率变动分析方法。采用这种分析方法的目的是区分城乡居民的不同情况。也就是说，分别以义务教育支出前后城镇居民最高收入组和最低收入组的收入倍率变动、农村居民最高收入组和最低收入组的收入倍率变动，估计义务教育对收入分配的影响，尤其是分析义务教育支出对城乡居民收入差距的影响。城镇居民最高收入组和最低收入组的可支配收入分别为 Y_{UH} 和 Y_{UL}，倍率为 $R_U = Y_{UH}/Y_{UL}$，经过城乡均等化的义务教育支出（m）后，倍率变为 $R_{UE} = (Y_{UH} + m)/(Y_{UL} + m)$。为此，均等化义务教育支出对城镇居民收入差距的影响估计为：

$$RE_{UE}\% = \frac{R_U - R_{UE}}{R_U} \times 100\% \qquad (10-8)$$

类似地，农村义务教育支出也是 m_r，可以估计均等化义务教育对农村居民收入差距的影响为：

$$RE_{RE}\% = \frac{R_R - R_{RE}}{R_R} \times 100\% \qquad (10-9)$$

需要说明的是，上述估计假定义务教育支出是城乡均等化的。如果义务教育支出并非完全均等化，将影响收入分配调节效果。因此，在一定意义上，我们估计的是现在条件下均等化义务教育支出调节收入分配的潜力。实际上，正是由于城乡、区域的人均义务教育支出的不均衡，导致经济落后地区、人均收入低的地区获得的义务教育支出更低，人均收入高的地区获得的义务教育支出更高，这样可能不仅不利于缩小收入差距，还可能扩大了收入差距。

二、我国义务教育均等化的收入分配调节效果估计

（一）第一种方法的估计

首先估计 2010 年的情况。2010 年，全国小学在校学生 99940.70 万人，初

---

① 实际上，并不是每个人或者每个家庭都在同一时间获得义务教育经费的支持。这里假设这样，是使估计具有可行性。理论上说，如果义务教育支出在高收入家庭和低收入家庭平均分布，也就是说，接受义务教育的家庭与其收入无关，这种估计有合理性。当然，我们没有给出详细的数学论证。

中在校学生 5279. 33 万人。[1] 小学生均公共财政预算教育经费支出 4012. 51 元,初中生均公共财政预算教育经费支出 5213. 91 元。[2] 按照该口径核算义务教育支出总经费 67413109. 6373 万元。根据第六次全国人口普查,2010 年我国人口总数为 1370536875 人,[3] 人均义务教育经费支出 491. 87 元。2010 年,城镇居民人均可支配收入 19109. 4 元,农村居民人均纯收入为 5919 元,[4] 城镇人口占 49. 68%,农村人口占 50. 32%,[4] 城乡居民人均收入为 12471. 99 元。据此,根据式(10 - 7),计算 2010 年义务教育均等化支出的调节力度为:

$$RE_E = \frac{1}{1 + 12471.99/491.87} \times 100\% = 3.79\%$$

也就是说,如果义务教育支出是完全均等化的,那么,估计 2010 年可以缩小全国居民收入差距 3. 79%。

再看 2017 年的情况。2017 年,全年全国居民人均可支配收入 25974 元,全国义务教育经费总投入 19358 亿元,年末总人口 139008 万人,人均义务教育经费支出 1392. 58 元,占可支配收入的 5. 36%。据此,根据式(10 - 7),计算 2017 年义务教育均等化支出的调节力度为:

$$RE_E = \frac{1}{1 + 1392.58/25974} \times 100\% = 5.09\%$$

也就是说,如果义务教育支出是完全均等化的,那么,估计 2017 年可以缩小全国居民收入差距 5. 09%。

(二) 第二种方法的估计

2010 年,城镇居民最低收入组(10%)年均每人可支配收入 5948. 1 元,最高收入组(10%)年均每人可支配收入为 51431. 4 元。[5] 假定城镇和农村义务教育支出是完全均等化的,可以计算得出:$R_U = 8.65$,$R_{UE} = 8.19$,$m = 491. 87$ 元,调节效果为:

$$RE_{UE} = \frac{R_U - R_{UE}}{R_{ij}} \times 100\% = \frac{8.65 - 8.19}{8.65} \times 100\% = 5.32\%$$

也就是说,如果义务教育支出在城镇居民之间如果是完全均等支出的,则能够使按照倍率计算的城镇居民收入差距缩小 5. 32%。

---

① 资料来源:教育部《2010 年全国教育事业发展统计公报》,2011 年。
② 资料来源:教育部《2010 年全国教育经费执行情况统计公告》,2011 年。
③④ 资料来源:国家统计局《2010 年第六次全国人口普查主要数据公报(第 1 号)》,2011 年。
④⑤ 资料来源:国家统计局住户调查办公室. 2011 中国住户调查年鉴 [M]. 北京:中国统计出版社,2011.

2010 年，农村居民最低收入组年均每人纯收入 1067.2 元，最高收入组年均每人纯收入为 7747.4 元，[①] 假定城镇和农村义务教育支出是完全均等化的，可以计算得出：$R_R = 7.26$，$R_{RE} = 5.28$，$m = 491.87$ 元，调节效果为：

$$RE_{RE} = \frac{R_R - R_{RE}}{R_R} \times 100\% = \frac{7.26 - 5.28}{7.26} \times 100\% = 27.27\%$$

也就是说，如果义务教育支出在农村居民之间是完全均等支出的，则能够使按照倍率计算的农村居民收入差距缩小 27.27%。之所以均等化的义务教育支出对农村居民的收入差距调节力度大，是因为农村居民收入水平低，义务教育支出占纯收入的比重大，调节能力强。

那么，加权计算的义务教育支出对全部城乡收入不平等的调节作用为：

$$RE_{URE} = RE_{UE}\% \times 49.68\% + RE_{RE}\% \times 50.32\% = 16.37\%$$

2017 年，全国居民可支配收入低收入组（20% 人口）人均可支配收入 5958 元，高收入组（20% 人口）人均可支配收入 64934 元，高收入组收入是低收入组的 10.9 倍；以可支配收入为基础，[②] 考虑均等化义务教育支出的影响，高收入组收入将是低收入组的 9.02 倍，那么，义务教育支出对用倍率衡量的全国居民收入差距的调节作用为：

$$RE = \frac{10.9 - 9.02}{10.9} \times 100\% = 17.21\%$$

因此，从调节潜力看，随着义务教育支出增加，其缩小居民收入差距的能力也有所提高。

（三）实际义务教育支出的不均等对收入分配的影响

上述估计是按照义务教育经费在区域之间、城乡之间均等化支出的条件下进行的，而且假设义务教育支出平均地分配给每个个人。实际上，义务教育经费在区域、城乡之间存在着较大程度的不平等，上述估计的结果并不都能全部实现。2010 年，全国普通小学生均公共财政预算经费为 4012.51 元，其中农村普通小学为 3802.91 元，是全国平均数的 94.8%；全国普通初中生均公共财政预算经费为 5213.91 元，其中农村普通初中为 4896.38 元，是全国平均数的 93.9%。[③] 当然，城乡义务教育支出不均等的程度远低于城乡居民收入差别，

---

① 资料来源：国家统计局住户调查办公室. 2011 中国住户调查年鉴 [M]. 北京：中国统计出版社，2011.

② 原则上，应当使用最高收入组与最低收入组的初次分配收入倍数为基础，但缺少该数据，故使用可支配收入替代。资料来源：国家统计局.《2017 年国民经济和社会发展统计公报》。

③ 教育部《2010 年全国教育经费执行情况统计公告》，2011 年。

仍然会起到缩小城乡居民收入差距的作用，只是比理想化的完全均等化教育支出的效果有所减弱。

此外，义务教育支出在农村和城镇内部的区域之间也存在很大差异，也会使义务教育支出缩小居民实际可支配收入差距的作用减弱。区域之间义务教育经费是不均等的，经济发达地区的生均经费高，经济落后地区的生均经费少，严重制约义务教育支出的收入差距调节作用。以 2017 年为例（见表 10 - 1），各省级地区普通小学、初中的生均教育经费差别很大，按照不进行人口加权计算，各地区间人均地区生产总值的基尼系数为 0.2242，小学生均经费的基尼系数为 0.195，初中生均经费的基尼系数为 0.2195，生均义务教育经费地区差别只不过略低于人均地区生产总值的差别。义务教育经费与地区生产总值相关程度高，小学生均经费与人均地区产值的相关系数为 0.5707，初中生均经费与人均地区产值的相关系数为 0.7525，均呈现强相关关系。① 尤其突出的是，就小学生均教育经费而言，最高的北京市为 30017 元，而最低的河南省为 5779 元，前者为后者的 5.19 倍；就初中生均教育经费而言，最高的北京市为 57636 元，最低的河南省为 8998 元，前者为后者的 6.41 倍，这种教育支出的区域分布制约了其对地区间收入差距的调节作用。

表 10 - 1　　　　　　　　　　我国各地区的义务教育经费

序号	地区	小学生均经费（元）	初中生均经费（元）	人均地区产值（元）
	平均值	10199	13416	59021
1	甘肃	10776	12551	29326
2	云南	10491	12731	34545
3	贵州	9753	11273	37956
4	西藏	26247	27342	39259
5	山西	10152	13524	40557
6	广西	7898	10029	41955
7	黑龙江	14384	15921	42699
8	安徽	9036	13249	44206
9	青海	13192	16911	44348

---

① 这里分析没有考虑每个地区的人口数量的权重。从数据看到，北京、上海、天津市的人均GDP 高，同时义务教育经费高，对强相关关系有积极的影响。此外，这里也没有考虑地区间物价水平的影响。

续表

序号	地区	小学生均经费（元）	初中生均经费（元）	人均地区产值（元）
	平均值	10199	13416	59021
10	四川	9621	13394	44651
11	新疆	11739	17949	45099
12	江西	8501	11364	45187
13	河南	5759	8998	47130
14	河北	7914	11441	47985
15	海南	11296	14983	48430
16	湖南	8738	12575	50563
17	宁夏	9503	12920	50631
18	辽宁	10218	14564	54745
19	吉林	13847	17747	56102
20	陕西	11017	15164	57266
21	湖北	11031	18636	61882
22	重庆	10533	14692	63689
23	内蒙古	13110	16380	63786
24	山东	9152	15228	72851
25	广东	11268	16084	81089
26	福建	10111	16100	82976
27	浙江	13937	20564	92057
28	江苏	13082	22365	107189
29	天津	18684	30950	119400
30	上海	20677	30573	124600
31	北京	30017	57636	129000

注：表中各地区按照各地区的人均地区生产总值排序。
资料来源：教育部《2017年全国教育经费执行情况统计公告》。

因此，我国义务教育支出规模具有很大的收入分配调节潜力，但是由于城乡之间、区域之间的义务教育支出的实际不均等，越是经济发达地区的义务教育支出越高，越是落后地区的义务教育支出越少，义务教育支出的调节作用受到严重制约。因此，不仅要重视义务教育支出投入，而且要推进义务教育的均等化，这是实现机会均等的要求，对于改善收入分配也具有重要价值。

第三节　社会保障的城乡差异与城乡居民收入差距

一、文献综述

随着我国社会保障制度在城镇和农村的建立和发展，社会保障对城乡收入差距的影响也引起广泛关注。我国的社会保障制度城乡并不统一，存在很大差异，理论上的定性分析可以得出社会保障将扩大城乡收入差距的结论，经验分析也显示了社会保障制度对城乡收入差距影响显著。张翼（2010）用转移性收入替代社会保障收入指标，认为转移性收入（主要是社会保障收入）不但没有缩小收入差距，反而使本来已经很大的城乡收入差距进一步扩大。胡宝娣、刘伟和刘新（2011）分析了政府预算中的社会保障支出与城乡收入差距的相关关系，也得出了社会保障扩大城乡收入差距的结论。香伶（2008）认为，我国养老保险制度中存在"累退效应"，是一种逆向收入再分配，农村享用退休金的老年人比例远远低于城镇，且农村老龄化高于城镇，养老保险成为城乡差距扩大的重要因素。就城乡最低生活保障制度而言，陈建东、马骁和秦芹（2010）认为，2002～2007年，除了2007年外，其他年份的城乡低保救助导致城乡居民收入比率上升，基尼系数扩大。

蔡昉和杨涛（2000）指出我国城乡收入差距中存在"政治经济学"。缩小城乡差别是发展中国家发展的关键战略之一，而缩小城乡居民收入差距是这个发展过程的重要组成部分，是收入分配制度改革的重要内容。我国很长一段时间内采取城市优先发展战略，社会主义市场经济体制下的社会保障制度也首先在城镇建立和实施，城乡之间社会保障制度延续了传统的城乡二元性，农村社会保障制度供给不足，城乡之间社会保障资源严重不平衡，使本来客观存在的城乡差别加载了社会保障制度的城乡差别，使城乡居民收入差距出现新的扩大因素。研究这个问题有助于完善我国社会保障制度，有助于深化对政府收入再分配的认识，也有助于认识和解决城乡差别这个发展中国家面临的长期课题。

在现有研究的基础上，本节进行三个方面的研究。第一，利用城乡住户调查微观数据，深化社会保障影响城乡收入差距的经验分析。现有文献关于社会保障对全国城乡居民收入差距影响的经验分析中，多使用宏观分组数据，并往往用转移性收入替代社会保障制度产生的居民收入，存在一定的局限性。我们

根据山东省城乡住户调查数据（2008）进行经验分析，以期更加准确、全面地分析社会保障对城乡收入差距的影响。第二，研究城乡差别和社会保障的城乡二元性对城乡居民收入差距的共同影响。现有研究强调了社会保障制度城乡二元性对城乡收入差距的影响，但是没有指出城乡差别本身对于相同社会保障制度的不同反应而产生的效果。第三，提出以调节城乡收入差距为目标的社会保障制度改进方向。要使社会保障缩小城乡收入差距，不仅要消除城乡社会保障制度的二元性，还应当使社会保障资源向农村倾斜。社会保障制度不仅不能屈从于客观存在的城乡差别而制造新的二元性，而且要努力使社会保障发挥缩小城乡差别的作用，使社会保障成为缩小城乡居民收入差距和城乡差别的工具。

二、社会保障制度影响城乡收入差距的机制

从制度根源上看，我国社会保障对城乡居民收入差距的影响表现在两个方面。第一个方面是城镇和农村之间的现存城乡差别制约了社会保障统一实施和发挥作用，扩大了城乡收入差距；第二个方面是社会保障制度本身呈现城乡二元性，继续扩大了城乡收入差距。

（一）城乡差别制约社会保障制度的差别

城乡差别是客观存在的。与城镇相比，我国的农村以农业生产为主体，并实行家庭联产承包责任制，社会公共基础设施落后，政府规模小而公共机构少，公共服务薄弱，生产力落后，金融和信用缺乏。假定社会保障制度是城乡一致的，在社会保障制度实施之后，一些城乡差别因素会导致社会保障在城乡不同的实施效果，从而导致城乡居民收入差距的扩大。

社会保障对于城乡差别的不同反应主要体现在机关事业单位养老制度上。机关事业单位集中在城镇，相应地，领取养老金和离退休金的居民主要居住在城镇，机关事业单位人员的养老金由政府财政保障，农村住户领取的离退休金收入必然少于城镇住户，导致机关事业单位职工的养老收入大幅度地倾向城镇。2008年，山东省城乡住户领取养老金和离退休工资之间的差距是78.33倍，其中既有企业职工养老金的因素，也有机关事业单位离退休工资的因素，具体结构尚无数据深入分析。农村住户领取的职工养老金实际很少，这是城乡二元性导致的。城乡住户的机关事业单位的离退休金制度则是相同的，离退休工资规模的城乡差别是城乡差别导致的，而不是社会保障城乡二元性导致的。

因此，在城乡差别客观存在的背景之下，即使城乡社会保障制度相同，但

是财政用于社会保障的支出在城乡之间实际存在差异，使社会保障成为扩大城乡居民收入差距的因素。

（二）二元社会保障制度加深了城乡差别

我国社会保障制度的建立和发展，并未克服和改变客观存在的城乡差别，而是屈从于已经存在的城乡差别，建立城乡不同的社会保障制度，形成社会保障制度的城乡二元性，其结果是造成更大的城乡差别，而城乡收入差距扩大不过是城乡差别扩大的一个结果。

城乡社会保障分治由来已久。中华人民共和国成立之后，城镇职工实行国家保障，而农村只有自然灾害救助、五保制度和合作医疗，没有与城镇一致的社会保障。改革开放后，我国建立与社会主义市场经济体制相适应的社会保障制度，也是从建立城镇职工的基本养老保险和基本医疗保险开始的，尽管农村也存在诸如乡镇企业这样的企业以及与城镇企业职工相同的职工，但并不适用城镇职工养老保险和医疗保险制度。之后，失业保险、工伤保险、生育保险和最低生活保障等社会保障制度也是面向城镇职工而建立的。进入 21 世纪后，农村居民最低生活保障、新型农村合作医疗、新型农村养老保险逐渐建立，标志着农村社会保障制度逐渐建立。但是，比较而言，农村的社会保障和城镇的社会保障采取不同的制度，基于不同的法律法规或者政策文件，农村社会保障水平低，统筹力度小，覆盖面没有保障（农村居民的社会保险采取自愿参保形式），是一种城乡二元性的社会保障制度。

1. 最低生活保障制度的城乡差别

城乡最低生活保障制度分别实施，农村低保救助水平相对低于城镇，成为扩大城乡居民收入差距的因素。山东省 2008 年城镇居民最低生活保障标准为每人每月 234. 63 元，农村居民最低为每人每年 900 元，城市低保标准约为农村的 3 倍，高于城乡居民初次分配收入差距（2. 24 倍），扩大了城乡收入差距。就全国来看，2008 年底，城镇居民家庭的平均补助额为 3467 元/年、每人的平均补助额为 1650 元/年，农村居民家庭的平均补助额为 1130 元/年、每人的平均补助额为 519 元。城乡户均、人均补助额的差距分别是 3. 07 倍、3. 18 倍。而同期全国城镇居民人均初次分配收入为 13139. 55 元，农村居民人均初次分配纯收入为 4437. 37 元，前者是后者的 2. 96 倍。[1] 也就是说，低保补

---

[1]　根据《中国统计年鉴》（2009）中"城镇居民家庭基本情况"的工薪收入、经营净收入、财产性收入核算城镇居民初次分配收入，"农村居民家庭平均每人纯收入"的工资性收入、家庭经营净收入、财产性收入核算农村居民初次分配收入。

助收入的城乡差距比初次分配的城乡差距还要大，扩大了城乡居民收入差距。

2. 社会保险的城乡差别

企业职工社会保险实质是城镇职工社会保险，并不包括农村企业职工，导致社会保险的城乡二元化。国务院《关于企业职工养老保险制度改革的决定》提出建立企业职工社会养老保险制度，规定："国家机关、事业单位和农村（含乡镇企业）的养老保险制度改革，分别由人事部、民政部负责，具体办法另行制定"。《国务院关于建立统一的企业职工基本养老保险制度的决定》提出："要基本建立起适应社会主义市场经济体制要求，适用城镇各类企业职工和个体劳动者，资金来源多渠道、保障方式多层次、社会统筹与个人账户相结合、权利与义务相对应、管理服务社会化的养老保险体系"，也将农村排除在外。养老保险收入是居民社会保障收入的主体，而城镇实行职工养老保险制度，农村实行新型养老保险，保险水平差异大，导致城乡居民从社会保险获得的养老收入存在很大差异。实际上，城乡老年人之间还存在一个差别，就是城镇部分老年人实际仍然获得传统社会保险制度下的领取离退休工资的待遇，而领取离退休工资的待遇比城镇职工养老金待遇还要高一些，这也会导致城乡居民收入扩大。

3. 住房保障的城乡二元性

我国城镇进行较大规模的保障性住房建设，其中廉租房建设基本由政府财政投入，而农村居民并没有这方面的财政投入。随着农村经济和社会发展，农村居民住房脱离了传统的建造方式，住房建造也需要较大规模的资金，导致农村低收入家庭的住房保障严重落后于城镇。

4. 农村居民的社会保险倾斜政策

城乡二元性的社会保险制度中向农村倾斜的财政投入有助于缩小城乡收入差距。在社会主义新农村建设和其他"三农政策"的推动下，国家开始重视对农村社会保障建设的财政投入，农村住户社会保障收入中的"扶贫和扶持款""报销医疗费"是来自于政府财政投入的收入，是这些政策的体现。同时，实施新型农村养老保险、新型合作医疗保险制度以及之后的农村居民基本养老保险、基本医疗保险都包括政府的财政投入的补贴，这是社会保障制度中有利于缩小城乡居民收入差距的因素。

三、社会保障对城乡收入差距影响：以山东省为例

本部分使用 2008 年山东省城镇居民和农村居民住户调查数据，定量分析

社会保障对城乡居民收入差距的影响。这里需要核算三个收入指标。第一个指标是社会保障实施前的收入。根据我国城乡住户调查方案，该收入由城乡居民工资性收入、经营性收入（家庭经营收入）、财产性收入构成。第二个指标为社会保障收入或者社会保障净收入。对于城镇住户来说，包括转移性收入中的三个项目，即养老金或离退休金、社会救济收入和失业保险金。对于农村住户来说，包括转移性收入中的 6 个项目，即离退休金或养老金、救济金、抚恤金、救灾款、报销医药费、无偿扶贫或扶持款。应该注意到，城镇居民获得社会保险待遇的同时，还要缴纳社会保险费。如果全面评估社会保障的影响，应该将城镇居民的社会保障支出考虑进去。社会保障收支的结果是形成家庭社会保障净收入。农村社会保障净收入则与社会保障收入相同，因为当时没有农村居民社会保障支出的调查项目。第三个指标为社会保障实施后的收入。该收入是社会保障实施前的收入加社会保障收入（或者加社会保障净收入）。

表 10 - 2 列示了 2008 年山东省社会保障实施前后的城乡住户平均收入、社会保障收入（和社会保障净收入）以及社会保障实施前后的城乡收入差距。测算结果表明，社会保障实施前，城镇住户年平均收入是农村的 2.24 倍；社会保障实施后，城乡居民收入差距扩大到 2.49 倍，扩大了 11.16%。如果不考虑社会保障支出（缴纳），差距扩大到 2.6 倍，扩大了 16.07%。因此，社会保障扩大了城乡居民收入差距。

表 10 - 2　　　2008 年社会保障制度对山东省城乡居民收入差距的影响

项目	城镇住户年均收入（元）	农村住户年均收入（元）	城乡收入倍数（倍）
社会保障实施前	43412.54	19406.56	2.24
社会保障净收入	5301.24	155.56	34.08
社会保障实施后	48713.78	19562.12	2.49
社会保障收入	7380.16	155.56	47.44
社会保障实施后（不考虑社会保障缴纳）	50792.70	19562.12	2.60

资料来源：根据山东省城镇住户调查（2008）和山东省农村住户调查（2008）数据核算。

究其原因，主要有以下三点。

第一，城乡社会保障资源不平衡。城镇住户比农村住户的社会保障收入规模大得多，城镇住户年均社会保障净收入为 5301.24 元，农村仅为 155.56 元，城镇是农村的 34.08 倍，城乡社会保障资源是严重不平衡的，这种社会保障资

源的不平衡超过了城乡客观差别（用社会保障实施前的城乡收入差距反映）。城乡社会保障资源的严重不平衡是使城乡收入差距进一步扩大的基础性因素。

第二，养老收入是城乡社会保障收入差异的最主要因素。表 10 - 3 列示了 2008 年山东省城镇和农村住户分项社会保障收入的平均数额。从中可以发现，"养老金或离退休金"一项收入占社会保障收入极高，城镇住户的占比为 99.1%，农村住户的占比为 60.01%，且城镇居民户均养老收入是农村居民的 78.33 倍之多。① 因此，养老收入（养老金和离退休金）的差别是社会保障扩大城乡收入差距的最主要因素。

表 10 - 3　　2008 年山东省城镇和农村住户社会保障收入项目构成比较

城镇住户	养老金或离退休金	社会救济收入	失业保险金	—	—	—
平均每户年收入（元）	7313.32	61.28	5.56	—	—	—
农村住户	离退休金、养老金	救济金	抚恤金	灾款	报销医疗费	无偿扶贫或扶持款
平均每户年收入（元）	93.36	3.85	8.62	0.39	38.77	10.57

资料来源：根据山东省城镇住户调查（2008）和山东省农村住户调查（2008）数据核算。

第三，缩小城乡收入差距的社会保障资源量很小。养老收入之外的其他社会保障收入的城乡差别很小，城镇住户年均收入为 66.84 元，农村住户为 62.2 元，二者差距小于社会保障实施前的城乡差距，因此是缩小城乡收入差距的因素。一些专门面向农村居民的社会保障项目，例如报销医疗费、无偿扶贫或者扶持款，也是缩小城乡收入差距的因素。但是，这部分收入占社会保障收入比重很小，作用也就很小，并不能决定城乡收入差距的方向。

四、政府再分配与城乡差距：以天津 2014 年住户调查为样本

接下来我们使用 2014 年天津市住户调查样本进一步分析再分配调节对城

---

① 这个平均数是按照城乡调查住户总数计算的。由于城乡住户领取养老金和离退休工资的住户比例不同，这个倍数不能完全反映城乡领取养老金和离退休金住户的平均收入差别，而是反映城乡住户获取养老收入资源能力的差别。

乡收入差距的影响。

（一）城乡之间再分配资源不平衡及其后果

天津住户样本中城镇住户 2249 户，占 74.89%，城镇人口 8232 人，占 71.7%；农村住户 990 户，占 25.11%，农村人口 3248.5 人，占 28.3%。表 10-4 显示，城镇人均初次分配收入高于农村，是农村的 1.95 倍，这可以用城镇劳动生产率较高解释；但是，城镇居民各项再分配收入规模也明显高于农村居民，城镇居民人均获得净收入转移 6477.12 元，农村居民则只有 912.61 元，城镇居民人均净收入转移是农村的 7.1 倍，城镇居民获得了更大规模净收入转移，表明社会保障资源并没有向低收入的农村住户倾斜。从表 10-5 可以看到，对城镇居民来说，社会保障收入、社会保障支出和税收规模占初次分配比例分别为 30.26%、4.79% 和 0.3%，最终收入是初次分配收入的 125.17%；对农村居民来说，社会保障收入、社会保障支出和税收规模占初次分配比例分别为 7.49%、1.59% 和 0.04%，最终收入是初次分配收入的 105.86%。城镇的财政再分配收入规模和再分配能力明显高于农村，城镇居民最终收入比初次分配收入增加了 25.17%，而农村居民仅增加了 5.86%，城乡居民最终收入比率从初次分配的 1.65 倍扩大到 1.95 倍，财政再分配调节体系扩大了城乡居民收入差距，这显然不是政策期待的结果。

表 10-4 　　　　　天津市城乡住户初次分配和再分配收入比较

项目	人口比重	初次分配收入（元）	社会保障收入（元）	社会保障支出（元）	缴纳个税（元）	净收入转移（元）	最终收入（元）
城镇	0.717	25732.7400	7786.3600	1232.5900	76.6500	6477.1200	32209.8600
农村	0.283	15564.9800	1165.0500	246.9400	5.5900	912.6100	16477.5900
城镇/农村	—	1.6532	6.6833	4.9915	13.7120	7.0974	1.9548

资料来源：根据 2014 年天津市住户调查数据计算。

表 10-5 　　　　　天津市城乡住户再分配规模的比较

项目	社会保障收入占对初次分配比例	社会保障支出对初次分配比例	缴纳个税对初次分配比例	最终收入对初次分配比例
城镇	0.3026	0.0479	0.0030	1.2517
农村	0.0749	0.0159	0.0004	1.0586

资料来源：根据天津市 2014 年住户调查数据测算。

天津城乡居民收入差距从 2012 年开始已经呈现下降趋势（表 10 - 6）。但是，财政再分配仍然起着扩大城乡收入差距的作用。可以推断，城乡收入差距下降主要来源于农村居民收入的较快增长，如果财政再分配具有在时间序列上缩小城乡收入差距的作用，也只能解释为其扩大城乡收入差距的效果在减弱。展望未来，财政再分配在缩小城乡收入差距方面有很大的空间。

表 10 - 6　　　　　　　　　　天津市城乡住户收入差距变动

年份	城市居民人均可支配收入（元）	农村居民人均纯收入（元）	城镇/农村
2005	12638.55	7202	1.75
2006	14283.09	7942	1.80
2007	17357.35	8752	1.98
2008	19422.53	9670	2.01
2009	21402.01	10675	2.00
2010	24292.60	11801	2.06
2011	26920.86	11891	2.26
2012	29626.41	13571	2.18
2013	32657.95	15405	2.12
2014	31506.00	17014	1.85
2015	34101.00	18482	1.85

资料来源：历年《天津统计年鉴》，2015 年天津市国民经济和社会发展统计公报。

（二）城镇和农村住户内部财政再分配效应差异及其后果

城镇内部的再分配资源规模大、再分配能力强，城镇内部财政再分配效应高于农村内部。表 10 - 7 显示，城镇居民内部的总体财政再分配效应为24.63%，社会保障收入、社会保障支出和个税都具有积极的再分配效应，分别占总体再分配效应的 98.13%、1.1% 和 0.76%；农村居民的总体财政再分配效应为 8.94%，社会保障收入和个税具有积极的再分配效应，而社会保障支出扩大了居民收入差距，对总体再分配效应的贡献率分别为 105.28%、-5.61% 和 0.33%。城镇居民初次分配收入差距大于农村，但是由于城镇财政再分配能力强，城镇内部最终居民收入差距低于农村，农村内部收入差距没有有效缩小，将不利于缩小总体城乡居民收入差距。

表 10 - 7　　　　　　　天津市城乡住户再分配效应的比较

项目	初次分配	社会保障收入	社会保障支出	个税	总体再分配
城镇住户					
基尼系数	0.3692	0.2800	0.2790	0.2783	—
绝对再分配效应	—	0.0892	0.0010	0.0007	0.0909
相对再分配效应（%）	—	24.1600	0.2700	0.2000	24.6300
再分配效应贡献率（%）	—	98.1300	1.1000	0.7600	100.0000
农村住户					
基尼系数	0.3388	0.3069	0.3086	0.3085	—
绝对再分配效应	—	0.0319	-0.0017	0.0001	0.0303
相对再分配效应（%）	—	9.4300	-0.5000	0.0300	8.9400
再分配效应贡献率（%）	—	105.2800	-5.6100	0.3300	100.0000

资料来源：笔者根据天津市 2014 年住户调查数据测算。

（三）城乡再分配资源不平衡的来源及其成因

天津样本的再分配项目中，社会保障收入由养老金收入（职工养老金或者离退休工资）、社会救助等福利收入构成。表 10 - 8 显示，养老收入是城乡居民再分配净收入的主体，城镇和农村占比分别为 118.96% 和 117.83%，但城镇居民人均养老收入是农村居民的 7.16 倍，是导致城乡居民净收入转移差别的决定性的因素。城乡居民的人均社会救助收入接近，农村数量略高于城镇，且农村居民社会救济收入占比高，是缩小城乡收入差距的积极因素，但作用有限。城镇居民人均个税缴纳数额是农村居民的 13.71 倍，且城镇居民个税缴纳占比高于农村，是缩小城乡收入差距的积极因素，但个税规模过小，缩小城乡居民收入差距作用也极为有限。城镇居民人均社会保障缴纳是农村的 4.99 倍，但是农村居民社会保障缴纳占比高于城镇，并不能有效缩小城乡居民收入差距。因此，城乡住户之间再分配资源不平衡主要体现在养老收入上，城镇居民人均养老收入是农村居民人均养老收入的 7.16 倍，基本决定了城乡居民净收入转移之间的 7.09 倍差距。

表 10 - 8　　　　　　　　　天津市城乡住户收入转移来源构成比较

项目	再分配净收入	养老收入	社会救助收入	个税缴纳	社会保障缴纳
城镇住户					
人均数额（元）	6477.12	7705.02	81.34	-76.65	-1232.59
占净转移收入比重（%）	100.00	118.96	1.26	-1.18	-19.03
农村住户					
人均数额（元）	912.61	1075.37	89.77	-5.59	-246.94
占净转移收入比重（%）	100.00	117.83	9.83	-0.61	-27.06
城乡住户比较					
城镇数额/农村数额	7.09	7.16	0.91	13.71	4.99

　　天津市在推进城乡社会保障统筹和城乡基本公共服务均等化方面已经采取了很多措施，城乡最低收入保障基本统一，实行医疗救助实行统一制度、城乡居民（非就业人员）养老保险和医疗保险统一制度，基本公共服务均等化取得明显成效（如农村居民人均社会救助收入已经略高于城镇）。但为什么城乡住户在养老收入方面会存在如此大的差距呢？其原因可以归纳为三个方面。（1）历史形成的城乡二元人口特征差别。农村以农业生产为主，农民以家庭养老为主，企业缺乏，退休企业职工人口占比低，离退休工资较高的公务员主要集中在城镇，这就使农村居民人均养老收入远低于城镇。就此而言，城乡住户养老收入差异大，并非直接来源于城乡养老保险制度的差异，而是来源于城乡之间客观存在的人口特征差异，只有持续的城镇化才能有效改变这种历史形成的城乡人口二元特征。（2）城乡社会保险的实际覆盖面差异。虽然天津市已经实现城乡社会保险制度的全覆盖，但是，城乡居民基本医疗保险和基本养老保险实施时间不长，而且不具备强制性，社会保险在农村的覆盖率并不一定很高，一些农村老年人实际上并不能获得养老保险待遇。（3）农村社会社会保障制度供给相比城镇仍有某些不足。比如农村缺乏类似于城镇的生育保险、失业保险和工伤保险，也没有城镇住户那样较大规模的住房保障制度。

五、小结

　　我国城乡居民收入差距较大，一方面来自城乡之间客观存在的差别，比如劳动生产率差别，这是城乡居民收入差距形成的客观方面；另一方面，城乡社会制度因素差别也是城乡居民收入差距的重要来源，社会保障制度城乡分治就

是典型。我国社会保障制度优先在城镇建立，城镇居民社会保障水平明显高于农村，进一步扩大了城乡居民收入差距。以山东省 2008 年的数据为例，社会保障资源城乡不平衡极其严重，城镇住户年均社会保障净收入是农村的 34.08 倍，其中又以养老收入为主体，最终使城乡居民收入差距从 2.24 倍扩大到 2.6 倍。社会保障资源总体上是向城镇住户倾斜的，同时也存在一些向农村住户倾斜的社会保障资源（如农户的医疗保险），有助于缩小城乡居民收入差距，但是其规模比较小，并不能扭转客观存在的城乡居民收入差距。为缩小城乡居民收入差距，社会保障的逆调节作用必须改变。这就需要逐步加大社会保障资源向农村的倾斜力度，建立城乡统一的社会保障制度。从天津样本看，农村住户再分配效应远弱于城镇住户，且再分配扩大了城乡居民收入差距，最终不利于扩大城乡居民总体再分配效应。为进一步缩小城乡居民收入差距，再分配资源向农村倾斜将是重要的政策选择，比如在农村增加类似于城镇住户的失业、工伤、生育保险制度和住房保障制度的供给，提高城乡统筹项目的社会保障水平。但是，城乡住户社会再分配资源的不平衡主要来源于养老金收入的城乡不平衡，而这又主要是由城乡二元人口特征决定的，仅仅依靠再分配制度并不能解决这个问题。长期来看，需要通过城镇化逐渐消除城乡二元人口特征。当前城乡收入差距缩小主要来源于农村初次分配收入较快增长，表明缩小城乡差距也依赖于初次收入分配，依赖于农村农民增加收入，而不是全部依靠再分配调节。完善再分配调节机制要与初次分配改革、增加农村居民收入、城镇化等政策结合起来，才有利于逐渐形成合理有序的收入分配格局。

第十一章　政府间财政转移支付对地区差距的调节作用

政府间财政转移支付是国家财政制度的重要组成部分，具有弥补纵向财政缺口、提供均等化公共服务、支持落后地区经济发展、解决地区外部性问题等多种作用。就居民收入分配而言，以弥补纵向财政缺口、提供均等化公共服务、支持落后地区经济发展为目标的中央对地方的转移支付有利于财政资金向低收入地区转移，直接或者间接地增加低收入地区居民收入，也就直接或者间接地缩小地区居民收入差距乃至全国总体居民收入差距。中央对地方的转移支付并不像社会保障收入那样直接支付给居民，因此我们并不能通过居民收入的直接加减来评估中央对地方的财政转移支付能够直接在多大程度上缩小居民收入差距。换言之，中央财政转移支付的影响已经包括在居民收入或者再分配收入之中了。根据数据可得性，我们可以通过对比分析、相关分析等方法做两个方面的评估：一是中央对地方转移支付对缩小地区发展差距的作用；二是中央对地方转移支付对缩小地区居民收入差距的作用。

第一节　我国的中央对地方财政转移支付

一、我国的分税制和中央对地方的财政转移支付制度

1994 年，我国进行中央与地方财政关系改革，改变财政包干体制，实施分税制。分税制的内容被概括为"三分一返一转移"，具体内容如下。（1）收入的划分，即划分中央与地方之间的财政收入。全国财政收入分为三种：中央收入、地方收入和中央与地方共享收入。收入的划分处于核心位置，增值税是税收潜力最大的税种，被规定为共享税，中央共享75%，地方共享25%，实

现了扩大中央财政收入规模的目标。（2）支出责任划分，即划分中央与地方的财政支出责任。（3）分设税务机关，即中央和地方分设税务机关。（4）税收返还，即中央向地方的税收返还。分税制改革自1994年开始实施，为保证地方财力，以1993年为基数，将原属地方的增值税和消费税（"两税"）按实施分税制后地方净上划中央的数额（即增值税75%加消费税减中央下划收入），全部返还给地方。对于增加部分，为调动地方协助组织中央收入的积极性，按各地区当年上划中央"两税"的平均增长率的1：0.3的系数，给予增量返还。（5）中央对地方财政转移支付，对于经济落后、财力不足的地区，中央实施财政转移支付。

1995～1999年，根据分税制财政体制的要求，中央对地方实施过渡时期的财政转移支付。中央财政根据财力状况，基于一些客观性及政策性因素，采用相对规范的方法，进行有限的转移支付，并逐步向规范化的转移支付制度靠拢。过渡期财政转移支付遵循以下基本原则。（1）不调整地方既得利益。中央财政从收入增量中拿出一部分资金用于过渡期财政转移支付，逐步调整地区之间的利益分配格局。（2）力求公平、公正。过渡期财政转移支付以各地标准财政收支差额作为计算转移支付的依据，支大于收的差额越大，补助越多，体现公平原则；转移支付全部选用客观因素计算标准收支，各地采用统一公式，不受主观因素影响，体现公正原则。（3）突出重点，体现对民族地区的照顾。过渡期财政转移支付重点帮助财政困难地区缓解财政运行中的突出矛盾，逐步实现各地基本公共业务能力的均等化；同时，对民族自治区和非民族自治区的民族自治州适度倾斜，以体现党和政府的民族政策。过渡期财政转移支付额由客观因素转移支付额和政策因素转移支付额构成。客观因素转移支付额主要参照各地标准财政收入和标准财政支出差额以及客观因素转移支付系数计算确定。其中：标准财政收入根据各税种的不同情况，分别采用"标准税基×标准税率"和"收入基数×（1＋相关因素增长率）"等办法计算确定；标准财政支出主要按人员经费（不包括卫生和城建系统）、公用经费（不包括卫生和城建系统）、卫生事业费、城市维护建设费、社会保障费、抚恤和社会救济费、支援农业生产支出和农业综合开发支出分类，分别采用不同方法计算确定。政策性转移支付额主要根据民族地区标准财政收支差额以及民族地区政策性转移支付系数计算确定。各地区财政转移支付额为该地区客观因素转移支付额与该地区政策因素转移支付额之和。

20世纪90年代开始，鉴于地区差距过大、发展不协调问题突出，我国出

台了不少财力性转移支付政策，比如民族地区转移支付、调整工资转移支付、农村税费改革转移支付、缓解县乡财政困难"三奖一补"转移支付等，并逐渐实施区域协调发展战略。2002 年，实行个税、企业所得税中央和地方共享，中央共享的所得税增量用于转移支付，过渡时期转移支付的概念不再使用，转移支付体系由一般财力性转移支付和专项转移支付构成，加上税收返还和体制补助，构成广义的财政转移支付体系（见图 11 - 1）。

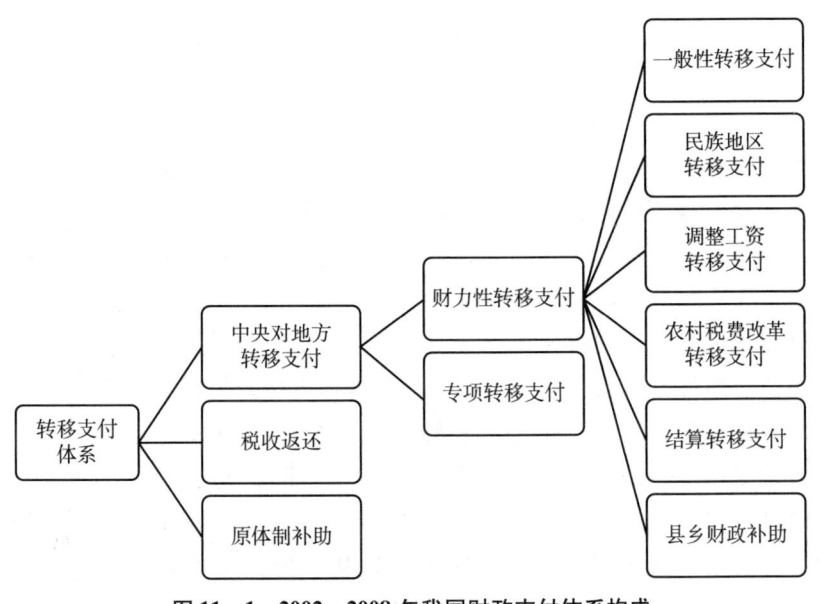

图 11 - 1　2002～2008 年我国财政支付体系构成

资料来源：笔者编制。

自 2009 年起，财政转移支付结构进一步调整，将中央对地方的转移支付简化为一般性转移支付、专项转移支付两类（如图 11 - 2 所示）。其中，一般性转移支付包括原财力性转移支付，主要是将需要较长时期安排补助经费，且数额相对固定、原列入专项转移支付的教育、社会保障和就业、公共安全、一般公共服务等支出，改为一般性转移支付。原一般性转移支付改为均衡性转移支付。加上税收返还，中央对地方的财政转移支付由一般性转移支付、专项转移支付、税收返还及原体制补助构成。

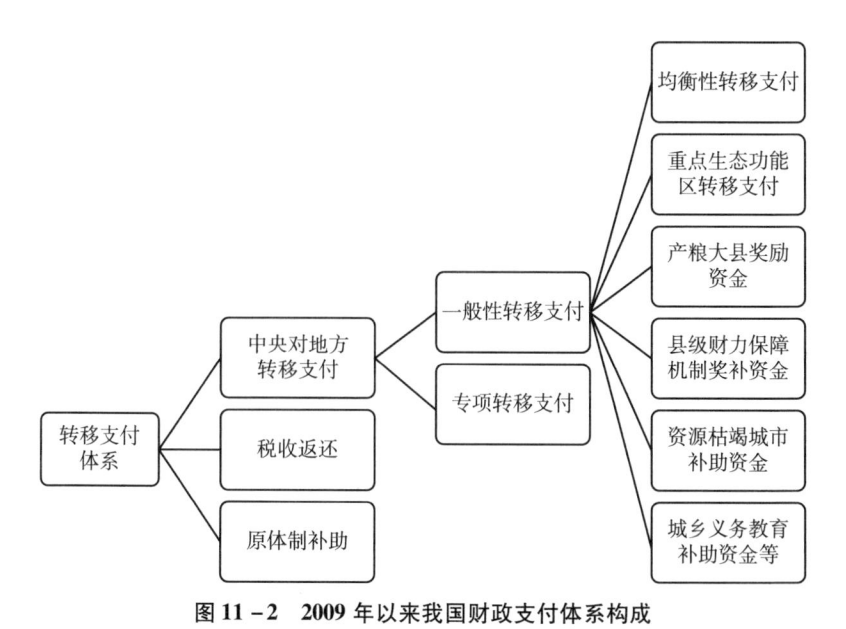

图 11 - 2 2009 年以来我国财政支付体系构成

资料来源：笔者编制。

二、中央对地方的财政转移支付的规模

分税制实施之初，在过渡时期转移支付办法之下，中央对地方转移支付最初进展缓慢，2000 年之前，虽然转移支付规模增长，但占中央财政支出的比重呈现下降趋势，从 1994 年的 57.66% 下降到 2000 年的 46.61%。为了应对区域不平衡的挑战，1999 年国家实施西部大开发战略和区域协调发展战略，且随着中央财力的增强，中央政府的转移支付力度逐渐加大。

表 11 - 1 显示了 1994 年以来中央对地方财政转移支付规模的总体增长。中央对地方的财政转移支付从 1994 年的 2389.02 亿元增加到 2017 年的 65051.78 亿元，其中 1998 ~ 2011 年增长速度较快，1998 年、1999 年、2001 年、2004 年、2007 年、2008 年、2009 年和 2011 年的增长速度都超过了 20%，且多数年份超过中央财政支出增长率。2012 年之后，中央对地方财政转移支付增长率下降，同期中央财政支出增长率也趋于下降，中央对地方财政转移支付增长率与中央财政支出增长率持平或者甚至更低一些。图 11 - 3 显示了 1994 年以来中央对地方财政转移支付规模的增长趋势，图 11 - 4 显示了中央对地方财政转移支付增长率与中央财政支出增长率的对比关系。

表 11 −1 1994～2015 年我国中央对地方财政转移支付规模

年份	中央转移支付（亿元）	中央转移支付增长率（%）	中央财政支出（亿元）	中央财政支出增长率（%）	转移支付占中央财政支出比率（%）
1994	2389.02		4143.52		57.66
1995	2532.89	6.02	4529.45	9.31	55.92
1996	2672.35	5.51	4873.79	7.60	54.83
1997	2674.81	0.09	5389.17	10.57	49.63
1998	3284.23	22.78	6447.14	19.63	50.94
1999	3992.27	21.56	8238.94	27.79	48.46
2000	4747.65	18.92	10185.16	23.62	46.61
2001	6117.16	28.85	11769.97	15.56	51.97
2002	7194.49	17.61	14123.47	20.00	50.94
2003	8058.18	12.00	15681.51	11.03	51.39
2004	10222.20	26.85	18302.04	16.71	55.85
2005	11120.07	8.78	20259.99	10.70	54.89
2006	13589.39	22.21	23492.85	15.96	57.84
2007	17325.12	27.49	29579.95	25.91	58.57
2008	22170.50	27.97	36334.93	22.84	61.02
2009	29143.07	31.45	43819.58	20.60	66.51
2010	33500.35	14.95	48330.82	10.30	69.31
2011	42641.98	27.29	56435.32	16.77	75.56
2012	47403.97	11.17	64126.31	13.63	73.92
2013	48933.10	3.23	68491.68	6.81	71.44
2014	52861.42	8.03	74161.11	8.28	71.28
2015	55100.52	4.24	80639.66	8.74	68.33
2016	59400.70	7.80	86804.55	7.64	68.43
2017	65051.78	9.51	94908.93	9.34	68.54

资料来源：1995～2015 年历年《中国财政年鉴》以及 2015 年、2016 年、2017 年国家财政决算数据。表中收入指标为名义量。

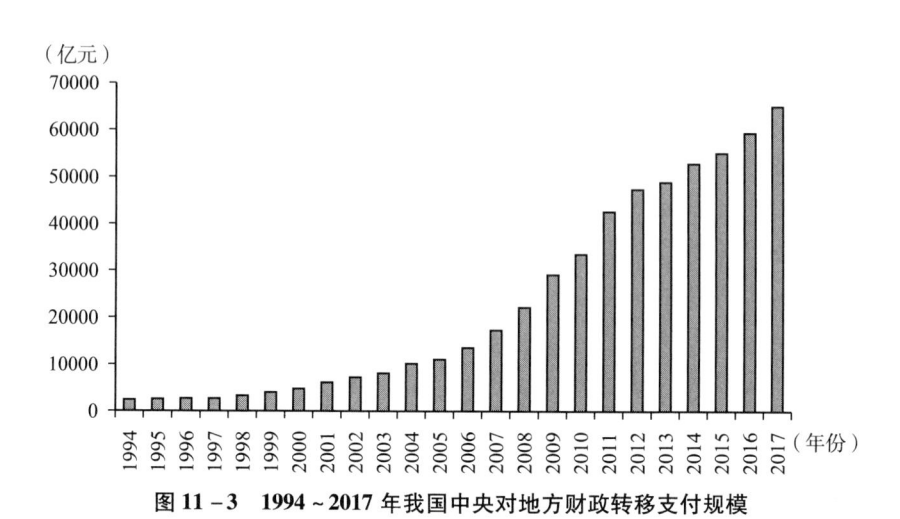

图 11 – 3　1994~2017 年我国中央对地方财政转移支付规模

资料来源：笔者根据表 11 – 1 整理。

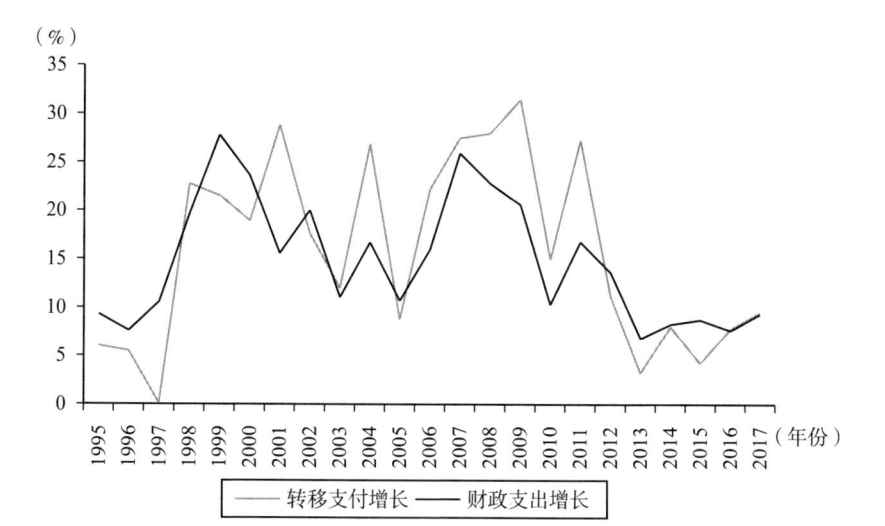

图 11 – 4　1995~2017 年我国中央对地方财政转移支付增长率与中央财政支出增长率比较

资料来源：笔者根据表 11 – 1 整理。

图 11 – 5 显示了中央对地方财政转移支付占中央财政支出比重的变化。可以看到，中央对地方转移支付占中央财政支出的比重经历了一个从缩小到扩大再略有减少的过程，从 1994 年的 57.66% 下降到 2000 年的 46.61%（低谷值），之后再上升到 2011 年的 75.56%（峰值），之后缩小到 2017 年的 68.54%。1994~2017 年，总体看是上升的，期末比起初上升了 10 个百分点，中间则有上升和下降的波动。

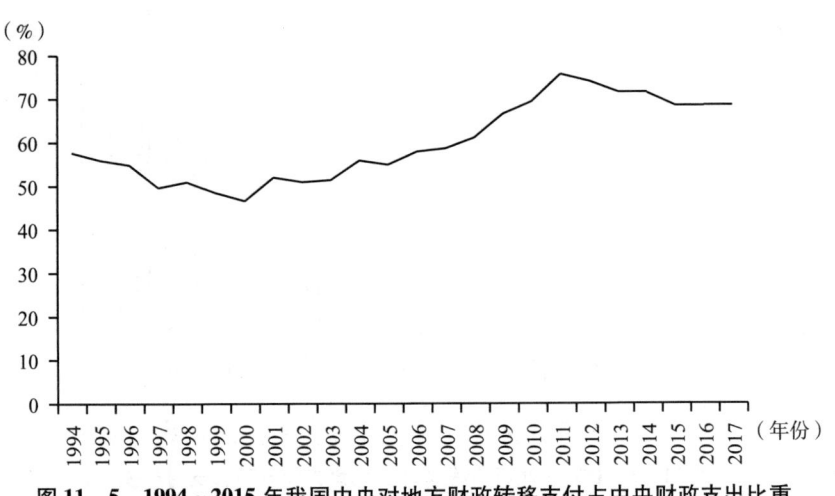

图 11 - 5　1994 ~ 2015 年我国中央对地方财政转移支付占中央财政支出比重

资料来源：笔者根据表 11 - 1 整理。

三、中央对地方的财政转移支付的结构

　　1994 年分税制后，中央对地方财力转移很大程度上表现为税收返还（含体制性补助）。2005 年，税收返还占比达到 36.08%，之后呈现下降趋势，2012 年下降到 11.3%，之后基本稳定在 10% 的水平。2009 年之前，中央对地方的财政转移支付分为财力性转移支付和专项补助，之后财力性转移支付改称一般性转移支付（也就是说，2009 年之后的一般性转移支付基本是与之前的财力性转移支付口径接近），专项补助改称专项转移支付。我们看到，一般性转移支付的占比呈现上升势头，从 2005 年的 33.19% 上升到 2017 年的 53.99%；专项转移支付占比经历了先上升、后下降的过程，从 2005 年的 30.73% 上升到 2011 年的 41.51%，之后下降，下降到 2017 年的 33.6%。图 11 - 6 显示了中央对地方财政转移支付结构的变动。一般性转移支付倾向于经济发展相对落后、财力较弱的地区，而税收返还则主要维持分税制之前的区域财力格局；一般性转移支付占比上升而税收返还下降，中央对地方的财政转移支付更加有利于低收入地区经济增长和提高居民收入，从而缩小地区差距。

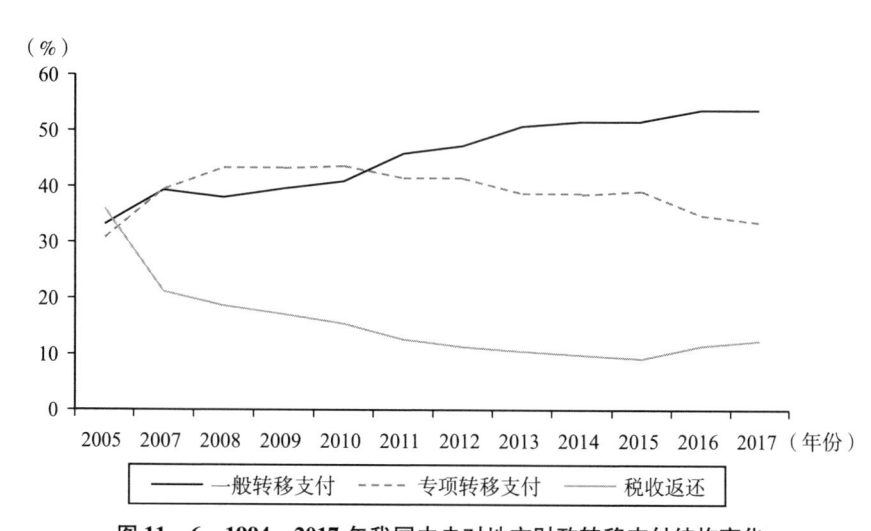

图 11 - 6 1994 ~ 2017 年我国中央对地方财政转移支付结构变化

资料来源：财政部官网（http：//www. mof. gov. cn/）相应年份中央财政决算报告。

第二节 我国经济增长过程中的区域经济不平等

一、改革开放前我国的经济增长和区域发展差距回顾

改革开放前，我国区域经济区域发展差距很大。使用省际人均 GDP 的加权变异系数衡量，1958 ~ 1978 年，区域发展差距最大达到 0. 907，最小也有 0. 566，1978 年仍然达到 0. 762（见表 11 - 2、图 11 - 7）。区域发展差距大，主要原因是于中国国土面积大而区域自然条件和区域经济发展基础客观上存在的巨大差异。在此期间，虽然我国实施了促进内地发展的区域发展战略，也经历了 1961 ~ 1967 年区域发展差距缩小的过程但区域差距缩小不明显，区域发展差距一直比较大，而且 1968 年后呈现扩大趋势。

表 11 - 2 1958 ~ 1978 年改革开放前我国区域经济增长和区域发展差距

年份	人均 GDP（元）	标准差（元）	加权变异系数
1958	196. 32	124. 33	0. 633
1959	227. 07	179. 61	0. 791
1960	238. 52	216. 24	0. 907

续表

年份	人均 GDP（元）	标准差（元）	加权变异系数
1961	176.08	125.16	0.711
1962	169.02	102.73	0.608
1963	175.69	110.58	0.629
1964	192.35	119.62	0.622
1965	215.69	130.79	0.606
1966	233.66	142.13	0.608
1967	213.15	120.73	0.566
1968	199.99	132.64	0.663
1969	222.08	156.09	0.703
1970	251.50	175.36	0.697
1971	265.10	181.21	0.684
1972	269.73	186.31	0.691
1973	284.22	201.17	0.708
1974	284.23	214.39	0.754
1975	303.37	225.36	0.743
1976	297.06	225.21	0.758
1977	326.09	242.69	0.744
1978	367.73	280.04	0.762

资料来源：国家统计局国民经济综合统计司．新中国五十年统计资料汇编［M］．北京：中国统计出版社，1999．表中收入指标为名义量。

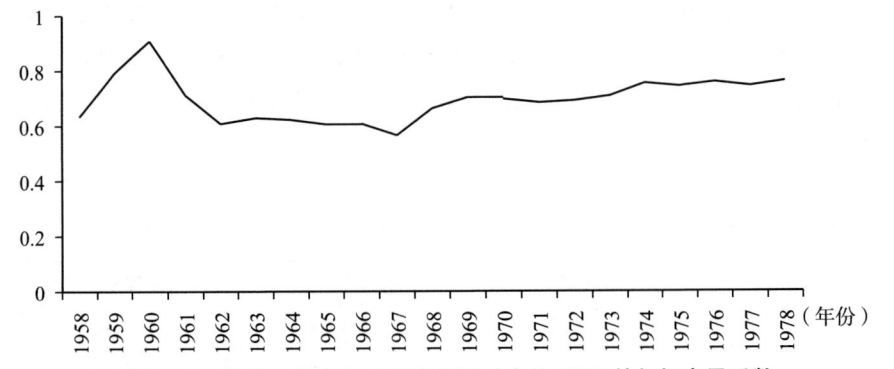

图 11-7 1958~1978 年中国省级区域人均 GDP 的加权变异系数

资料来源：笔者根据表 11-2 整理。

二、改革开放以来我国的经济增长和区域发展差距

改革开放以来，我国区域发展差距变动较为复杂，经历了缩小、扩大、再缩小的三个阶段（见表 11 - 3、图 11 - 8）。首先，区域发展差距经历了一个缩小的过程，加权变异系数从 1978 年的 0.762 下降到 1990 年的 0.461，下降幅度达到 39.5%。这一期间收入差距的缩小，主要得益于改革开放释放了经济发展活力，尤其是沿海地区和农村地区受计划体制抑制的经济发展潜力释放潜力更多（Jian，Sachs and Wanner，1996），显示了经济改革的成效。其次，1991 年开始，区域发展差距呈现扩大趋势。加权变异系数从 1990 年的 0.461扩大到 2003 年的 0.555，扩大了 20.39%。这一时期区域发展差距扩大，不仅与该时期实行市场经济体制改革有关，也与国家实施东部沿海地区优先发展的不平衡区域发展战略有关。当然，我国从 1999 年开始就已经提出西部大开发战略，但其效果不能马上显现。最后，随着国家实施完善社会主义市场经济体制和区域协调发展战略，从 2004 年开始，区域发展差距扩大的局面得以改观，区域发展差距再次开始缩小，到 2013 年已经持续 10 年，加权变异系数下降到0.377，下降了 32.07%。之后，2014 年、2015 年和 2016 年略有上升，加权变异系数分别为 0.384、0.389、0.402，尾部略有上升，上升了 6.74%，2017 年则不再上升而是下降。总体上看，2010 年之后，省际人均 GDP 加权变异系数基本位于 0.4 以下并比较稳定，可以判断我国区域经济不平衡的格局已经有了显著改善。

表 11 - 3　　　　1978 ~ 2017 年改革开放以来我国区域发展差距变动

年份	人均 GDP（元）	标准差（元）	加权变异系数
1978	367.73	280.04	0.762
1979	409.56	286.07	0.699
1980	453.07	314.43	0.694
1981	488.77	316.51	0.648
1982	535.63	326.59	0.610
1983	594.74	334.87	0.580
1984	699.64	390.20	0.558
1985	836.72	461.44	0.551

续表

年份	人均 GDP（元）	标准差（元）	加权变异系数
1986	920.10	496.96	0.540
1987	1094.61	596.67	0.545
1988	1351.70	674.66	0.499
1989	1512.91	727.73	0.481
1990	**1660.59**	**763.09**	**0.461**
1991	1874.07	913.37	0.487
1992	2291.54	1148.17	0.501
1993	2969.65	1574.90	0.53
1994	3903.11	2064.74	0.529
1995	4404.38	2561.99	0.522
1996	5686.18	2921.88	0.514
1997	6336.97	3314.16	0.523
1998	6777.31	3623.58	0.535
1999	7015.22	3622.34	0.522
2000	7977.42	4372.88	0.548
2001	8644.61	4740.19	0.548
2002	9519.57	5237.14	0.550
2003	**10935.55**	**6072.22**	**0.555**
2004	13149.34	7089.96	0.539
2005	15444.45	8275.27	0.536
2006	17924.94	9410.07	0.525
2007	21241.38	10789.77	0.508
2008	25270.11	11861.84	0.469
2009	27490.61	12542.47	0.456
2010	32992.82	14200.03	0.430
2011	39031.70	15649.06	0.401
2012	42910.05	16492.45	0.384
2013	**46630.34**	**17574.72**	**0.377**
2014	49675.60	19090.88	0.384

续表

年份	人均GDP（元）	标准差（元）	加权变异系数
2015	52299.04	20331.22	0.389
2016	57960.38	23323.99	0.402
2017	61974.42	23836.63	0.385

资料来源：国家统计局国民经济综合统计司：《新中国五十年统计资料汇编》，中国统计出版社，1999年；1999～2017年《中国统计年鉴》和各省统计年鉴。表中的收入指标为名义量。

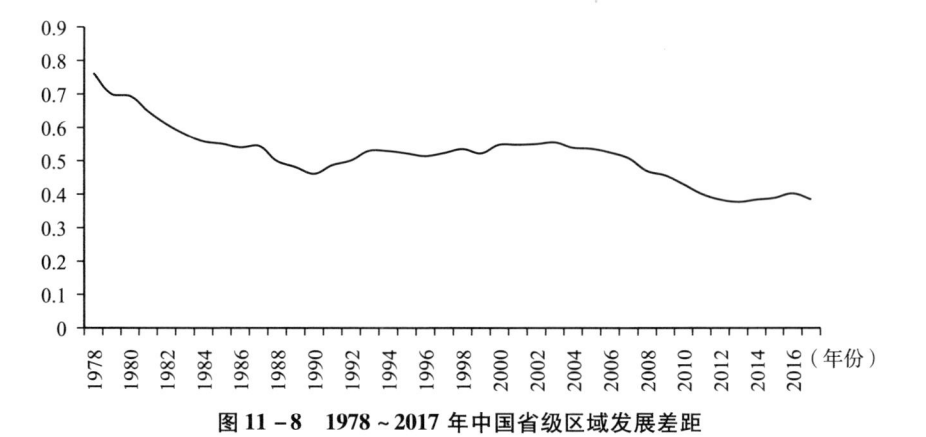

图 11 - 8　1978～2017 年中国省级区域发展差距

资料来源：笔者根据表 11 - 3 绘制。

三、当前我国区域经济发展的绝对差距

以上我们阐述的都是地区发展差距的相对指标，目的是比较其变动趋势。但是，地区经济发展的绝对水平和绝对差距也是不可忽视的。为此，我们给出了 2017 年我国省级区域的经济发展水平和绝对差距，见表 11 - 4。

表 11 - 4　　　　　　2017 年我国各省级地区经济发展的水平和差距

序号	省份	GDP（亿元）	GDP份额	总人口（万人）	人口比重	人均GDP（元/人）	人均GDP离差（元/人）
1	甘肃	7677.00	0.0090	2625.71	0.0190	29237.81	-32736.61
2	云南	16531.34	0.0193	4770.50	0.0346	34653.26	-27321.16
3	贵州	13540.83	0.0158	3555.00	0.0258	38089.54	-23884.88
4	西藏	1310.60	0.0015	330.54	0.0024	39650.27	-22324.15

续表

序号	省份	GDP（亿元）	GDP 份额	总人口（万人）	人口比重	人均 GDP（元/人）	人均 GDP 离差（元/人）
5	山西	14973.50	0.0175	3681.64	0.0267	40670.73	−21303.69
6	广西	20396.25	0.0238	4838.00	0.0350	42158.43	−19815.99
7	黑龙江	16199.90	0.0189	3799.20	0.0275	42640.29	−19334.13
8	安徽	27518.70	0.0322	6195.50	0.0449	44417.24	−17557.18
9	青海	2642.80	0.0031	593.46	0.0043	44532.07	−17442.35
10	四川	36980.20	0.0432	8262.00	0.0599	44759.38	−17215.04
11	江西	20818.50	0.0243	4622.10	0.0335	45041.22	−16933.20
12	新疆	10920.00	0.0128	2398.08	0.0174	45536.43	−16437.99
13	河南	44988.16	0.0526	9532.42	0.0691	47194.90	−14779.52
14	河北	35964.00	0.0420	7470.75	0.0541	48139.75	−13834.67
15	海南	4462.50	0.0052	917.13	0.0066	48657.22	−13317.20
16	湖南	34590.56	0.0404	6822.00	0.0494	50704.43	−11269.99
17	宁夏	3453.93	0.0040	674.90	0.0049	51176.92	−10797.50
18	辽宁	23942.00	0.0280	4377.80	0.0317	54689.57	−7284.85
19	吉林	15288.90	0.0179	2733.03	0.0198	55941.21	−6033.21
20	陕西	21898.18	0.0256	3812.62	0.0276	57436.04	−4538.38
21	湖北	36522.95	0.0427	5885.00	0.0426	62061.09	86.67
22	内蒙古	16103.20	0.0188	2528.60	0.0183	63684.25	1709.83
23	重庆	19500.27	0.0228	3048.43	0.0221	63968.24	1993.82
24	山东	72678.18	0.0850	9946.64	0.0721	73068.07	11093.65
25	广东	89879.23	0.1051	10999.00	0.0797	81715.82	19741.40
26	福建	32298.28	0.0378	3874.00	0.0281	83371.92	21397.50
27	浙江	51768.00	0.0605	5590.00	0.0405	92608.23	30633.81
28	江苏	85900.94	0.1004	7998.60	0.0579	107394.97	45420.55
29	天津	18595.38	0.0217	1562.12	0.0113	119039.38	57064.96
30	上海	30133.86	0.0352	2419.70	0.0175	124535.52	62561.10
31	北京	28000.40	0.0327	2172.90	0.0157	128861.89	66887.47
	合计	855478.54	1.0000	138037.37	1.0000	61974.42	—

资料来源：各省（区、市）统计年鉴（2017 年和 2018 年）。

2017 年，我国经济总量达到 855478.54 亿元，总人口达到 138037.37 万人，人均 GDP 达到 61974.42 元。各省级地区比较，超过平均水平的地区有湖北省等 11 个，最高的是北京市，达到 128861.89 元，是平均水平的 207.93%；低于平均水平的地区有甘肃省等 20 个，最低的是甘肃省，只有 29237.81 元/人，为平均水平的 47.18%。北京市和甘肃省相比，北京市人均 GDP 是甘肃省的 4.41 倍。图 11-9 给出了省级地区人均 GDP 的柱状图，直观显示了各省级地区之间的经济发展水平差异。

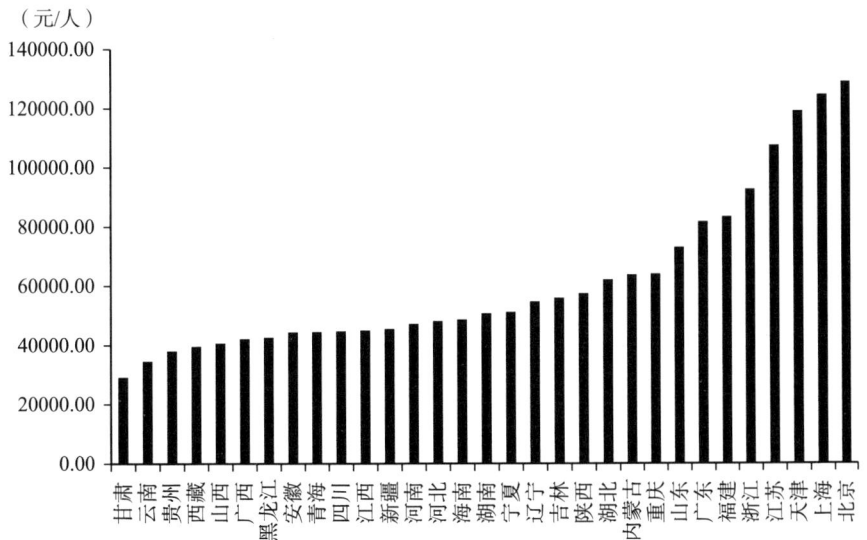

图 11-9 2017 年中国省级地区人均 GDP 比较

资料来源：同表 11-4。

那么，哪些地区对形成地区差距的贡献更大呢？低于平均水平的地区中，超过 5% 贡献的有：四川（10.6%）、河南（10.5%）、云南（9.71%）、安徽（8.11%）、河北（7.7%）、广西（7.15%）甘肃（6.41%）、山西（5.85%）、江西（5.83%）、湖南（5.7%）、黑龙江（5.45%），这些地区的特点是不仅人均 GDP 偏低，而且人口比重大。高于平均水平的地区中，超过 10% 贡献的有：江苏（27.08%）、广东（16.18%）、浙江（12.76%）、上海（11.28%）、北京（10.83%）。这些地区中，江苏、广东、浙江不仅人均 GDP 高，人口比重也比较大；上海、北京虽然人口比重小，但人均 GDP 比平均水

平高很多，也具有较大贡献。[①]

第三节　中央转移支付对我国区域经济不平等的影响

一、引言

我国收入分配调节的整体布局由理顺初次分配、完善再分配调节机制和规范收入分配秩序三部分构成，完善再分配调节机制又包括三个部分，即税收调节、社会保障调节和转移支付调节。[②] 中央转移支付调节对象并不直接针对居民个人，而是对财力不足的经济相对落后地区提供补助，但部分资金会直接形成居民收入（比如工资补助）。资金流入将有助于促进区域经济发展，有助于缩小城乡发展差距、地区发展差距，并最后有助于缩小区域居民收入不平等。

我国地域广阔，地区条件差异大，经济发展不平衡，地区差别是长期困扰我国社会经济发展的难题。改革开放前，虽然曾经实行向内地倾斜的区域发展战略，但地区发展差距没有改观，地区差别始终较大。1978 年之后，我国区域发展差距首先经历了一个缩小的过程，大致持续到 1990 年。简、萨克斯和万纳尔认为市场经济发挥了区域发展差距自动收敛的作用（Jian, Sachs and Wanner, 1996）。进入 20 世纪 90 年代，区域发展差距再次扩大，大致持续到 2003 年，与我国自 20 世纪 80 年代中期开始实行东部沿海地区优先发展战略有密切联系。王绍光等（1999）提出，区域发展差距由中央政府影响资本流动能力和缩小地区差距愿望决定，实行经济发展较好地区优先发展战略和中央政府财政能力不足，是导致区域发展差距扩大的原因。2004 年之后，我国地区发展差距再次进入缩小的区间，2015 年的地区发展差距不仅低于改革之初的 1978 年，而且也低于改革开放后区域发展差距缩小后的 1990 年。显然，这与我国 1999 年实施西部大开发战略以及区域协调发展战略有关。

---

① 低收入地区与平均收入的总离差和高收入地区与平均收入的总离差分别考察。

② 2013 年，《国务院批转发展改革委等部门关于深化收入分配制度改革若干意见的通知》提出这种意见。

二、转移支付对区域经济差距影响机制分析

《中共中央关于全面深化改革若干重大问题的决定》（2013）提出，经济体制的核心问题是市场和政府的关系，在社会主义建设的初级阶段，要发挥市场在资源配置中的决定性作用和更好发挥政府作用。我国历来面临城乡差距、区域差距的困扰，处理好区域经济发展的平衡性和不平衡性是国家治理的重要课题。发展经济学认为，市场经济体制之下，既有缩小区域发展差距的涓滴效应，也有扩大区域差距的回波效应或者极化效应，并总体上存在经济发展过程中的区域不平等倒"U"形模式（Willianmson，1965）。这对于我们正确认识经济发展过程中客观存在的区域发展差距是有益的，但是究竟什么样的区域不平等是容许的，什么时候区域发展差距将缩小，倒"U"形假说并不能给出指南政策，而需要一个国家做出判断和政策选择。世界银行（2009）给出的答案是区域经济发展的不平衡性和社会和谐可以并存，也就是说，经济发展在空间上呈现聚集性并导致区域发展差距扩大，这是市场经济作用的要求和结果，而居民收入不平等将通过政府实施的无空间差异的公共制度等措施而得到缩小，区域居民收入差距将低于区域经济发展差距，换句话说，政府对区域经济的干预主要指向居民收入而不是经济增长。但是，我国地区发展政策并不明显直接指向居民收入，虽然国家实施了基本公共服务体系规划，也提出促进基本公共服务均等化，但主要依靠各地区实施，地区间基本公共服务标准存在较大差异，全国社会保障的统筹统一虽然在推进，但区域差异仍然很大。中央对地方的各种支持最终很大程度上落实在中央对地方财政转移支付上。

改革开放以来，随着社会经济发展阶段的变化，我国区域发展政策也在相应调整。改革开放之初的第六个五年计划（1981～1985年）中，坚持既要发挥沿海地区的特长，也要努力发展内地经济，积极支持和帮助少数民族地区繁荣经济，并没有明确的区域不平衡发展战略。第七个五年计划（1986～1990年）中，强调区域经济发展的不平衡性，沿海要"加速发展"，中部要"有重点地发展"，西部要"做好进一步开发的准备"。我国认识到，区域经济不平衡性是经济增长的必经之路。不平衡发展战略初期总体效果较好，不仅取得经济增长成效，区域发展差距也有所缩小。第八个五年计划（1991～1995年）时期，总体上继续实施不平衡发展战略，市场导向改革加快，实施分税制改革，也推出了一些促进中西部发展的政策，但地区发展差距并没有继续缩小而是有所扩大，地区不平衡性成为国家社会经济发展的突出问题。第九个五年计

划（1996～2000 年）时期，我国提出区域协调发展战略，以 1999 年实施"西部大开发"为标志，区域协调发展战略逐步推进，但是区域发展差距扩大局面并没有很快改观。第十个五年计划（2001～2005 年）时期，随着区域协调发展战略的进一步实施，区域发展差距终于从 2004 年开始转为缩小，但区域发展差距规模仍然很大。第十一个五年规划（2006～2010 年）和第十二个五年规划（2011～2015 年）期间，我国继续实施区域协调发展战略，区域发展差距进一步缩小。因此，我国区域发展不平衡性与国家区域发展战略是呼应的，无论是为促进经济增长而实施不平衡发展战略但带来区域发展差距扩大，还是为缩小区域发展差距而实施区域协调发展战略，国家经济增长、区域发展差距变动都与国家区域发展战略密切关联。

国家实施区域发展战略，一方面是通过发挥市场配置资源的作用和引导、促进市场发挥作用；另一方面是通过中央给予地方的财政转移支付予以直接支持。1993 年 12 月，国务院决定实施分税制（1994 年开始实施），改变中央与地方之间的财政包干制，建立规范的中央对地方转移支付制度。在这个制度框架下，中央与地方的财政联系有三个方面：一是由分税制导致的中央增加的增值税等税收部分由中央向地方实行税收返还，保障地方财力；二是中央向地方的转移支付，包括保留下来的专项转移支付和新增加的以支持经济落后地区为目标的财力性转移支付（一般性转移支付）；三是其他中央和地方财政资金结算关系。随着分税制的实施，税收返还和中央与地方结算资金规模逐渐缩小，包括一般性转移支付和专项转移支付的真正意义上的转移支付成为中央对地方财政转移支付的主体。

中央对地方的财政转移支付不仅有对低收入地区的财力支持、收入支持，还包括较大部分的投资支持，对地方经济增长有直接影响。我国当前中央对地方的财政转移支付实际上包括转移支付和税收返还两大类。2015 年，转移支付部分为 50078.65 万元，占 90.89%，是主体部分；税收返还为 5018.86 万元，比重已经很低，仅占 9.11%。转移支付部分又分为一般性转移支付和专项转移支付。2015 年一般性转移支付为 28455.02 万元，占转移支付的 56.82%；专项转移支付 21623.63 万元，占转移支付的 43.18%。一般性转移支付具体包括均衡性转移支付、① 老少边穷地区转移支付、成品油税费改革转

---

① 按照财政部《2017 年中央对地方均衡性转移支付办法》，均衡性转移支付的目的是缩小地区间财力差距，逐步实现基本公共服务均等化。中央财政设立中央对地方均衡性转移支付，中央对地方均衡性转移支付不规定具体用途，由地方政府根据本地区实际情况统筹安排。均衡性转移支付资金分配选取影响财政收支的客观因素，按照各地标准财政收入和标准财政支出差额及转移支付系数计算确定。

移支付、体制结算补助、基层公检法司转移支付、基本养老金转移支付和城乡居民医疗保险转移支付，其中均衡性转移支付 18471.96 万元，占一般性转移支付的 64.91%，主要面向低收入地区，有利于增强低收入地区财力。专项转移支付包括一般公共服务、国防、教育、科学技术、文化体育与传媒、社会保障和就业、医疗卫生与计划生育、节能环保、城乡社区事务、农林水事业、交通运输、资源勘探信息等事业、商业服务业等事业、金融事业、国土海洋气象、住房保障、粮油物资储备和其他领域的支出，不仅用于各支出领域的日常经费、事业经费，也包括支持地方投资建设的经费和基建支出经费，2015 年基建支出达到了 3676.13 万元，占专项转移支付的 17%。专项转移支付有利于增强低收入地区的财力，也为其投资建设提供了支持，成为经济增长的直接动力。因此，我国中央对地方的转移支付，不仅促进地区之间财力的均衡性，提供低收入地区基本公共服务所需要的财政资金，而且部分资金用于低收入地区投资建设，促进区域经济均衡增长。中央政府对地方政府的财政转移支付至少是兼顾提高落后地区财政收入、居民收入和促进经济开发的，这种转移支付对地区经济增长具有积极支持作用，如果转移支付向低收入地区倾斜，将直接有利于缩小地区发展差距。

三、中央对地方转移支付的地区倾向性

实施分税制初期，中央对地方的转移支付主要是税收返还，而一般性转移支付较少，且转移支付总体规模不大。经过 2002 年、2009 年完善财政转移支付制度，中央对地方财政转移支付总体规模不断加大，且向低收入地区转移的财力性资金增加。在这种背景下，中央财政转移支付是不是能够起到缩小地区发展差距的作用呢？我们先从中央财政转移支付的地区倾向性进行考察。

1994 年以来中央对各地方的转移支付具有明显的地区倾向性，可以使用两种方法进行比较说明。（1）不同地区人均转移支付的比较。具体地，我们选择 2010 年人均 GDP 最高的五个省份与人均 GDP 最低的五个省份进行比较，高收入地区包括江苏省、浙江省、天津市、北京市和上海市，低收入地区包括贵州省、甘肃省、云南省、西藏自治区、江西省。（2）不同地区接受转移支付的相对规模。具体地，使用不同地区接受中央转移支付数量占本地区 GDP 的比重的不同变化趋势进行比较，并选取 3 个高收入地区（上海市、北京市和天津市）和 3 个低收入地区（云南省、甘肃省和贵州省）。

首先，我们来看高收入地区与低收入地区人均转移支付的比较。如

表 11 - 5、图 11 - 10 所示，从增长速度对比看，1994～2015 年的大部分时间内，高收入地区和低收入地区的人均转移支付数量（五个地区人均转移支付的不加权平均数）都有所增长，但 2004 年之后，高收入地区增长速度明显低于低收入地区，高收入地区下降年份明显更多，而低收入地区只有 2015 年才有所下降。西藏自治区的情况比较特殊，人均转移支付数量从 1994 年的 1251.57 元增加到 2014 年的 60844.97 元，2010 年以来各年接受中央转移支付的数量超过了区域 GDP。从增长趋势看，1994 年开始，低收入地区人均接受转移支付的数量略低于高收入地区，1999 年、2000 年二者比较接近，之后低收入地区明显高于高收入地区，2001 年低收入地区接收转移支付的数量是高收入地区的 1.43 倍，2014 年，低收入地区人均转移支付数量是高收入地区的 7.26 倍，表明中央对地方的转移支付明显向低收入地区倾斜。图 11 - 11 给出了低收入地区人均转移支付与高收入地区的倍数关系的动态变化。从中可以看出，中央对地方财政转移支付显著倾向于低收入地区。

表 11 - 5　　　高收入地区与低收入地区接受中央财政转移支付数量的对比

年份	低收入地区人均转移支付平均数		高收入地区人均转移支付平均数		低收入地区/高收入地区（倍数）
	规模（元）	比上年增长（%）	规模（元）	比上年增长（%）	
1994	408.96	—	577.98	—	0.71
1995	421.76	3.13	603.41	4.40	0.70
1996	427.81	1.43	637.54	5.66	0.67
1997	459.15	7.33	649.22	1.83	0.71
1998	549.76	19.73	706.20	8.78	0.78
1999	718.40	30.68	771.07	9.19	0.93
2000	826.23	15.01	767.81	-0.42	1.08
2001	1194.62	44.59	836.87	8.99	1.43
2002	1426.46	19.41	951.99	13.76	1.50
2003	1531.96	7.40	1083.37	13.80	1.41
2004	1674.17	9.28	1263.16	16.60	1.33
2005	2157.51	28.87	1160.04	-8.16	1.86
2006	2393.26	10.93	1259.02	8.53	1.90
2007	3281.76	37.13	1331.40	5.75	2.46

续表

年份	低收入地区人均转移支付平均数		高收入地区人均转移支付平均数		低收入地区/高收入地区（倍数）
	规模（元）	比上年增长（%）	规模（元）	比上年增长（%）	
2008	4151.72	26.51	1434.85	7.77	2.89
2009	5325.02	28.26	1796.86	25.23	2.96
2010	6005.92	12.79	2064.48	14.89	2.91
2011	8024.40	33.61	2338.02	13.25	3.43
2012	8971.71	11.81	2389.75	2.21	3.75
2013	9795.20	9.18	2327.39	-2.61	4.21
2014	16635.95	69.84	2292.35	-1.51	7.26
2015	12855.01	-22.73	1972.18	-13.97	6.52

资料来源：笔者根据表11-3整理。

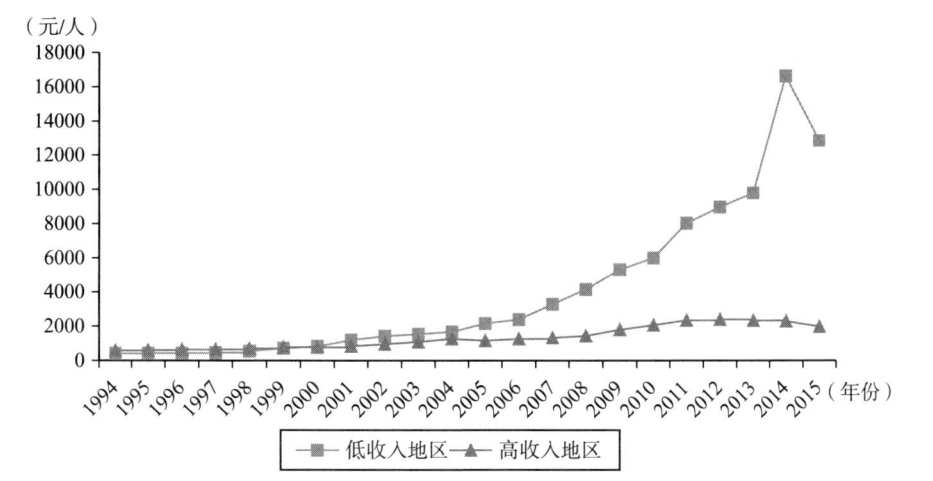

图 11-10　高收入地区与低收入地区接受中央转移支付规模的对比

资料来源：笔者根据表11-5整理。

其次，比较不同地区接受中央转移支付占本地区生产总值比重。如图 11-12 所示，所有地区在 1994～1997 年间接受中央转移支付比重均呈现下降趋势。自 1998 年开始出现分化，低收入地区上升，2000 年达到 15% 左右，其中贵州省和甘肃省于 2010 年更是达到了 25% 左右。相反，高收入地区接受中央转移支付比重 1998 年后持续下降，2005 年普遍下降到 5% 以下，2015 年

继续下降到 2.5% 左右。低收入地区接受中央财政转移支付比重上升而高收入地区下降，也同样表明中央对地方的转移支付具有明显面向低收入地区的倾向性。

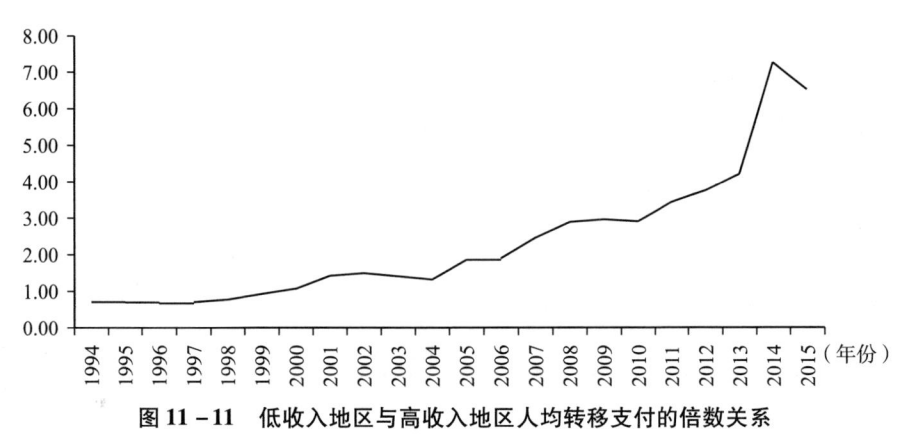

图 11－11　低收入地区与高收入地区人均转移支付的倍数关系

资料来源：笔者根据表 11－5 整理。

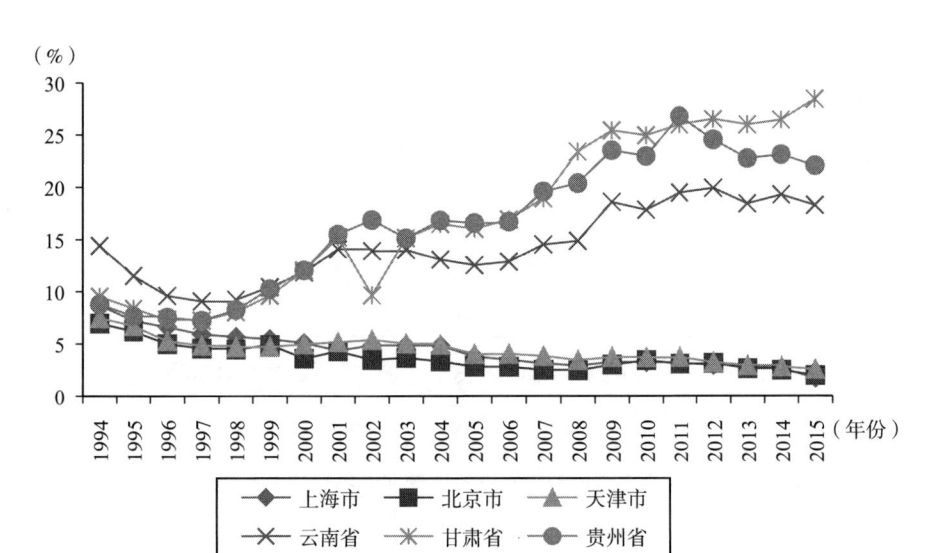

图 11－12　高收入地区与低收入地区接受中央转移支付的对比

资料来源：笔者根据表 11－5 整理。

四、区域经济增长与中央财政转移支付的相关性

基于以上转移支付对区域发展差距的影响机制和转移支付区域倾向性分

析，我们使用 2004～2015 年的各地区接受中央转移支付的数据进行面板分析，检验中央财政转移支付对该期间区域发展差距变动的影响。

我们可以假设区域经济增长受到中央财政转移支付的影响，而对低收入地区转移支付的倾向性有利于缩小地区发展差距，中央转移支付规模扩张则缩小地区发展差距的作用更加明显。为此，我们建立区域人均 GDP 与人均接受中央转移支付变量的回归方程：

$$GDP_{it} = \beta_0 + \beta_1 \times TRANS_{it} + \mu_{it} \qquad (11-1)$$

式中，GDP_{it} 表示第 t 年第 i 个省的人均 GDP，$TRANS_{it}$ 表示第 t 年第 i 个省的人均转移支付；β_0 为模型方程的截距项，β_1 为人均转移支付的回归系数，反映人均转移支付对人均 GDP 的影响程度；u_{it} 为模型误差项。鉴于所选用的是多个体多时间的面板数据，存在不同的截面和不同的时间序列，所以采用 Stata14.0 软件对数据进行检验。

表 11-6 给出的回归结果显示，无论是固定效应模型还是随机效应模型，F 检验显著为 0，表示模型的设立是正确的；回归系数的 t 检验在 1% 的水平上显著，表明人均 GDP 与人均转移支付之间存在显著的相关关系。

表 11-6　　　　　　　　　人均 GDP 与人均转移支付面板回归结果

	随机效应模型	固定效应模型
被解释变量	人均 GDP	人均 GDP
人均转移支付	2.309 *** (0.179)	2.447 *** (0.181)
常数项	16189 *** (2017)	15891 *** (713.1)
观察次数	682	682
R^2		0.219
地区数	31	31

注：*** 表示统计检验在 1% 水平上显著。
资料来源：笔者计算结果。

接下来，使用 Hausman 检验方法来检验模型中是否存在个体效应。检验结果显示，P 值为 0，样本回归过程中个体效应显著，不能忽略其他变量随个体变化对被解释变量人均 GDP 所带来的影响。因此，固定效应模型优于随机效应模型，可得回归方程：

$$GDP = 15891 + 2.447 \times TRANS \qquad (11-2)$$

式（11 - 2）显示，当人均转移支付增加一个单位时，人均 GDP 相应增加 2.447 个单位，二者之间存在正相关关系。但回归结果中，相关系数 R^2 较小（0.219），人均获得的中央转移支付只能解释地区人均 GDP 的 21.9%，必然存在遗漏变量，本回归方程不是完整的，需要在模型中增加控制变量。

图 11 - 13 为根据样本数据所做出的散点图，显示了各地区人均 GDP 与人均转移支付的关系。该散点图可以看作为一组射线束，其效率存在较大差异，表明各地区经济增长受转移支付的影响程度存在差异。

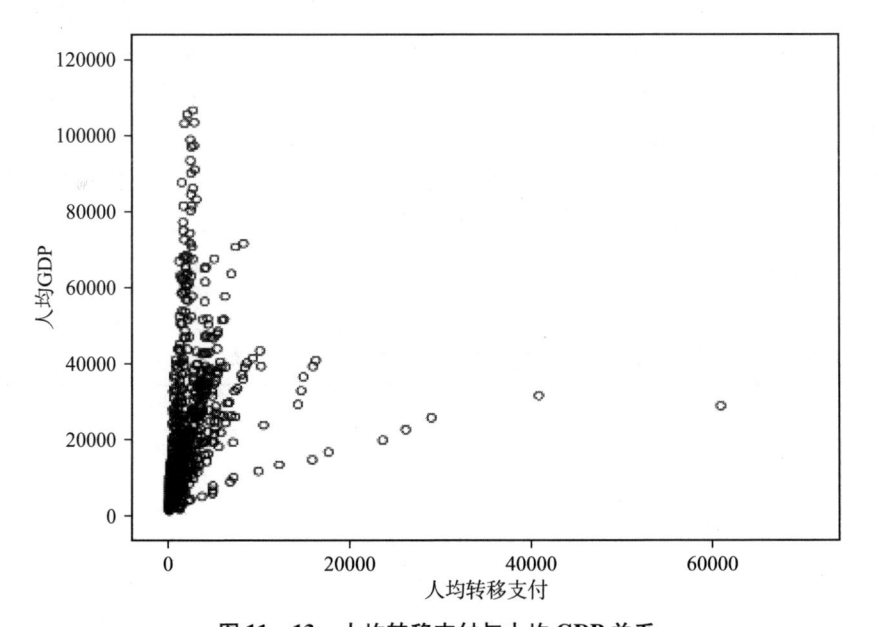

图 11 - 13　人均转移支付与人均 GDP 关系

资料来源：笔者绘制。

进一步地，我们随机选取了其中 13 个省份（贵州省、云南省、西藏自治区、江西省、安徽省、四川省、青海省、海南省、新疆维吾尔自治区、上海市、辽宁省、天津市和陕西省），分别观察其 1994 ~ 2015 年人均 GDP 与人均转移支付关系。结果显示，大部分地区的人均 GDP 与人均转移支付存在约 2 倍的关系。但是，天津市等高收入地区的人均 GDP 与人均转移支付关系高达 4 倍以上，表明单位转移支付对低收入地区经济增长的作用相对较弱。实际上，低收入地区经济增长对中央转移支付的过度依赖，最为典型的是西藏自治区，甚至存在需要用 2 元的中央转移支付换取 1 元 GDP 的情况，转移支付对促进

经济增长的效率明显偏低。

五、区域经济增长中市场和政府的作用①

上述分析表明，中央转移支付虽然与区域经济增长呈现相关性，但相关性不显著。之所以如此，应当是市场机制对区域经济增长的作用（作为遗漏变量）没有考虑，为此我们考虑建立以贷款余额指标代表的市场机制变量。金融市场是市场配置资源的典型形式，也是集中表现。我国省级区域金融资源存在比较大的不均衡性，在当前我国经济转轨时期成为经济发展的主要推动力；而资本形成的前提是储蓄，在资本市场不够成熟的情况下，企业的投资资金大部分来自金融机构信贷，贷款余额指标能够反映区域经济增长的市场力量。一般来说，金融市场是"亲富的"，经济发达地区有更好的经济基础和投资回报，更利于发展金融市场和吸引金融资源，导致经济发达区域的金融市场更发达，金融资源更丰富，形成经济增长极。这种市场力量也会受到两种其他力量的影响。一是中央政府转移支付。中央对低收入地区的转移支付超越市场力量，可以促进其市场收益提高，通过财政效应带动金融市场效应，从而实现经济相对落后地区增长。二是经济落后地区存在和出现经济增长机会。一个经济落后地区并不必然永远不能快速增长。经济发展过程中，低收入地区也可以出现新的高收益投资机会，因此引发金融资源聚集。因此，并不能得出高收入地区必然具有持久的金融吸引力和地区之间金融差距持续扩大的结论，金融差距也可能缩小。

为描述地区间金融市场差距及其变化，我们选取我国 31 个省级地区 1994～2015 年 22 年间的金融机构人民币人均贷款余额和人均 GDP 数据，分别计算其变异系数，如图 11 - 14 所示，从中可以发现以下特征。第一，1994～2015 年，省级区域的金融机构人民币人均贷款余额变异系数经历了扩大、缩小两个阶段。从 1994 年到 2003 年，区域金融发展差距扩大，人均贷款余额变异系数从 1994 年的 0.83 扩大到 2003 年的 1.27，之后开始缩小，尽管存在一定的波动，但到 2015 年缩小至 0.84。第二，地区差距经历了从扩大到缩小的两个阶段，转折点发生在 2003 年左右。第三，人均 GDP 变异系数与金融机构人民币贷款余额变异系数的总体变化趋势一致，都经历了两个阶段的变化，且转折点接近。据此可以判断，金融市场发展对缩小地区差距起到了积极

---

①　天津大学金融学系本科生陈默对本节数据收集和计算有贡献，特此致谢。

作用。第四，人均GDP变异系数与金融机构人民币贷款余额变异系数的规模相比，2003年之前，金融发展地区差距高于经济发展地区差距，而且金融发展地区差距上升较快，快于地区发展差距，因此可以说金融发展起到了扩大地区差距的作用，甚至是主要原因。2003年之后，金融发展地区差距与地区发展差距均有所下降，但金融发展地区差距缩小幅度小于地区发展差距，因此，金融发展差距缩小是地区发展差距缩小的原因之一，但更大的金融差距显然不是经济差距缩小的有利因素。

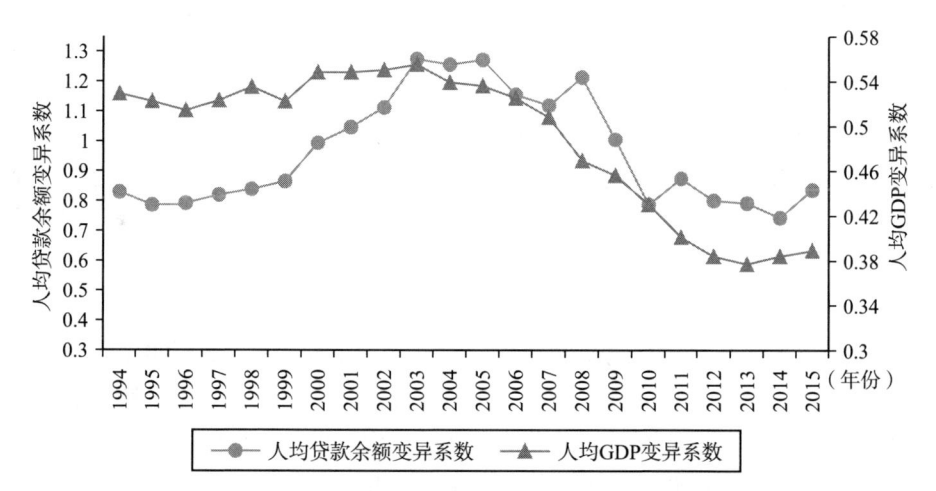

图 11 – 14　区域经济差距与贷款余额差异的比较

资料来源：笔者根据相关资料绘制。

中央政府对地方财政转移支付代表了区域经济增长中的政府作用，而金融机构人民币贷款余额代表市场作用。构建地区人均GDP、金融机构人民币人均贷款余额、中央对地方人均转移支付、地区人口数的固定效应回归方程如下：

$$Y_{it} = u_i + b_1 \times Loan_{it} + b_2 \times Trans_{it} + b_3 \times People_{it} + e_{it} \qquad (11-3)$$

式（11 – 3）中，Y_{it}表示人均GDP增长率；$Loan_{it}$表示地区人均贷款余额增加率；$Trans_{it}$表示地区人均转移支付增加率；$People_{it}$表示地区人口增长率；b_1、b_2、b_3分别表示模型参数估计值；U_i表示第 i 个截面的截距项；e_{it}表示模型误差项。

回归结果如表 11 – 7 所示，可得方程：

$$Y = 0.527Load + 0.368Trans - 0.0815People + 2.665 \qquad (11-4)$$

表 11 - 7 固定效应模型回归结果

GDP	Coef	t	P > |t|
人均贷款余额	0. 5268	22. 94	0. 000
人均转移支付	0. 3678	20. 58	0. 000
人口数量	− 0. 8148	− 0. 60	0. 549
常数项	2. 6651	2. 55	0. 011

资料来源：笔者计算结果。

回归结果显示：F(3649) = 3364. 83，P = 0. 000，表明模型参数在整体水平上是高度显著的。同时，由 t 检验的 P 值得出，在 5% 的水平下，人均贷款余额、人均转移支付、常数项的估计值均是高度显著的，而人口的估计值是不显著的。这说明当某个省的金融机构人民币人均贷款余额越多，中央对该省的人均转移支付越多时，该省的经济增长越快。在其他因素不变的情形下，人均贷款余额每向上变动 1%，人均 GDP 将随之向上变动 0. 5268%。这就表明，低收入地区更快的金融发展有利于缩小地区经济差距，反之，高收入地区更快的金融发展，将扩大地区经济差距。在其他因素不变的情形下，人均转移支付每增加 1%，人均 GDP 将增加 0. 3678%。对于地区差距而言，中央财政转移支付具有与金融发展类似的效果，如果转移支付向低收入地区倾斜，将缩小地区经济差距。同时，比较而言，中央转移支付的贡献率低于金融市场。人口因素对地区经济增长并没有产生具有显著性统计意义的影响。真实 $R^2 = 0. 9397$，调整后的 $R^2 = 0. 9523$，考虑到模型为面板数据模型，整体拟合度非常高，表明模型指标的选取是比较合适的。

上述实证数据分析依赖于同方差假设 $Var(e_{it}) = sigma^2$、截面不相关假设 $corr[e_{it}，e_{jt}] = 0$ 等在模型中隐含的假设。回归的真实 $R^2 = 0. 9397$，回归使用的平行面板数据是大 N 小 T 型的面板数据，因此本书主要考虑修正的是模型的组间异方差性以及截面相关性。本书采用 robust 稳健性估计量和 bootstrap 标准误两种检验方法，在考虑组间异方差的情况下合理估计标准误，采用 Cluster 处理来控制潜在截面相关性，回归结果如表 11 - 8 所示。

表 11 - 8 稳健性估计量回归结果

GDP	Coef	t	P > |t|
人均贷款余额	0. 5268	8. 96	0. 000
人均转移支付	0. 3678	7. 59	0. 000

续表

GDP	Coef	t	P > |t|
人口	− 0. 8148	− 0. 13	0. 897
常数	2. 6651	0. 54	0. 594

资料来源：笔者计算结果。

采用 bootstrap 的方法得到标准误的优点是它不需要对干扰项的分布情况做任何假设，是一种非常稳健的以抽样为基础的估计方法。在此，采用 Cluster 处理来控制截面相关性，设定 bootstrap 的次数为 1000 次，回归结果如表 11 – 9 所示。

表 11 –9　　　　　　　　　　　bootstrap 标准误回归结果

GDP	Coef	t	P > |t|
人均贷款余额	0. 5268	8. 96	0. 000
人均转移支付	0. 3678	7. 66	0. 000
人口	− 0. 8148	− 0. 12	0. 903
常数	2. 6651	0. 50	0. 615

资料来源：笔者计算结果。

以上两种修正回归结果都表明，在 5% 的显著性水平下，人均贷款余额和人均转移支付的估计值是高度显著的，而人口和常数项的估计值是不显著的。

综上所述，一个地区的贷款余额增加或者中央转移支付增加，都将带来该区域经济增长，成为影响区域经济增长和地区经济差距的两种力量。它们对地区经济差距起扩大作用还是缩小作用，取决于金融资源或者财政资源的各地区间配置。1994 ~ 2003 年，金融资源显著地向经济较发达地区聚集，欠发达、不发达区域的金融资源供给相对较少，地区间金融发展差距很大，且进一步扩大。在国家实施东部沿海地区优先发展的区域战略之下，中央财政转移支付也倾向于经济发展地区，也成为地区发展差距扩大的力量。市场和政府两种力量都倾向于扩大地区差距，并实际上导致了地区差距扩大。从 2003 年左右开始，随着国家区域协调发展战略推进，中央政府转移支付向低收入地区倾斜，金融发展地区差距也开始缩小，都成为地区发展差距缩小的力量，并实际导致了地区发展差距缩小。但是，比较而言，金融发展地区差距仍然高于地区发展差距，金融资源在高收入地区聚集的形态并没有（也不会）发生根

本性改变，地区差距缩小的力量主要来源于中央转移支付代表的政府力量。因此，2003 年前的地区经济差距扩大主要是金融市场地区发展不均衡导致的，而中央转移支付也起到了支持作用；2003 年后的地区经济差距缩小主要是区域协调发展战略下中央转移支付导致的，而金融市场的区域均衡化则起到支持作用。

第四节　区域居民收入不平等现状

前面的分析针对区域经济差距，本节将考察经济增长过程中再分配对我国区域居民收入分配的影响。我国是一个地域广阔的大国，区域不平衡是我国经济发展的重要特征。进入 21 世纪后，我国省际地区发展差距和居民收入地区差距都明显缩小了，不仅区域经济增长不平衡性有所改善，而且区域居民收入分配也有所改善，这是我国区域发展的新格局。这种变化源于低收入地区更快的经济增长速度、中央政府对于低收入地区更多的转移支付、低收入地区较高的收入—发展比；但低收入地区的收入—发展比随经济增长有所降低，高收入地区城镇化水平高于低收入地区，不利于缩小居民收入地区差距。从居民收入中转移性收入比重的角度看，低收入地区居民收入的较快增长主要来源于本区域的经济增长带来的初次分配收入增加，政府再分配并没有很好地直接改善区域居民收入分配。

一、概述

1978 年以来，我国全面推进经济体制改革，经济保持高速增长，逐步建立了社会主义市场经济体制，成为世界第二大经济体，进入中上收入国家行列，经济建设取得显著成绩。与此同时，收入分配问题仍然比较突出，总体居民收入差距较长时间内呈现扩大趋势，总体居民收入基尼系数仍然处于高位运行。可以说，我国改革开放以来的经济增长，伴随着居民收入分配一定程度的恶化，至今并未完全改观。如何使人民更好分享发展成果，成功跨越"中等收入陷阱"，是我国重要的政策议题。

总体居民收入差距是基于人口各种经济特征的收入差距的综合结果，城乡差距、地区差距、行业差距等都是总体收入差距的重要来源。那么，改革开放和经济增长过程中，区域居民收入分配是否也恶化了呢？丹尼（Divid

L. Denney，1991）、刘树成和李强等（1994）、杨开忠（1994）、简和萨克斯等（1996）、魏后凯（1996）、林毅夫和蔡昉等（1998）都发现，改革开放后地区发展差距（用省际人均 GDP 的相对差距衡量）持续了 10 多年，而且缩小相当明显，与总体居民收入差距扩大的趋势有所不同。但是，地区发展差距缩小并没有持续，20 世纪 90 年代初期开始呈现扩大趋势，胡鞍钢和王绍光等（1995）特别强调了地区发展差距从 1990 年开始呈现重新扩大。我们的研究发现，与此前地区发展差距缩小程度相比，20 世纪 90 年代开始的地区差距扩大幅度相对较小。同时，从 2003 年左右开始，地区发展差距开始缩小，而且缩小幅度较大，省级区域人均 GDP 加权变异系数从 2003 年的 0.555 下降到 2013 年的 0.377，地区发展格局有了显著变化。

地区发展差距并不等于地区居民收入差距。魏后凯（1996）发现，1985～1995 年，尽管经济增长地区差距在缩小，但是居民收入地区差距是扩大的。经济增长地区差距与居民收入地区差距变动的不一致性称为"地区差距变动之悖论"，即在经济增长过程中，存在这样的情况：高收入地区的高经济增长带来了其居民收入的迅速增长，而低收入地区的更高经济增长却没有给其居民收入增长带来更多的实惠。曹桂全（2006）肯定了我国经济改革和经济增长过程中存在经济增长地区差距与居民收入差距不一致变动的可能性，并引入收入—发展比的概念进行解释。[①] 各地区的经济发展阶段是存在差异的，处于经济增长初期阶段的低收入地区，经济增长高度依赖于投资，为换取进一步经济增长，国民收入中居民收入占比可能下降；处于经济增长成熟阶段的高收入地区，经济增长伴随着国民收入分配结构的改善，国民收入分配向居民收入倾斜。这样一来，即使低收入地区的经济增长比高收入地区快，但由于高收入地区的收入—发展比稳定甚至提高，而低收入地区的收入—发展比有所下降，居民收入差距可能无法伴随经济增长地区差距缩小而同步缩小。因此，要缩小地区差距，只要低收入地区具有比高收入地区更高的经济增长率就可以了；但是，缩小区域居民收入差距仅仅依靠低收入地区的高经济增长还不够，低收入地区的国民收入分配结构也需要转变，但这需要一个过程。

世界银行（2009）的世界发展年度报告《重塑世界经济地理》提出了一个重要命题：经济增长在地域上是不平衡的，但即使在这种增长格局下，社会发展也可以是和谐的；也就是说，在经济增长地区不平衡的同时，居民收入差

---

① 收入—发展比，指一个地区居民收入占国内生产总值的比重。

距可以缩小，二者并行不悖。但从实际看，我国改革开放的一段时间内的实际情况与这种理念的要求恰好相反：无论经济增长地区平衡性增加或者减弱，区域居民收入差距可能都表现为扩大。为什么会出现这样的差异呢？这可能源于我国经济发展阶段和国家地区政策不同。21世纪之前乃至21世纪初叶，我国总体上处于从低收入国家向中等收入国家迈进阶段，国家地区政策在21世纪之前倾向于、局限于通过低收入地区依靠自身经济增长来缩小地区差距，低收入地区为获得更快增长，国民收入分配结构没有向居民收入倾斜，即使经济增长较快，但居民收入增长仍然缓慢，其结果是地区发展差距缩小了，而区域居民收入分配差距却没有缩小甚至扩大了。这就要求地区差距和地区收入分配的研究更加重视我国经济改革和经济增长过程中居民收入地区差距的变动及其成因的分析，区域居民收入分配的考察不仅要与地区经济增长相联系，也要考察区域经济增长之外的因素，比如国民收入分配结构、居民收入分配来源结构、政府间转移支付等。世界银行（2009）认为，经济增长区域不平衡与社会发展和谐之所以能够并行不悖，一方面是充分发挥了市场经济的资源配置作用，导致经济的区域聚集，形成区域经济不平衡；另一方面则是比较好地发挥了政府对区域经济和收入分配的干预作用，如建立缩小区域之间经济距离的连接性基础设施，能够使包括劳动力在内的生产要素自由流动，使农村、落后地区的居民也能平等地参与经济中心的经济活动，尽管地区经济增长差距较大，但是机会均等增强；建立无空间差异的公共制度，进行政府间转移支付，使不同地域的居民能够获得均等化的基本公共服务，缩小居民收入差距；对经济落后地区进行适当的政策扶植，促进落后地区发挥比较优势，促进落后地区经济增长和提高居民收入。

我国是一个大国，地域广阔，地区经济发展条件差异大。我国又是一个多民族、实行中央统一领导的社会主义国家。地区发展、地区政策具有重大的政治意义、经济意义、社会意义。地区发展不平衡是客观存在的，也是市场经济的客观规律。在地区经济不平衡的条件下，中央政府通过利益协调，减少地区利益冲突，在地区经济不平衡的条件下缩小居民收入地区差距，是一个适宜的选择。依靠地区各自竞相发展经济来减少地区不平衡受限于地区资源禀赋，难以奏效，甚至有因地区政治利益导致国家分裂的潜在危险（王绍光和胡鞍钢，1999）。

2009年开始，我国总体居民收入差距基尼系数出现略微缩小，并持续下来。那么，进入21世纪以来，我国地区发展差距和区域收入分配的状况如何呢？区域经济格局与区域居民收入分配是延续"地区差异之悖论"，还

是具有"区域不平衡性增长与社会和谐并行不悖"的特征？为此，我们考察了 2000～2016 年我国地区发展差距和区域居民收入差距的变化，并从区域居民收入与经济增长、收入—发展比、居民收入结构、政府间转移支付、城镇化等五个方面进行评析，以期得到关于我国经济改革、经济增长与区域收入分配关系的新认识。

二、21 世纪以来我国区域居民收入分配格局

根据资料可得性和我国城乡差异的特征，居民收入地区差距从城镇居民、农村居民和城乡居民总体三个方面考察。城镇居民收入、农村居民收入分别使用城镇居民人均可支配收入和农村居民人均纯收入指标，城乡居民总体收入通过各地区城乡居民收入按照人口加权计算得到。

(一) 城镇区域居民收入分配

通过计算，我们得到 2000～2017 年全国城镇居民可支配收入省际差距的加权变异系数（V_u）和不加权变异系数（V_{uu}），见表 11 – 10。从中可以发现：（1）就绝对差距而言，省际城镇居民人均收入的标准差一直呈现扩大趋势，从 1897. 81 元扩大到 8442. 74 元，名义值扩大了 3. 45 倍；按照城镇居民物价指数缩减，1978 年物价指数为 100，2017 年为 687. 3，则实际值（按1978 年人民币元计算）分别为 398. 2 元和 1228. 35 元，仍然扩大了 2. 08 倍。不加权人均可支配收入均值低于加权数，2006 年后不加权标准差稍高于加权标准差，乃低收入地区和高收入地区人口集中程度不同导致。（2）从相对差距看，考察初期加权变异系数达到峰值 0. 286，之后呈现下降趋势，降低到 2014 年的最小值 0. 218，总体上下降了 23. 78%。其间，2002～2005 年有小幅上升，上升了 4. 94%；2009～2010 年有更小的扩大幅度，扩大了 0. 41%；最后，2015 年、2016 年、2017 也有所扩大，比 2014 年扩大了 5. 6%。不加权变异系数在考察期的前 5 年有波动，2005 年达到最大值 0. 291，之后开始呈现缩小趋势，缩小到 2014 年的 0. 237，降低了 18. 56%，之后又有所扩大。加权变异系数总体上小于不加权变异系数，但差别不大。因此，加权变异系数与不加权变异系数变化趋势总体一致，2000～2017 年呈现下降趋势，同时 2015 年开始出现较小幅度反弹，值得关注。

表 11－10　　　　　　2000～2017 年我国城镇居民地区收入差距的变化

年份	加权指标			不加权指标		
	全国均值（元）	标准差（元）	变异系数	全国均值（元）	标准差（元）	变异系数
2000	6630.11	1897.81	0.286	6270.90	1787.67	0.285
2001	7009.36	1960.05	0.280	6868.71	1989.00	0.290
2002	7721.87	2021.78	0.262	7526.94	2015.16	0.268
2003	8566.37	2318.99	0.271	8266.13	2299.64	0.278
2004	9507.17	2581.32	0.272	9158.61	2601.97	0.284
2005	10782.46	2967.70	0.275	10151.00	2950.27	0.291
2006	12063.56	3255.78	0.270	11361.81	3295.85	0.290
2007	13871.78	3492.75	0.252	13140.13	3567.96	0.272
2008	15752.11	3824.36	0.243	14984.26	3990.35	0.266
2009	17134.96	4145.12	0.242	16279.10	4325.24	0.266
2010	19206.12	4667.10	0.243	18067.68	4779.15	0.265
2011	21882.41	5204.40	0.238	20607.39	5362.76	0.260
2012	24608.64	5668.74	0.230	23218.65	5844.37	0.252
2013	26997.41	6157.53	0.228	25531.81	6354.34	0.249
2014	28652.29	6248.19	0.218	27390.01	6493.43	0.237
2015	308822.69	6825.43	0.221	29785.58	7251.58	0.243
2016	33434.81	7693.29	0.230	32290.65	8126.41	0.252
2017	36190.59	8442.74	0.233	34975.61	8876.75	0.254

资料来源：2000～2013 年的数据来源于 2001～2014 年各年《中国统计年鉴》，2014～2016 年数据来源于前瞻数据库（https://d.qianzhan.com/），2017 年数据为笔者根据各省统计公报整理。收入指标为名义量。

（二）农村区域居民收入分配

通过计算，我们得到 2000～2017 年全国农村居民纯收入省际差距的加权变异系数（V_r）和不加权变异系数（V_{ur}），见表 11－11。从中发现：（1）用标准差衡量的绝对差距持续扩大，加权标准差从 2000 年的 746.38 元上升到 2017 年的 3381.12 元，扩大了 3.53 倍。按照可比价格计算（根据农村消费物价指数进行调整，1978 年物价指数为 100，2017 年为 472.95），实际值（按照 1978 年价格）分别为 237.7 元和 705.94 元，扩大了 2.97 倍。不加权标准差扩

大更多，主要是因为农村居民收入高的地区人口比重较低。（2）从相对差距看，加权变异系数在 2000～2003 年呈现扩大趋势，扩大了 7.34%，并于 2003 年达到考察期间的最大值 0.348。从 2004 年开始总体上呈现下降趋势，到期末下降了 27.59%，下降到 2017 年的最小值 0.252。其间也有很小的波动，2005 年、2006 年和 2009 年都比上一年有小幅上升。不加权变异系数同样在 2000～2003 年呈现扩大趋势，扩大了 6.95%，2003 年达到 0.354，之后上呈现下降趋势，到 2013 年下降到最小值 0.28，下降了 20.9%。其间，2005 年、2006 年、2009 年比上一年有小幅下降。与加权变异系数持续下降不同，不加权变异系数在 2014 年后重新扩大，且扩大幅度较大，2013～2017 年，扩大了 20%，总体上回到了 2003 年左右的较高水平。同时，这一时期的不加权标准差提高也很快。之所以出现这种突然性变化，主要原因是我国城乡住户统计口径的调整，比如扩大了城镇住户的范围、按照常住人口核算、调整了收入口径等。加权变异系数与不加权变异系数比较，2009 年之前，加权指标略小于不加权指标，2009 年之后，加权指标略大于或者接近于不加权指标，而 2014 年后，不加权指标明显大于加权指标，表明人口较少地区的收入差距更大。（3）总体上，加权变异系数更加能够全面衡量区域收入差距的变化，显示农村居民收入差距总体上是缩小的，但是不加权变异系数表现的区域性人口结构变化也值得重视，人口比重低的地区之间的绝对差距比较大。

表 11-11　　　　　　　2000～2017 年我国农村居民地区收入差距的变化

年份	加权指标			不加权指标		
	全国均值（元）	标准差（元）	变异系数	全国均值（元）	标准差（元）	变异系数
2000	2309.30	746.38	0.323	2311.69	764.78	0.331
2001	2443.48	810.85	0.332	2425.30	820.64	0.338
2002	2568.10	859.87	0.335	2557.27	875.96	0.343
2003	2688.78	935.09	0.348	2698.93	956.15	0.354
2004	3023.53	1025.47	0.339	3034.42	1047.72	0.345
2005	3302.29	1121.94	0.340	3329.18	1155.63	0.347
2006	3629.56	1241.16	0.342	3659.05	1272.14	0.348
2007	4195.12	1356.21	0.323	4210.32	1383.81	0.329
2008	4803.38	1497.80	0.312	4826.49	1516.05	0.314

年份	加权指标			不加权指标		
	全国均值（元）	标准差（元）	变异系数	全国均值（元）	标准差（元）	变异系数
2009	5187.17	1639.57	0.316	5214.86	1650.08	0.316
2010	5924.00	1816.74	0.307	5981.05	1814.18	0.303
2011	7012.28	2120.30	0.302	7100.82	2102.39	0.296
2012	8013.43	2287.44	0.285	8110.51	2283.77	0.282
2013	9062.89	2533.99	0.280	9062.89	2533.99	0.280
2014	10335.41	2687.47	0.260	10860.14	3796.89	0.349
2015	11370.51	2905.39	0.256	11833.82	4001.56	0.338
2016	12379.79	3115.19	0.252	12853.46	4313.44	0.336
2017	13440.65	3381.12	0.252	13980.46	4703.1	0.336

资料来源：2001～2016 年数据来源于各年《中国统计年鉴》和各省级地区统计年鉴，2017 年数据来源于各省级地区的 2017 年统计公报。收入指标为名义量。

（三）城乡居民总体区域收入分配

通过计算，我们得到 2000～2017 年全国城乡居民总体收入省际差距的加权变异系数（V）和不加权变异系数（V_u），见表 11 - 12。从中可以发现：（1）加权变异系数在 2000～2005 年间呈现较小的波动性变化，但始终处于高位，峰值出现在 2005 年，为 0.423；之后，尽管也有小幅波动，但总体上呈现下降趋势，到 2014 年下降到最小值 0.313，总体下降了 26%，2015 年之后有小幅扩大。（2）不加权变异系数在 2000～2006 年间也呈现较小的波动型变化，并处于高位，但峰值出现在 2000 年，为 0.519；从 2006 年开始，呈现下降趋势，2014 年达到最小值 0.377，总体下降了 27.36%，之后也出现小幅上升。（3）加权变异系数与不加权变异系数比较，二者数值相差较大，加权指标小于不加权指标，主要因为高收入地区和低收入地区的人口规模较小导致。（4）总体上看，加权变异系数与不加权变异系数的变化趋势基本一致，考察期间的总体下降幅度接近。

表 11 - 12　　　　2000 ~ 2017 年我国城乡居民总体收入地区差距的变化

年份	全国人均居民收入（元/人）		地区差异变异系数	
	加权	不加权	加权	不加权
2000	3893. 02	3973. 34	0. 422	0. 519
2001	4023. 31	4235. 53	0. 402	0. 503
2002	4418. 17	4630. 68	0. 399	0. 487
2003	4956. 18	5156. 41	0. 420	0. 499
2004	5643. 76	5859. 95	0. 413	0. 493
2005	6551. 45	6693. 80	0. 423	0. 516
2006	7398. 50	7535. 75	0. 419	0. 512
2007	8628. 27	8755. 46	0. 394	0. 484
2008	9947. 92	10069. 33	0. 380	0. 473
2009	10917. 53	11017. 28	0. 376	0. 468
2010	12635. 95	12537. 67	0. 377	0. 455
2011	14701. 98	14535. 65	0. 364	0. 441
2012	16824. 62	16592. 97	0. 349	0. 422
2013	18789. 16	18533. 92	0. 337	0. 406
2014	20432. 09	20286. 99	0. 313	0. 377
2015	22100. 55	22058. 49	0. 327	0. 398
2016	24081. 88	23996. 97	0. 326	0. 397
2017	26160. 56	26074. 36	0. 328	0. 397

资料来源：笔者根据本书表 11 - 8、表 11 - 9 整理。收入指标为名义量。

（四）城镇居民、农村居民与城乡总体居民区域收入差距的比较

用加权变异系数衡量、比较城镇居民收入地区差距、农村居民收入地区差距和城乡总体居民收入差距，见图 11 - 15。

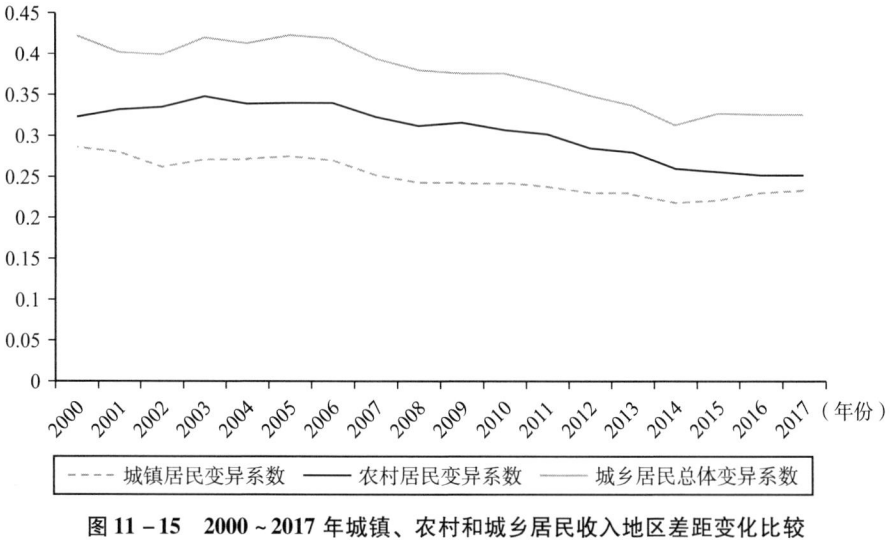

图 11 - 15　2000 ~ 2017 年城镇、农村和城乡居民收入地区差距变化比较

资料来源：笔者根据本书表 11 - 10、表 11 - 11 和表 11 - 12 数据绘制。

从图 11 - 15 可以发现以下特征。

第一，三者变化趋势基本相同，都出现了差距缩小的趋势，表明 21 世纪以来，我国区域居民收入差距呈现缩小趋势。

第二，比较而言，在各个年份，农村居民收入地区差距大于城镇居民收入地区差距。我们知道，城镇居民收入高于农村居民，而农村居民地区差距高于城镇居民收入地区差距，则表明农村居民收入地域分布上更不平等。以 2017 年为例，甘肃省农村居民收入最低，人均可支配收入为 8029.7 元；上海市最高，为 27825 元，是甘肃省的 3.47 倍；黑龙江省城镇居民收入最低，人均可支配收入为 27446 元；上海市最高，为 62596 元；是黑龙江的 2.28 倍。

第三，城乡居民总体收入地区差距大于农村居民收入地区差距和城镇居民收入地区差距。这个结果表明，我国城镇和农村居民收入地域上的不平等是叠加的，也就是说，城镇居民收入高的地区伴随着高收入的农村，而城镇居民收入低的地区伴随着低收入的农村，尤其以前者更为显著。以 2017 年为例，如表 11 - 13 所示，处于城镇居民低收入位置的 10 个地区，有 6 个地区也处于农村居民低收入位置，重合达到 60%；处于城镇居民高收入位置的 10 个地区，有 9 个处于农村居民高收入位置，重合达到 90%。

表 11 – 13   2017 年城镇与农村居民收入的地域分布比较

排序	地区	城镇收入	排序	地区	农村收入
1	黑龙江	27446	1	甘肃	8030
2	甘肃	27763	2	贵州	8869
3	吉林	28319	3	青海	9462
4	贵州	29080	4	云南	9862
5	山西	29132	5	陕西	10265
6	青海	29169	6	西藏	10330
7	宁夏	29472	7	宁夏	10738
8	河南	29558	8	山西	10788
9	广西	30502	9	新疆	11045
10	河北	30548	10	广西	11325
22	辽宁	34993	22	辽宁	13747
23	内蒙古	35670	23	湖北	13812
24	山东	36789	24	山东	15118
25	福建	39001	25	广东	15780
26	天津	40278	26	福建	16335
27	广东	40975	27	江苏	19158
28	江苏	43622	28	天津	21206
29	浙江	51261	29	北京	24240
30	北京	62406	30	浙江	24956
31	上海	62596	31	上海	27825

资料来源：根据 2017 年省级地区的统计公报整理。

（五）区域居民收入的绝对差距

我们以 2017 年为例，说明我国区域居民收入的绝对差距的现状，见表 11 – 14、图 11 – 16。在 31 个省份中，21 个地区人均收入低于平均值（26160.55 元/人），其收入比重低于人口比重；1 个地区人均收入接近于平均值；其他 9 个地区的人均收入高于平均值，其收入比重高于人口比重。相对于平均值，更多地区属于低收入范围，而更少的地区属于高收入范围，表明高收入的区域集中度更高。最高收入的上海市人均收入 58988 元，而最低收入的西藏自治区人均收入 15457 元，前者是后者的 3.82 倍。高收入地区中，对总体

离差形成的贡献率超过 5% 的是：广东（8.56%）、江苏（7.97%）、浙江（10.06%）、北京（7.55%）和上海（8.89%）；低收入地区中，对总体离差形成的贡献率超过 5% 的是：河南（6.41%）和四川（5.19%）。

表 11－14　　　　2017 年我国各省级地区居民收入及其差距

序号	省份	人均收入（元/人）	人口比重（%）	收入比重（%）	人均收入离差（元/人）
1	西藏	15457	0.24	0.14	－10703.55
2	甘肃	16011	1.89	1.16	－10149.55
3	贵州	16704	2.58	1.65	－9456.55
4	云南	18348	3.46	2.43	－7812.55
5	青海	19001	0.43	0.31	－7159.55
6	广西	19905	3.52	2.68	－6255.55
7	新疆	19975	1.76	1.34	－6185.55
8	河南	20170	6.89	5.31	－5990.55
9	宁夏	20562	0.49	0.39	－5598.55
10	四川	20580	5.98	4.70	－5580.55
11	陕西	20635	2.76	2.18	－5525.55
12	山西	21306	2.67	2.17	－4854.77
13	河北	21484	5.42	4.45	－4676.55
14	吉林	21656	1.96	1.62	－4504.55
15	安徽	21863	4.51	3.77	－4297.55
16	黑龙江	22203	2.73	2.32	－3957.55
17	海南	22553	0.67	0.57	－3607.55
18	江西	23045	3.33	2.93	－3115.55
19	湖南	23103	4.94	4.36	－3057.55
20	湖北	23757	4.25	3.86	－2403.55
21	重庆	24153	2.22	2.05	－2007.55
22	内蒙古	26212	1.82	1.82	51.45
23	辽宁	27835	3.15	3.35	1674.45
24	山东	28426	7.21	7.83	2265.45
25	福建	30048	2.82	3.24	3887.45
26	广东	33003	8.04	10.15	6842.75

续表

序号	省份	人均收入（元/人）	人口比重（%）	收入比重（%）	人均收入离差（元/人）
27	江苏	35024	5.78	7.74	8863.45
28	天津	37022	1.12	1.59	10861.45
29	浙江	42046	4.07	6.55	15885.45
30	北京	57230	1.56	3.42	31069.45
31	上海	58988	1.74	3.93	32827.45
平均/总量		26160.55	100.00	100.00	0.00

资料来源：2017 年全国统计公报和各省份统计公报。部分省份人均居民收入通过城乡居民可支配收入按照人口加权计算。

（六）关于区域居民收入分配的判断

根据以上计算和分析，可以得到以下几点判断。

第一，我国区域居民收入相对差距有较大幅度下降，但是绝对差距仍然在继续扩大。进入 21 世纪后，地区发展相对差距在短暂延续 20 世纪 90 年代形成的扩大趋势后，在大部分时间内呈现缩小的趋势，而且缩小幅度较大。这表明，21 世纪以来，我国地区经济发展趋于平衡，低收入地区经济增长比高收入地区更快，缩小了相对差距，但尚不能缩小绝对差距，区域不平衡关系仍旧存在。

第二，农村居民收入地区差距比城镇更严重。虽然城镇、农村的区域居民收入差距均下降，但农村居民收入地区差距大于城镇的格局没有改变。

第三，城乡总体居民收入地区差距比农村居民收入差距、城镇居民收入差距更严重。农村居民收入地区差距和城镇居民收入地区差距是城乡总体居民收入地区差距的组成部分，但不是全部，城镇居民高收入与农村居民高收入在区域上叠加、城镇居民低收入与农村居民低收入在区域上叠加，导致总体居民收入地区差距更大。因此，虽然我国城乡差距问题很严重，但地区差距问题同样不可忽视。

第五节　经济增长、国民收入分配结构与区域居民收入差距

本节考察区域居民收入差距及其变动的决定因素。首先，在宏观经济背景

下考察、分析区域居民收入差距与经济增长、区域经济发展差距的关系。其次，分析区域居民收入差距及其变动成因，尤其分析政府间转移支付的作用。

一、区域居民收入分配与区域经济差距的比较

对比区域居民收入分配与地区发展差距（图 11 – 16），可以发现两个特征。第一，二者均总体上呈现下降趋势，且 2015 年前后开始有所上升。就加权指标而言，人均 GDP 变异系数从 0.548 下降到 0.385，下降了 29.74%；人均居民可支配收入从 0.422 下降到 0.328，下降了 22.74%。第二，经济发展地区差距大于居民收入地区差距，但二者相差的幅度有所收窄，从经济发展地区差距高于居民收入地区差距 29.86% 下降到 17.38%，表明经济发展地区差距下降幅度比居民收入地区差距下降幅度更大。

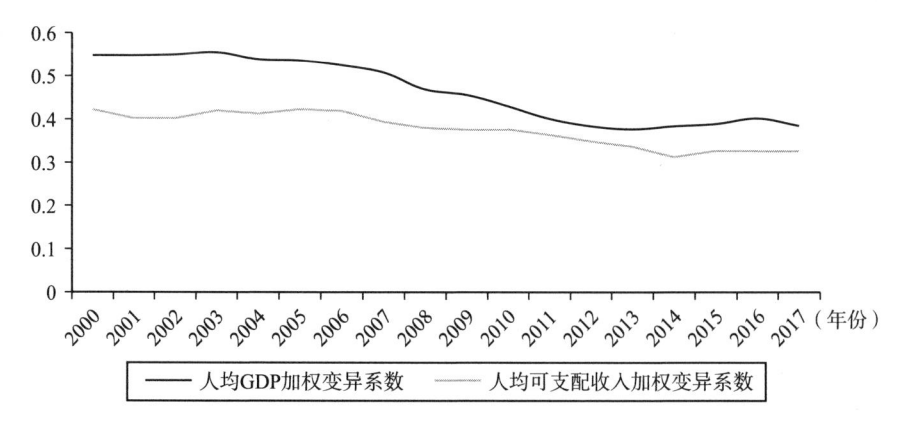

图 11 – 16　地区发展差距与地区居民收入差距变化比较

资料来源：笔者根据本书表 11 – 3、表 11 – 12 整理。

上述情况表明，21 世纪以来我国区域经济发展更加平衡，而在经济增长和区域经济平衡的同时，区域居民收入分配总体上也得到了比较明显的改善，区域平衡发展成为区域居民收入不平等缩小的重要力量。可以说，就相对差距而言，我国经济增长地区差距和居民收入分配地区差距同步得到改善，摆脱了 20 世纪 80、90 年代的"地区差距变动之悖论"，也没有呈现世界银行（2009）提出的"经济增长不平衡性与社会和谐并行不悖"的局面，演绎了一种新的经济增长区域格局和地区居民收入分配格局。地区发展差距缩小在一定程度上是好事情，改变了区域发展严重不平衡的局面，尽管完全均衡的地区发

展格局并不符合经济发展规律；同时，居民收入地区差距缩小程度低于经济发展地区差距，表明居民收入地区差距缩小更加依赖于本地区经济发展而不是国家的地区间财政转移支付制度（均等化公共服务制度）等再分配制度。尤其是 2014 年后，地区发展差距略有扩大，而地区居民收入差距也略有扩大，表明政府再分配力量没有超越地区经济发展的力量改变区域居民收入分配格局，也就没有实现地域上的居民收入差距大大低于经济发展差距，这是值得关注的。

为什么会形成这种格局呢？我国地区差距变动受劳动力迁移、资本流动、贸易和地区关系、中央政府政策、体制改革、中央政府转移支付、知识和信息差距等多方面因素影响（曹桂全，2001）。但是，这些因素并非都能很好量化。为此，我们首先对形成地区差距变动和居民收入地区差距变动的直接因素即区域经济增长格局、区域居民收入增长格局分配、收入—发展比进行数量刻画，之后再对区域经济增长格局形成、区域居民收入增长格局分配、收入—发展比的变动原因进行定性和定量相结合的解释，最后再从区域间财政再分配（政府间财政转移支付）的角度进行分析。

二、经济增长地区格局对居民收入地区差距的影响

设有两个地区为高收入地区 A 和低收入地区 B，期初人均 GDP（或者人均居民收入）分别为 X_{A0}、X_{B0}，期末人均 GDP 分别为 X_{A1}、X_{B1}，地区相对差距用倍率（R）表示，期初和期末的地区差距分别表示为 R_0、R_1，其间经济增长率分别为 V_A、V_B。那么，期初的地区差距为：

$$R_0 = \frac{X_{A0}}{X_{B0}} \qquad (11-5)$$

期末的地区差距为：

$$R_1 = \frac{X_{A0}(1+V_A)}{X_{B0}(1+V_B)} \qquad (11-6)$$

可以看到，要使期末的地区差距小于期初的地区差距，低收入地区经济增长率（或者居民收入增长率）必须超过高收入地区，即 $V_A < V_B$。也就是说，无论是地区发展差距还是地区居民收入差距，只要低收入地区的增长速度超过高收入地区的增长速度，地区发展差距或居民收入差距就能缩小。

（一）区域经济增长格局

省级地区的经济增长格局见表 11-15。可以看到，低收入地区的经济增

长率明显高于高收入地区。2000～2012年，居民收入较低的10个省份简单算术平均增长率为16.56%，而居民收入较高的10个省份的简单算术平均增长率为13.52%，每年相差3.04个百分点。尤其是2006～2012年间，经济增长率分别为18.21%和13.78%，每年相差4.43个百分点，使地区发展差距在此期间缩小幅度更大。整个2000～2017年，最低收入的10个省份的平均增长率为14.05%，而最高收入的10个省份的平均增长率为11.68%，前者比后者高2.36个百分点。低收入地区比高收入地区具有更高经济增长率的经济增长格局是地区发展差距缩小的直接原因。

表 11-15　　　　　　　　　各地区人均 GDP 增长率比较

序号	省份	人均 GDP（元）		人均 GDP 增长率（%）			
		2000 年	2017 年	2000～2006 年	2006～2012 年	2012～2017 年	2000～2017 年
1	甘肃	3838	29326	14.74	16.58	5.94	12.71
2	贵州	2662	37956	13.82	22.66	14.00	16.92
3	西藏	4559	39259	14.79	14.04	11.35	13.50
4	云南	4637	34545	11.63	16.30	9.25	12.54
5	河南	5444	47130	16.07	15.43	8.39	13.54
6	陕西	4549	57266	17.77	21.25	8.23	16.07
7	宁夏	4839	50917	16.09	20.57	6.95	14.85
8	青海	5087	44348	14.99	18.87	5.97	13.58
9	安徽	4867	44206	12.85	19.16	8.95	13.86
10	山西	5137	40557	18.36	15.56	3.82	12.92
11	江西	4851	45187	14.27	17.76	9.43	14.03
12	四川	4784	44651	14.08	18.77	8.56	14.04
13	新疆	7470	45099	12.32	14.50	5.94	11.16
14	广西	4652	41955	14.16	18.11	8.46	13.81
15	海南	6798	48430	10.54	17.34	8.39	12.24
16	河北	7663	47985	14.16	13.67	5.58	11.39
17	重庆	5157	63689	15.83	20.91	10.35	15.94
18	内蒙古	6502	63786	20.86	21.09	-0.03	14.38
19	湖南	5639	50563	13.33	18.73	8.59	13.77

续表

序号	省份	人均GDP（元）		人均GDP增长率（%）			
		2000年	2017年	2000~2006年	2006~2012年	2012~2017年	2000~2017年
20	吉林	6847	56102	14.86	18.45	5.26	13.17
21	黑龙江	8562	42699	11.21	14.09	3.64	9.91
22	湖北	7188	61882	10.79	19.42	9.92	13.50
23	辽宁	11226	54745	11.69	17.26	-0.68	9.77
24	山东	9555	72851	16.42	13.83	7.07	12.69
25	江苏	11773	107189	16.09	15.48	9.42	13.87
26	福建	11601	82976	10.80	16.17	9.48	12.27
27	天津	17993	119441	14.79	14.59	5.09	11.78
28	浙江	13461	92057	15.45	12.14	7.75	11.97
29	广东	12885	81089	14.03	11.38	8.43	11.43
30	北京	22460	129000	14.45	9.60	8.08	10.83
31	上海	30047	124600	10.55	7.65	7.85	8.73
	全样本	7858	59600	13.16	15.13	9.18	12.66

注：表中地区按照2000年各省级地区人均居民收入排序。

资料来源：根据2001年、2007年、2013年《中国统计年鉴》数据计算。收入指标为名义量。

（二）区域居民收入增长格局

各省级地区2000~2017年的居民收入增长情况见表11-16。可以发现，的确存在低收入地区居民收入增长速度超过高收入地区的增长格局，从而导致地区居民收入差距缩小。但是，2000~2006年，低收入地区与高收入地区的居民收入增长速度相近，10个低收入地区的增长率的算术平均数为11.25%，高收入地区为11.21%，该期间地区收入差距并没有实质性缩小。2006~2012年，低收入地区居民收入增长率明显超过高收入地区，10个低收入地区的增长率的算术平均数为15.01%，高收入地区为13.54%，相差1.47个百分点，地区收入差距明显缩小。2012~2017年，低收入地区居民收入增长率也明显超过高收入地区，10个低收入地区的增长率的算术平均数为10.7%，高收入地区为8.74%，相差1.96个百分点，地区收入差距明显缩小。整个2000~2017年，10个低收入地区和10个高收入地区的居民收入增长率的算

术平均数分别为 12.39% 和 11.28%，相差 1.11 个百分点，整个期间内地区收入差距缩小。

表 11-16　　2000~2017 年各地区人均可支配收入增长率比较

序号	省份	人均可支配收入（元）		人均可支配收入增长率（%）			
		2000 年	2017 年	2000~2006 年	2006~2012 年	2012~2017 年	2000~2017 年
1	甘肃	2265.88	16011	11.03	14.18	11.24	12.19
2	贵州	2268.14	16704	9.66	13.37	14.81	12.46
3	西藏	2307.53	15457	10.78	12.09	12.81	11.84
4	云南	2611.00	18348	10.04	16.47	9.66	12.15
5	河南	2630.76	20170	12.69	15.82	9.17	12.73
6	陕西	2648.81	20635	11.17	17.63	9.26	12.84
7	宁夏	2756.75	20562	12.18	15.58	9.43	12.55
8	青海	2769.07	19001	10.22	14.44	11.24	12.00
9	安徽	2868.87	21863	11.43	16.32	9.95	12.69
10	山西	2889.56	21306	13.34	14.16	9.46	12.47
11	江西	2956.96	23045	12.18	14.88	11.21	12.84
12	四川	2968.63	20580	9.72	16.27	9.97	12.06
13	新疆	2979.81	19975	9.24	14.59	11.75	11.84
14	广西	2981.70	19905	9.86	15.80	9.51	11.81
15	海南	2993.29	22553	12.55	15.39	9.44	12.61
16	河北	3308.88	21484	11.33	14.11	9.08	11.63
17	重庆	3310.69	24153	13.11	15.27	8.23	12.40
18	内蒙古	3342.35	26212	12.44	16.15	9.59	12.88
19	湖南	3393.63	23103	10.40	14.60	10.67	11.94
20	吉林	3407.05	21656	12.45	14.00	7.44	11.49
21	黑龙江	3572.95	22203	10.67	13.20	9.95	11.34
22	湖北	3578.01	23757	9.64	15.56	9.93	11.78
23	辽宁	3984.21	27835	11.83	15.46	8.55	12.11
24	山东	4114.88	28426	11.66	14.53	9.57	12.04

续表

序号	省份	人均可支配收入（元）		人均可支配收入增长率（%）			
		2000 年	2017 年	2000 ~ 2006 年	2006 ~ 2012 年	2012 ~ 2017 年	2000 ~ 2017 年
25	江苏	4924.90	35024	12.73	14.87	8.58	12.23
26	福建	4976.90	30048	10.61	14.69	7.69	11.16
27	天津	6571.47	37022	11.67	13.15	6.72	10.70
28	浙江	6700.42	42046	12.40	12.36	9.11	11.41
29	广东	7013.31	33003	9.32	12.14	6.75	9.54
30	北京	9079.49	57230	12.29	10.82	11.17	11.44
31	上海	10997.58	58988	9.90	11.78	9.31	10.38
全样本		3706.61	26074	11.64	15.08	9.36	12.16

注：表中地区按照 2000 年各省份人均居民收入排序。

资料来源：各地区 2001 年、2007 年、2013 年《统计年鉴》的数据以及 2017 年统计公报数据计算。收入指标为名义量。

区域居民收入增长格局的特点可以概括为三个方面。第一，总体上，低收入地区居民收入增长快于高收入地区，使居民收入地区差距缩小。第二，2006 ~ 2012 年，居民收入增长更快，地区居民收入差距缩小更加明显，而 2000 ~ 2006 年，不能看出地区居民收入增长格局明显有利于缩小收入差距。第三，2012 ~ 2017 年，从名义增长率看，低收入地区居民收入增长并不以高收入地区增长降低为代价，而是低收入地区居民收入增长更快一些，这样的增加格局是难能可贵的。

（三）地区经济增长格局与地区居民收入增长的比较

对比表 11 - 15 与表 11 - 16，可以发现，2000 ~ 2017 年，人均 GDP 的增长率（12.66%）略高于居民人均可支配收入增长率（12.16%），相差不大。但是，不同时间段二者并不相同，2000 ~ 2006 年，人均 GDP 的增长率（13.11%）明显高于居民人均可支配收入增长率（11.64%）；2006 ~ 2012 年，人均 GDP 的增长率（15.78%）略高于居民人均可支配收入增长率（15.08%）；2012 ~ 2017 年，人均 GDP 的增长率（9.18%）略低于居民人均可支配收入增长率（9.36%）。[①]

---

① 2012 ~ 2017 年，中国实施提高居民收入比重、居民收入增长与国民收入增长同步有关国家政策。

　　高收入地区与低收入地区比较见表 11 - 17。2000 ~ 2017 年，低收入地区人均 GDP 增长率比高收入地区高 2.37 个百分点，有利于较大幅度缩小区域发展差距，实际上地区发展差距和地区居民收入差距都降低了；而对于居民收入来说，低收入地区人均居民收入年均增长率比高收入地区高 1.11 个百分点，也能够较大幅度缩小地区收入差距，但低于地区发展差距缩小程度，这与实际相符。分时间段看，2000 ~ 2006 年，低收入地区经济增长明显快于高收入地区，而低收入地区居民收入增长仅略微高于高收入地区，有利于地区发展差距缩小，但不能形成地区居民收入差距缩小，这也与实际相符；2006 ~ 2012 年，低收入地区人均GDP 和人均居民收入增长率都明显高于高收入地区，将使地区发展差距和地区居民收入差距能够有效缩小，这也与实际相符；2012 ~ 2017 年，低收入地区人均 GDP 增长率和居民收入增长率（分别为 14.05% 和 12.39%）也高于高收入地区（分别为 11.68% 和 11.28%），如果其他条件不变，地区差距应当缩小，但实际上 2017 年的地区发展差距基本维持在 2012 年的水平，而 2017 年的地区居民收入差距比 2012 年缩小幅度也不大。

表 11 - 17　2000 ~ 2017 年低收入地区与高收入地区经济发展和居民收入增长格局比较

项目	组别	2000 ~ 2006 年	2006 ~ 2012 年	2012 ~ 2017 年	2000 ~ 2017 年
人均 GDP 增长率（%）	低收入地区组	15.11	18.04	8.29	14.05
	高收入地区组	13.51	13.75	7.24	11.68
人均居民收入增长率（%）	低收入地区组	11.25	15.01	10.70	12.39
	高收入地区组	11.21	13.54	8.74	11.28

　　注：低收入地区指按照 2000 年人均可支配收入排序最低的 10 个省份，高收入地区指排序最高的 10 个省份。地区组的经济增长率和居民收入增长率没有按照进口进行加权。
　　资料来源：根据表 11 - 16 计算。

　　为什么 2012 ~ 2017 年低收入地区较快的经济增长和居民收入提高没有带来地区差距的下降呢？我们注意到，将所有省份划分为高中低收入三个组的话，2012 年之后的分组与 2000 年相比已经发生了一定的变化，下面我们将2000 年的低收入组与 2017 年的低收入组进行对比，见表 11 - 18。比较而言，低收入组变化更大，陕西、安徽、山西退出，而广西、新疆、四川进入，2012 ~ 2017 年，河南省居民收入增长率为 9.17%，收入排位下降，四川省居民收入增长率为 9.97%，进入低收入地区组，而且两省占全国人口比重分别

为 6.89% 和 5.98%；而居民收入增长较快的西藏自治区、宁夏回族自治区、青海省的人口比重很低（分别为 0.24%、0.49% 和 0.43%），按照人口加权计算的收入增长率实际上要低很多。比较而言，高收入地区组的构成变化则只有湖北省退出而内蒙古自治区进入，加权计算的经济增长率和居民收入增长率与不加权计算的相差不大。

表 11 - 18　　　　2000～2017 年低收入地区组与高收入地区组构成变化

低收入地区组			高收入地区组		
2000 年	2017 年	2017 年人口比重（%）	2000 年	2017 年	2017 年人口比重（%）
甘肃	西藏	0.24	湖北	内蒙古	1.92
贵州	甘肃	1.89	辽宁	辽宁	3.15
西藏	贵州	2.58	山东	山东	7.21
云南	云南	3.46	江苏	福建	2.82
河南	青海	0.43	福建	广东	8.04
陕西	广西	3.52	天津	江苏	5.78
宁夏	新疆	1.76	浙江	天津	1.12
青海	河南	6.89	广东	浙江	4.07
安徽	宁夏	0.49	北京	北京	1.56
山西	四川	5.98	上海	上海	1.74

资料来源：根据表 11 - 16 计算。

三、地区国民收入分配结构新变化：基于收入—发展比

如果各地区国民收入分配结构保持不变，也就是说居民收入都占 GDP 的一个固定比例，则经济发展地区差距和居民收入地区差距变动将完全同步。实际上，居民收入增长与经济发展过程并不同步，为此，可以引入居民收入占 GDP 比重的指标即收入—发展比来衡量国民收入分配结构变动（曹桂全，2006）。

改革开放以来，我国不同地区的国民收入分配结构不是固定不变的。20 世纪 80 年代到 90 年代之所以出现人均 GDP 差距缩小与居民收入地区差距扩大并存的现象，可以归因为低收入地区收入—发展比的较大幅度的相对下降，进一步的原因则是，低收入地区快速经济增长往往在一定时间内依靠投资拉

动，并不能有效形成居民收入，低收入地区的经济增长并没有完全带来其居民收入增长（魏后凯，1996；曹桂全，2006）。那么，进入 21 世纪之后，地区发展差距和居民收入地区差距同步下降，收入—发展比（λ）又是如何变动的呢？表 11-19 给出了 2000 年、2006 年、2012 年和 2017 年各地区人均 GDP（记为 PG）、收入—发展比（表示为 RID）和收入—发展比的排序（OD）情况。

表 11-19　　　　　经济改革和增长过程中地区收入—发展比的变化

序号	省份	2000 年			2006 年			2012 年			2017 年		
		PG（元）	RID	OD	PG（元）	RID	OD	PG（元）	RID	OD	PG（元）	RID	OD
1	贵州	2662	0.85	1	5787	0.62	1	19710	0.42	11	37956	0.44	15
2	甘肃	3838	0.59	7	8757	0.44	8	21978	0.43	8	29326	0.55	1
3	陕西	4549	0.58	9	12138	0.36	19	38564	0.34	25	57266	0.38	28
4	西藏	4559	0.51	15	10430	0.36	20	22936	0.37	21	39259	0.39	23
5	云南	4637	0.56	11	8970	0.47	4	22195	0.52	1	34545	0.53	2
6	广西	4652	0.64	2	10296	0.45	7	27952	0.45	4	41955	0.47	8
7	四川	4784	0.62	4	10546	0.44	9	29608	0.43	9	44651	0.46	11
8	宁夏	4839	0.57	10	11847	0.41	12	36394	0.36	22	50917	0.40	22
9	江西	4851	0.61	5	10798	0.49	3	28800	0.47	2	45187	0.51	5
10	安徽	4867	0.59	8	10055	0.47	5	28792	0.47	3	44206	0.49	7
11	青海	5087	0.54	13	11762	0.38	14	33181	0.34	26	44438	0.43	18
12	山西	5137	0.56	12	14123	0.38	15	33628	0.40	15	40557	0.53	2
13	重庆	5157	0.64	3	12457	0.50	2	38914	0.42	10	63689	0.38	26
14	河南	5444	0.48	20	13313	0.35	22	31499	0.41	14	47130	0.43	18
15	湖南	5639	0.60	6	11950	0.46	6	33480	0.42	13	50563	0.46	11
16	内蒙古	6502	0.51	16	20264	0.29	29	63886	0.26	31	63786	0.41	20
17	海南	6798	0.44	21	12403	0.43	10	32377	0.44	5	48430	0.47	8
18	吉林	6847	0.50	17	15720	0.39	13	43415	0.35	23	56102	0.39	23
19	湖北	7188	0.50	18	13296	0.42	11	38572	0.38	19	61882	0.38	26
20	新疆	7470	0.40	27	15000	0.30	28	33796	0.34	27	45099	0.44	15
21	河北	7663	0.43	21	16962	0.33	23	36584	0.38	20	47985	0.45	14
22	黑龙江	8562	0.42	25	16195	0.36	21	35711	0.39	16	42699	0.52	4

序号	省份	2000 年			2006 年			2012 年			2017 年		
		PG（元）	RID	OD	PG（元）	RID	OD	PG（元）	RID	OD	PG（元）	RID	OD
23	山东	9555	0.43	23	23794	0.29	30	51768	0.35	24	72851	0.39	23
24	辽宁	11226	0.35	31	21788	0.32	24	56649	0.33	29	54745	0.51	5
25	福建	11601	0.43	24	21471	0.38	16	52763	0.39	17	82976	0.36	28
26	江苏	11773	0.42	26	28814	0.31	27	68347	0.34	28	107189	0.33	30
27	广东	12885	0.54	14	28332	0.38	17	54095	0.44	6	81089	0.41	20
28	浙江	13461	0.50	19	31874	0.38	18	63374	0.43	10	92057	0.46	11
29	天津	17993	0.37	29	41163	0.27	31	93173	0.29	30	119441	0.31	31
30	北京	22460	0.40	28	50467	0.32	25	87475	0.39	18	129000	0.44	15
31	上海	30047	0.37	30	54858	0.32	26	85373	0.44	7	124600	0.47	8
平均值		7858	0.47		16500	0.39		38420	0.43		59660	0.44	

注：表中地区按照 2000 年各省份人均 GDP 排序。收入—发展比按照降序编号。

资料来源：根据 2001 年、2007 年、2013 年各省《中国统计年鉴》及 2017 年各省统计公报数据计算。收入指标为名义量。

从表 11-19，我们可以看到以下特点。

第一，总体上看，20 世纪以来的经济改革和增长过程中，收入—发展比首先有所下降，从 2000 年全国的 0.47 下降到 2006 年的 0.39，之后有所回升，2012 年达到 0.43，2017 年达到 0.44，但 2012~2017 年提高程度不大。居民收入占比提高与我国实施"居民收入与经济增长同步、劳动报酬增长与生产率增长同步"的"两个同步"政策有关，符合经济发展和和谐社会建设的要求。

第二，就不同地区收入—发展比指标而言，高收入地区收入—发展比相对稳定，2000~2006 年经历较小幅度的下降，但之后上升，2017 年与 2000 年相比，有的地区上升，有的地区下降，但与 2006 年、2012 年相比，总体上升；而低收入地区收入—发展比在期初较高，2000~2012 年总体下降，且下降较多，而 2012~2017 年才有所上升。这对缩小居民收入地区差距形成制约效应。具体而言，初始时期，人均 GDP 低的地区的收入—发展比相对较高，表明低收入地区投资率低，低投资和低增长相适应，结果导致地区差距比较大，而且经济发展地区差距将比地区居民收入差距更大。随着经济增长，低收入地区的收入—发展比明显下降，比如贵州省从 2000 年的 0.85 下降到 2012 年的 0.42，排名从第 1 下降到第 11；陕西省从 2000 年的 0.58 下降到 2012 年的 0.34，排

名从第 9 下降到第 25；宁夏回族自治区从 2000 年的 0.57 下降到 2012 年的 0.36，排名从第 10 下降到第 22；内蒙古自治区从 2000 年的 0.51 下降到 0.26，排名从第 16 下降到第 31（最后 1 名）。这些低收入地区的经济增长速度是比较快的，而其收入—发展比下降也最快，体现了投资拉动型经济增长的特征，地区发展差距可能缩小，但带动地区居民收入差距下降的能力较弱。相反，高收入地区的收入—发展比下降幅度较小，而上海市的收入—发展比还有所上升，排名从第 30 上升到第 7；广东省、浙江省的收入—发展比下降幅度较小，收入—发展比排名上升；高收入地区的例外是天津市，其收入—发展比下降较多，2012 年排名第 30。因此，可以推断，区域发展差距缩小并不能全面惠及居民收入地区差距缩小，正如我们看到的，居民收入地区差距缩小幅度小于地区发展差距缩小幅度。因此，我们推断，21 世纪居民收入地区差距的缩小还会存在地区经济增长格局之外的原因。

第三，从各地区的收入—发展比结构看，期初收入—发展比不均衡，而到期末变得更加均衡。2000 年、2006 年、2012 年和 2017 年各省份的收入—发展比的变异系数（不按照人口比重加权计算）分别为 0.2018、0.1936、0.1398 和 0.1248，出现明显的下降，各省份的收入—发展比趋同。从图 11 - 17 也可以看出这个趋势。如此一来，地区发展差距和地区居民收入差距也将趋于一致，实际结果正是如此。2012 年以后，二者之间差异缩小并稳定在一个水平上，附带的一个结果是，地区发展差距和地区居民收入差距也不再缩小，当然，绝对差距必然扩大，这可能是我国区域发展面临的一个新挑战。

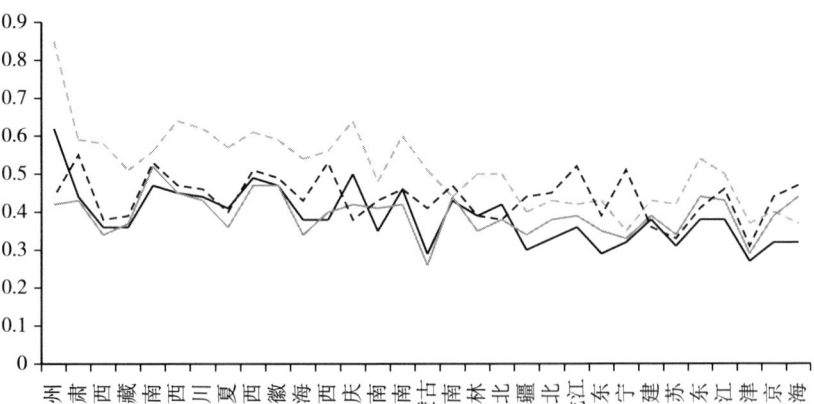

图 11 - 17　若干年份各地区收入—发展比的变化

资料来源：笔者根据表 11 - 19 整理。

第六节　财政转移支付对区域居民收入分配的调节作用

一、政府间转移支付的分布

除了地区经济发展之外，必然存在其他导致低收入地区居民收入增长的因素，才能使地区居民收入差距缩小并且使区域居民收入差距低于地区经济发展差距。用可支配收入指标计算的收入—发展比，一方面决定于本区域国民收入结构的变化，比如投资率提高，导致居民收入比重下降；另一方面也决定于政府间转移支付，使居民收入能够超越区域经济发展而提高。我国政府间转移支付构成项目较多，由一般性转移支付（含财力性转移支付）、专项转移支付和税收返还构成，其中直接影响地方居民收入的是一般性转移支付。如果中央一般性转移支付流向低收入地区，则有助于缩小地区居民收入差距。为此，我们计算了各地区人均中央政府转移支付（AT）及其占本地区居民人均可支配收入（PI）的比例（α），见表 11–20。该数据表明，低收入地区获得中央政府转移支付的比例更高，其中诸如西藏 2000 年、2006 年、2012 年以及青海 2012年，转移支付数量超过居民可支配收入总额，对缩小地区居民收入差距起到了积极作用。

表 11–20　　　　各地区获得中央转移支付及其与人均居民收入的对比

序号	省份	2000 年			2006 年			2012 年		
		PI（元）	AT（元）	α（%）	PI（元）	AT（元）	α（%）	PI（元）	AT（元）	α（%）
1	甘肃	2265.88	494.52	21.82	4243.94	1480.58	34.89	9401.61	5838.53	62.10
2	贵州	2268.14	352.13	15.53	3943.45	1041.70	26.42	10381.76	4827.31	46.50
3	西藏	2307.53	2427.32	105.19	4264.09	7317.96	171.62	8516.87	26147.19	307.00
4	云南	2611.00	540.92	20.72	4635.02	1144.67	24.70	11570.44	4409.44	38.11
5	河南	2630.76	222.73	8.47	5387.86	842.77	15.64	13005.96	3027.92	23.28
6	陕西	2648.81	468.52	17.69	5001.23	1249.54	24.98	13250.43	4468.48	33.72
7	宁夏	2756.75	864.45	31.36	5494.79	2364.85	43.04	13100.80	8330.47	63.59
8	青海	2769.07	1064.50	38.44	4965.93	3289.33	66.24	11156.56	14649.23	131.31

续表

序号	省份	2000 年			2006 年			2012 年		
		PI（元）	AT（元）	α（%）	PI（元）	AT（元）	α（%）	PI（元）	AT（元）	α（%）
9	安徽	2868.87	270.14	9.42	5492.82	868.16	15.81	13606.15	3498.95	25.72
10	山西	2889.56	345.01	11.94	6126.56	1197.62	19.55	13561.25	3496.29	25.78
11	江西	2956.96	285.69	9.66	5892.08	979.78	16.63	13544.97	3668.24	27.08
12	四川	2968.63	276.45	9.31	5179.64	942.49	18.20	12793.95	3620.37	28.30
13	新疆	2979.81	619.99	20.81	5064.24	2293.38	45.29	11463.05	7702.42	67.19
14	广西	2981.70	262.74	8.81	5240.65	944.18	18.02	12639.47	3816.00	30.19
15	海南	2993.29	364.70	12.18	6086.07	1250.47	20.55	14368.47	4923.22	34.26
16	河北	3308.88	269.67	8.15	6301.86	890.24	14.13	13913.79	2825.18	20.30
17	重庆	3310.69	388.28	11.73	6934.20	1196.77	17.26	16263.09	4335.14	26.66
18	内蒙古	3342.35	677.88	20.28	6754.54	2045.84	30.29	16585.08	7023.48	42.35
19	湖南	3393.63	295.91	8.72	6143.99	1029.72	16.76	13914.25	3596.66	25.85
20	吉林	3407.05	596.55	17.51	6889.44	1705.22	24.75	15123.43	5364.67	35.47
21	黑龙江	3572.95	581.79	16.28	6564.23	1601.80	24.40	13814.71	5326.37	38.56
22	湖北	3578.01	302.76	8.46	6215.91	1120.41	18.02	14800.75	3653.94	24.69
23	辽宁	3984.21	656.45	16.48	7793.82	1449.56	18.60	18467.89	3767.78	20.40
24	山东	4114.88	210.49	5.12	7974.77	620.45	7.78	17997.17	2007.21	11.15
25	江苏	4924.90	293.42	5.96	10105.29	628.34	6.22	23212.11	1680.90	7.24
26	福建	4976.90	264.05	5.31	9116.04	655.11	7.19	20748.52	2387.41	11.51
27	天津	6571.47	846.01	12.87	12743.46	1685.80	13.23	26748.50	2959.63	11.06
28	浙江	6700.42	346.23	5.17	13511.51	677.13	5.01	27189.23	1786.80	6.57
29	广东	7013.31	265.30	3.78	11969.90	571.09	4.77	23810.35	1336.90	5.61
30	北京	9079.49	825.79	9.10	18196.69	1450.82	7.97	33706.47	2746.87	8.15
31	上海	10997.58	1453.27	13.21	19374.18	2047.53	10.57	37791.03	2537.36	6.71

资料来源：政府转移支付指中央对省级政府的一般性转移支付、专项转移支付和税收返还，数据来源于历年《中国财政年鉴》，人口数据来源于历年《中国统计年鉴》。表中数据按照 2000 年的居民人均收入由低到高排列。

二、财政转移支付对区域收入分配的影响

中央对地方的财政转移支付并非全部直接转化为居民收入，但有一部分可

以形成居民收入，比如用于低收入地区的公务员工资、养老金收入、社会救助、扶贫等，其中养老金、社会救助、扶贫款等属于再分配调节，这些收入在住户收入调查中以转移性收入的形式表现出来。我们无法辨别居民转移性收入中究竟有多大程度来源于中央的转移支付，但可以肯定的是，低收入地区财政能力弱，必然更加依靠中央转移支付来形成再分配调节能力。为此，比较各地区居民收入来源中转移支付的比重能够一定程度上判断财政再分配对区域居民收入差距调节的效果。

表11-21给出了2000年、2006年和2012年各地区城镇居民可支配收入（UPI）的来源中转移性收入（TR）及其比重（α）。可以看到，期初的2000年，低收入地区的转移性收入比重总体上低于高收入地区（当然也存在如广东省的比重比较低的情况），财政再分配有利于缩小地区居民收入差距。2006年、2012年，各地区的转移性收入比重区别并不明显，表明财政再分配并无明显有利于缩小地区居民收入差距的作用。但是，考虑低收入地区城镇居民的转移性收入比高收入地区更多地来源于中央财政转移支付，才能保障达到现有的转移性收入水平，仍然可以判断，财政再分配起到了缩小地区居民收入差距的作用。换句话说，如果没有中央财政转移支付形成的财政再分配，低收入地区的转移性收入将降低，地区居民收入差距将更大。但是，社会保障在很大程度上是省级统筹的，经济发达地区的社会保障水平更高、更健全，形成的转移性收入规模必然更大一些，会成为扩大地区收入差距的力量。从时间变化看（见图11-18），多数地区城镇居民可支配收入中转移性收入比重略有上升，平均达到25%左右，对于缩小城镇内部居民收入差距必然具有积极作用；其中期初低收入地区的转移性收入比重更高一些，能够起到缩小地区收入差距的作用，但后期的作用并不明显。

表11-21　　各地区城镇居民人均转移性收入占可支配收入比重变化

序号	省份	2000 年			2006 年			2012 年		
		UPI（元）	TR（元）	α（%）	UPI（元）	TR（元）	α（%）	UPI（元）	TR（元）	α（%）
1	山西	4724.10	1285.18	27.20	10027.71	2380.14	23.74	20411.71	5783.41	28.33
2	河南	4766.26	1216.13	25.52	9810.26	2577.60	26.27	20442.62	5351.78	26.18
3	吉林	4810.00	1167.12	24.26	9775.07	2765.28	28.29	20208.04	5631.45	27.87
4	宁夏	4912.40	1143.00	23.27	9117.00	2483.06	27.24	19831.41	5252.90	26.49
5	黑龙江	4913.00	1388.87	28.27	9182.00	2562.37	27.91	17759.75	5751.95	32.39

续表

序号	省份	2000 年			2006 年			2012 年		
		UPI（元）	TR（元）	α（%）	UPI（元）	TR（元）	α（%）	UPI（元）	TR（元）	α（%）
6	甘肃	4916.25	877.80	17.86	8920.59	2142.35	24.02	17156.89	4598.23	26.80
7	江西	5103.60	1027.32	20.13	9551.12	2356.34	24.67	19860.36	5327.72	26.83
8	贵州	5121.22	1192.66	23.29	9116.61	1924.96	21.11	18700.51	5395.56	28.85
9	陕西	5124.00	1495.59	29.19	9267.70	2495.52	26.93	20733.88	5907.14	28.49
10	内蒙古	5129.05	1110.14	21.64	10358.00	2093.82	20.21	23150.26	4655.51	20.11
11	青海	5169.96	1394.00	26.96	9000.35	2859.48	31.77	17566.28	5847.84	33.29
12	安徽	5293.55	1284.06	24.26	9771.05	2315.13	23.69	21024.21	6007.07	28.57
13	辽宁	5357.80	1512.60	28.23	10369.60	3783.94	36.49	23222.67	7866.35	33.87
14	海南	5358.00	1031.83	19.26	9395.00	2168.90	23.09	20917.71	5022.54	24.01
15	湖北	5525.00	1062.36	19.23	9803.00	2350.08	23.97	20839.59	6078.25	29.17
16	新疆	5644.86	1285.16	22.77	8871.00	1545.18	17.42	17920.68	3983.71	22.23
17	河北	5661.16	1292.32	22.83	10304.56	2929.14	28.43	20543.44	6148.95	29.93
18	广西	5834.43	1027.72	17.61	9899.00	2124.28	21.46	21242.80	5500.43	25.89
19	四川	5894.00	1462.27	24.81	9350.00	2536.79	27.13	20306.99	5427.34	26.73
20	重庆	6176.30	1263.18	20.45	11569.74	2564.39	22.16	22968.14	6673.59	29.06
21	湖南	6218.70	1008.11	16.21	10504.67	2527.30	24.06	21318.76	5691.40	26.70
22	云南	6324.64	1012.51	16.01	10069.89	2962.74	29.42	21074.50	5167.14	24.52
23	西藏	6448.00	355.95	5.52	8941.00	1420.78	15.89	18028.32	1563.31	8.67
24	山东	6489.97	774.00	11.93	12192.24	2001.96	16.42	25755.19	4823.24	18.73
25	江苏	6800.23	1844.14	27.12	14084.26	4227.90	30.02	29676.97	8305.20	27.99
26	福建	7432.00	1393.42	18.75	13753.00	3472.00	25.25	28055.24	5769.73	20.57
27	天津	8141.00	2568.71	31.55	14283.00	5308.30	37.17	29626.41	9704.61	32.76
28	浙江	9279.00	2253.26	24.28	18265.00	3877.35	21.23	34550.30	9450.02	27.35
29	广东	9761.57	1459.81	14.95	16015.58	2789.37	17.42	30226.71	5339.56	17.67
30	北京	10349.70	2862.24	27.66	19978.00	5626.09	28.16	36468.75	10993.54	30.15
31	上海	11718.00	3740.27	31.92	20668.00	5533.42	26.77	40188.34	10802.23	26.88

资料来源：城镇居民人均可支配收入来源于历年《中国财政年鉴》，人均转移性收入数据来源于历年《中国区域经济统计年鉴》。表中数据按照 2000 年的城镇居民人均可支配收入由低到高排列。

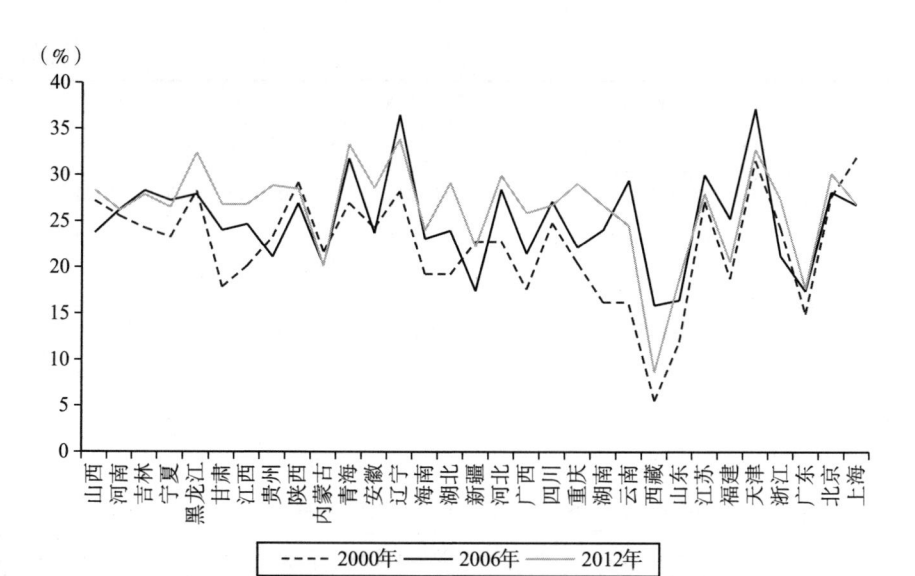

图 11 - 18　若干年份各地区城镇居民可支配收入中转移性收入占比变化

资料来源：笔者根据表 11 - 20 整理。

　　表 11 - 22 给出了 2000 年、2006 年、2012 年各地区农村居民人均纯收入（RPI）中转移性收入（TR）及其比重（α）。比较而言，低收入地区与高收入地区的转移性收入比重的差别并不明显，转移性收入对缩小农村居民收入地区差距作用也不明显。

表 11 - 22　　　各地区农村居民人均转移性收入占农民纯收入比重变化

序号	省份	2000 年			2006 年			2012 年		
		RPI（元）	TR（元）	α（%）	RPI（元）	TR（元）	α（%）	RPI（元）	TR（元）	α（%）
1	西藏	1331. 00	62. 16	4. 67	2435. 00	300. 06	12. 32	5645. 00	711. 10	12. 60
2	贵州	1374. 16	62. 84	4. 57	1984. 62	119. 38	6. 02	5616. 00	454. 50	8. 09
3	甘肃	1428. 70	45. 73	3. 20	2134. 00	152. 27	7. 14	4495. 00	492. 10	10. 95
4	陕西	1470. 00	49. 71	3. 38	2260. 10	140. 04	6. 20	5763. 00	540. 20	9. 37
5	云南	1478. 60	51. 40	3. 48	2250. 50	94. 85	4. 21	5417. 00	418. 40	7. 72
6	青海	1490. 49	33. 72	2. 26	2358. 37	230. 05	9. 75	5364. 38	1057. 50	19. 71
7	新疆	1618. 00	21. 74	1. 34	2737. 00	101. 51	3. 71	6394. 00	976. 00	15. 26
8	宁夏	1724. 30	38. 13	2. 21	2760. 00	221. 63	8. 03	6180. 30	496. 70	8. 04
9	广西	1864. 51	76. 13	4. 08	2771. 00	69. 96	2. 52	6008. 00	473. 20	7. 88

续表

序号	省份	2000 年			2006 年			2012 年		
		RPI（元）	TR（元）	α（%）	RPI（元）	TR（元）	α（%）	RPI（元）	TR（元）	α（%）
10	重庆	1892.44	104.96	5.55	2873.83	187.07	6.51	7383.00	831.60	11.26
11	四川	1903.60	72.52	3.81	3002.38	143.50	4.78	7001.00	741.10	10.59
12	山西	1905.61	46.29	2.43	3180.92	109.21	3.43	6356.60	705.90	11.10
13	安徽	1934.57	63.64	3.29	2969.08	114.43	3.85	7160.50	539.50	7.53
14	河南	1985.82	55.75	2.81	3261.03	89.66	2.75	7524.94	426.70	5.67
15	吉林	2022.50	36.18	1.79	3641.13	291.58	8.01	9224.00	795.60	8.63
16	内蒙古	2038.00	24.58	1.21	3342.00	260.16	7.78	7611.00	1140.20	14.98
17	江西	2135.30	52.09	2.44	3584.72	119.57	3.34	7828.00	433.40	5.54
18	黑龙江	2148.22	50.23	2.34	3552.40	230.38	6.49	8604.00	773.00	8.98
19	湖南	2197.16	57.58	2.62	3389.81	154.09	4.55	7440.00	576.60	7.75
20	海南	2231.00	95.00	4.26	3256.00	163.43	5.02	7408.00	576.40	7.78
21	湖北	2268.50	83.54	3.68	3419.35	99.13	2.90	7851.70	472.50	6.02
22	辽宁	2355.60	61.05	2.59	4090.45	238.30	5.83	9384.00	724.00	7.72
23	河北	2478.86	48.96	1.98	3801.82	139.78	3.68	8081.00	603.20	7.46
24	山东	2659.20	73.94	2.78	4368.33	159.40	3.65	9446.00	571.60	6.05
25	福建	3230.00	240.23	7.44	4835.00	384.09	7.94	9967.00	602.40	6.04
26	江苏	3595.10	113.02	3.14	5813.00	258.58	4.45	12202.00	1093.70	8.96
27	广东	3654.48	215.73	5.90	5079.78	259.12	5.10	10542.80	615.80	5.84
28	浙江	4254.00	154.23	3.63	7335.00	363.80	4.96	14552.00	993.80	6.83
29	天津	4370.00	83.88	1.92	7942.00	146.29	1.84	14046.00	1056.00	7.52
30	北京	4687.00	189.58	4.04	8620.00	592.19	6.87	16476.00	2597.80	15.77
31	上海	5565.00	209.92	3.77	9213.00	1126.80	12.23	17804.00	4041.50	22.70

　　资料来源：农村居民人均纯收入来源于历年《中国财政年鉴》，人均转移性收入数据来源于历年《中国区域经济统计年鉴》。表中数据按照 2000 年的农村居民人均纯收入由低到高排列。

　　从时间变化看（见图 11 - 19），农村居民收入中的转移性收入比重普遍上升，2012 年平均达到 10% 左右，农村居民的转移性收入主要表现为农业补贴、社会保障收入，具有财政再分配的性质。各地区的转移性收入比重并无明显差别，但考虑到低收入地区的转移性收入会更多依赖于中央政府财政转移支付，可以判断财政再分配起到了缩小收入差距的作用。但是，高收入地区农村的社会保障水平更高，制度更加健全（如北京市、上海市农村居民收入中转移性收入比重很高），在局部也会产生扩大地区居民收入差距的作用。也就是说，如

果没有国家统一的社会保障制度，在一定时间内，各省统筹的农村社会保障制度可能会扩大农村居民收入的地区差距。

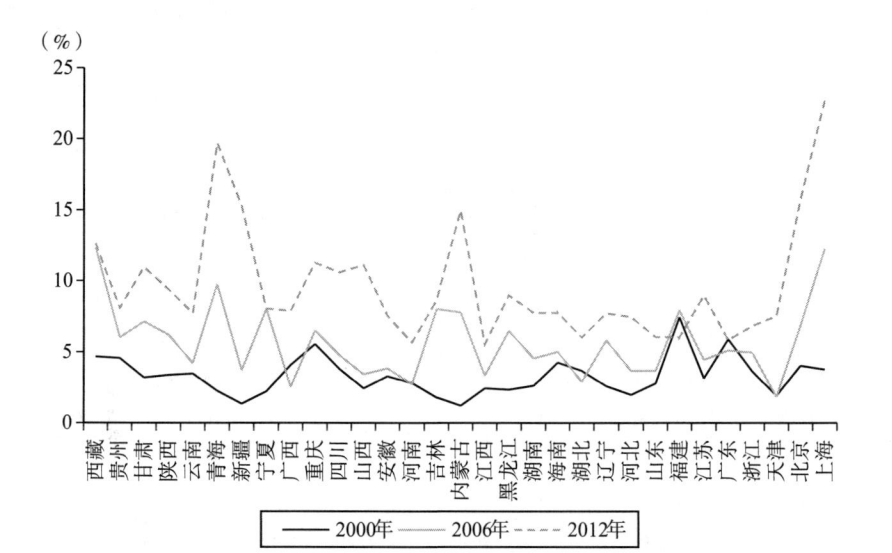

图 11-19　若干年份各地区农村居民可支配收入中转移性收入占比变化

资料来源：笔者根据表 11-22 整理。

表 11-23 和图 11-20 给出了各地区城乡居民可支配收入（PI）中转移性收入（TR）及其比重（α）。可以看到，就城乡总体居民收入而言，高收入地区的转移性收入比重更高，而低收入地区的转移性收入比重较低，表明转移性收入起到了扩大城乡总体居民收入地区差距的作用。之所以出现这种情况，主要是在城镇居民转移性收入高于农村居民的条件下，由于高收入地区人口城镇化更高所致。转移性收入在很大程度上反映财政再分配资源，转移性收入扩大地区居民收入差距很大程度上表明财政再分配扩大了地区居民收入差距，这是值得关注的问题。

表 11-23　　各地区城乡居民人均收入中转移性收入的比重及其变化

序号	省份	2000 年			2006 年			2012 年		
		PI（元）	TR（元）	α（%）	PI（元）	TR（元）	α（%）	PI（元）	TR（元）	α（%）
1	甘肃	2265.88	245.47	10.83	4243.94	770.98	18.17	9401.61	2083.27	22.16
2	贵州	2268.14	332.39	14.65	3943.45	615.35	15.60	10381.76	2254.18	21.71

续表

序号	省份	2000 年			2006 年			2012 年		
		PI（元）	TR（元）	α（%）	PI（元）	TR（元）	α（%）	PI（元）	TR（元）	α（%）
3	西藏	2307.53	118.23	5.12	4264.09	615.14	14.43	8459.39	904.78	10.70
4	云南	2611.00	275.99	10.57	4635.02	969.41	20.91	11570.44	2284.67	19.75
5	河南	2630.76	324.91	12.35	5387.86	897.60	16.66	13005.96	2516.43	19.35
6	陕西	2648.81	516.16	19.49	5001.23	1061.42	21.22	13250.43	3224.39	24.33
7	宁夏	2756.75	395.93	14.36	5494.79	1194.50	21.74	13100.80	2907.88	22.20
8	青海	2769.07	506.40	18.29	4965.93	1262.33	25.42	11156.56	3331.45	29.86
9	安徽	2868.87	403.10	14.05	5492.82	930.96	16.95	13606.15	3081.54	22.65
10	山西	2889.56	478.79	16.57	6126.56	1086.21	17.73	13561.25	3308.63	24.40
11	江西	2956.96	322.04	10.89	5892.08	984.58	16.71	13544.97	2758.85	20.37
12	四川	2968.63	443.44	14.94	5179.64	964.41	18.62	12793.95	2781.32	21.74
13	新疆	2979.81	449.01	15.07	5064.24	649.24	12.82	11463.05	2298.69	20.05
14	广西	2981.70	343.92	11.53	5240.65	781.72	14.92	12639.47	2661.47	21.06
15	海南	2993.29	323.38	10.80	6086.07	1087.95	17.88	14368.47	2867.14	19.95
16	河北	3308.88	373.26	11.28	6301.86	1212.18	19.24	13913.79	3198.78	22.99
17	重庆	3310.69	488.41	14.75	6934.20	1297.11	18.71	16263.09	4160.24	25.58
18	内蒙古	3342.35	482.66	14.44	6754.54	1152.04	17.06	16585.08	3170.33	19.12
19	湖南	3393.63	340.38	10.03	6143.99	1072.76	17.46	13914.25	2962.58	21.29
20	吉林	3407.05	597.92	17.55	6889.44	1601.56	23.25	15123.43	3392.89	22.43
21	黑龙江	3572.95	740.05	20.71	6564.23	1477.99	22.52	13814.71	3606.61	26.11
22	湖北	3578.01	477.15	13.34	6215.91	1085.23	17.46	14800.75	3471.80	23.46
23	辽宁	3984.21	848.48	21.30	7793.82	2329.49	29.89	18467.89	5412.34	29.31
24	山东	4114.88	339.96	8.26	7974.77	1008.73	12.65	17997.17	2800.80	15.56
25	江苏	4924.90	831.26	16.88	10105.29	2318.42	22.94	23212.11	5637.31	24.29
26	福建	4976.90	719.65	14.46	9116.04	1866.76	20.48	20748.52	3682.39	17.75
27	天津	6571.47	1534.50	23.35	12743.46	4055.01	31.82	26748.50	8107.10	30.31
28	浙江	6700.42	1176.14	17.55	13511.51	2349.29	17.39	27189.23	6337.41	23.31
29	广东	7013.31	899.96	12.83	11969.90	1853.31	15.48	23810.35	3799.76	15.96
30	北京	9079.49	2262.73	24.92	18196.69	4836.61	26.58	33706.47	9833.55	29.17
31	上海	10997.58	3326.92	30.25	19374.18	5035.70	25.99	37791.03	10078.17	26.67

注：地区居民人均转移性收入以及人居居民收入根据城镇居民收入和农村居民纯收入计算得出。表格数据按照 2000 年的地区居民人均收入由低到高排列。

资料来源：表 11 - 21、表 11 - 22。

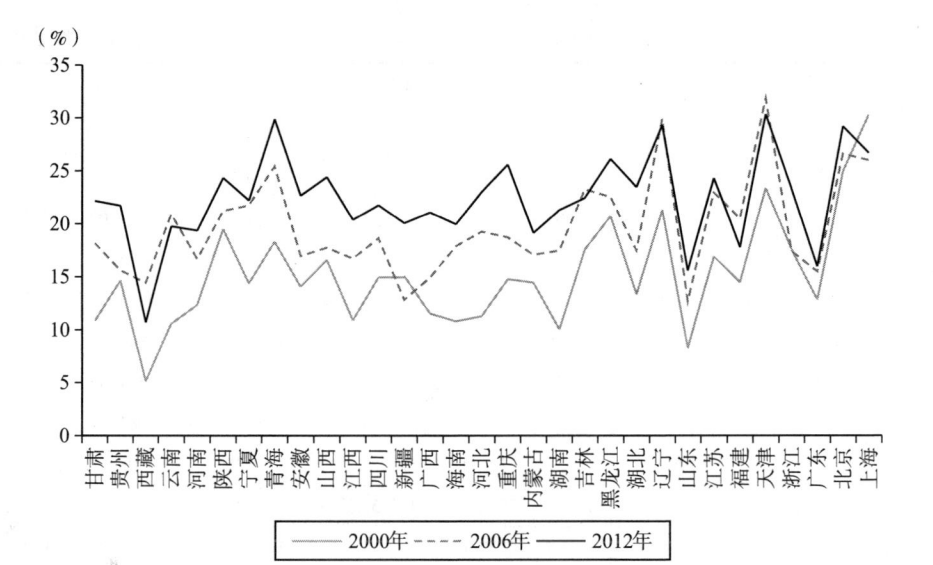

图 11 - 20　若干年份各地区城镇居民可支配收入中转移性收入占比变化

资料来源：笔者根据表 11 - 23 整理。

第七节　结论和建议

一、研究结论

本章对我国 21 世纪地区发展差距和区域居民收入差距的测算结果、趋势判断和成因分析，可以归纳为以下几点。

第一，我国区域经济增长平衡性和居民收入区域分配同时得到改善。21 世纪以来，我国经济改革和经济增长明显改善了地区居民收入分配。与 20 世纪 80 年代、90 年代不同，区域居民收入差距与经济增长地区差距出现了同时下降，扭转了区域居民收入分配恶化的局面，摆脱了"地区差距变动之悖论"，也与世界银行提出的"经济增长不平衡性与社会发展和谐并行不悖"不同，经济增长区域平衡性和居民收入区域分配同时兼得，呈现出区域经济发展和收入分配的新格局。

第二，区域经济发展格局的形成是政府机制和市场机制共同作用的结果。财政转移支付对缩小地区发展差距起到了积极作用。2012 年之前，财政转移支付规模呈现扩大趋势，并且从倾向于高收入地区转为倾向于低收入地区，有

利于促进低收入地区经济发展。中央政府财政转移支付结构的转变与 1999 年开始实施的区域协调发展战略（包括西部大开发战略、东北等老工业基地振兴战略、中部崛起战略、东部沿海率先发展战略等的平衡实施）是一致的。当然，市场经济的发展也提供了一些低收入地区的发展机会，地区间经济联系增加，低收入地区的资源得到开发利用（比如内蒙古自治区），并接受一定的产业转移，促进了低收入地区以更快的速度实现经济增长。地区间的金融资源在一定程度上也趋于平衡，为低收入地区经济增长提供了金融支持。可以说，地区经济发展差距缩小是市场机制和政府机制共同作用的结果。但是，2012 年之后，我国经济发展进入新的时期，中央政府对地方财政转移支付规模有所下降，新经济呈现聚集特征，低收入地区面临债务困扰，地区经济发展差距不再继续缩小甚至有所扩大，地区经济增长的不平衡性仍然难于避免。区域经济增长仍然应当遵从资源配置效率的要求，不刻意追求缩小地区差距，而是应当尽可能支持低收入地区的经济发展机会，保持全国经济的持续稳定较快增长。

第三，居民收入分配区域新格局的形成来之不易，是多方面因素共同作用的结果。低收入地区经济快速增长对居民收入提高起到了带动作用。在低收入地区经济增长较快的条件下，受收入—发展比下降的制约，居民收入增长并不同步，居民收入差距缩小滞后于地区经济发展差距缩小。中央政府的转移支付在低收入地区的居民收入中占比更高，对提高低收入地区的居民收入起到了积极作用。低收入地区居民收入来源中的转移性收入比重并不明显高于高收入地区，但低收入地区居民转移性收入中更多地来源于中央财政转移支付，中央财政再分配仍发挥着缩小地区居民收入差距的作用。但是，由于实行各省统筹的社会保障制度，高收入地区的社会保障水平更高、制度更健全，尤其是高收入地区的农村居民收入来源结构中转移性收入更高一些，在一定时期内会扩大地区居民收入差距。

第四，我国居民收入差距地区问题依然比较严重。城镇居民收入地区差距和农村居民收入差距相对指标下降，但绝对差距仍然呈现扩大趋势。同时，农村居民收入地区差距高于城镇，而城乡居民总体收入地区差距又大于农村，主要受低收入地区城镇化率低制约，使城乡差距、低收入地区的城镇化成为制约地区居民收入差距和城乡居民总体收入地区差距的因素，并且不可能在很短时间内得到解决。

第五，21 世纪以来，我国经济改革和经济增长明显改善了地区居民收入分配。我国区域居民收入分配改善得益于低收入地区较快经济增长，但其可持续性面临挑战。可以从四个方面看。

（1）从国际比较看，我国的地区发展格局与世界银行提出的经济增长平衡性与社会发展和谐并行不悖的规律有所不同，区域收入分配的改善更多来自低收入地区自身的经济增长而不是无空间差异的公共制度。这应当归功于我国实行的区域经济协调发展战略，低收入地区经济增长明显快于高收入地区，而这又与低收入地区具有一定发展潜力并得到发挥有关。我国在政策上重视通过区域协调发展战略使不同区域都能够发挥潜力，低收入地区经济增长较快，而低收入地区在传统计划体制下发展潜力又确实受到抑制，存在经济增长空间。那么，是不是所有低收入地区都有发展的潜力和机会并都实现了较快的经济增长呢？2000年居民收入排名后20名的地区中，名义年经济增长率超过18%的省份包括贵州省、陕西省、宁夏回族自治区、重庆市和内蒙古自治区，其中陕西省、重庆市是我国实施西部大开发战略受惠较大的地区，并且以发展高新技术为龙头，是西部地区经济增长极，具有进一步发展潜力。内蒙古自治区主要依靠资源产业带动，并且表现为投资拉动型，其可持续性相对较差，居民收入受惠相对较少；宁夏经济增长较快，但是GDP能耗最高。[①] 因此，不是所有低收入地区都有可持续的经济增长能力，不可能长期依靠区域自身经济增长来缩小地区居民收入差距。

（2）低收入地区收入—发展比降低制约了低收入地区快速经济增长带动居民收入增长的潜力。处于经济增长早期阶段的地区，更多依靠投资拉动，很难带来居民收入同步增长。经济增长可以较多依靠地方政府的努力，而收入分配的改善不可能完全依靠低收入地区的经济增长。

（3）从经济增长的源泉看，发挥区域潜力尤其是低收入地区的资源禀赋的潜力仍旧存在，但是新经济形态更多表现为聚集经济，新经济带来的不平衡性可能大于低收入地区发挥潜力带来的平衡性。

（4）我国地区总体收入差别仍然较大，最重要的制约因素是低收入地区城镇化水平低。在这种条件下，单纯依靠提高低收入地区的城镇居民收入或者农村居民收入，对缩小地区居民收入差距的作用是有限的。长期来看，低收入地区的城镇化将是改善区域收入分配的主要力量。从我国发展要求看，城镇化也的确是我国未来经济建设的重要领域，但城镇化需要与工业化、产业化同步，受经济增长规律的制约，经济发达地区的农村更容易城镇化，低收入地区城镇化困难大、进展慢，继续缩小地区收入差距的难度也就比较大。城镇化将

---

① 国家统计局，国家发展和改革委员会，国家能源局.2011年分省区市万元地区生产总值（GDP）能耗等指标公报［R］，http：//www.stats.gov.cn/tjsj/tjgb/qttjgb/qgqttjgb/201208/t20120816_30647.html.

更多在经济发达地区的农村产生，并不带来缩小地区收入差距的效果；如果急功近利地强行推进低收入地区的城镇化，不能与产业发展、环境保护相协调，问题可能会更多。

二、政策建议

世界银行（2009）提出的经济增长不平衡性和社会和谐并行不悖的图景更有吸引力。中国未来经济增长中，地区布局非常重要，但重在发挥各地区的优势，其结果仍然很大程度上是不均衡增长。开发经济落后地区当然是重要的选项，并且要努力促进落后地区与先进地区的联系，增加其发展机会，但应当尊重经济发展规律，而不是盲目地促进经济落后地区经济增长。在经济增长地区不平衡的条件下，应当通过税收调节、社会保障和转移支付等手段，使经济落后地区也能够分享经济增长成果，实现社会和谐。

第一，按照市场配置资源的要求，不刻意追求地区经济的平衡增长，而更主要的是通过适当支持政策，发挥落后地区的经济增长潜力，实现区域经济增长的市场协调而不是完全平衡。建设全国统一的劳动力市场和要素市场，建设地区间连接性基础设施，提高要素流动性，提升全国范围内的要素配置效率，促进经济增长，尽管这种经济增长可能存在地区不平衡性，但应使之建立在发展机会均等的基础之上。

第二，逐步建立全国统一的公共制度，发挥财政再分配调节作用，实现地区经济增长和社会和谐发展的并行不悖。从经济增长不平衡的实际出发，将统一社会保障制度、均等化公共服务制度作为改善区域居民收入分配的主要手段，并据此完善中央财政转移支付制度，进一步拓展财政转移支付在平衡地区收入分配方面的空间。改变社会保障省级统筹的现有做法，由中央政府统一制定标准并通过转移支付实现各地区统一统筹的社会保障，使财政再分配不仅有助于缩小城镇内部居民收入差距、农村居民内部收入差距、地区内部收入差距，而且能够缩小区域居民收入差距、城乡居民收入差距。这是地区经济不平衡增长与社会和谐发展并行不悖的机制之所在。中央政府在支持要素市场流动、提升资源配置效率和区域经济通过聚集发展的同时，建立无空间差别的公共服务制度，增强均等化转移支付能力，缩小区域公共服务差异，以降低居民收入地区差距。

第三，在实现统筹统一的条件下，均等化公共服务水平逐步提高。均等化公共服务水平以实现居民基本生活保障为底线，实现全国统筹统一。这本身也

是一个过程，需要付出很大的努力。在总体财力允许的条件下，应当重点在统筹统一上下功夫。一个统筹统一的、能够满足所有人的均等化基本公共服务体系，是"共享"发展成果的体现，是实现社会和谐的要求，也是增强全国凝聚力和团结的保障。在全面建成小康社会之际，我国应当争取建立统筹统一、保基本的基本公共服务体系。之后，根据国家财力，适当提高普遍社会福利，全面提升人民幸福感。

主要参考文献

［1］［美］安东尼·B. 阿特金森，约瑟夫·E. 斯蒂格利茨. 公共经济学［M］. 上海：上海三联书店、上海人民出版社，1994.

［2］鲍晓华，崔晓翔. 美国个人所得税生活费用分项扣除简介［J］. 国际税收，2014（8）：47－51.

［3］蔡昉，杨涛. 城乡收入差距的政治经济学［J］. 中国社会科学，2000（4）：11－22.

［4］蔡萌，岳希明. 我国居民收入不平等的主要原因：市场还是政府政策［J］. 财经研究，2016（4）：4－14.

［5］蔡萌，岳希明. 中国社会保障支出的收入分配效应研究［J］. 经济社会体制比较，2018（1）：36－44.

［6］曹桂全. 发展中国家经济发展的三个主题与战略重点选择：兼论中国西部大开发战略［J］. 南开学报，2000（6）：73－79.

［7］曹桂全. 中国地区差距变动的系统分析与地区政策选择［M］. 中国软科学，2001（12）：87－91.

［8］权衡. 收入分配与和谐社会［M］. 上海：上海社会科学院出版社，2006.

［9］曹桂全. 构筑和谐社会的收入分配理论和制度［J］. 天津大学学报（社会科学版），2007（1）：45－51.

［10］曹桂全. 美国个人所得税免征额制度及其对我国的启示［J］. 经济社会体制比较，2017（4）：84－96.

［11］曹桂全. 我国个人所得税再分配效果的实证分析：一个文献综述［J］. 经济研究参考，2013（24）：50－61.

［12］曹桂全. 我国个人所得税免征额制度研究［M］. 天津：南开大学出版社，2017.

［13］曹桂全. 我国个人所得税费用扣除存在的问题和解决方案［J］. 天津大学学报（社会科学版），2018（3）：202－209.

［14］曹桂全. 我国个税免征额调整的税收效应：基于应有免征额、免征

额累积性调整方式的分析 [J]. 经济学报, 2018 (2): 147 - 166.

　　[15] 曹桂全. 政府再分配调节的国际经验及其对我国的启示 [J]. 华东经济管理, 2013 (7): 85 - 90.

　　[16] 曹桂全, 任国强. 个人所得税再分配效应及累进性的分解分析: 以天津市 2008 年城镇住户为样本 [J]. 南开经济研究, 2014 (4): 123 - 140.

　　[17] 曹桂全, 任国强. 加强个人所得税调节的政策选择 [J]. 经济问题探索, 2014 (2): 80 - 85.

　　[18] 曹桂全, 仇晓凤. 论我国个人所得税免征额制度改革 [J]. 天津大学学报 (社会科学版), 2016 (3): 217 - 223.

　　[19] 发挥社会科学作用促进天津改革发展——天津市社会科学界第十二届学术年会优秀论文集 [M]. 天津: 天津人民出版社, 2017.

　　[20] 曹雪琴. 新编财政与税收 [M]. 上海: 立信会计出版社, 2003.

　　[21] 陈建东, 马骁, 秦芹. 最低生活保障制度是否缩小了居民收入差距 [J]. 财政研究, 2010 (4): 62 - 65.

　　[22] 陈建东, 杨雯, 冯瑛. 最低生活保障与个人所得税的收入分配效应实证研究 [J]. 经济体制改革, 2010 (1): 101 - 105.

　　[23] 陈宗胜. 经济发展中的收入分配 [M]. 上海: 上海三联书店、上海人民出版社, 1991.

　　[24] 陈宗胜等. 中国居民收入分配通论: 由贫穷迈向共同富裕的中国道路和经验 [M]. 上海: 格致出版社、上海三联书店、上海人民出版社, 2018.

　　[25] 杜鹏. 转移性收入对收入差距的影响: 以东北地区城镇居民为例 [J]. 中国软科学, 2004 (10): 107 - 112.

　　[26] 高培勇. 规范政府作为: 解决当前中国收入分配问题的关键 [J]. 财贸经济, 2002 (1): 5 - 10.

　　[27] 高培勇. 收入分配: 经济学界如是说. 北京: 经济科学出版社, 2002.

　　[28] 郝秀琴. 我国政府收入再分配能力与规模的国际比较 [J]. 经济研究参考, 2007 (34): 17 - 21.

　　[29] [美] 哈维·S. 罗森, 特德·盖亚. 财政学 (第八版) [M]. 北京: 中国人民大学出版社, 2009.

　　[30] 洪兴建. 提高工资薪金所得税免征额一定能降低收入不平等吗 [J]. 统计研究, 2007 (5): 29 - 35.

　　[31] 胡鞍钢, 王绍光, 康晓光. 中国地区差距报告 [M]. 沈阳: 辽宁人

民出版社，1995.

[32] 胡鞍钢.加强对高收入者个人所得税征收，调节居民贫富收入差距 [J].财政研究，2002（10）：7-14.

[33] 胡鞍钢，王绍光，周建明.第二次转型：国家制度建设 [M].北京：清华大学出版社，2009.

[34] 胡宝娣，刘伟，刘新.社会保障支出对城乡居民收入差距影响的实证分析：来自中国的经验证据（1978-2008） [J].江西财经大学学报，2011（2）：49-54.

[35] 黄凤羽.对个人所得税再分配职能的思考 [J].税务研究，2010（9）：14-18.

[36] 黄泰岩.在经济增长新框架内审视个人收入分配//高培勇.收入分配：经济学界如是说 [M].北京：经济科学出版社，2002.

[37] 黄祖辉，王敏，万广华.我国居民收入不平等问题：基于转移性收入角度的分析 [J].管理世界，2003（3）：70-75.

[38] 黄文正，何亦名，李宏.社会保障城乡收入差距调节效应的实证研究 [J].经济体制改革，2014（6）：19-22.

[39] 贾康.调节居民收入分配需要新思路 [J].当代财经，2008（1）：5-8.

[40] 金人庆.关于《中华人民共和国个人所得税法修正案（草案）》的说明 [R].全国人民代表大会常务委员会公报，2005（7）：627-628.

[41] 金人庆.完善促进基本公共服务均等化的公共财政制度 [J].党建研究，2006（10）.

[42] 李清彬.中国收入再分配问题研究：倾向决定、政策形成和效应测算 [M].北京：中国展望出版社，2014.

[43] 李实，杨穗.中国城市低保政策对收入分配和贫困的影响作用 [J].中国人口科学，2009（5）：19-27.

[44] 李实，[日] 伊藤宏，[加] 史泰丽.中国居民收入分配研究Ⅳ [M].北京：人民出版社，2013.

[45] 李实，朱梦冰，詹鹏.中国社会保障制度的收入再分配效应 [J].社会保障评论，2017（4）：3-20.

[46] 李伟，王少国.再分配机制对城镇居民收入差距逆向调节的实证分析 [J].云南财经大学学报，2008（6）：43-48.

[47] 李一花，董旸，罗强.个人所得税收入能力与税收流失的实证研

究：以山东省为例 [J]. 经济评论，2010（2）：94－99.

[48] 李延辉，王碧珍. 个人所得税调节城镇居民收入分配的实证研究 [J]. 涉外税务，2009（1）：38－42.

[49] 厉以宁. 收入分配制度改革应以初次分配改革为重点 [J]. 经济研究，2013，48（3）：4－6.

[50] 林毅夫，蔡昉，李周. 中国转型时期的地区差距分析 [J]. 经济研究，1998（6）：3－10.

[51] 刘柏惠，寇恩惠. 政府各项转移收支对城镇居民收入再分配的影响 [J]. 财贸经济，2014（9）：36－50.

[52] 刘德吉. 国内外公共服务均等化问题研究综述 [J]. 上海行政学院学报，2009（11）.

[53] 刘汉屏. 个人所得税免征额提高之悖论 [J]. 山东财政学院学报，2005（6）：3－6.

[54] 刘黎明，刘玲玲. 我国个人所得税流失的规模测算 [J]. 财政研究，2005（4）：26－28.

[55] 刘树成，李强，薛天栋. 中国地区经济发展研究 [M]. 北京：中国统计出版社，1994.

[56] [美] 罗伯特·H. 弗兰克，本·S. 伯南克. 宏观经济学原理（第5版）[M]. 北京：清华大学出版社，2013.

[57] 马骏. 论转移支付 [M]. 北京：中国财政经济出版社，1998.

[58] 聂海峰，岳希明. 间接税归宿对城乡居民收入分配影响研究 [J]. 经济学（季刊），2013（1）：287－312.

[59] 彭海艳. 个人所得税收入分配效应的因素分解 [J]. 统计与决策，2007（23）：48－50.

[60] 彭海艳. 国外税收累进性及再分配效应研究综述 [J]. 南京社会科学，2008（3）：12－20.

[61] 彭海艳. 我国个人所得税的再分配效应分解分析：以我国中部某地区为样本 [J]. 经济经纬，2008（3）：125－128.

[62] 彭海艳. 我国个人所得税再分配效应及累进性的实证分析 [J]. 财贸经济，2011（3）：11－17.

[63] 彭海艳. 我国个人所得税再分配效应及国际比较 [J]. 华东经济管理，2011（11）：63－66.

[64] 彭海艳. 中美比较视域下个人所得税制演进逻辑与改革效应 [J].

税务与经济, 2012 (5): 91 -99.

[65] 钱晟. 我国税收调节个人收入分配的累退倾向及其对策 [J]. 税务研究, 2001 (8): 2 -6.

[66] 佘红志. 个人所得税调节城镇居民收入分配的机制和效果研究 [D]. 天津大学硕士学位论文, 2010.

[67] 世界银行. 2009 年世界发展报告: 重塑世界经济地理 [M]. 北京: 清华大学出版社 (中文版), 2009.

[68] 石子印, 张燕红. 个人所得税的累进性欲再分配效应: 以湖北省为例 [J]. 财经科学, 2012 (3): 116 -124.

[69] 万莹. 个人所得税对收入分配的影响: 由税收累进性和平均税率观察 [J]. 改革, 2011 (3): 53 -59.

[70] 万莹, 史忠良. 税收调节与收入分配: 一个文献综述 [J]. 山东大学学报 (哲学社会科学版), 2010 (1): 40 -45.

[71] 汪昊, 娄峰. 中国财政再分配效应测算 [J]. 经济研究, 2017 (1): 103 -118.

[72] 胡鞍钢, 王绍光, 周建明. 第二次转型: 国家制度建设 [M]. 北京: 清华大学出版社, 2009: 232 -266.

[73] 王绍光, 胡鞍钢. 中国: 不平衡发展的政治经济学 [M]. 北京: 中国计划出版社, 1999.

[74] 王小鲁. 灰色收入与居民收入差距 [J]. 中国税务, 2007 (10): 48 -49.

[75] 王亚芬, 肖晓飞, 高铁梅. 我国收入分配差距及个人所得税调节作用的实证分析 [J]. 财贸经济, 2007 (4): 18 -23.

[76] 王延中, 龙玉其, 江翠萍, 徐强. 中国社会保障收入再分配效应研究 [J]. 经济研究, 2016 (2): 4 -15.

[77] 魏后凯. 中国区域间居民收入差异及其分解 [J]. 经济研究, 1996 (11).

[78] 魏明英. 从税收的课税原则看中国个人所得税的免征额 [J]. 经济与管理, 2005 (9): 25 -27.

[79] 香伶. 养老社会保险与收入再分配 [M]. 北京: 社会科学文献出版社, 2008.

[80] 谢旭人. 关于《中华人民共和国个人所得税法修正案 (草案)》的说明 [R]. 全国人民代表大会常务委员会公报, 2011 (5): 4564 -4465.

[81] 许兰玲. 社会保障制度调节城镇居民收入分配的机制和效果研究 [D]. 天津大学硕士学位论文, 2010.

[82] 徐建炜, 马光荣, 李实. 个人所得税改善中国收入分配了吗: 基于对 1997 - 2011 年微观数据的动态评估 [J]. 中国社会科学, 2013 (6): 53 - 71.

[83] 杨穗, 高琴, 李实. 中国社会福利和收入再分配: 1998 - 2007 年 [J]. 经济理论与经济管理, 2013 (3): 29 - 38.

[84] 杨开忠. 中国区域经济差异变动研究 [J]. 经济研究, 1994 (12).

[85] 杨力. 论收入分配的公平性与累进性所得税的再分配效应 [D]. 厦门大学硕士学位论文, 2002.

[86] 杨天宇. 论我国财政收入分配职能的重新定位 [J]. 当代经济科学, 2000 (4): 42 - 46.

[87] 岳树民, 卢艺, 岳希明. 免征额变动对个人所得税累进性的影响 [J]. 财贸经济, 2011 (2): 18 - 24.

[88] 岳希明, 徐静. 我国个人所得税的居民收入分配效应 [J]. 经济学动态, 2012 (6): 16 - 25.

[89] 岳希明, 徐静, 刘谦, 丁胜, 董莉娟. 2011 年个人所得税改革的收入再分配效应 [J]. 经济研究, 2012 (9): 113 - 124.

[90] 岳希明, 张斌, 徐静. 中国税制的收入分配效应测度 [J]. 中国社会科学, 2014 (6): 96 - 117.

[91] 张翼. 社会保障对中国城乡收入差距影响的初步研究 [J]. 经济与管理, 2010 (6): 20 - 23.

[92] 张文春. 个人所得税与收入再分配 [J]. 税务研究, 2005 (11): 46 - 49.

[93] 张晓芳. 关于我国居民收入分配再分配的实证研究 [D]. 吉林大学博士学位论文, 2011.

[94] 张世伟, 万相昱. 个人所得税制度的收入分配效应: 基于微观模拟的研究途径 [J]. 财经科学, 2008 (2): 81 - 87.

[95] 张再生. 社会保障 [M] 天津: 天津古籍出版社, 2012.

[96] 赵人伟, 格里芬, 朱玲, 李实. 中国居民收入分配研究 [M]. 北京: 中国社会科学出版社, 1994.

[97] 赵兴罗. 论实现社会公平分配的主体、机制及对策 [J]. 经济纵横 (创新版), 2007 (1): 31 - 34.

［98］赵勇．依靠初次分配和公有经济解决收入差距过大问题［J］．甘肃社会科学，2002（6）：135－138．

［99］周光辉，殷冬水．政府：一个公正社会不可或缺的角色：关于政府再分配职能正当性的思考［J］．吉林大学社会科学学报，2006（7）：5－14．

［100］周肖肖，杨春玲．个人所得税对浙江省城镇居民收入分配的影响［J］．经济论坛，2008（17）：19－22．

［101］周云波，覃宴．中国居民收入分配差距实证分析［M］．天津：南开大学出版社，2008．

［102］周金燕，钟宇平．教育对中国收入不平等变迁的作用：1991－2006［J］．北京大学教育评论，2010（4）．

［103］朱璐璐，寇恩惠．我国社会保障支出与城镇居民收入差距：以江苏省为例［J］．上海财经大学学报，2010（3）：91－97．

［104］Denney L，Divid．Provincial Economic Difference Diminished in the Decade of Reform［R］．China's Economic Dilemmas in the 1990s，edited by the Joint Economic Committee，Cogress of the United States，1991．

［105］Goñi E，J．H．López，L．Servén．Fiscal Redistribution and Income Inequality in Latin America［R］．The World Bank Policy Research Working Paper，No. 4487，2008．

［106］Immervoll H，H．Levy，C．Lietz，et al．Household Incomes and Redistribution in the European Union：Quantifying the Equalising Properties of Taxes and Benefits［R］．IZA Discussion Papers，No. 1824，2005．

［107］Immervoll H，L．Richardson．Redistribution Policy and Inequality Reduction in OECD Countries：What Has Changed in Two Decades［R］．OECD Social，Employment and Migration Working Papers，No. 122，2012．

［108］Jian T L，Jeffrey D．Sachs，Andrew M．Wanner．Trends in Regional Inequality in China［J］．China Economic Review，Vol 7（1），1996：18－19．

［109］Kakwani N C．Measurement of Tax Progressivity：An International Comparison［J］．The Economic Journal，1977（3）：71－80．

［110］Kakwani N C．On the Measurement of Tax Progressivity and Redistributive Effect of Taxes with Application to Horizontal and Vertical Equity［J］．Advances in Econometrics，1984（3）：149－168．

［111］Kim K，Peter J．Lambert．Redistributive Effect of U．S．Taxes and Public Transfers：1994－2004［J］．Public Finance Review，2009（1）：3－26．

[112] Korpi L C, J. Palme. The Paradox of Redistribution and Strategies of Equality: Welfare State Institutions Inequality and Poverty in the Western Countries [J]. American Economic Review, 1998, Vol. 63, No. 5.

[113] Kuznets S. Economic Growth and Income Inequality [J]. American Economic Review, 1955, 45 (1): 1 - 18.

[114] Musgrave R A, T. Thin. Income Tax Progression 1929 - 1948 [J]. Journal of Political Economy [J]. 1948 (6): 498 - 514.

[115] Musgrave R A. The Theory of Public Finance: A Study in Public Economy [M]. New York: McGraw - Hill, 1959.

[116] Paul G S, T. Verdier. Inequality, Redistribution and Growth: A Challenge to the Conventional Political Economy Approach [J]. European Economic Review, 1996 (40): 719 - 728.

[117] Pfähler W. Redistributive Effect of Income Taxation: Decomposing Tax Base and Tax Rate Effects [J]. Bulletin of Economic Research, 1990, 42 (2): 121 - 129.

[118] Radu C F. Ways of Income Redistribution in Society [J]. Scientific Journal of Humanistic Studies, 2012, 4 (6), 228 - 233.

[119] Wagstaff A, E. V. Doorslaer, H. V. D. Burg, et al. Redistributive Effect, Progressivity and Differential Tax Treatment: Personal Income Taxes in Twelve OECD Countries [J]. Journal of Public Economics, 1999 (1): 73 - 98.

[120] Wagstaff A, E. Van Doorslaer. What Makes the Personal Income Tax Progressive? A Comparative Analysis for OECD Countries [J]. International Tax and Public Finance, 2001 (8): 299 - 315.

[121] Williamson J G. Regional Inequality and the Process of National Development: A Description of Patterns [J]. Economic Development and Culture Change. Vol. 13, No. 4, Part 2, 1965: 1 - 84.